中国年鉴精品工程
High Quality Project of China's Yearbook

武安年鉴 2023

WUAN YEARBOOK

武安市地方志编纂研究中心 编

方志出版社
Publishing House of Local Records

图书在版编目（CIP）数据

武安年鉴．2023 / 武安市地方志编纂研究中心编．
北京：方志出版社，2023.11
ISBN 978-7-5144-5874-9

Ⅰ．①武… Ⅱ．①武… Ⅲ．①武安—2023—年鉴
Ⅳ．①Z522.24

中国国家版本馆CIP数据核字（2023）第227042号

责任编辑：范锐超
责任校对：张玉霞
责任印制：梅中英
出 版 者：方志出版社
地　　址：北京市朝阳区潘家园东里9号（国家方志馆4层）
邮　　编：100021
网　　址：http://www.zgfzcb.cn
发　　行：方志出版社图书营销中心（010-67110500）
印　　刷：山东黄氏印务有限公司
开　　本：889毫米×1194毫米　1/16
印　　张：21.75　插页：1.75印张　地图：1幅
字　　数：648千字
版　　次：2023年11月第1版
印　　次：2023年11月第1次印刷
定　　价：178.00元

《武安年鉴》编纂委员会

名誉主任：刘浩峰

主　　任：董志毅

副 主 任：任鸿雁

委　　员：付栎鑫　邢晓飞　张　杰　石树明　白卫东
古王成　郭向军　刘东方　李广奇　李江云
杜跻频　宋　杰　刘立涛　王旭东　田爱平
郭　鑫　王江伟　杜立新　李竹红

《武安年鉴》编纂人员

主　编：李竹红

副主编：李子强　骈玲玲　张文庆　韩俊霞　张冠华

校　对：张冠华

编　辑：张亚滨　张　瑜　贾　佳　杜晨宇　韩仙娥
韩学峰　张运何

序

国务院办公厅2015年8月印发的《全国地方志事业发展规划纲要（2015—2020年）》（以下简称《规划纲要》）要求，到2020年要做到地方综合年鉴一年一鉴，公开出版，实现省、市、县三级综合年鉴全覆盖。《规划纲要》还要求，坚持存真求实，正确处理质量与进度的关系，将精品意识贯穿于年鉴编纂出版工作全过程。2015年12月，中国地方志指导小组办公室启动中国年鉴精品工程，将其与先期实施的中国志书精品工程视为姊妹工程，一道作为加强地方志质量建设的重要抓手。

实施中国年鉴精品工程有助于推动中华优秀传统文化传承发展。近年来，在党中央、国务院的高度重视和关心支持下，全国地方志事业发展迎来最好的发展时期。年鉴编纂发端于欧洲，鸦片战争后被引入我国，在我国走过了100多年的发展历史。在长期的编纂中，年鉴在内容和形式上不断发展，逐渐演变成为适合反映中国国情、具有鲜明中国特色的一种文化载体，并在改革开放后出现了快速发展的局面。2006年5月，国务院《地方志工作条例》颁布施行，明确将地方综合年鉴纳入地方志工作范畴，年鉴工作走上了有法可依的轨道。《规划纲要》出台，为从依法编鉴转变到依法治鉴指明了方向。2016年12月，中国地方志指导小组印发《全国年鉴事业发展规划（2016—2020年）》，更进一步明确了到2020年全国年鉴事业的任务书、时间表、路线图。经过多年的发展，年鉴工作已经成为地方志工作的重要组成部分，成为中华民族优秀文化传统的有机组成部分，其存史、育人、资政作用日益彰显。实施中国年鉴精品工程，是年鉴工作者紧扣时代脉搏、坚持创新发展的一项重要举措，对于坚定文化自信，传承弘扬好中华优秀传统文化意义重大。

实施中国年鉴精品工程有助于为全面建成小康社会提供更多智力支持和历史借鉴。党的十八大作出全面建成小康社会的战略部署。党的十八届五中全会提出到2020年如期实现全面建成小康社会的目标要求。完成《规划纲要》确定的目标任务是年鉴工作者的神圣使命，更是年鉴工作者以自身力量为全面建成小康社会献上的厚礼。一方面，可以更好地利用年鉴这种年度资料性文献，及时记录各地区在全面建成小康社会伟大征程中每年取得的新成绩和新经验、出现的新情况和新问题、涌现的优秀人物和典型事迹等；另一方面，可以更好地积累地情、国情资料，为推动经济社会发展和深化改革提供智力支持，为推进国家治理体系和治理能力现代化提供历史借鉴。

实施中国年鉴精品工程有助于全面推进地方志事业转型升级。地方志不是单纯修志编鉴工作，而是全体方志人“修志问道，以启未来”的一项事业，这项事业包含着巨大的时代担当与使命追求。地方志工作要在“五大建设”总体布局和“四个全面”战略布局中发挥与其自身价值、功能相匹配的作用，就要因时而谋、乘势而上、顺势而为，全面推进地方志事业转型升级。转型升级，当下最重要的目标就是完成“两全”目标，包括“年鉴全覆盖”目标；长远的目标就是基本形成地方志编修体系、理论研究和学科建设体系、质量保障体系、资源开发利用体系、工作保障体系“五位一体”的地方志事业发展综合体系，包括“五位一体”的年鉴事业发展综合体系。中国年鉴精品工程是一项探索工程，也是一项创新工程，是推进地方志事业转型升级的重要内容。通过实施中国年鉴精品工程，不仅有助于确保年鉴质量，不断编纂出版具有鲜明时代特征、年度特点和地域特色的精品年鉴，也有助于推动年鉴工作适应经济社会发展形势和时代需要，不断改革创新，与时俱进。

多年来，在中国地方志指导小组办公室的指导和全国各级地方志工作机构的共同努力下，年鉴种类数量快速增长，年鉴成果粲然可观，为实施中国年鉴精品工程奠定了坚实的基础。实施中国年鉴精品工程，就是要在全国地方志系统起到示范作用，进一步培育精品意识，打造精品年鉴，以点带面，在提高年鉴质量方面探索出一条切实可行之路，使这项探索工程和创新工程能够积累经验，发挥引领作用。

“万山磅礴，必有主峰；龙衮九章，但挈一领。”实施中国年鉴精品工程，是筑牢地方志事业特别是年鉴事业发展根基之举，其意义与价值不言而喻。但编修出年鉴精品佳作，绝非朝夕之功，需要付出长期艰辛的努力。希望通过实施中国年鉴精品工程，能够进一步推进年鉴质量建设，使年鉴真正成为传承中华民族优秀传统文化的重要载体，成为展示中国国情、地情的重要窗口，成为“为当代提供资政辅治之参考、为后世留下堪存堪鉴之记述”的资源宝库，在全面建成小康社会过程中作出更大贡献。

是为序。

中国社会科学院原副院长

原中国地方志指导小组常务副组长　李培林

编辑说明

一、《武安年鉴》是由武安市地方志编纂研究中心编纂的年度资料性文献，2016年开始逐年编纂出版。本卷为第八卷。

二、《武安年鉴（2023）》以马克思列宁主义、毛泽东思想、邓小平理论、“三个代表”重要思想、科学发展观、习近平新时代中国特色社会主义思想为指导，坚持辩证唯物主义和历史唯物主义的立场、观点和方法，坚持实事求是的原则，全面系统地记述2022年武安市自然、社会、经济发展的历史进程，全面汇集武安市各方面的重要资料，客观地反映新变化、新成就及经验教训，为党政领导制定计划、作决策提供可靠的参考依据，为科研、企事业单位研讨事业发展提供翔实资料，为读者全面了解武安市提供基础性资料，为编史修志积累资料。

三、《武安年鉴（2023）》记述起讫时间原则上为2022年1月1日至2022年12月31日。为保证内容资料的完整性、连续性，根据记述需要，个别内容时间适当上溯或下延。

四、《武安年鉴（2023）》采用分类编辑法，以事业（或事业相近因素）为主分类，不受行政隶属关系制约。全书主体内容分为类目、分目、条目3个层次,个别地方设次分目。全书设城市名片、2022荣誉、专题图片，卷首设特载、专文、大事记，卷尾设统计资料、附录。正文设市情概览、中国共产党武安市委员会、武安市人民代表大会、武安市人民政府、中国人民政治协商会议武安市委员会、中国共产党武安市纪律检查委员会　武安市监察委员会、民主党派与工商联、群众团体、法治、军事、经济管理、农业、工业、商贸服务业、园区建设、交通　邮政　通信、金融业、旅游业、水利、城市建设与管理、乡村振兴、生态环境保护、科技、教育、文化、卫生健康、体育、社会生活、应急管理、乡镇、人物·荣誉31个类目。设分目206条，次分目14条，条目1063条。卷首专题图片44幅、随文图片89幅、表格29张。

五、《武安年鉴（2023）》在保持框架相对稳定的前提下，对部分内容更新、调整、充实，突出地域特色和时代特征。类目由《武安年鉴（2022）》的25个调整为31个，将“武安概况”更名为“市情概览”。将“商贸”更名为“商贸服务业”。将“城乡建设”更名为“城市建设与管理”。将“金融”更名为“金融业”。将“民主党派”更名为“民主党派与工商联”，将“武安市工商业联合会”分目移入该类目。将“综合管理”类目下“邯郸市生态环境局武安市分局”分目升格为类目“生态环境保护”。将“交通通信”更名为“交通　邮政　通信”，增设“邮政”分目。取消“财政税务”类目，将内容降格为“财政”“税务”两个分目，移入“经济管理”类目。取消“民政”类目，将内容降格为分目，移入“社会生活”类目。将“教育体育”类目拆分为“教育”“体育”两个类目。将“文化旅游”类目拆分为“文化”“旅游业”两个类目。增设水利、乡村振兴、社会生活、应急管理4个类目。在篇目设置上对个别类目和条目顺序也进行适当调整。

六、《武安年鉴（2023）》在卷首专题图片设置“钢铁强市”“旅游盛景”“特色农业”“非遗传承”4个专题。

七、《武安年鉴（2023）》涉及的主要数据以武安市统计局提供为准，但个别数据由于统计口径和方法不同而有些许差异，请读者在引用时加以注意。

八、《武安年鉴（2023）》所用稿件大部分由各承编单位撰写，并经单位负责人审定。部分稿件参考“新武安”微信公众号和市委、市政府及有关部门简报、网站等方面的信息。

九、全书使用的机构名称，原则上以各级编制机构核定的名称为准。计量采用法定计量单位，个别计量单位因记述需要遵从习俗。数字用法、标点符号用法分别采用国家标准《出版物上数字用法》（GB/T 15835—2011）、《标点符号用法》（GB/T 15834—2011），计量单位采用国家技术监督局1993年12月发布的《量和单位》系列国家标准。

城市名片

WU AN

中郡研究所全国百强榜单第76名

中小城市研究院全国百强榜单第85名

全国科技创新百强县市第78位

中国工业百强县(市)榜单第73位

中国创新百强县(市)榜单第51位

第四届全国县域旅游综合实力百强县

国家知识产权强县建设试点示范县

全国生猪调出大县

全国连翘产业大县

全国“四好农村路”示范县

河北省卫生城市

河北省节水型城市

河北省森林城市

河北省文化产业赋能乡村振兴试点县

河北省美丽农村精品示范路

被中国作物学会粟类作物专业委员会授予“世界粟之源”称号

2022 荣誉

◇ 武安市第一中学团委被共青团中央评为2021年度“全国五四红旗团委”

◇ 武安市蓝天宾馆餐饮部被共青团中央授予“第20届全国青年文明号”称号

◇ 武安市市场监督管理局、武安市应急管理局被国家机关事务管理局评为节约型机关

◇ 武安市统计局被国家统计局评为第五次全国经济普查投入产出调查试点县

◇ 玉带河综合治理项目被国家发展和改革委员会、生态环境部、国家开发银行纳入第二批EOD试点项目名单

◇ 武安市供销合作社被中华全国供销合作总社评为全国流通网络强县培育国家级试点

◇ 武安市磁山镇磁山二街被国家卫健委、全国老龄办评为“全国示范性老年友好型社区”

◇ 武安市徘徊镇西河下村，磁山镇南岗村、明峪村，石洞乡河西村被住建部评为第六批中国传统村落

◇ 武安市磁山镇被河北省爱卫会评为省级卫生乡镇

◇ 武安市磁山镇磁山二街、刘庄村、岩山村，淑村镇白马寺村、白沙村，工业园区泉上村被河北省爱卫会评为省级卫生村

◇ 武安市消防救援大队被应急管理部消防救援局、河北省消防救援总队授予集体三等功、评为先进消防救援大队

◇ 武安市淑村镇被河北省人民政府评为第五批历史文化名镇

◇ 武安市科技和工业信息化局被河北人力资源和社会保障厅、河北省工业和信息化厅授予“全省工业和信息化系统先进集体”称号

◇ 武安市应急管理局被应急管理部消防救援局、河北省安委办、河北省地震局评为应急管理部优秀执法案例、2022年河北省“安全生产月”活动先进单位、2022年河北省应急安全知识网络竞赛优秀组织单位、2022年河北省地震系统先进集体

◇ 武安市人民防空办公室被河北省人力资源和社会保障厅、河北省人民防空办公室授予“河北省人民防空系统先进集体”称号

◇ 武安市徘徊镇西河下村、活水乡楼上村、磁山镇明峪村、邑城镇白府村被河北省人民政府评为第五批历史文化名村

◇ 武安工业园区被河北省商务厅评为2021年度全省综合考核先进经济开发区、2022年度全省抓投资上项目提能级先进示范经济开发区

◇ 武安市公安局被河北省公安厅刑事警察总队评为全省刑事科学技术室功能区间实战化设置示范单位

◇ 武安市市场监督管理局被河北省人民政府食品安全委员会办公室评为食品安全工作先进集体

◇ 武安市活水乡、伯延镇伯延村被河北省文化和旅游厅评为第四批省级乡村旅游重点村镇

◇ 武安市徘徊镇供销社被河北省供销合作总社评为河北省供销合作社系统基层社示范社

◇ 武安市教育体育局被河北省教育厅评为“争创人民满意的公务员集体”十佳集体

◇ 武安市西土山镇卫生院、社区卫生服务中心被河北省卫生健康委员会评为河北省基层医疗卫生机构特色专科

武安市裕华钢铁有限公司2022年入围中国企业500强、中国制造业企业500强、中国民营企业500强。图为裕华钢铁公司智能操控中心

武安市裕华钢铁有限公司生产车间　　（裕华钢铁公司　供图）

（市委宣传部　供图）

钢铁强市 》

钢铁工业是武安市的支柱产业。2022年，武安市有规模以上钢铁企业12家，钢铁工业完成增加值392亿元，纳税17.9亿元。9家钢铁企业入围中国企业500强，11家钢铁企业入围中国制造业企业500强，11家钢铁企业入围中国民营企业500强。8家钢铁企业主营业务收入超百亿元，8家钢铁企业纳税超亿元。

年内，新增10家国家级高新技术企业、16家省级专精特新企业、国家级和省级企业技术中心各1家，2家企业获评国家级专精特新“小巨人”企业，6家企业成为全省首批县域特色产业集群“领跑者”企业。

武安市裕华钢铁有限公司热轧卷板生产线　　（裕华钢铁公司　供图）

河北普阳钢铁有限公司2022年入围中国企业500强、中国制造业企业500强、中国民营企业500强。图为普阳钢铁公司生产车间

（李树锋　摄）

河北新金万利新材料科技有限公司2022年入围国家级高新技术企业、省级专精特新企业。图为新金万利新材料科技有限公司90万吨涂镀板车间

（新金万利公司　供图）

河北钜兴智能装备制造有限公司生产车间

（钜兴公司　供图）

河北太行钢铁集团有限公司2022年入围中国民营企业500强。图为太行钢铁公司退城进园施工现场

（太行钢铁公司　供图）

新兴铸管股份有限公司2022年入围中国企业500强、中国制造业企业500强。图为新兴铸管公司厂景

（新兴铸管公司　供图）

新金万利新材料科技有限公司高端家电板生产车间

（新金万利公司　供图）

旅游盛景 》

武安山水资源丰富，旅游产业独具优势。2022年，武安市有7家国家AAAA级旅游景区，数量占邯郸市41%；2家国家AAA级旅游景区。全市有273家旅游住宿企业，1家全国休闲农业与乡村旅游示范点，1个河北省乡村旅游重点乡，3个省级乡村旅游重点村。年内，接待国内外游客173万人次，旅游综合收入15.3亿元，旅游从业人数2万余人。武安市获“2022年全国县域旅游综合实力百强县”称号，王坡民宿、石八酒民宿被河北省文化和旅游厅评为“河北省十佳创意设计乡村民宿”，活水乡被河北省文化和旅游厅评为“河北省十佳乡村精品民宿集聚区”。

国家AAAA级景区京娘湖全貌

（市委宣传部　供图）

国家AAAA级景区朝阳沟跌水岩瀑布　　（市委宣传部　供图）

国家AAAA级景区长寿村长寿园　　（市文广旅局　供图）

国家AA级景区十六沟入口　　（市委宣传部　供图）

河北省十佳乡村精品民宿集聚区活水乡——漫宁民宿

（市委宣传部　供图）

河北省十佳创意设计乡村民宿——王坡民宿　　（市委宣传部　供图）

河北省十佳乡村精品民宿集聚区活水乡——柒园民宿

（市委宣传部　供图）

国家AAAA级景区七步沟马武寨　　（市委宣传部　供图）

国家AAAA级景区古武当山晨曦

国家AAAA级景区东太行悬崖栈道　　（东太行景区　供图）

（市委宣传部　供图）

特色农业 》

2022年，武安市农业形成武安小米、中药材、瘦肉型猪、特色林果四大产业格局。武安小米是国家“地理保护标志产品”“河北省十大区域公用品牌”，入选全国名特优新农产品目录，获“地理标志证明商标”认证、中国国际农产品交易会金奖、中国绿色食品博览会金奖，中国作物学会粟类作物专业委员会授予武安市“世界粟之源”称号。第六届京津冀中药材产业发展大会组委会授予武安市“连翘产业大县”称号。武安市连续12年获评全国生猪调出大县，富士苹果获河北省2022年度山地苹果鉴评金奖。

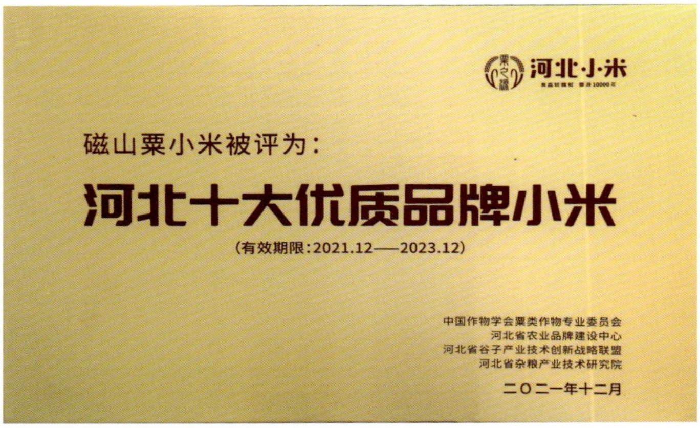

“河北十大优质品牌小米”奖牌 （市农业农村局　供图）

“十大冀药连翘产业大县”奖牌 （市农业农村局　供图）

武安市武粮农业科技有限公司联合收割机作业现场　　（刘国桢　摄）

武安市伯延镇杨二庄村王杰家庭农场种谷基地　　（刘国桢　摄）

武安市大同镇马会村高标农田

（贺新华　摄）

2022年4月，武安市活水乡宅清沟村闫圪道玉莲种植园的连翘花

（刘国桢　摄）

2022年5月，武安市管陶乡车谷村生态采摘园的樱桃（刘国桢　摄）

2022年6月，武安市北安乐乡康宿村绿毅果园的杏　（刘国桢　摄）

武安市淑村镇白沙村绿色田园现代农业示范区（刘国桢　摄）

武安市智寿源林牧有限公司现代化养猪场（智寿源公司　供图）

武安市大同镇马会村夏收场景

（刘国桢　摄）

“2022 年度河北省山地苹果鉴评大赛金奖”奖牌　（刘国桢　摄）

2022 年 10 月，武安市管陶乡韩阳湖苹果采摘园

（刘国桢　摄）

非遗传承 》

2022年，武安市有111项非物质文化遗产保护项目。其中，武安傩戏、赛戏、武安平调落子3项国家级非物质文化遗产保护项目；伯延民间建筑艺术、琅矿活帷子、土山诚会、黄河灯阵、薛氏火罐疗法5项省级非物质文化遗产保护项目。2022年，国家级非遗武安平调落子传承人入选2022中国非物质文化遗产保护“中国非遗传承年度人物榜十佳年度人物”。武安市非遗传习所学员获中国少儿戏曲“小梅花”奖。

武安傩戏是国家级非物质文化遗产保护项目，由最原始的祭祀仪式融合舞蹈、戏曲、民间艺术而成，为武安独具特色的民间传统文化。图为武安傩戏《捉黄鬼》（江芳延 摄）

武安平调落子是国家级非物质文化遗产保护项目，为武安平调、武安落子两个地方剧种的总称。两个剧种常同团、同台演出，属全国罕见，在戏曲界称为“两下锅”。武安平调行当齐全、唱腔优美、表演奔放、善演大戏；武安落子诙谐幽默、表演细腻、乡土味浓，唱腔、道白使用武安方言，善演家庭小戏。

武安平调《杨业归宋》　　（李红兵　摄）

武安落子《福寿图》　　（李　娜　摄）

赛戏是国家级非物质文化遗产保护项目，流传于武安市大同镇东通乐村。每年元宵节期间，举行大型赛戏演出，祈求风调雨顺、年年丰收，村民吉利平安。图为东通乐赛戏《大国称》

（李红兵　摄）

土山诚会是河北省级非物质文化遗产保护项目，盛行于武安市西土山镇西土山村、东土山村，为武安民间艺术的集中展现。图为土山诚会舞龙表演　（韩炳涛　摄）

黄河灯阵是河北省级非物质文化遗产保护项目。灯阵由365根木桩组成，用绳索有规律绑定，每个木桩顶部用五色纸糊一个纸筒，里面放个小灯盏，象征着一年365天平安吉祥。图为武安市西土山镇骈山村黄河灯阵

（乔会生 摄）

琅矿活帷子是河北省级非物质文化遗产保护项目，是民间花会的一种表演形式，模仿古代帝王出巡的仪仗队而编排。演出时队伍队形变换迅速、整齐，在或走、或跑、或踏、或跳的表演动作中双臂上下抖动，帷子头上铁环发出有节奏响声，产生音乐效果。图为武安市冶陶镇琅矿村活帷子表演 （野丽君 摄）

李十王子火是邯郸市级非物质文化遗产保护项目。元宵节期间，武安城多于丁字路口垒筑李十王子塑像，俗称福爷。福爷塑像中空，添加煤炭点燃，其五官、双乳、肚脐处喷出一尺多高的蓝色火苗，俗称福火。群众用筷子、铁丝串起可烤制的食品，在火苗处烤着吃，祈盼一年福运安康。图为武安镇古楼街李十王子火

（李红兵　摄）

武安竹马是邯郸市级非物质文化遗产保护项目。演员身穿戏装，背扎护背旗，头戴武冠，腰挎竹马，手拿马鞭。表演以碎步、蹦跑为主，加带音乐伴奏，表演形式有转圈、跑八调、卧马、并马、打马鞭、转马、对马、串马等。图为武安市贺进镇梁市村竹马

（野丽君　摄）

转海眼是邯郸市级非物质文化遗产保护项目，龙务村独有的民俗活动。转海眼在古代战乱时期象征天下太平，现在象征社会和谐。图为武安市阳邑镇龙务村转海眼活动 （李红兵 摄）

上刀山是邯郸市级非物质文化遗产保护项目。赤脚上刀山是一种民间绝技，表演时动作惊险，结束后，手脚均无伤痕，靠的是一种特殊的技巧，更是一种勇气和信心。图为土山诚会中的上刀山表演 （野丽君 摄）

打梨花，又名打犁铧，是武安市级非物质文化遗产保护项目。表演者用坏犁铧或者生铁熔化成铁汁，一人用一小勺舀起铁水，轻轻甩开，另一人手持长约一米、宽约十厘米木板，用力将其向上拍打，铁汁便散落开来，形成一片火花，在夜空中格外璀璨。打梨花寓意来年五谷丰登、生活富裕。图为武安市上团城镇上团城村打梨花 （李红兵 摄）

武安市行政区划图

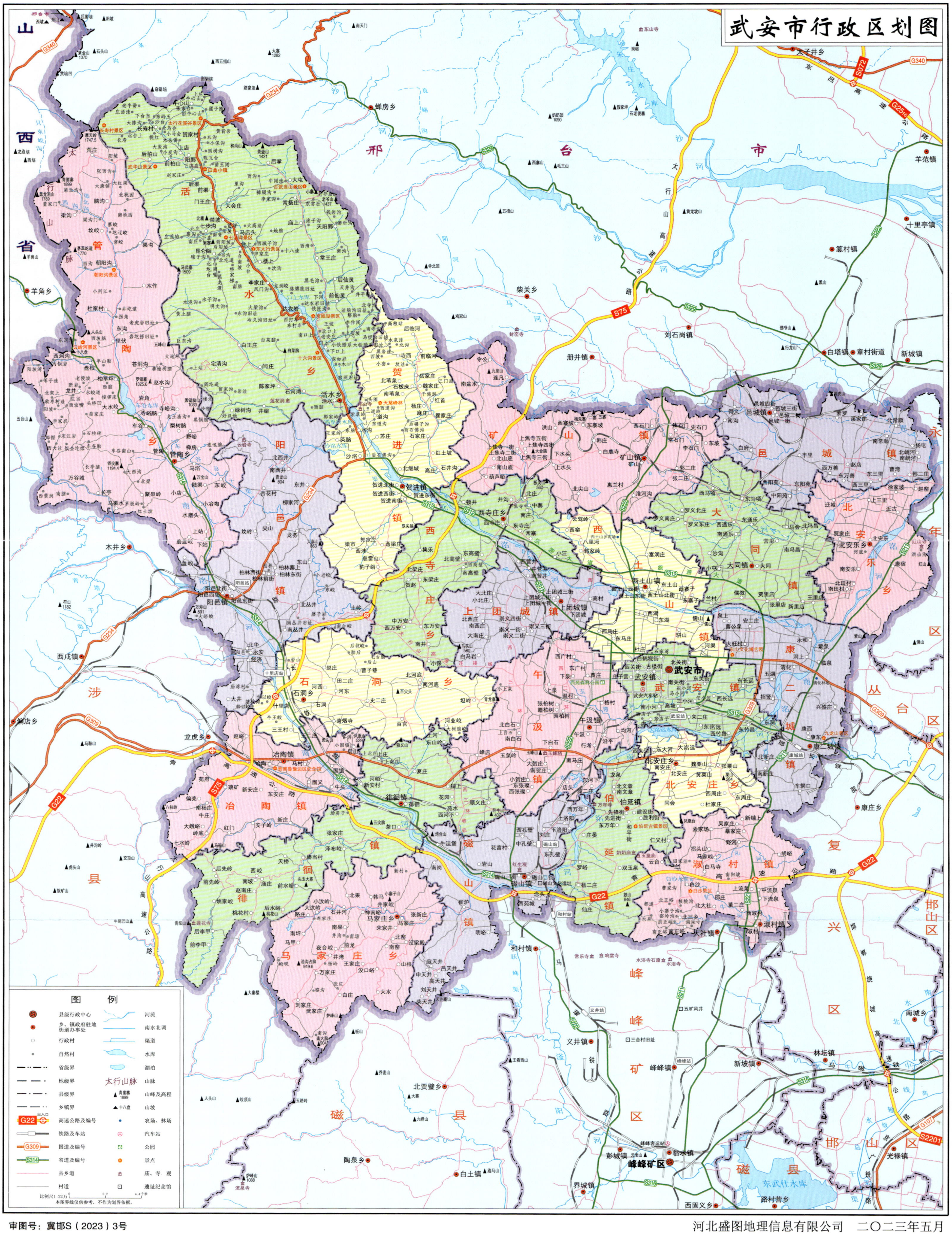

审图号：冀邯S（2023）3号

河北盛图地理信息有限公司　二〇二三年五月

目 录

特 载

专 文

大 事 记

市情概览

中国共产党武安市委员会

武安市人民代表大会

武安市人民政府

中国人民政治协商会议武安市委员会

中国共产党武安市纪律检查委员会 武安市监察委员会

民主党派与工商联

群众团体

法　治

军　事

经济管理

农　业

工业

商贸服务业

园区建设

交通　邮政　通信

金融业

旅　游　业

水　利

城市建设与管理

乡村振兴

生态环境保护

科　技

教　育

文 化

卫生健康

体　育

社会生活

应急管理

乡 镇

人物·荣誉

统计资料

附　录

索　引

特　载

高举伟大旗帜　奋力跨越赶超
为推动武安高质量发展实现“十四五”期间
经济总量超千亿而努力奋斗

——2022年1月14日在中国共产党武安市第八届委员会第三次全体会议上的讲话

市委书记　刘浩峰

一、加强政治建设，担当历史使命，奋力开创建设富强文明美丽幸福现代化新武安崭新局面

2021年是党和国家历史上具有里程碑意义的一年，也是武安“十四五”强势开局和换届后新班子履职的第一年。市委常委会团结带领全市广大党员干部群众，认真贯彻落实党中央和省委、市委决策部署，以百年党史为激励，战胜了一个又一个困难，打赢了一场又一场硬仗，推动各项事业取得了新成就，实现了“十四五”良好开局。

（一）坚持政治引领，凝聚奋进强大合力。持续强化创新理论武装。对中央和省、市重要会议精神，坚持第一时间学、第一议题学。党的十九届六中全会召开后，市委常委带头宣讲，持续兴起学习宣传贯彻热潮。牢牢掌握意识形态工作主动权、领导权，学习强国学员总数和活跃学员数、“新武安”微信公众号政务影响力均位居邯郸市第一，市委统战部被推荐为全省统战系统先进集体。深入开展党史学习教育。先后召开7次市委常委会（扩大）会议、14次专题会议部署推进，推动党史学习教育走深走实。围绕庆祝建党100周年，开展了主题征文、演讲比赛等丰富多彩的主题活动，新排大型红色题材平调剧《江姐》，晋冀鲁豫边区革命纪念馆被中宣部等四部委纳入“建党百年红色旅游百条精品线路”，参观受教育人数达20多万人次。始终保持坚强战略定力。胜利召开市第八次党代会和九届人大一次会议、政协九届一次会议，各职人选均满票当选，选出了新班子，换出了新气象。不折腾、不懈怠，坚持一张蓝图绘到底、一任接着一任干，点燃干事创业热情，以崭新面貌接续奋斗新征程。

（二）坚持质效并重，经济实力再上台阶。产业转型加快突破。推动明芳钢铁、玉洲煤化、文丰钢铁等围城企业稳妥有序关停退出，制定“一揽子”整合重组方案，推动现有13家钢铁企业整合为“6+1”格局，压减钢铁产能279万吨，呈现“规模集聚、装备升级、绿色发展、精细提升”的良好态势。去产能经验做法入选河北省全面深化改革典型案例。项目建设成果丰硕。63个重点产业项目进展顺利，太行一期、钜兴铸管及精密铸件、清峰绿能固废等一批重大项目建成投运，争列省市重点项目总数、投资总量均为邯郸市第一，上半年和下半年重点项目考核观摩连续位列邯郸市第一。强力开展“双招双引”，签约金额161.23亿元。深化“放管服”改革，坚持创新驱动，新增市场主体8054家、“四上企业”39家、高新技术企业7家、国家级工业设计中心1家、省级“专精特新”企业3家、省级研发平台2家，上榜中国工业百强县（市）。发展保障更加给力。实施由市领导牵头挂帅的产业链“链长制”，大力开展强链延链补链行动。4次开展高规格政银企对接合作会，各级银行累计向武安授信1437.06亿元。争取用地计划指标5279亩，在全邯郸市排第一。工业园区加快扩区、调区步伐，被认定为“河北省军民融合示范园区”、省级能级提升示范经济开发区。深化国有企业改革，整合市属国有企业和优质资产资源，城发集团主体信用评级评定“AA”，投融资能力进一步增强。2021年，全部财政收入、一般公共预算收入均创历史新高，提前25天实现全年财政收入目标。预计全年生产总值增长6.5%，首次突破700亿元大关，跃居全国“百强”第78位，连续五年实现保强晋位。

（三）坚持融合发展，城乡面貌日新月异。城市功能更加完善。全长24公里的四条环路改造提升工程全部竣工，新建17个带状公园、20个景观节点、29处公益性生态停车场。完成24处老旧小区改造提升，南关商业步行街改造加快推进，5万多户主城区居民用上天然气，城区集中供热基本实现全覆盖。深入推进全国文明城市创建工作，在创建全国文明城提名和省级文明城复检中均位列全省第一。乡村振兴步伐加快。大力推动共同富裕，为1000余名脱贫群众安排公益性岗位就业，投入1亿多元实施资产收益产业项目。谋划推进南山沟特色种植产业带和北部现代农业产业带，产业薄弱区域乡村振兴的定位更精准、路径更清晰。大力开展乡村建设行动，示范创建30个红旗村、70个精品村，打造22个升级版美丽乡村。大力实施乡村产业提升行动，益源牧业26万头生猪项目等一批养殖龙头项目启动建设。第六届省旅发大会展示了武安风采。获评“河北省民间文化艺术之乡”，继续上榜“中国县域旅游综合竞争力百强县市”。基础设施有力提升。白云大道、平安大道、旅游大道等道路完成改造提升，旅游环线朝阳沟等6条隧道全面贯通，旅游“大通道”正在加快形成。聊邯长高铁武安站初步选址。新改建10个乡镇、45公里农村公路，成功创建“四好农村路全国示范县”“全国第二批城乡交通运输一体化示范创建县”。实施农村饮水安全巩固提升工程，全市农村饮用水源水质检测合格率100%。完成27公里城西复线、16公里冀南钢铁专线、5公里城市环路供水管线等供水工程，城乡饮水、工业用水更富保障。

（四）坚持绿色低碳，生态环境明显改善。空气质量持续好转。及时充实加强大气办力量，召开企业实际控制人座谈会，政企同心治污染。全面关停15座高炉、15座转炉。32座高炉、26座转炉全部新上环保装备。玉洲煤化、新兴铸管4座4.3米以下焦炉和全市41家煤矸石烧结砖企业整体退出。精准管控“车尘油煤”，普阳钢铁等5条铁路专用线开通运营。以零容忍态度依法严厉打击环境违法行为。空气质量综合指数、PM2.5、PM10较上年同比分别下降18.63%、22.81%、20.83%，改善率在全省133个传输通道区县中正排第28名、第44名、第10名，优良天数同比增加34天。生态修复更加深入。圆满完成省下达的18处、1141亩矿山生态修复治理任务，省领导袁桐利带队到武安市观摩，给予高度评价。实施矿山综合治理，以零容忍态度依法严厉打击偷挖盗采，侦办非法盗采案件10起，对6人采取刑事强制措施。超额完成年度营造林任务，森林覆盖率提高1.5个百分点，造林面积达25.3万亩。持续抓好森林防灭火工作，人员、装备、协同机制全面提升。水土污染防治一体推进。扎实开展饮用水水源地保护区违规建设整治，完成38个村生活污水治理任务。严格落实“河长制”，常态化开展清理河道“四乱”，定期开展河流沿线污染隐患排查整治，洺河近古断面等水质持续达标。扎实推进土壤污染防治，严厉打击危险废物非法处置、倾倒等环境违法行为。

（五）坚持民生导向，发展成果全民共享。社会事业全面进步。民生支出占一般公共预算支出的80%以上，28项民生工程顺利实施。洺湖、安瑞、新华3所小学建设取得实质性突破，高考成绩再创新高，职教对口升学连续21年全省第一。市第一人民医院被评为三级乙等医院，全省县级唯一；建立27家慢特病服务站，11个社区成立居家日间照料服务中心，获评2021年河北省医养结合优质服务县（市）。率先完成2022年度基本医疗保险全民参保任务，社保各项工作走在邯郸市前列，邯郸市主管部门专门致信表扬。落实残疾人待遇保障，维护妇女儿童权益，关心关爱留守儿童，做好退役军人服务管理，连续八次被命名为“河北省双拥模范城”。牢牢守住民生底线。精准扎实开展疫情防控，严格落实十个常态化、30项防控措施，为人民群众筑起疫情防控安全线。全力应对汛期强降雨和大风灾害天气，实现安全度汛、无一人伤亡。社会大局和谐稳定。圆满完成庆祝建党100周年、党的十九届六中全会等系列重大活动安保维稳任务，扎实开展化解信访积案“百日攻坚”行动，中联办及省市交办的案件全部化解到位。以“燕赵—砺剑铸盾2021”专项行动为抓手，破获各类刑事案件594起，查处治安案件2243起、同比下降12%。常态化开展扫黑除恶斗争，市纪委监委、市法院被评为全省“扫黑除恶专项斗争先进集体”，市委政法委被推荐为全省县级党委政法委先进典型。深入推进安全生产专项整治三年行动，持续开展安全生产大排查大整治，整改各类安全隐患3.3万处，加强食品药品管理，有效巩固了全市安全稳定良好局面。

（六）坚持党建引领，基层基础更加巩固。圆满完成乡村两级换届任务。配齐配强了22个乡镇领导班子和502个村“两委”班子，村支部书记、村委会主任全部实现“一人兼”。换届后对农村“两委”干部和新提拔领导干部进行全覆盖培训，积极开展“开门一件事”活动，累计办理民生实事2300余件。强化基层组织建设。扎实开展“三基”建设年活动，新建农村党群服务中心9个，整修提升435个，打造5个邯郸市级非公党建示范点，完成19个软弱涣散村党组织整顿转化任务。规范党务村务运行，实现以制度管人管事管权。实施社区工作人员规范化招聘，社区服务能力进一步增强。强化党员教育管理，严格“三会一课”等组织生活制度，探索支部课堂、党员夜校等教育管理新形式。创新基层社会治理。建成邯郸首家县级互联网信息中心。扎实开展宗教领域专项整治和基层治理，深入推进依法治市，出台《法治武安建设规划（2021—2025年）》，5个村获评第六批河北省民主法治示范村（社区）。村（社区）综合服务站工作全省领先。

（七）坚持从严治党，政治生态不断净化。严格落实管党治党政治责任。定期听取“两个责任”落实情况汇报，推动从市委到村委健全规范制度运行，印发了《武安市加强对“一把手”和领导班子监督工作主要措施及责任分工清单》，通过抓班子、带队伍提高了各级党组织组织力、凝聚力、战斗力。扎实推进巡视整改和自主巡察。从严抓好省委巡视邯郸和巡视武安“回头看”反馈问题整改，高标完成邯郸市委提级巡察反馈问题整改，实现七届市委对乡科级单位和农村巡察全覆盖，发现并整改问题4196个，移交问题线索735件，给予纪律处分167人，组织处理407人，巡察质效全面提升。持续开展作风纪律整顿和反腐败斗争。认真落实中央八项规定及其实施细则精神，深入开展群众身边腐败和作风问题整治。出台一系列国有资产监管和农村“三资”管理制度，创新开展农村集体“三资”提级监督试点工作。扎实开展政法队伍教育整顿，处理违纪违法干警119人。坚持“八个零容忍”，常态化开展政治性警示教育，全年共立案查处各类违纪违法案件281件，给予党纪处分298人，给予政务处分101人，组织处理39

人，涉及乡科级党员干部55人，移送司法机关审查起诉7人，形成了有效震慑，优化了政治生态。

换届后，新一届市委班子迅速拧开解放思想“总阀门”，持续深化“转提比作”。成立了“两山”“两碳”工作领导小组，研究推动武安碳中和、碳达峰工作；搭建了“投融建”学习群，学习掌握“EOD”、区片开发等先进投融建模式，以理念更新破解资金瓶颈；我们学习醒来的铜陵、崛起的徐州、前行的迁安，在对标先进中破除小富即安、小进即满思想；我们分战线走出去，学习玉田、阜平矿山生态修复治理经验，学习辛集、枣强保税区建设和外综服务平台发展经验，学习巨鹿“医共体”经验，通过学先进、知不足、补短板，焕发新的干劲，干部精神状态明显提振，各项工作呈现昂扬向上发展态势。换届后，邯郸市委、市政府主要领导就武安钢铁企业整合重组、退城进园、灾后修复重建、4.3米焦炉关停等重点工作，先后作出8次批示予以充分肯定，鼓励武安绿色转型、高质量发展。

市委常委会切实加强党的全面领导，支持市人大常委会、市政府、市政协、市法院、市检察院党组依法依章程履行职能。支持市纪委监委依法依纪开展监督、查办案件。注重做好新形势下的统战工作，支持工会、共青团、妇联、工商联、残联、科协、文联等群团组织发挥作用，档案、党管武装、国防教育等工作都得到新的加强。这些成绩的取得，是习近平新时代中国特色社会主义思想科学指引的结果，是省委、邯郸市委坚强领导的结果，是全市广大党员干部群众团结拼搏的结果。特别是乡镇、部门基层一线的同志，在经济转型、项目建设、经济运行、污染防治、疫情防控、防火防汛、灾后重建、安全生产、社会治安、维护稳定和党的建设等重点难点工作上，承受了巨大压力，付出了艰辛努力，做出了突出贡献。在此，我代表市委常委会，向各方面的关心、支持和付出表示衷心的感谢，致以崇高的敬意！

二、深刻分析形势，锚定更高目标，以强烈的责任感和紧迫感推动武安实现大发展、大跨越

过去一年，我们围绕建设富强文明美丽幸福的现代化新武安这一奋斗目标，谋准谋实“十四五”发展路径，做了大量基础性工作，各项工作全面铺开。2022年站在新的历史起点，必须抢抓机遇、攻坚克难，加快发展。

高举旗帜、乘势而上。在世纪疫情冲击下，百年变局加速演进，外部环境更趋复杂严峻和不确定，国内经济发展面临需求收缩、供给冲击、预期减弱三重压力。但中国经济韧性强，长期向好的基本面不会改变。特别是中央经济工作会议提出“稳字当头、稳中求进”，为我们高质量发展提供了良好环境；“适度超前进行基础设施建设”，对武安优势产业发展带来重大利好，对改善城乡生活环境带来宝贵机遇。我们坚信有以习近平同志为核心的党中央领航掌舵，有党的创新理论武装头脑，有省委、市委的坚强领导，有解放思想迸发出的强劲活力，武安一定能够抢抓机遇、乘风破浪、一往无前。

审视自我、坚定信心。既要看到，当前我们的产业结构不优、新兴产业支撑不足、三产发展步伐不快、土地“瓶颈”制约明显、大气污染防治任务艰巨、基础设施欠账较多、退城进园、减量重组“后半篇”文章还有大量工作要做，等等。又要看到，武安工业门类齐全、产业基础雄厚，随着围城钢焦企业关停退出、整合重组历史任务初步完成，工业装备规模迈上了新台阶，科技水平大幅提升，只要做好强链延链补链工作，武安发展将迎来新天地；武安有一千亿元以上社会存款，“十四五”期间各类银行为武安授信一千亿元以上，“两个一千亿”为我们加快高质量发展提供了充足的金融保障；武安有一支优秀的企业家队伍，秉承“武商”精神，历经市场洗礼，有情怀、有视野、有担当、有能力，敢闯敢试、诚实守信，只要加以激励推进，就一定能在新时代、新征程大显身手。

对标先进、催人奋进。从发展历程看，“十二五”到“十三五”期间，武安经济总量徘徊在500亿元到600亿元左右，2021年首次突破700亿元大关。如果按部就班、顺其自然，“十四五”末也能突破800亿元，但我们不能满足于“内卷式”成长、“躺平式”增长，在竞争日趋激烈的大环境下，我们必须站起来、奔跑起来，积极作为，让一切推动跨越发展的源泉充分涌流，让一切创新创造的活力竞相迸发，才能在时代的洪流中勇立潮头。从对比先进看，2020年迁安经济总量超过了千亿元，达到1006.9亿元。如果我们在“十四五”期间还不能达到千亿元量级，我们将落后迁安十年以上。与兄弟县区相比，2020年，邯郸全市限上规模服务业收入253.7亿元，武安仅占17.9亿元，与冀南新区相齐，仅是丛台区的1/2，邯山区的1/4。我们的规上工业总产值及增加值均占到邯郸市1/3左右，但三产增加值仅占邯郸市的13.4%，二产对三产的拉动作用很不匹配、很不科学。这都在警醒着我们，与标兵的差距在拉大，与追兵的距离在缩小。从邯郸市要求看，邯郸市第十次党代会提出，“到2025年，全市生产总值突破5000亿元、力争达到5500亿元”。我们只有在“十四五”期间经济总量达到1000亿元以上，才能保证为邯郸贡献1/5以上的经济总量，才能继续当好“排头兵”和“领头雁”。

面对不进则退、慢进也是退的严峻形势，全市上下都要强化经济总量意识，以更加开放的思路，更加艰苦的努力，把目标细化到年度，把增长具体到项目，一步一个脚印推进，努力在邯郸市大盘子中增加武安的分量和比重，为全市大局做贡献。同时，既看增量、看总量，更要看质量、看人均。在实际工作中要高度关注三次产业结构、人均生产总值、税收收入占比、规上工业企业利润增速、单位生产总值能耗降幅等指标，努力实现更高质量、更好效益、更可持续的发展。

基于以上分析，市委提出推动“十四五”期间全市经济总量超越1000亿元大关。这不是一时的心血来潮、不是“唯GDP论”，而是完整、准确、全面贯彻新发展理念的具体行动，是巩固武安经济领跑地位的现实需要，是市委经过大量调研、反复征求意见慎重作出的重大决策。我们有全国“百强”市的经济地位，但在城市建设上尚未发力，在外贸出口上尚未发力，在三产服务业上尚未发力。差距即是空间，短板即是潜力。我们一定要紧紧扭住生产总值这个衡量区域经济综合实力的核心指标，倒逼一二三产高质量发展，通过项目建设提质提速、招商引资跨越赶超，城乡建设和三产服务业有效拉动，努力把“蛋糕”做大分好，让人民群众的幸福感更强，让共同富裕的基础更加牢固。

市委常委会经过认真研究，提出2022年工作的总体要求是：以习近平新时代中国特色社会主义思想为指导，全面贯彻落实党的十九大和十九届历次全会精神，认真落实省第十次党代会、邯郸市第十次党代会和武安市第八次党代会决策部署，弘扬伟大建党精神，坚持稳中求进工作总基调，以深化供给侧结构性改革为主线，完整、准确、全面贯彻新发展理念，以科技创新驱动、绿色低碳转型为动力，持续深入解放思想，加快转型升级步伐，全力防治污染，促进城乡融合，持续改善民生，提升治理能力，维护和谐稳定，统筹疫情防控和经济社会发展，坚定不移走好转型发展、创新发展、绿色发展、安全发展、城乡融合发展的高质量发展之路，向“十四五”期间经济总量超千亿迈进，加快建设富强文明美丽幸福的现代化新武安，以优异成绩迎接党的二十大胜利召开。

本着“稳字当头、稳中求进、进中求快”的原则，经过初步测算，提出2022年全市经济发展的主要预期目标为：全市生产总值增长8.5%，一般公共预算收入增长8.5%，全社会固定资产投资增长9%，规模以上工业增加值增长6.5%，全社会消费品零售总额增长10%，城乡居民人均可支配收入分别增长8%和9.5%，这些目标是综合考虑宏观经济走势和武安市发展需要提出的。对此，我们必须牢牢抓住不松手，千方百计抓落实。

三、坚持量质提升，加快攻坚突破，向着经济总量超千亿目标奋勇前进

2022年是党的二十大召开之年，是“十四五”规划全面推进之年，是建设富强文明美丽幸福现代化新武安的关键一年，也是推动经济总量超千亿的起步之年，做好今年工作，意义重大。

（一）抓实项目建设，培育充满活力新动能。重点项目建设是全市的第一要务、头等大事，各级各部门都要全力打好项目建设攻坚战，投身经济建设主战场贡献力量。大力开展项目服务推进行动。抓实总投资1666亿元的186个项目、当年计划投资293亿元的139个重点项目，完善“项目包联、专班推进、要素保障、观摩拉练”等机制，全力推动金鼎H型钢、清峰建筑垃圾综合利用等省、市重点项目加快建设，确保尽快投产达效。大力开展招商选资行动。全面开展“亲商、暖商、为商”活动，压实9大产业强链延链补链责任，坚持内商外商一视同仁，优惠政策同等享受，吸引武商回归、总部回迁，让更多武安籍企业家投资本地、支持家乡；坚持以商招商、产业链招商，充分发挥23个招商组作用，让更多全国优势企业、实力客商集聚武安、共赢发展。大力开展工业提升行动。加快文安钢铁、新金钢铁（西区）退城步伐，全力推动太行焦电联产、冀南钢铁减量置换二期、普阳文安联合升级改造等重大支撑项目投产达效，优化产业格局，提升装备水平；延伸钢铁产业链条，大力发展吃钢用钢产业，加快新金低碳产业园等钢延项目建设，提高产品附加值；围绕打造智造之城，抓实钜兴铸管、格力精密装备制造等项目，提高制造业产值比重；大力发展新材料产业，加快龙凤山铁基新材料、火焰山工业纳米碳酸钙等项目建设；坚持创新驱动，支持企业与行业顶尖企业、科研院所合作，搭建科技创新平台；加大对兆宏泵业等有潜力的中小企业孵化，培育更多专精特新“小巨人”、行业“单项冠军”“隐形冠军”；持续推动企业“上云”和数字赋能，建成一批工业互联网融合示范项目；为驻武国有大中型企业继续提供优质服务，做好生产、生活保障。大力开展主体倍增行动。探索推进工业企业服务业主辅分离，建立新建投产拟入统工业企业培育库、规下升规上企业培育库，着力培育“四上”企业，争取早日入规入统；鼓励武安骨干企业供应链、服务链上的外地企业在武注册公司；鼓励大众创业、万众创新，让更多市场主体在武安落地生根、茁壮成长。大力开展现代服务业提升行动。加快制定现代服务业发展规划，精准定位，超前布局新业态，推动生产性服务业向专业化和价值链高端延伸、生活性服务业向高品质和多样化升级；要充分利用围城企业腾退土地，精心谋划现代服务业新业态；聚焦金融服务、咨询服务、科技研发、数字经济等现代服务业，筛选一批引领行业质态提升、极具行业竞争力的现代服务业企业进行重点培育，实现现代服务业扩量提质；鼓励引导武安优势企业积极发展总部经济，实现集团化经营、总部化运营，为家乡多做贡献；加大对武安保税物流中心支持力度，做大做强运输业，出台系列政策，吸引外贸综合服务平台、跨境电商平台、大宗交易平台、线上结算平台、金融支持平台和法务保障平台等向武安聚集，打造政策高地、成本洼地。

（二）坚持城建拉动，打造带动发展新引擎。瞄准邯郸市域副中心城市定位，全力打好城市建设攻坚战。加快区片开发。实施中兴路延伸和玉带河综合治理开发，推进西苑新区整体开发、加速崛起，推进九龙山生态区与主城区有效连接、一体发展。谋划启动裕华街、富强街南延等道路工程，推进洺湖新区与主城区融合发展。大力实施旧城改造，启动三井巷等老旧片区改造工程，推动城市有机更新。完成南关商业步行街改造，激活老城商圈。提升承载能力。实施南水北调“引江入武”工程，进一步改变武安市水资源短缺的历史难题，改善居民饮用水质量。谋划实施南二环东延、西三环北延至邯沙公路等道路工程，构建生产资料物流大通道，彻底解决大车穿城问题。推进智慧城市建设，积极布局5G网络、新能源汽车充电桩、智慧交通等新基建。加快推进武安市综合客运西站工程建设。启动建设城区及周边农村污水处理厂，升级改造城区老旧厕所21座、新建公厕10座，提高公共服务水平。强化精细管理。开展整治规范房地产市场秩序三年行动。开展“三拆三提升”行动，“三拆”即拆非正常施工围挡、拆违规建筑、拆私搭乱建；“三提升”，即提升环境卫生水平，在城区创建垃圾分类示范片区、示范单位，对主次干道、背街小巷和施工工地扬尘精准管控；提升公园游园品位，推动白鹤公园、东山森林公园等提档升级；提升排水防涝能力，对建东街等老旧管网实施扩容改造，进一步解决城市“内涝”问题。

（三）推动乡村振兴，铺展农业农村新画卷。坚持农业农村优先发展，夯实“三农”基础，促进农业高质高效、乡村宜居宜业、农民富裕富足，全力打好乡村振兴攻坚战。巩固脱贫攻坚成果。推动巩固拓展脱贫攻坚成果同乡村振兴战略有效衔接，做到防止返贫监测全覆盖、产业就业帮扶全覆盖、政策保障全覆盖、帮扶力量全覆盖，促进脱贫群众稳定增收和改善生活品质。大力开展乡村建设。扎实推进农村人居环境整治提升五年行动，深化农村改厕、生活污水垃圾治理、村容村貌整治提升、长效管护机制建设等重点工作，争创更多省级美丽乡村。实施城乡道路畅通工程，完成46公里农村公路建设。做大做强乡村产业。保障粮食和重要农产品生产供应，坚决遏制耕地“非粮化”“非农化”。发展壮大优质谷子、生猪养殖、特色林果、中药材等农业产业，向精深加工延伸，与行业龙头合作，提升农业产业化经营水平。培育一批省级以上农业龙头企业和现代农业园区，形成“舞龙头、带龙身、强龙尾”的发展效应。加快贯通市乡村电子商务体系、快递物流配送体系，用好各类电商平台，培养电商直播带货员，把武安的特色农产品、传统小吃等品牌喊响叫亮，为乡村振兴插上“电商翅膀”。支持南山沟特色种植产业带和北部现代农业产业带建设。研究用好国家碳汇政策，积极发展碳汇林业，实现农民增收、企业减碳。旅游带动融合发展。以争创国家级旅游度假区为目标，构建“一山一河五板块”文化旅游发展格局。完善通往重点旅游乡镇的道路配套服务设施，构建“快进慢游”旅游交通体系。丰富旅游业态，实施红旅融合、康旅融合、农旅融合、工旅融合战略，打造“太行民宿”武安品牌，促进文旅产业发展与乡村振兴、传统村落保护、乡村旅游发展的深度融合。

（四）加快生态治理，构筑绿色发展新高地。2021年邯郸市完成空气质量综合指数“退后十”，武安的脚步不能因此而停止，我们要坚持绿色低碳发展，全力打好生态治理攻坚战，力争“十四五”期间实现空气质量综合指数全省“退后十”。力促工业企业提标升级。积极对标新兴铸管环保治理工作，推动企业环保设备改造升级，推动钢焦企业全部创“A”。抓好“车尘油煤”精细管控。加快“铁路运输+新能源短倒”步伐，进一步扩大禁煤区范围和城区集中供热面积，强化加油站和餐饮油烟综合整治，严格实施“九尘共治”，有效降低扬尘污染。强化重点区域综合治理。全面消除主城区及重点区域裸土裸地，有序推进城区主干道和企业周边微雾系统建设，统筹开展城乡环境综合治理，根治“脏乱差”，打造“洁净美”。实施矿山修复和水土治理。加快推进非煤矿山整合重组。以乡镇为单位，锁定辖区内矿山、河道情况现状，实施台账管理，加快“白茬山”生态修复，让更多废弃矿山成为绿地良田。全面推进林长制，大力实施造林绿化，抓实森林防灭火工作。以零容忍态度打击偷挖盗采行为，采取联合执法、人技共防等措施，确保增量为零。稳妥推进碳达峰碳中和。认真研究上级政策，制定武安市碳中和“1+N”行动方案，开展将碳排放评价纳入重点行业、重点领域项目评价、规划环评试点，鼓励开展低碳试点、近零排放试点建设。统筹抓好退城搬迁企业腾退土地监测修复、农业耕地有机肥和工业、生活污水治理，建设天蓝地绿山清水秀的美丽武安。

（五）坚持民生优先，创造安居乐业新生活。坚持以人民为中心的发展思想，加强普惠性、基础性、兜底性民生建设。大力发展民生事业。持续实施20项民生工程和10件民生实事；加快解决“大班额”“择校热”、农村教育薄弱等问题，为邯郸幼儿师范高等专科学校师生提供良好配套服务，改扩建中小学5所、幼儿园2所，谋划推进职教中心新校区建设；积极推动武安市第一人民医院创“三甲”、武安市中医院在冀南地区崛起；启动“四馆一中心”建设，提升公共文化服务水平；全面完成水毁道路、水利等基础设施灾后重建。全力打好“三城同创”攻坚战。全面掀起全国文明城市创建热潮，狠抓基础设施提升和城市精细化管理，实现新时代文明实践中心（所、站）建设全覆盖，确保2022年在全省15个同类创建提名县（市）中继续保持领先位次，为2023年成功创建打下坚实基础。积极争创国家森林城市，力争2022年通过省级森林城市验收，取得创建国家森林城市备案资格；积极争创国家卫生城市，巩固省级卫生城市成果，力争利用三年时间高标准创建国家卫生城市。全力维护社会和谐稳定。深入推进安全生产专项整治三年行动计划，常态化开展安全隐患排查整治，坚决守好安全生产底线。深化基层治理，着力化解信访矛盾纠纷，加强社会治安防控，健全扫黑除恶常态化机制，提高法治武安、平安武安建设水平，有效防范化解各类风险挑战，坚决守好社会稳定底线。抓紧抓实常态化疫情防控，严格落实“快、准、全、严、实、好”工作要求，落实十个常态化、30项防控措施，加快疫苗接种进度，构建群体免疫屏障，组织开展应急演练，确保一旦有情况快速响应、精准应对，有力有序有效处置到位，为人民群众坚决守好疫情防控底线。

我不负青山，青山定不负我。带领武安奋力跨越赶超的历史重任，责无旁贷地落在了我们身上，使命在肩、奋斗有我，只要我们咬定目标不放松，扑下身子抓落实，武安高质量发展之路一定会越走越宽广，人民群众的生活一定会越来越幸福！

四、坚持党建引领，强化保障措施，切实为高质量发展提供坚强保证

各级党组织和党员干部是推动武安事业高质量发展的主力军，要围绕中心大局作贡献，奋力推动现代化新武安实现新跨越。

一要全面加强党的领导。始终把习近平新时代中国特色社会主义思想作为强大的思想武器，在学懂弄通做实中，拥护“两个确立”，做到“两个维护”。深入开展“转提比作”活动，以作风大转变推动工作大提升。深化基层组织建设，推动基层党组织全面进步、全面过硬。树立实干导向，对全市重点工作建立任务分解、牵头分包、定期调度、现场观摩、公开通报、评价激励等机制，在抓落实、强服务中检验干部、使用干部。大力实施“人才强市”战略，培育引进更多高端人才。认真落实意识形态工作责任制，加强党对统战宗教工作的领导，努力寻求最大公约数、画好最大同心圆。

二要持续深入解放思想。开展对标行动。常态化组织乡镇、部门、企业走出去对标先进、学习先进，更新思想观念，打破惯性思维，摒弃路径依赖，推出更多“一招鲜”创新举措。打造政策高地。研究出台支持现代服务、交通运输、外贸出口等企业做大做强一系列优惠政策，外地有的我们要认真研究出台，而且支持力度要更大；企业需要什么样的政策，只要符合法律政策要求，我们要“订单式”出台。深化国企改革。落实国有企业改革三年行动要求，进一步推动国有企业有效有序整合，理顺管理体制机制，建立现代公司管理制度，通过薪酬制度改革、国有企业与党政机关干部双向流动等措施，支持城发集团等国有投融资企业做大做强。引导市属国有企业围绕经济总量超千亿元、“343”重点产业发展、重大基础设施等领域加大投资力度，发挥国有资本引领作用，打好深化国有企业改革攻坚战。

三要提升要素保障能力。要强化规划引领。切实保障重点项目、重大工程、民生建设符合规划要求，推动国土空间规划尽早审批实施。要强化手续跑办。留出提前量，扎实做好前期手续办理，相关责任单位要担当负责，积极协助，确保实施项目所需立项、土地招拍挂、安评、环评等手续齐全、合法合规。要强化土地保障。扎实做好现有土地排查收储，充分利用建设用地增减挂钩政策，加大争跑力度，解决用地难题；全面推进工业废弃地复垦利用、违法占地拆除清理、低效闲置土地盘活，全力保障重点项目用地。要强化金融支撑。用好政银企常态化沟通对接平台，积极争取专项资金、专项债券、政策性银行信贷支持，引进实力央企和社会资本，运用好投融建新模式，以市场化运作、社会化参与、项目自求平衡等办法完成投资建设，最大限度减少财政压力。要强化平台建设。推动工业园区调区、扩区，打造强链延链补链新平台，加快争创国家级经济技术开发区。要以规划、手续、土地、资金和平台（尤其是土地）为重点，全力打好要素保障攻坚战。

四要强化经济运行考核。各级领导干部都要钻研经济、把握规律、研究政策，提升领导经济工作本领。要高度重视统计基础工作，从年初就统筹安排，扎实做好基础凭证资料，各项关联指标之间要科学匹配、支撑有力，提高统计数据质量。要更加注重做好主辅分离、消除行业入统企业“空白点”、统计样本轮换、固投核算方法调整等基础工作，夯实发展基础。经济部门、审批部门和乡镇间要建立联席会制度，做到信息共享，管理服务无盲区。综合经济部门要强化对乡镇业务培训，确保一线指战员熟悉政策、熟悉业务。对培训不到位，出现应统未统的，要追究经济部门责任。乡镇（工业园区）要负起经济发展属地责任，抓好本辖区固定资产投资、规上企业入统、中小企业培育、工业企业主辅分离等工作以及以乡镇（工业园区）为单位的招商引资工作。每季度要对乡镇（工业园区）经济工作分类排队打分，落后的要向市委作出深刻检查；连续落后的，要对相关责任人直至主要负责同志进行组织处理。

五要大力优化营商环境。持续深化“放管服”改革，简化审批流程，提高审批效率，推行“阳光审批”“容缺后补”等办事模式，打造最贴心的政务服务环境。要建立规范化机制化政企沟通渠道，旗帜鲜明、心无旁骛支持企业发展，在保持“亲”“清”政商关系的基础上，要全心全意为企业服务，真心真意与企业家交朋友，及时听取企业家意见，帮助企业破解难题，争当金牌“服务员”。要建立营商环境投诉举报和常态化监测服务机制，对涉企服务中推诿扯皮、吃拿卡要等破坏营商环境行为严惩不贷。

六要持之以恒正风肃纪。坚持全面从严治党，压紧压实党委（党组）主体责任、党委（党组）书记第一责任人责任、班子成员“一岗双责”责任和纪委监委监督责任。严守党的政治纪律和政治规矩，严格执行中央八项规定及其实施细则精神，深化纠正“四风”和作风纪律专项整治。巩固拓展省委巡视反馈意见整改成效，强化邯郸市巡察上下联动试点成果运用，加强监督力量贯通融合，充分发挥审计卫士和巡察利剑作用。坚持“八个零容忍”“六个绝不手软”“五个高度聚焦”“三个全覆盖”，常态化开展政治性警示教育，一体推进不敢腐、不能腐、不想腐，让纪律严起来、作风实起来、制度立起来，坚决守好廉政底线，以清风正气涵养干事创业的政治生态。

同志们，多少事、从来急，天地转、光阴迫，一万年太久，只争朝夕。让我们紧密团结在以习近平同志为核心的党中央周围，在省委、邯郸市委的坚强领导下，高举旗帜、践行使命，忠诚担当、拼搏竞进，为加快建设富强文明美丽幸福的现代化新武安而努力奋斗，以实际行动迎接党的二十大胜利召开！

深入学习宣传贯彻党的二十大精神 加快建设富强文明美丽幸福的现代化新武安

——2022年12月29日在中国共产党武安市第八届委员会第五次全体会议上的报告

市委书记 刘浩峰

一、坚持以迎接学习宣传贯彻党的二十大为主线，激发全市上下干事创业、拼搏进取，奋力推动高质量发展迈出新步伐

今年是党和国家历史上极为重要的一年，也是武安发展进程中极不平凡的一年。一年来，面对跌宕起伏的疫情形势和艰巨繁重的改革发展稳定任务，市委常委会团结带领全市广大党员干部群众，全面贯彻习近平新时代中国特色社会主义思想，认真落实党中央和省委、邯郸市委决策部署，坚定不移落实“疫情要防住、经济要稳住、发展要安全”的重要要求，高效统筹疫情防控和经济社会发展，锚定经济总量超千亿元目标，解放思想、奋发进取，奋力推动各项事业发展取得新突破，预计GDP突破800亿元大关，首次上榜中小城市研究院发布的全国百强榜单，综合实力位居第85名；在中郡研究所全国百强评价中位居第76名，较上年前移2位，连续6年实现晋位。在百强县评价机构中有3家比较权威，我们已经上榜两家，赛迪研究院将在明年的6月份、7月份发布百强县榜单，相信通过我们不懈地努力一定能够上榜。

（一）忠诚捍卫“两个确立”，坚决做到“两个维护”。始终把党的政治建设摆在首位。抓实抓紧党的创新理论学习。广泛深入开展多形式、多载体、多渠道宣传，扎实推进“六进”“三进”全覆盖，在全市迅速掀起学习宣传贯彻热潮。市委理论学习中心组发挥带头作用，围绕学习习近平总书记重要讲话和指示精神，开展15次集体学习。抓好党员干部理论培训，推进党史学习教育常态化长效化。不折不扣贯彻落实党中央和省委、邯郸市委决策部署。把习近平总书记重要指示作为启迪智慧的金钥匙，坚持市委常委会会议“第一议题”制度。市委常委带头深入基层调研，指导解决实际问题，推动党中央重大决策部署落地见效。全力以赴为党的二十大胜利召开营造良好环境。认真落实国家和省、邯郸市稳经济一揽子政策措施，配套构建武安市“1+18”政策体系。毫不松懈做好各阶段疫情防控工作，全力抓好安全隐患排查整治，圆满完成一系列重大安保任务。广泛开展“跟党奋进新征程”等系列主题活动，着力打造清朗网络空间，凝聚团结奋进强大力量。

（二）以新发展理念为引领，全力推动高质量发展迈出新步伐。项目建设持续领跑。总投资1404亿元的78个重点产业项目加快推进，争列省、邯郸市重点项目数量均位居邯郸市第一。玉带河综合治理项目成功争列国家第二批EOD试点。冀南二期等12个项目纳入省重点前期管理项目库。全力培育“四上”企业，新增入统25家，45家上报国家统计局待批。产业转型加快推进。传统产业提档升级，新兴能源194万吨焦化项目建成投产，太行二期开工建设，冀南二期、普阳整合重组、文安优特钢等项目加快推进。大力开展延链补链行动，钜兴60万吨球墨铸管项目建成投产，格力钛新能源产值同比实现翻番，格力精密铸造三期项目即将开工建设，华丰氢能产业园项目加快推进，金鼎H型钢项目试生产。新兴铸管等6家企业被认定为全省首批县域特色产业集群“领跑者”企业，县域特色产业振兴工作在全省136个县（市、区）中位列第2。坚持创新驱动发展，全面落实研发费用加计扣除等普惠性政策，前三季度研发费用加计扣除额6.14亿元，同比增长56.6%；企业技术合同成交额18.62亿元，同比增长84%，高新技术企业增加值同比增长13.7%；龙凤山铸业、共赢装备被评为国家级专精特新“小巨人”企业，新增省级专精特新企业16家、邯郸市级专精特新企业19家，新增国家高新技术企业10家。普阳防爆钢、龙凤山超纯铁亮相第十四届中国航展，受到《中国冶金报》权威推介，受到省委高度关注和重视。三产提升全面发力。出台支持现代服务业发展政策，推动现代物流产业加速发展，华增达铁路物流园建成投产；与中国科学院合作共建低碳技术与能源材料研发中心，科技成果正在加速转化；与浙江物产合作成立武安数字贸易综合服务平台，联合河北陆港打造跨境电商产业园；与高翔地理合作，加快建设地理信息数字化平台；创新招商模式，打造北京科创飞地和邯郸产业研究院。开展“你购车我送油”“幸福邯郸欢乐购”等系列促消费活动，举办首届“武安好物”电商直播节，充分激发消费潜力。

（三）持续深化改革创新，激发经济社会发展活力。深化重点领域改革。在全省率先实行“三证联发”，实现“拿地即开工”，全市新增市场主体8054家。出台支持企业上市政策。扎实推进国企改革三年行动，国有资产服务中心挂牌成立，城发集团总资产增长51%。招商引资再结硕果。出台“双招双引”、鼓励现代服务业发展等优惠政策，对今后大发展集聚了势能。深入对接格力电器、宇通汽车、氢璞创能等头部企业，累计签约总投资507.12亿元的33个重点项目，项目签约量、投资额均为历年最多，投资额、开工率均为邯郸市第一。持续扩大对外开放。开通中欧中亚班列，1—11月河北陆港多式联运量17.96万标准箱，同比增长92%，位列全省第一。积极争创国家级经济技术开发区，工业园区被评为2022年度全省抓投资上项目提能级先进示范经济开发区。全面落实惠企政策。制定武安稳经济一揽子政策、接续政策和十条硬措施，精准滴灌到每家企业。充分释放减税退税红利，累计留抵退税34.5亿元，占邯郸市总量42.21%，居全省各县市总量第一。企业因为疫情遇到了诸多困难，不管财政多么紧张，我们都宁肯节衣缩食过紧日子，也要保证把企业的留抵退税给足退足。大力优化营商环境，搭建“政企会客厅”，建立常态化政企沟通机制。10月份城市信用状况监测排名全国县域第37位。加大要素保障力度。完成“三区三线”划定，积极盘活土地资源，保障重点项目、重大基础设施建设用地5331亩。常态化组织开展政银企对接。累计争取债券资金13.57亿元、上级资金14.3亿元。设立产业引导基金，吸引社会资本投资战略性新兴产业。

（四）促进城乡融合发展，全面推进乡村振兴。推动城市扩容提质。总投资99.47亿元的27个城建重点项目加快实施，用市场化手段破解资金难题，南水北调引水项目开工建设，玉带河综合治理加快推进。西苑新区综合开发拉开序幕，迅速和谐完成贾庄、下泉动迁任务，创造了整村动迁的武安速度。今年7、8月份同志们忘我奉献的场面仍历历在目，5天动迁一个村，8天动迁完成另一个村，10天完成1100亩地的收储任务。多年来武安没有进行过整村动迁，这次成功动迁，不仅打通了城市的血管、动脉，而且打通了干部“心结”，不再闻“拆”色变，不再感觉“拆”不动、动不了；相信事在人为、路在脚下，相信通过政策引导、思想动员、党员干部努力，一个一个不可能会变成可能。同志们在动迁中发挥出来的特别重党建、特别能担当、特别尽责任、特别讲公平、特别能吃苦、特别为民生的精神令人感动，也为武安城建的大变样大发展集聚了宝贵经验；体育路等4条市政道路建设有序推进，第三水厂、回迁安置房及两所配套学校等项目全面启动。推动城市有机更新，完成14个老旧小区和8条背街小巷改造，新兴大街（中兴路-太行大道段）全线通车；启动东山植物科普园建设项目，完成4个游园、7个“口袋公园”和白鹤公园提标改造。推进全国文明城市创建，顺利通过全国文明城市省级复检。去年是创建的第一年，取得了全省第一好成绩，今年克服种种困难通过了省级复检，明年是创建关键之年，希望大家心往一处想、劲往一处使，倾全城之力，圆文明创建之梦。扎实推进乡村振兴。持续巩固拓展脱贫攻坚成果，脱贫人口年人均可支配收入稳步增长。全力保障粮食安全，坚决遏制耕地“非农化”、基本农田“非粮化”。坚持产业带动振兴，南山沟特色种植产业带和北部现代农业产业带深入推进，连续12年被农业农村部评为全国生猪调出大县，获得“连翘产业大县”荣誉称号，乡村振兴工作在邯郸市上半年考核中位列第一。大力开展农村人居环境整治，成功申报东太行和美乡村省级示范区；完成38个村生活污水治理，农村改厕工作获得时清霜副省长批示肯定。推动农文旅产业融合发展，入选首批“河北省文化产业赋能乡村振兴”试点县；连续上榜“全国县域旅游综合实力百强县”，邯郸唯一。完善城乡基础设施。中山大街北延等3个工程列入省重点交通项目，青兰高速南岗互通项目省政府已批复，旅游大环线茶壶山、观音山、仙灵3个隧道顺利贯通，国省干线和农村公路灾后重建高标完成。城区及周边农村污水处理厂项目完成社会资本方招投标。实施农村人饮水毁修复和饮水设施维养工程，被命名为河北省节水型城市，城乡居民饮水、工业用水更有保障。

（五）坚持绿色低碳发展，持续改善生态环境。坚决打好污染防治攻坚战。紧盯四大行业，管控中小企业，严管“车尘油煤”，严防“散乱污”企业反弹，投资7.9亿元的687项治理任务全部完成，在全国率先完成一氧化碳智能管控平台试点建设，立案处罚生态环境违法案件665件，通过多措并举推动空气质量持续改善。截至12月27日，空气质量综合指数5.32，下降7.16%，全年绝对值有望历史性地退出全省倒一；智库专家研判，武安要退出全省空气质量倒数第一短期内基本无望，但是我们又把不可能变成了可能。上两年空气质量综合指数分别是7.03、5.73，我们综合指数改善率位居邯郸市头部，今年继续保持下降势头不减，空气质量PM2.5浓度为43微克/立方米，下降4.44%，改善率在邯郸市正排第4；PM10正排第2，二氧化硫正排第8，二氧化氮正排第11，一氧化碳正排第12，臭氧正排第6；优良天数完成232天，在去年同比增长33天的情况下，今年通过努力又增加了7天。在党的二十大召开的当天，央视特别节目“二十大时光”将镜头对准武安，拿出半小时的时长向全国展示了武安生态治理答卷。感谢奋战在大气污染防治攻坚一线的干部，感谢企业家为武安的发展、为武安人民生活质量的提升作出的重大贡献。统筹生态环境系统治理。全面推进林长制，完成营造林29.7万亩，成功创建省级森林城市。落实河湖长制，常态化开展河道“清四乱”，洺河近古出境断面水质持续稳定达标，洺湖公园、南洺河生态走廊等湿地吸引各类飞鸟在此栖息繁育。持续开展矿山生态治理三年攻坚行动。成立环保巡回法庭，生态环境司法保护更有力度。推进经济社会发展全面绿色转型。促进减污降碳协同增效，深化钢铁、焦化、火电、水泥等行业节能减排，推动能源清洁低碳高效利用。积极推进抽水蓄能项目，盘根抽水蓄能电站项目已上报省发展改革委。大力发展循环经济，清峰医疗废物集中处置中心项目建成投产、垃圾综合利用项目开工建设，无废城市创建迈出新步伐。

（六）始终坚持人民至上，提高群众幸福指数。抓紧抓实疫情防控。始终坚持人民至上、生命至上，全面贯彻落实第九版方案和“二十条”“新十条”要求，面对多轮疫情来袭，我们克服工业企业多、流动人口多、对外经济联系多带来的疫情输入诸多风险，众志成城、科学应对，打造了联防联控、群防群控的坚固防线；在由防到治的转变过程中，我们加强基础能力建设，最大限度提高急危重症患者救治能力，全力维护了人民群众身体健康和生命安全。高效统筹疫情防控和经济社会发展，千方百计保障企业正常生产经营不受影响，保通保畅做法先后在中央电视台《朝闻天下》及河北电视台报道，胡启生副省长要求在全省推广。我们不能忘记三年的抗疫，尤其是今年的抗疫，医务工作者、医护人员闻令而动，顶着危险逆行冲锋；我们不能忘记各条战线守土有责、网格化管理织牢的一道道屏障；我们不能忘记与邯郸幼儿师范高等专科学校校地联动，没有让一个孩子在学校感染，没有让一个孩子半夜流离失所；我们不能忘记与广大企业共筑防线、企地共治、共抗疫情，很多职工吃住在企业，人数众多，在企业内部挖潜、社会场所应用尽用的情况下，市教体局讲大局、作贡献，把有暖气的学校迅速连夜改造出“三区两通道”，为企业又增加了一个“小方舱”；我们不能忘记防控办全体同志，尤其是“二十条”措施出台后，工作量剧增，新吸收进来电话专班、追阳专班的几十人，在感染以后到宾馆、在家里用视频开展工作，用电话追阳、用电话流调，直至发烧不能工作再换下一拨人，最大限度减轻了疫情快速传播，为我们赢得了救治能力提升的“窗口期”；我们不能忘记市领导一个个带病工作、视频办公，对教育、企业等武安的重点工作环节每天实行早中晚三调度，出台了一个又一个符合市情的办法和政策；我们不能忘记疫情防控由“防”转“治”的阶段，市第一人民医院面对急危重症病人增多的情况，主动请缨，拿出一半场所开设“红码病区”，在每一个科室设立“缓冲病区”，医务人员“有召必回，来之即战”；所有的公办医院、民办医院率先在邯郸打破了“红码”“绿码”区，医护人员“轻症不下火线”，好多医护人员累地走不了路、说不出话，基层医护人员组建“问诊巡诊小分队”，深入群众家中提供优质服务；我们不能忘记，在整个防疫过程中，面对武安市每天4.3万辆的大车过境量，没有“一刀切”，而是和企业联合将防线扩大到国省干道的沿线门店，众志成城，抗击疫情，最大限度保护了人民群众身体健康，最大限度保护了工业重镇每一个企业的正常生产经营。用情用力办好民生实事。20项民生工程和10件民生实事相继落地见效。持续开展“直播带岗”活动，新增就业7325人。基本医保参保人数、城乡居民养老保险参保率稳步提升。连续三年荣获全省医改工作先进县。高考成绩再创新高，职教中心对口本科上线人数连续22年蝉联河北省第一，洺湖、安瑞2所小学建成投用。残疾人运动事业蓬勃发展，武安选手在北京冬残奥会荣获“一金两铜”优异成绩。有效统筹发展和安全。切实防范金融和地方债务风险。深入开展安全生产大排查大整治专项行动、专项整治三年行动，强化乡镇应急办规范化建设，夯实基层基础，健全责任体系，全市工矿商贸行业领域未发生安全生产事故。安全生产工作在党的二十大安保期间，受到了省领导的充分赞许。首创乡镇防火工作站并在全省推广，武安市消防救援大队荣获应急管理部“集体三等功”，邯郸唯一。扎实做好信访稳定工作，进京单访批次同比下降65.71%，赴省单访批次同比下降55.17%。强化法治武安、平安武安建设，常态化开展扫黑除恶斗争，广泛开展普法宣传，市公安局荣获夏季治安打击整治“百日行动”邯郸市第一名，全市各类刑事案件同比下降23.5%，各类治安案件同比下降32.1%；市检察院荣获“全国青少年普法教育先进集体”，全省唯一；市法院道路交通事故法庭“网上数据一体化处理”经验做法被邯郸作为自主改革事项在全市推广。

（七）全面落实管党治党政治责任，政治生态不断优化。加强党的全面领导。支持人大、政协依法履职，完善大统战工作格局，市委统战部荣获全省统战系统先进集体。加强阵地建设，意识形态工作前三季度在邯郸市排名第一，邯郸市新时代文明实践中心现场观摩会在武安召开。推进工会、共青团、妇联等群团组织改革发展，连续三年荣获邯郸市县级总工会综合评价第一名，成功争创国家级青年发展型县域试点。深化双拥共建和退役军人服务保障工作，党管武装工作实现新提升，人武部荣获河北省练兵备战先进单位。建强基层组织堡垒。坚持新时代好干部标准，坚持通过实绩口碑和重大工作一线考察识别干部，全年累计提拔干部62人、进一步使用74人、晋升职级109人，树立良好用人导向。在干部提拔过程中，大家可以看到大气办提拔多，防控办提拔多，西苑新区参战单位提拔的多，这就是市委的鲜明干部导向。开展“大兴学习之风，提升能力素质”活动，充分发挥考核“指挥棒”作用，激励各级干部解放思想、奋发进取，在邯郸市上半年和第三季度基层党建考核中位列第一，邯郸市党员教育管理现场会在武安召开。常态化开展抓党建促乡村振兴工作，被确定为省级“党建引领村级集体经济发展”和“党建引领乡村治理”试点。坚持党管人才，累计为武安市企事业单位引进博硕人才86人，发放英才卡333张。深入推进党风廉政建设和反腐败斗争。压紧压实管党治党政治责任，有序开展八届市委第三轮巡察和供销教育系统专项巡察、优化营商环境专项巡察。召开政治性警示教育大会，深化纠治“四风”和作风纪律专项整治，查处违反中央八项规定精神和“四风”问题39起，立案查处各类违纪违法案件228件，给予党纪处分246人、政务处分70人，组织处理19人，涉及乡科级干部46人，采取留置措施2人，移送司法机关审查起诉2人。

这些成绩的取得，是习近平新时代中国特色社会主义思想举旗定向的结果，是党中央和省委、邯郸市委坚强领导的结果，是四套班子精诚团结、苦干实干的结果，是全市广大党员干部群众拼搏奋进的结果。在此，向大家表示衷心的感谢!

在总结成绩的同时，市委常委会认真分析问题和不足。主要是：新旧动能转换不够快，产业结构依然偏重；做好钢铁企业整合重组、退城进园“后半篇文章”仍需提速；科技创新能力亟待提高，战略性新兴产业支撑不足，前不久邯郸召开了经济工作会议，会上播放了各县（市、区）项目建设专题片，我们在会上被点到的项目大多还是传统优势项目、优势产业——钢焦，在战略性新兴产业上发展后劲不足，这种情况必须加快扭转；生态环境问题依然突出，环境治理特别是大气污染防治任务艰巨；民生领域还有不少短板；营商环境亟待进一步优化；营商环境我们有进步，信用监测体系排名也有大幅度跃升，但是每一个办事的老百姓和办事的企业都能百分百满意吗？差距非常大。一些部门的“一把手”服务意识强，但是一些班子副职“吃拿卡要”情况比较严重，一些科股长“不给钱不办事、给了钱乱办事”现象突出。明年我们还要继续优化营商环境，希望广大办事群众和企业家踊跃举报，可以匿名举报，只要线索查实，谁砸武安的营商环境招牌，我们就砸谁的饭碗。一些干部思想观念、知识更新、工作作风、执行能力与新时代新征程还不相适应；全面从严治党任重道远等。我们必须补短板、强弱项、固底板、扬优势，把各项工作做得更加扎实、更加富有成效。

二、持续深入兴起学习宣传贯彻党的二十大精神热潮，主动融入到中国式现代化伟大实践中来，奋力谱写高质量发展新篇章

（一）忠诚践行党的二十大精神，确保始终沿着正确的政治方向前进。党的二十大是在全党全国各族人民迈上全面建设社会主义现代化国家新征程、向第二个百年奋斗目标进军的关键时刻召开的一次十分重要的大会。我们要把学习宣传贯彻党的二十大精神作为一项长期政治任务，进一步把全市党员干部群众的思想和行动统一到党的二十大精神上来，牢牢把握过去五年工作和新时代十年伟大变革的重大意义，带头坚定捍卫“两个确立”、坚决做到“两个维护”；牢牢把握习近平新时代中国特色社会主义思想的世界观和方法论，坚持用以统一思想、统一意志、统一行动；牢牢把握以中国式现代化全面推进中华民族伟大复兴的使命任务，努力在新征程上一马当先、走在前列；牢牢把握以伟大自我革命引领伟大社会革命的重要要求，自觉扛起全面从严治党政治责任；牢牢把握团结奋斗的时代要求，凝聚起推动新时代武安高质量发展的磅礴力量。

（二）全面融入中国式现代化伟大事业，奋力谱写崭新的武安篇章。党的二十大对未来五年乃至更长一段时期的发展道路进行了新的战略谋划，省委十届三次全会、邯郸市委十届五次全会就贯彻落实党的二十大精神作出了新的战略部署。把武安今后发展置身于新时代新征程中来审视，我们必须艰苦不懈努力，推动现代化新武安建设取得更大成效。置身党的二十大开启的新五年，武安应该往什么方向发力？我们在反思，我们在审视。今后五年：一是高质量发展迈出新步伐。经济总量实现超千亿目标并持续稳定增长，主要经济指标贡献率位居全省前列，人均指标大幅提升，现代产业体系初步建成，在全国各类百强榜单争先晋位。二是改革创新实现新突破。重点领域改革深入推进，营商环境达到全国一流水平，创新能力显著提高，企业家创新意识明显增强，研发投入增速高于全国平均水平，高新技术企业、专精特新“小巨人”企业、科技型中小企业加速增长，钢焦等传统产业延链强链，新能源、新材料、高端装备制造等战略性新兴产业成为我们竞争优势新赛道。三是城乡建设焕发新面貌。城市框架进一步拉开，建成区面积不断拓展，常住人口城镇化率位居全省上游，乡村振兴取得实质性成效，一批重大基础设施建成投用，高铁高速交织，邯长聊高铁在“十四五”末推动建成、群众出行便利，打造与“百强”县能级相匹配的武安城。四是生态文明建设达到新高度。基本消除黑臭水体，空气质量退出省市末游，污染物排放总量持续减少，矿山生态修复步伐加快，森林覆盖率稳步提高，成功创建国家森林城市和循环经济示范城市。五是文化建设水平迈上新台阶。社会主义核心价值观融入社会发展各方面，成功创建全国文明城市，文化事业和文化产业繁荣发展，文化遗产传承保护利用得到加强，诚信体系不断完善，打造京津冀远近知名的休闲旅游目的地和康养福地，建成便民利民惠民的“四馆一中心”，全市人民精神文化生活日益丰富。六是人民生活品质得到新提升。居民人均可支配收入平稳较快增长，就业更加充分更高质量，社会事业全面发展，多层次社会保障体系更加健全，打造成为区域医疗教育高地，公民受教育程度普遍提高，健康武安建设扎实推进，成功创建国家卫生城市，社会治理体系更加完善，共同富裕稳步推进，人民群众安居乐业。希望五年以后，无论大家是否还在武安工作，无论大家在哪个岗位工作，回头想一想，自己为了这些美好目标做了多大贡献，交出一份什么样的答卷。

省委十届三次全会从8个方面描绘了中国式现代化的河北场景，邯郸市委十届五次全会提出了16个中国式现代化的邯郸场景，省市要求各县（市、区）都要积极谋划中国式现代化的本地场景。我们在武安“十四五”规划谋划的“一个目标、四个支撑”的基础上，主动融入党的二十大开启的新时代新征程伟大实践，从武安实际出发，谋划了10个中国式现代化武安场景：即把武安打造成为装备先进、品优质精的冀南钢谷；创新引领、高端智能的制造强市；清洁低碳、安全高效的能源强市；链接全球、服务全国的开放强市；资源节约、循环利用的绿色发展城市；业态丰富、多产融合的现代服务业高地；数字赋能、共建共享的智慧新城；内畅外联、便捷高效的交通强市；产业兴旺、人和景美的乡村振兴示范区；魅力人文、乐享山水的文旅康养福地。以上10个场景的概述是武安产业振兴的“白描”“速写”和重要发力点。各级各部门都要立足实际，主动融入，细化方案，实践奋斗。

（三）汇聚解放思想、奋发进取的磅礴力量，推动思想和行动与新时代新征程相适应。面对新起点、新征程、新使命、新任务，全市上下迫切需要思想再解放、观念再转变、能力再提升。一要强化进取观念，抢占发展先机。武安作为工业大县，经济重镇，决不能当本地的自大“夜郎”，而是要当邯郸开拓进取的“先锋”、全省高质量发展的“排头兵”。各级各部门要打破封闭自赏的思维，克服按部就班的惯性，以更加敏锐的眼光、更加宽广的视野、更加开放的理念谋划推进发展。要迈开两条腿、进厅跑部委，积极争跑一切对武安有益的要素。要见红旗就扛、见第一就争，努力在冲刺全国各类百强榜单中争先晋位、跃升突破，不断巩固提升武安在邯郸、全省乃至全国大局中的地位。武安的干部素质非常高，但是干部的争跑意识不强、竞争意识不强。这可能和我们之前经济基础好有关，现在千帆竞发，各区县加速发展，中央利好政策密集出台，大家必须要加快争跑。二要强化市场观念，加大改革力度。现在我们在推动发展上压力很大、难题很多，要用好市场的力量，让市场在资源配置中起决定性作用、更好发挥政府作用，市场与政府的前后顺序不能颠倒。要以改革的举措、市场的办法破解发展制约瓶颈，破除单纯依靠行政推动、财政投入的路径依赖，向市场要资金、向市场要办法。三要强化创新观念，加快转型发展。创新才有出路。全市上下要坚持创新是第一动力，打造更高水平科技成果转化服务平台，全力支持市场主体创新创业，推动社会治理创新，实现依靠创新驱动的内涵型增长。四要强化人才观念，堪当时代重任。人才是第一资源。当前，我们在科技研发、市场开拓、项目建设、招商引资、产业发展、乡村振兴等方面的人才还严重不足。要出政策、建平台、给实惠，有针对性地培养和大力引进一批创新团队、青年科技人才、高技能人才，打造人才荟萃高地。五要强化亲商观念，优化营商环境。亲商观念现在更要提，要大张旗鼓地提。营商环境是一个地方政治生态、发展竞争力的综合反映。各级各部门都要树牢尊商、重商、亲商、爱商的意识。尊重市场主体，尊重市场规律，关心关爱企业家，强化“亲”的服务，守住“清”的界河，不能怕“不清”就“不亲”了、就不干事了，以一流的营商环境助力企业发展。六要强化法治观念，提高治理效能。依法治理是最可靠、最稳定的治理。各级领导干部要强化法治意识，坚持科学决策、民主决策、依法决策，善于运用法治思维和法治方式深化改革、推动发展、化解矛盾，加快推进治理体系和治理能力现代化。七要强化执行观念，推动末端落实。落实才是硬道理，落细才能见真功。当前工作非常繁重，各级干部决不能我行我素、自行其是，迟疑观望、消极应付，夸夸其谈、华而不实。要坚持紧盯末端抓落实，坚决避免空喊、空转，用增量、用实绩、用工作质效证明自己。八要强化学习观念，提升能力素质。谁学习谁进步，谁实践谁成功。当前新理念、新事物不断涌现，新矛盾、新难题不断出现，新政策、新制度不断出台，这就需要我们始终保持学习的敏锐性、主动性，及时学政策，学经济，学外地推动经济社会发展的好经验、好做法。在县级层面，我们组建了投融建学习群、外贸学习群，县级干部带头学经济、干经济，如果不学习，认为自己什么都会、什么都不含糊，那样一定会在新时代新征程上掉队。哪一项工作成功了，哪一个干部提拔了，不要认为是偶然的，背后都是学习的力量，都是通过学习把一个个不可能变为可能，把一个个没钱的事变成有钱的事，把一个个自己不会、多年解决不了的工作变成可能性、变成亮点工作。大家都要强化金融思维、互联网思维、投融建思维、“双碳”思维、“两山”思维，确保能力素质与新时代新征程的新课题新要求相适应。

三、坚决把党的二十大精神和省市决策部署落实落细，紧紧扭住经济总量超千亿目标不动摇，奋力开创高质量发展新局面

明年是全面贯彻落实党的二十大精神的开局之年，是全面推进“十四五”各项目标任务、加快经济总量超千亿元的关键之年，谋实抓实明年各项工作意义重大、责任重大。做好明年工作，我们的指导思想是：坚持以习近平新时代中国特色社会主义思想为指导，全面贯彻落实党的二十大精神，按照中央和省、邯郸市经济工作会议要求，坚持稳中求进工作总基调，完整、准确、全面贯彻新发展理念，积极服务和融入新发展格局，着力推动高质量发展，更好统筹疫情防控和经济社会发展，更好统筹发展和安全，坚持创新驱动，全面深化改革，持续优化营商环境，大力提振市场信心，做好六个统筹，持续打好七大攻坚战，加快转型步伐，做实项目建设，提升城市能级，促进乡村振兴，强化生态治理，发展民生事业，夯实基层基础，突出做好稳增长、稳就业、稳物价工作，有效防范化解重大风险，推动经济平稳健康发展，实现质的有效提升和量的合理增长，加快经济总量超千亿步伐，加快建设富强文明美丽幸福的现代化新武安。

初步安排明年全市经济发展主要预期目标是：地区生产总值增长7.5%左右，一般公共预算收入增长10%，规上工业增加值增长7%以上，固定资产投资增长9%左右，社会消费品零售总额增长8%左右，进出口总值增长6%左右，服务业增加值增长8%左右，城镇和农村居民人均可支配收入增长8%左右。

完成预期目标，我们既有压力和挑战，也有底气和信心。从大环境看，需求收缩、供给冲击、预期转弱三重压力依然较大；从武安具体情况来看，目前正处于转型发展的关键时期，稳增长、治污染、保运转等压力很大。但我们也要看到，一是政策环境持续利好。党中央“双循环”战略和“扩内需”政策的强力推进，必将给我们发展带来强大动能；近期中央和省市密集出台恢复经济增长、提振市场信心的各种支持政策；疫情防控措施更加优化，带动消费市场回暖，为加快经济建设提供了良好预期；房地产市场迎来新的利好，为钢铁等相关联产业带来新机遇。二是转型路径更加清晰。经过探索实践，我们大力实施工业提升行动，传统产业加快整合重组，延链补链成效明显；新能源、新材料、装备制造等新兴产业加快发展，项目建设保持领跑地位；拥有海关特殊监管区独特优势，现代服务业蓄势待发，外贸经济、现代物流、总部经济、数字经济等现代生产性服务业为一产、二产插翅赋能；搭建科技成果转化服务平台，创新招商方式，为企业创新发展提供有力支撑。三是发展动能更加强劲。一方面，要素保障更加有力，“三区三线”已经划定，政银企对接持续深入，国有投融资平台主体信用和能力显著增强，探索出一条破解要素瓶颈的新路子。另一方面，经过前一时期的不懈努力，一批重大项目正在加快实施，城市攻坚战序幕已经拉开，武安实现更高质量发展的基础更加牢固。武安区位独特、资源丰富、产业雄厚、民营活跃，是投资兴业不可多得的好地方，众多外地客商、科研院所纷纷看好武安这块投资热土。四是干事创业热情饱满。全国“百强”不断晋位，经济总量超千亿目标深入人心，全市上下为之奋斗；在疫情防控、西苑新区动迁、大气污染防治等大战大考中，锤炼了干部作风，提振了精气神；“两个毫不动摇”进一步坚定了企业加快发展，尤其是支撑武安经济四梁八柱的民营企业加快发展的信心；武安的广大企业家热爱家乡、回报家乡，积极投资新上项目，是我们创新创业的主力军，是全社会的宝贵财富。这就是我们的底气来源，这就是我们的攻坚信心。只要我们咬定目标，乘势而上，把优势发挥到极致，把工作干到极致，武安这块红色热土、经济重镇一定能在新一轮加快发展热潮中挺立潮头，在新时代新征程中勇立新功！

（一）坚定不移加快转型升级步伐，构建现代产业体系。坚持高质量发展不动摇，发展壮大主导产业，培育特色产业集群，持续打好项目建设攻坚战，实施好总投资1374亿元的146个谋划项目，积极争列省市重点，加快项目落地，保持领先位置。要全力推动传统产业做大做强。巩固钢焦等优势产业领先地位，太行二期要加快投产，冀南二期、普阳文安等项目要加快落地，完成钢铁企业退城进园、整合重组、改造升级“后半篇文章”，提升钢铁产业高端化、智能化、绿色化水平。大力实施精钢战略，加快延链补链步伐，提高产品附加值，增强抵御市场风险能力。倪岳峰书记在省委十届二次全会、省委十届三次全会、全省经济工作会和民营经济工作会上多次强调，要大力推动钢铁延链补链。省委十届二次全会提出，钢铁产业要做优做精、做大做强，钢铁延链，子公司、孙公司市值一定要超过母公司，这是岳峰书记对钢铁焦化企业提出的希望。12月20日全省经济工作会上，岳峰书记提出，要抓传统产业改造升级，巩固优势产业领先地位，集中力量支持钢铁产业延伸链条、转型升级，一定要加快数字化转型，提升高端化、数字化、智能化水平。大家要落实好岳峰书记讲话要求。积极推进产业数字化，推动5G、工业互联网、人工智能等新一代信息技术与实体经济融合发展。要全力推动战略性新兴产业集群发展。坚持把战略性新兴产业作为经济增长新引擎，突出抓好高端装备制造产业发展，推动装备制造由零部件加工配套为主向成套整机装备转型，由设备制造为主向制造服务为主转型，支持新兴铸管、烙力铸造和共赢、钜兴、福瑞泰、虎耀、鼎润智能装备制造等龙头企业竞相发展，实施铸造企业整合提升行动，引导铸造企业向精密铸造、高端制造方向跨越，打造我们又一个拳头产业集群。培育壮大新材料产业，加快龙凤山铁基新材料品质提升、锂电池隔膜、高性能玻璃纤维等项目建设，确保项目加快落地，打造新材料产业基地。推动新能源产业规模化发展，支持格力钛做优做强，加快提升储能产业开发应用水平，推进动力锂电池梯次利用、华丰氢能产业园等项目建设。加快格力新能源物流配送车、宇通氢能源车等项目落地。要全力推动现代服务业繁荣发展。充分发挥武安工业底座强大、与邯郸主城区“半小时经济圈”同城效应和海关特殊监管区独特优势，打造总部经济高地、外贸经济高地、现代物流高地、数字经济高地。做强生产性服务业，用好激励政策，加快外贸进出口服务平台建设，引进外贸综合服务企业聚集落户，建设全省跨境电商综试区。推动武安外贸进出口发展有多方面意义，一方面可以把武安的一产二产规模小、外向度不高的“游兵散勇”聚集成“正规军”，经受市场海洋的洗礼；另一方面通过发挥通关便利化优势和优惠政策激励，吸引域外出口企业在武安设立公司、享受武安优惠政策、参与武安外贸高地建设，在保税物流中心周边形成优质出口企业聚集区，实现向海图强目标。希望各企业家利用好优惠政策，在武安再发展、再壮大，利用自己人脉资源，引进配套企业、关联企业、朋友企业来武共谋发展。加快麦钢供应链平台建设，吸引关联企业来武注册投资，降低交易成本，服务钢企发展；加快科技成果转化服务平台建设，瞄准京津，政府搭台成立科技成果转化中心，设立科技成果“超市”和科学家“专家库”，吸引各类高校和科创团队来武发展，用市场化手段让更多科技成果在武安孵化转化，打通科研机构与企业合作交流通道，推动产业升级；加快现代物流平台建设，推动河北陆港与新峰公司合作，联手打造建设武安智慧物流基地，加快河北陆港多式联运现代物流枢纽等项目建设，推动物流产业集聚化、数字化、智能化发展；积极引进碳汇交易、供应链金融、产业数字化等服务业企业落户武安，让现代服务业为一产、二产插翅赋能。做优生活性服务业，积极培育冷链物流、城市综合体等现代商贸业态，满足群众多样化消费需求。实现这些目标，要培育更多的“四上”企业，落实好“四上”企业入统优惠政策，让“四上”企业享受到“VIP”的待遇和优质贴心的服务；要大力开展“一跑四争”，完善考核评价体系，加强考核结果运用，调动各级各部门争跑拼抢要素的主动性；要充分发挥市场的力量，通过给政策、优服务调动市场主体的投资积极性。

（二）坚定不移深化改革开放创新，塑造高质量发展新优势。落实党的二十大关于坚持深化改革开放、加快实施创新驱动发展战略的重大举措，大胆创新探索，以发展破难题，以开放聚资源，以创新激活力。要持续优化营商环境。优化政务服务环境，深化“放管服”改革，优化审批流程，推进更多事项“网上办”“掌上办”“一次办”，推行“双随机、一公开”执法监管。更好服务驻武企业后勤保障和转型升级，推进“地企联建”，携手实现高质量发展。优化民企发展环境，完善政企常态化沟通联系机制。无论是国企还是民企，我们都要认真落实总书记“两个毫不动摇”要求，积极为大家搞好服务。在疫情防控中，地方和企业紧密联系在一起，我们是一个共同体，希望驻武国有企业强化主人翁意识，为武安发展多做贡献，我们也会给予企业大力的外部环境支持。加强政务诚信建设，依法惩治乱收费、乱罚款、乱摊派等侵害企业利益行为，依法保护民营企业产权和企业家利益，构建亲清政商关系。优化金融服务环境，全面落实减税降费、惠企利民政策，持续开展政银企对接，支持和推动市农村信用联社改制农商行。农村信用联社改制农商行，业务量增多，成本降低，给企业和群众带来更多实惠，必须鼎力支持，成立专班，加快推进。开展重点拟上市企业申报服务行动，实现上市企业新突破。武安现在只有新兴铸管1家上市企业，我们已出台了支持企业上市优惠政策，企业有所想，我们要有所服务，高翔地理要抓紧在武安这个舞台实现上市。持续打好要素保障攻坚战，千方百计为项目建设提供土地、资金、政策等优质要素。要持续扩大对外开放。开展“招商引资突破年”活动，实施重点产业招商提质、重点区域招商拓展、重点企业招商扩能、重点平台招商提升、重大项目招商提效五大行动，以坐不住、慢不得的紧迫感大抓招商，确保明年实现大突破。要坚持本地外地并重、招商引智并重、央企国企民企同招、一二三产业同引，打好产业链招商、产业基金招商、专业队伍招商等组合拳，发挥好产业研究院“北京窗口、邯郸会客厅”作用，招引一批带动力强的大项目、好项目。深度融入“一带一路”建设，做好金融等服务工作，争取更多优惠政策，支持更多优势产能、优秀企业“走出去”，建设“海外仓”，拓展海外业务，让更多武安企业在“一带一路”崭露头角。借助海关特殊监管区优势，在其周边建设跨境电商产业园、优质外贸出口企业聚集地、大宗进口平台和大企业大宗采购联盟。稳步提升中欧中亚班列运行质量，开辟“向海图强”武安大通道。要持续深化创新驱动。强化企业创新主体地位，加大科技研发投入，全面落实研发费用加计扣除等普惠性政策，发挥好科技特派团作用。促进军民两用技术转移和成果转化。提升精品钢材、循环经济、新材料、新能源等县域特色产业集群发展水平，培育一批更具影响力的领跑者企业；积极培育科技型中小企业、高新技术企业、专精特新“小巨人”企业、单项冠军企业，形成高质量发展新的增长点。创新工业园区管理体制，以争创国家级经济技术开发区为契机，加快整合并区和扩区调区，完善配套基础设施，健全公共服务平台，全面增强承载能力，切实发挥吸引投资、引进项目、聚集产业的作用，确保在省级开发区中创先争优。深入实施人才强市战略，创新人才引进和使用机制，培养引进一批高层次科技创新人才。要持续深化国有企业改革。继续打好国有企业改革攻坚战，抓好国有资产整合重组，积极有力地推进所有散落部门的国有资产实施集中统一监管；建立现代企业制度，实施绩效考核，激发国有企业发展活力；以提高核心竞争力和增强核心功能为重点，聚焦实业、做精主业、做强产业，重点做稳国资、做实远隆、做强城发。城发集团要争创AA+。各地都是通过整合做强国有企业，发挥投资引领作用。我们不是开创，我们是在学习，山东这么做，山西这么做，河南这么做，石家庄这么做，邯郸也是这么做的。我们还有很多国有企业散落在部门，有些部门不愿放、不愿改，但是当裁判员就不能当运动员。纪检、审计部门要将各部门下属的国有企业纳入监管范围。要成立武安高质量发展引导基金。按照市场化运作方式，扶持创业投资企业发展，引导社会资金进入创业投资领域。我们欢迎愿意参与武安发展、愿意共享武安发展成果的国有企业、民营企业，参与到武安引导基金发展中来。根据发展需要，设立产业发展引导基金、城市更新投资基金、乡村振兴发展基金等，有效破解资金瓶颈。

（三）坚定不移推动发展方式绿色转型，建设天蓝地绿水清美丽武安。全面贯彻落实习近平生态文明思想，协同推进降碳、减污、扩绿、增长，持续打好生态治理攻坚战。要深入推进污染防治。突出源头治理、系统治理、综合治理，实施四大行业深度治理行动，推动钢铁企业全面创A；实施中小企业提标升级行动，实现厂容厂貌、装备水平、环境监管“三提升”；实施全域治尘行动，全方位、精细化加强工业企业、交通道路、建筑施工、裸土裸地等扬尘治理；实施散煤治理行动，强化全环节监管，做到“冬病夏治”，全域全时段抓好劣质散煤治理；实施重点区域精细化治理行动，强化污染源排放源精准精细管控，高效削减污染高值；实施整改提升行动，完成中央环保督察反馈问题整改，通过综合管控、精细管理、严格执法，确保空气质量持续改善，努力实现稳定退出省市绝对值后游。深入开展全域治水，严格落实河湖长制，加强饮用水水源地保护和入河排污口监督管理，深入推进农村生活污水治理，确保国省考核断面水质稳定达标、持续提升。要统筹推进生态修复。深入开展矿山综合治理三年攻坚行动，推动更多矿山变青山。积极开展国土绿化行动，加快实施太行山绿化二期项目，持续提高森林覆盖率，统筹推进山水林田湖草一体化保护和系统治理。深化农业面源污染治理，强化污染地块监管和修复，做好固体废物和危险废物规范化管理，提高污染源头防控能力。要积极推动绿色低碳发展。有计划有步骤实施碳达峰行动，完善能源消耗总量和强度调控，逐步转向碳排放总量和强度“双控”制度。推进工业、建筑、交通等领域清洁低碳转型。大力发展碳汇林业，用足用好国家政策，加快实现国家储备林项目入库，推动林业产业化发展，提升生态系统碳汇能力，实现城乡增绿、农民致富、集体增收、产业培育、碳汇提升。大力发展循环经济，建好清峰医废、固废、垃圾综合利用等项目，打造“无废城市”。

（四）坚定不移促进城乡融合发展，建设宜居宜业邯郸副中心。深入实施新型城镇化战略，坚持农业农村优先发展，努力构建城乡融合、共同繁荣的发展格局。要加快实施创建提升。2022年必须倾全城之力打赢文明城市创建攻坚战，拿下这块金字招牌，实现全市上下创建梦想。要大力提升城市能级。持续打好城市建设攻坚战，全面推进西苑新区建设，建立项目审批绿色通道，加快前置手续办理，解决好历史遗留问题，加快建成回迁安置房及配套学校、科创中心、第三水厂、人民医院传染病大楼、新区路网等项目，加快实施提升城市品位、丰富群众文化生活、提高群众幸福指数、集多功能于一体的市民中心，加快商业综合体项目招引，推动一座高品质、现代化商务新城加速崛起。欢迎我们的企业家在西苑新区建总部。大力推动玉带河综合开发治理，坚持防洪排涝先行、重要节点跟进，全域接续建设，通过持续努力把一道“旱河”“伤疤”变成一条防洪排涝、河畅水清、岸绿景美、缤纷多彩的“玉带”；快速实施南水北调引水工程，力争明年7月通水，让“不尽长江滚滚来”的梦想早日照进现实；实施城区及周边农村污水处理厂项目建设，启动西苑污水处理厂二期工程，进一步完善城市功能；积极稳妥有序实施中兴路东延、新兴大街北延、富强街南延、向阳北路西延等工程，推动主城区与工业园区、九龙山公园、洺湖新区互联互通、产城融合，打通城市“堵点”，疏通城市“经络”。推进房地产市场平稳发展，对历史负责、对群众负责，解决好房地产遗留问题，解决好群众回迁难问题。推进城市更新，加快老旧小区改造，完善水电气暖管网和公共停车、垃圾处理设施，提升城市绿化水平。推进智慧城市建设，发挥好在城市管理、社会治理方面作用；建好用好实景“三维”地理数据底座，拓展其在自然资源公开透明监管、生态环境保护、森林防灭火、“两违”整治等方面运用，为武安的绿水青山加装一道数字化、智慧化的“防护屏”，也必须给私挖盗采违法分子上一道科技“紧箍咒”。要全面推进乡村振兴。持续打好乡村振兴攻坚战，落实粮食安全党政同责，严守耕地红线，积极发展现代种业，引导社会资本参与高标准农田建设，力争每年新建2万亩，稳步提升粮食综合生产能力。大力发展乡村产业，编制乡村振兴产业发展规划，按照城镇带动类、工贸配套类、文旅休闲类、特色种养类、碳汇生态类等分类实施，推动产业振兴。因地制宜、一村一策，重点培育壮大生猪、小米、中药材、特色林果等特色产业集群，扶持一批现代农业产业园。推进乡村建设，坚持量力而行、尽力而为，巩固提升农村改厕成果，健全规范长效运管机制，稳步提升农村基础设施和公共服务水平，打造宜居宜业和美乡村。推动巩固拓展脱贫攻坚成果同乡村振兴有效衔接，增强脱贫群众内生发展动力。扎实推进乡村振兴示范创建，打造“一乡三村”全国乡村振兴示范村镇。健全市乡村电商快递物流体系，助力农产品走出去，推动农村消费升级。大力发展旅游产业，实施古武当山等景区提升工程，推动太行武安城项目建设，引进战略投资商，争取金融支持，推进文旅赋能乡村振兴，加快京娘湖、长寿村等康养小镇建设，让养老产业成为武安集聚人口、促进消费、绿色转型的又一战略支撑。岳峰书记在不同会上多次讲过，北京周边的十几个县要打造后花园、养老基地，吸聚北京50万以上人口在这里养老，50万人口带来500亿元消费，带来2万人就业。我们武安的优势是什么？是与邯郸主城区的同城效应和绿水青山。如果把武安打造成为邯郸的养老康养福地，我们要大力改造提升现有基础设施。同时，我们提出在“十四五”末要建成现代化中等城市，中等城市人口要达到100万人以上，我们要靠“产城教医游”和养老产业吸聚人口，实现建成中等城市的梦想。要建设现代基础设施体系。推进旅游大环线、综合客运西站、青兰高速武安南岗互通、省道石观公路（永峰线）武安段改扩建、邯太高速、聊邯长高铁、荣兰线、兴阳线和大左线武安连接线等重点项目实施，加快形成高效畅通的综合立体交通网络体系。推进农村饮用水灌区提升改造、人饮维修养护、水库维修养护、河道修复治理等工程，大力提升西部、西南部山区群众饮水安全保障水平，全面保障城乡饮水和工业用水安全。实施电网优化战略，2025年全市供电能力提高30%。积极谋划实施抽水蓄能项目，稳妥有序开发风电光电项目，向市场要资金，用资源换产业，优化能源消费结构，提升能源保障水平。

（五）坚定不移弘扬社会主义核心价值观，推动文化事业和文化产业繁荣发展。坚持举旗帜、聚民心、育新人、兴文化、展形象，满足人民日益增长的精神文化需求。要认真落实意识形态工作责任制。巩固马克思主义在意识形态领域的指导地位，弘扬以伟大建党精神为源头的中国共产党人精神谱系，赓续红色血脉，传承红色基因。巩固壮大奋进新时代的主流思想舆论，着力打造全省前列的县级融媒，健全网络综合治理体系，推动形成良好网络生态。要提高全社会文明程度。实施公民道德建设工程，搞好精神文明创建，弘扬中华传统美德，加强家庭家教家风建设，深化“我是文明市民、要为城市争光，我是燕赵儿女、要为河北争气”活动，在全社会弘扬劳动精神、奋斗精神、奉献精神、创造精神、勤俭节约精神，培育时代新风新貌。用好新时代文明实践中心平台，打造群众所需、特色鲜明的志愿服务品牌，推动文明实践走深走实。要健全现代公共文化服务体系，创新实施文化惠民工程。强化文化遗产保护利用，推进磁山文化遗址列入中华文明探源工程、赵窑遗址列入“考古中国”重大项目。加强革命遗址修复保护，加快建设“太行红色新闻文化村落”。大力发展体育运动，高质量做好省十六届运动会相关赛事服务工作，广泛开展全民健身活动，不断提升群众体育和竞技体育水平。

（六）坚定不移保障和改善民生，不断提升人民群众生活品质。坚持以人民为中心的发展思想，在发展中保障和改善民生，不断实现人民对美好生活的向往。要用心办好民生实事。积极顺应群众意愿，精准谋划、滚动实施民生工程。加大公共财政支出用于民生倾斜力度，采取更多惠民生、暖民心举措，统筹做好住房、养老、托育等工作，用心用情解决好群众的急难愁盼。要落实就业优先战略。加强高校毕业生、脱贫人口等重点群体就业指导帮扶，开展助企纾困行动，增加政策性就业岗位，千方百计稳定和扩大就业，持续提高城乡居民收入水平，促进共同富裕。要健全社会保障体系。深入实施全民参保计划，完善大病保险和医疗救助制度，发挥低保、失业保险兜底保障作用，加强退役军人服务管理，保障妇女儿童合法权益，促进残疾人事业全面发展。要大力发展社会事业。落实教育优先发展战略，扩大普惠性学前教育资源，实施义务教育学校扩容提质工程，推动高中教育优质特色发展，推进职教中心新校区等项目建设，努力办好人民满意的教育。扎实推进健康武安建设，深化“四医联动”改革，推进紧密型县域医共体建设，加快市中医院新院区、市疾控中心实验楼等项目建设，推动市第一医院创建全国“三甲”，不断满足人民群众就医需求。落实疫情防控各项优化措施，始终坚持人民至上、生命至上，加强救治体系和应急能力建设，做好医疗物资和药品保供，关心关爱医护人员，发挥好巡诊小分队作用，做好儿童、老人、孕妇、急危重症患者等脆弱人群的保护和救治，千方百计保健康、防重症。

（七）坚定不移维护社会安全稳定，努力建设更高水平的平安武安、法治武安。认真贯彻总体国家安全观，巩固发展安定和谐的良好局面。要扎实推进依法治市。着力发展全过程人民民主，保障人民平等发展权利。深入推进法治政府示范创建，提高行政质效和公信力。加强对执法司法活动的制约监督，确保执法公平、司法公正。健全法治宣传教育工作机制，加大全民普法力度，完善公共法律服务体系，夯实法治社会基础。要完善社会治理体系。带着感情、责任和追求做好信访工作，加强矛盾纠纷排查化解。临近年底，要重点防范“双拖欠”问题发生。完善社会治安防控体系，常态化推进扫黑除恶，坚决打击各类违法犯罪行为，持续提升群众安全感。推进市域社会治理现代化，加强乡镇和村（社区）治理，完善基层网格化治理体系。要防范化解风险隐患。坚决维护政治安全，严密防范和有效化解金融、政府债务、房地产等领域风险。严格落实安全生产责任，紧盯重点行业领域，全面排查整治安全风险隐患，严防各类安全事故发生。统筹抓好食品药品安全、防汛抗旱、森林防火等工作，提高防灾减灾和重大突发公共事件处置保障能力。

四、认真贯彻落实党的二十大关于全面从严治党新要求，推动各级党组织和党员干部忠诚担当，奋力展现高质量发展新作为

要认真落实新时代党的建设总要求，全面履行管党治党政治责任，把各级党组织建设得更加坚强有力。

（一）强化党的全面领导，凝聚团结奋斗强大合力。完善党中央重大决策部署落实机制，确保政令畅通、令行禁止。加强党对经济发展、社会建设的全面领导，凝聚推动发展的强大合力。支持人大、政府、政协和法院、检察院依法依章程履行职能，深化工会、共青团、妇联等群团组织改革和建设，加快建设青年发展友好型城市。巩固和发展最广泛的爱国统一战线，加强和改进民族工作，积极引导宗教与社会主义社会相适应，促进非公有制经济健康发展和非公有制经济人士健康成长。坚持党管武装，做好双拥共建工作，推动国防动员和后备力量建设创新发展。

（二）强化党的组织建设，打造过硬干部队伍。认真落实新时代党的组织路线，选优配强各级领导班子，推动干部能上能下、能进能出，加大优秀年轻干部培养选拔力度。加强对干部的全方位管理和经常性监督，为担当者担当，浓厚干事创业氛围，让干部敢为、地方敢闯、企业敢干、群众敢首创。坚持大抓基层的鲜明导向，持续整顿软弱涣散基层党组织，不断增强党组织政治功能和组织功能。

（三）强化正风肃纪反腐，持续优化党风政风。落实中央八项规定及其实施细则精神，持续深化作风纪律专项整治，重点纠治形式主义、官僚主义，推动作风建设常态化长效化。以零容忍态度反腐惩恶，坚持“八个零容忍”“六个绝不手软”“五个高度聚焦”“三个全覆盖”，深化整治权力集中、资金密集、资源富集等领域的腐败，加强新时代廉洁文化建设。推进政治监督具体化、精准化、常态化，增强对“一把手”和领导班子监督实效。完善巡察制度，加强巡视巡察整改和成果运用。规范农村“三资”管理，用好农村产权交易中心，严格落实“村财乡管”等制度，狠抓反面典型。牢固树立“过紧日子”的思想，严肃财经纪律，兜牢“三保”底线，反对一切奢侈浪费行为。

（四）强化担当实干尽责，狠抓各项工作落实。深化“解放思想、奋发进取”大讨论和“转作风、提效能、比担当、作贡献”活动，大兴马上就办、真抓实干之风，强化大局观念和责任担当，雷厉风行、一抓到底、求真务实。加强督导检查，创新督查方式，不听汇报看现场，末端落实看英雄。充分发挥阶段考核评价和日常调度评价两个“指挥棒”作用，完善目标量化考核体系，建立重大工作、重点项目周碰头、月调度、季评价等分层分级调度机制。从市党政领导做起，翻着日历攻坚，数着分秒推进，确保谋划推进的工作，干一件成一件，抓一事成一事。

同志们，新时代新征程的号角催人奋进，中国式现代化的光明前景点亮征程。让我们更加紧密团结在以习近平同志为核心的党中央周围，持续兴起学习宣传贯彻党的二十大精神热潮，全面落实省市决策部署，撸起袖子加油干、风雨无阻向前行，加快建设富强文明美丽幸福的现代化新武安，为全面建设社会主义现代化国家、全面推进中华民族伟大复兴作出武安新的更大贡献！

政府工作报告

——2023年1月9日在武安市第九届人民代表大会第三次会议上

市长　董志毅

一、2022年工作回顾

2022年是党的二十大胜利召开之年，是党和国家历史上具有里程碑意义的一年，是武安发展极不平凡的一年。面对艰巨繁重的发展任务、交织叠加的挑战考验，在市委的坚强领导下，在市人大、市政协的监督支持下，市政府团结带领广大干部群众，深入贯彻习近平新时代中国特色社会主义思想，锁定经济总量超千亿目标，解放思想、奋发进取，全面加快建设富强文明美丽幸福的现代化新武安。

一年来，我们以稳住经济大盘为主线，克难奋进保运行，县域综合实力稳步提升。坚决落实“疫情要防住、经济要稳住、发展要安全”重要要求，高效统筹疫情防控和经济社会发展，认真落实稳经济一揽子政策、制定“武安硬十条”，力促经济稳中向好，预计全年：生产总值首破800亿元大关；一般公共预算收入完成47.8亿元，扣除留抵退税因素后增长8.8%；规上工业增加值增长6.5%；固定资产投资增长9%；社会消费品零售总额增长3.1%；实际利用外资完成7062.3万美元；进出口总值完成114.24亿元、增长5.95%；城镇和农村居民人均可支配收入分别增长4.1%、7.2%。武安市在中郡全国百强连续6年保强晋位、升至第76名，并首次上榜中小城市研究院全国百强榜单、位居第85名。

一年来，我们以新发展理念为统领，狠抓项目增投资，经济发展动能更加强劲。建强九大产业链攻坚指挥部，成立要素保障等七大专班，大力推进总投资1404亿元的78个产业项目，争列省重点9个、邯郸市重点34个，重点项目数量位居全省第三。加大招商引资力度，出台“双招双引”、升规入统等一系列政策，投资507亿元的33个项目成功签约，项目投资额、开工率均位列邯郸第一。以国土空间规划调整为契机，为项目建设、城市开发、园区发展留足空间，工业园区被评为省抓投资上项目提能级先进示范经济开发区。全力培育“四上”企业，新增入统65家、为历年最多，较去年增加26家。城发集团总资产增长51%，完成授信23亿元，发展实力和引领作用进一步增强。农村信用联社作为全省唯一银行业金融机构获得“全国金融先锋号”荣誉。常态化开展政银企对接，累计落实授信522.3亿元。加大“一跑四争”力度，争取上级专款24.1亿元、债券资金13.57亿元，分别增长26%、24%。首次启动战略性新兴产业引导基金，成功吸引社会资本，市场化引入新能源项目。深入推进质量强市、科技强市战略，研发费用加计扣除额6.14亿元、增长56.6%，惠及39家企业，较去年增加20家，企业技术合同成交额18.62亿元、增长84%，高新技术产业增加值增长13.7%，为科技创新引领发展奠定基础。龙凤山铸业和共赢装备跻身国家级专精特新“小巨人”企业、实现零的突破，全年新增国家级高新技术企业10家、省级专精特新企业16家，国家级和省级企业技术中心各1家。武安市跻身首批国家知识产权强县建设试点县，位列2022中国县级市品牌百强榜第48位。

一年来，我们以产业转型升级为主题，扭住重点快调转，工业结构调整持续提速。统筹推进钢铁整合重组、转型升级、延链提升一揽子计划，太行一期、冀南一期、新金万利高端家电板一期全面达产，“智慧工厂”太行二期全面开工，总投资288亿元的冀南二期、总投资86亿元的普阳整合重组项目启动建设，文安优特钢完成前期手续，新金万利“智能制造+5G云技术”的高端家电板二期、金鼎年产120万吨装配式建筑用钢试生产，武洲新材料钢后延伸冷轧开建，普阳防爆钢、龙凤山超纯铁亮相中国航展。新兴能源194万吨、华丰能源100万吨焦炭减量提升项目全部投产，太行100万吨焦电联产项目部分投产。钜兴60万吨球墨铸管、虎耀高端装备配件项目建成投产，华丰氢能产业园加快推进，新峰1300万吨工业固废、200万吨建筑垃圾综合利用、医废处置项目整体推进，格力钛新能源产业园蓄势求变、产值翻番。格力智能工厂等3个项目列入省战略性新兴产业重点项目，中联钢信、普阳钢铁入选工信部新一代信息技术与制造业融合发展试点，广普焦化、金鼎重工入选全国“水效领跑者”，新兴铸管等6家企业成为全省首批县域特色产业集群“领跑者”企业，县域特色产业振兴工作位列全省第2名，裕华钢铁等3家民营企业和4位民营企业家获得省政府表彰。

一年来，我们以挖潜育新增效为目标，强基固本促提升，“三农三产”发展活力增强。深入实施乡村振兴战略，持续巩固拓展脱贫攻坚成果，脱贫人口年人均可支配收入稳步增长。强力推进北部现代农业产业带、南山沟特色种植产业带建设，成为省级连翘产业大县、种植面积近10万亩。完成38个村生活污水治理，问题厕所高标完成整改，受到省政府领导批示肯定，列入全省典型范例，村庄清洁行动获得邯郸第1名。推动农文旅融合发展，成功申报东太行和美乡村省级示范区，创建10个精品美丽乡村、全省前三。盘龙大道、白沙迎宾大道获评省美丽农村精品示范路，管陶乡跻身“四好农村路”省示范乡。王坡、石八酒民宿成为省十佳创意设计乡村美宿，活水乡入选省十佳乡村精品民宿集聚区，古武当山成功创建国家4A级景区，旅游大环线茶壶山等3个隧道顺利贯通，入选首批省级“文化产业赋能乡村振兴”试点县，活水乡、伯延村被评为省级乡村旅游重点乡村，连续四年上榜全国县域旅游综合实力百强县。出台支持现代服务业发展政策，新增入统服务业企业9家，引入中国科学院过程工程研究所、浙江物产集团合作共建技术成果转化和对外贸易平台，华增达铁路物流园建成投产，河北陆港成功开通中欧班列，多式联运量实现20万标准箱、全省第一，初步建成全省最大的铁路综合货运枢纽。

一年来，我们以邯郸副中心为定位，多管齐下破难题，城市建设取得重大突破。实施总投资近百亿元的27个城建重点项目，加快西苑新区开发建设，快速和谐稳定完成贾庄、下泉2个村整村动迁，回迁安置房及配套学校、综合客运西站、第三水厂、4条市政道路等一大批重点工程相继启动，玉带河综合整治项目列入国家第二批EOD试点，新兴大街中兴路至太行大道段全线通车，南二环东延等3个交通项目列入省重点前期管理。大力开展“三拆四治五提升”行动，严厉打击违法建设行为，拆除整治私搭乱建、危陋建筑107.8万平方米，搁置多年的31处存量违法建筑稳妥处置到位。建东街等17项道路综合提升工程全部竣工，阳光小区等14个老旧小区完成改造，白鹤公园等5个游园和7个口袋公园提档升级。上团城乡、西土山乡撤乡设镇获批，城镇化进程进一步加快。武安市率先在全省搭建实景三维地理信息数据底座，智慧武安建设提速，5G网络、新能源汽车充电桩等新基建加速布局。

一年来，我们以加强生态治理为导向，精准攻坚治污染，区域环境质量有效改善。深入践行习近平生态文明思想，强力推进“四大行业”深度治理，投资7.9亿元“一企一策”完成687项改造提升，全面开展钢铁企业创A行动，金鼎重工引领创A成功，在全国率先完成企业一氧化碳智能管控平台试点建设，投入2.4亿元建成3家焦化企业备用脱硫脱硝设施。加快推进绿色运输，引导企业购置纯电重卡超1000辆，新能源重卡运量增长8倍，在全省首创纯电重卡集群集控中心，建成全省规模最大的重卡充电群，年可减少碳排放12万吨，元宝山铁路专用线主体完工，全年重点企业铁路货运量实现3549万吨、增长54.3%。成立环保巡回法庭，生态环境司法保护更有力度。非现场执法监管“三个标准”建设列入全省试点。大力推进林长制、河湖长制，加强重点领域综合执法，查办环境污染案件665起、盗采河砂案件127起、非法取水案件18起、毁林占地案件42起，非法盗采矿产资源刑事立案5起，提升29处矿山治理点，洺河近古出境断面和2处集中式饮用水源地水质全年稳定达标。完成营造林29.7万亩，成功创建省级森林城市。空气质量综合指数一举甩掉全省倒一的“帽子”，改善率位居邯郸第2名，全年优良天数达到237天、增加8天，央视《二十大时光》栏目用半个小时聚焦武安生态变化，国家一级保护动物黑鹳、金雕时隔多年重现，国家二级保护动物白鹭、灰鹤开始在武安栖息繁育，良好生态正在成为最普惠的民生福祉。

一年来，我们以守护人民健康为使命，众志成城战疫情，防控救治能力明显提高。面对复杂严峻的疫情防控形势，我们始终坚持人民至上、生命至上，立足武安工业企业多、流动人口多、过境大车多、商贸往来多的实际，成立“一办十七组”，认真把握政策，不断提升各方面基础能力，克服多重困难力保247家工业企业不停产，最大限度减少疫情对经济影响，物流保通保畅做法在央视专题报道，受到省、邯郸市肯定。全年妥善处置社区、农村、企业、学校等多轮次输入风险，圆满完成多批次外出援助和兄弟县区任务，特别是在由防转治关键期，因时因势优化措施，精准调整工作重心，提前主动做好医疗救治、药品保供、脆弱人群服务等各项准备，千方百计购置超声诊断仪、移动式X射线机、呼吸机等ICU设备270台（套），全市重症床位总数由31张增至162张，为乡镇卫生院、村卫生室配送四类药品2.2万盒（瓶），有效缓解群众用药和就医需求，尽最大努力保护人民群众生命安全和身体健康。

一年来，我们以服务群众需求为宗旨，办好实事惠民生，各项社会事业不断进步。20项民生工程和10件民生实事如期完成，中高考成绩再创历史新高，职教对口升学连续22年全省第一，房地产配建幼儿园遗留问题稳妥解决、24所按政策实现移交，洺湖、安瑞两所小学建成投用，“大班额、大校额”有效改善。深入推进紧密型医共体建设，西土山卫生院、社区卫生服务中心获批省特色专科医疗机构，武安市在全省首个实现医保移动支付，连续三年被评为全省医改工作先进县（市、区）。城镇新增就业8014人，为4300名农民工追回工资5100万元，普阳钢铁被评为全省唯一的全国和谐劳动关系创建示范企业。建成44个小区卫生服务站，改扩建10家农村幸福院和敬老院、新增床位253张，磁山二街被评为“全国示范性老年友好型社区”。武安运动员在北京冬残奥会获得“一金两铜”优异成绩。“考古中国”重大项目赵窑遗址完成初步发掘，大型原创红色题材武安平调剧《贺进》入围省舞台艺术精品工程。武安市成功入选全国青年发展型县域试点。高标完成国省干线提升和农村公路灾后重建，改造升级农村道路46千米，方便50个村群众出行。开建南水北调引水工程，实施供水试点、人饮维养等水利提升项目，总投资5.5亿元的南部钢铁、冀南钢铁专线、城西复线等供水工程投入运行，供水能力由3000万立方米提高至8000万立方米，居民饮水、企业用水更有保障。

一年来，我们以社会安定和谐为根本，筑牢底线防风险，安全发展基础更为牢固。全面完成安全生产专项整治三年行动，深入落实“十五条硬措施”，进一步理顺部门安全监管职责，建立动态监管联席工作机制，建成应急管理指挥中心，大力开展安全生产大排查大整治、燃气安全百日行动、自建房安全整治行动，投入2.7亿元查改各类隐患10656处，在全省首创乡镇防火工作站、森林防火跨省驻防机制，实现工矿商贸“零事故”、森林防火“零火情”。市消防救援大队荣获应急管理部集体三等功，食品安全、应急管理、人民防空、网络安全和信息化等工作获得省级以上先进集体荣誉。强力推进常态化扫黑除恶斗争，严厉打击各类违法犯罪，连续7年保持“命案必破”，刑事案件、治安案件分别下降10%、32.1%，夏季治安打击整治“百日行动”综合成绩位居邯郸第1名，治安防控经验和护企惠商举措在全省推广。依法化解信访矛盾，圆满完成维稳任务，稳步推进金融、政府债务等领域风险化解，确保社会大局和谐稳定。

一年来，我们以优化营商环境为抓手，提升效能转作风，政府自身建设切实加强。深入开展助企纾困“大调研、大走访”，全面搭建“政企会客厅”，建立企业“白名单”无事不扰等制度，在全省率先实行“三证联发”，实现“拿地即开工”，新增市场主体8054家，营商环境、政务服务在全省考核中名列前茅，在全国383个县级市信用状况监测中最好月度排名升至第25位，入选全省信用体系建设典型城市县级试点。扎实开展“解放思想、奋发进取”大讨论、“大兴学习之风、提升能力素质”活动。主动接受人大法律监督、政协民主监督和社会舆论监督，及时向市人大常委会报告工作，565件人大代表建议和政协委员提案圆满办结。大力推进法治政府建设，完善重大行政决策程序，进一步加强政府投资项目全过程管理，全年评审各类项目281个，审减率19.6%，完成政策措施落实、经济责任、重点领域专项资金等审计项目33个。深入实施国企改革三年行动，完成79家国企专项审计和34家国企改革任务。同时，粮食安全、红十字会、邮政通信、史志档案、气象地震、妇女儿童、扶残助残、民族宗教、外事侨务、供销等工作，都取得了新进步。

各位代表！事非经过不知难，成如容易却艰辛。刚刚过去的2022年，在市委的坚强领导下，全市上下保持定力、担当实干，以实际行动开创了经济社会发展新局面。这是武安经济迎难而上的奋进年。钢铁市场震荡下行，2021年关停30座高炉转炉的影响集中显现，全市财政收入锐减，疫情防控、保障发展等硬性支出大增。面对空前困难和问题，我们在大力压减经费支出的同时，坚持再紧不能紧民生，千方百计保障教育、医疗、人饮等民生投入，民生支出占一般公共预算支出达70.7%；坚持再难不能难企业，落实减税降费政策不犹豫、不打折，全年减、免、退、缓金额50.05亿元，其中留抵退税34.5亿元，占邯郸总量42.2%，用政府“紧日子”换群众“好日子”、企业“宽日子”。这是武安事业负重开拓的突破年。坚持在困难中奋进、在压力中前行，努力把“不可能”干成“一定能”。面对冬奥会空气质量保障、中央生态环境保护督察、巩固邯郸“退后十”，我们咬定目标，持续不懈攻坚，空气质量综合指数历史性退出全省倒一；面对城市发展的迫切需要，我们不等不拖，创新投融建模式，强化市场资源配置，科学公平定政策，真情服务强保障，10天收储1108亩土地，13天完成2个村动迁，开创武安整村和谐动迁先河，为城市跨越提升奠定了坚实基础。这是武安发展行稳致远的关键年。我们以系统思维、长远目光、超常举措推动各项工作，钢铁整合重组成效显著、延链补链加快推进，现代服务业蓄势待发，城市攻坚战序幕拉开，“三区三线”完成划定，资金土地制约加快破解，“双招双引”“一跑四争”等政策制定出台，一批补短板、打基础、利长远的产业项目和基建工程陆续实施，一些影响发展的深层矛盾、遗留问题正在解决。一年来，政府系统各战线获得国家级、省级荣誉45项，为历年最多。特别是省、邯郸对武安市高度关注、寄予厚望，省委、省政府主要领导来武考察指导，为我们做好工作注入了信心动力。这是武安干群凝心聚力的拼搏年。全市上下各行各业、各条战线，广大干部群众和广大企业，讲政治、顾大局，团结实干、坚毅前行，凝聚了共克时艰的强大力量。最难忘的是抗击疫情，全市上下众志成城、闻令而动、冲在一线，特别是广大医务工作者，始终担当向前、无私奉献，用辛勤付出守护了群众生命安全和身体健康，所有这些都凝结成武安记忆、汇聚起武安力量。正是因为有这样的齐心协力，今天的武安才能砥砺奋进、克难制胜；正是因为有这样的万众一心，明天的武安一定会在高质量发展道路上继往开来、再创辉煌！

各位代表！一年来的成绩来之不易、难能可

贵，这是上级党委、政府和武安市委正确领导的结果，是市人大、市政协监督支持的结果，是全市上下积极进取、共同努力的结果。在此，我代表市人民政府，向全市人民，向各位人大代表、政协委员，向各民主党派、工商联、无党派人士和人民团体，向驻武部队、武警官兵、政法干警，向驻武各单位，向所有关注支持武安发展的各位同乡、各界人士，致以崇高的敬意和衷心的感谢！

在肯定成绩的同时，我们更要清醒看到：产业结构性矛盾仍较突出，做好钢铁退城搬迁、整合重组“后半篇文章”仍需提速，战略性新兴产业支撑不足；城市建设在规模、进度、品质、管理等方面还有很多短板；大气污染防治任重道远，生态环境保护任务艰巨；安全生产工作基础还有薄弱环节，仍需付出长期努力；民生社会事业与群众期盼还有差距，营商环境需要进一步优化；一些同志的思想观念、知识更新、工作作风与新时代新征程还不相适应，等等。对此，我们要强化问题导向，认真加以解决。

二、2023年目标任务和主要工作

2023年是全面贯彻落实党的二十大精神的开局之年，是加快推进“十四五”各项目标任务、实现经济总量超千亿的关键之年。做好今年工作，我们既面临严峻形势考验，更具备诸多利好条件。落实市委部署，必须干字当头、矢志奋斗。市委八届五次全会对未来五年乃至更长时期发展进行了战略谋划，提出了“冀南钢谷、制造强市、能源强市、开放强市、绿色发展城市、现代服务业高地、智慧新城、交通强市、乡村振兴示范区、文旅康养福地”等10个中国式现代化武安场景，政府系统将逐一细化路线图、制定时间表，列出任务单、打响攻坚战，一步一步前进，一年一年努力，把美好场景变为发展实景。把握宏观政策，必须抢抓机遇、借势奋起。面对宏观经济需求收缩、供给冲击、预期转弱三重压力，党中央强力实施“双循环”“扩内需”战略，坚持“两个毫不动摇”，释放了拼经济、快发展的强烈信号，从国家到省市密集出台一系列促增长、提信心的措施办法，很多财政政策、货币政策、产业政策和房地产政策，都对以钢铁为主导的武安拉动更直接、利好更明显。开启新的征程，必须坚定信心、开拓奋进。武安有光荣的创业传统，有深厚的发展底蕴，有完备的产业基础，武安的广大群众勤劳质朴、厚德担当，武安的企业家热爱家乡、回报家乡，武安的干部队伍敢打硬仗、能打胜仗，特别是经过换届以来的不懈努力，经济总量超千亿目标深入人心，全市上下为之奋斗，全国百强不断晋位，各项事业全面突破，转型路径更加清晰，发展动能更加强劲，干事创业热情饱满，这些都让我们底气十足、信心百倍。只要我们咬定目标不放松、苦干实干不畏难、久久为功不懈怠，一个更加美好的武安，必将以崭新之姿屹立于冀南大地！

按照市委八届五次全会的安排部署，做好今年工作的指导思想是：坚持以习近平新时代中国特色社会主义思想为指导，全面贯彻落实党的二十大精神，按照中央和省、邯郸市经济工作会议要求，坚持稳中求进工作总基调，完整、准确、全面贯彻新发展理念，积极服务和融入新发展格局，着力推动高质量发展，更好统筹疫情防控和经济社会发展，更好统筹发展和安全，坚持创新驱动，全面深化改革，持续优化营商环境，大力提振市场信心，做好六个统筹，持续打好七大攻坚战，加快转型步伐，做实项目建设，提升城市能级，促进乡村振兴，强化生态治理，发展民生事业，夯实基层基础，突出做好稳增长、稳就业、稳物价工作，有效防范化解重大风险，推动经济平稳健康发展，实现质的有效提升和量的合理增长，加快经济总量超千亿步伐，加快建设富强文明美丽幸福的现代化新武安。

2023年全市经济发展主要预期目标是：地区生产总值增长7.5%左右，一般公共预算收入增长10%左右，规上工业增加值增长7.1%以上，固定资产投资增长7.5%左右，社会消费品零售总额增长8%左右，进出口总值增长6%左右，城镇和农村居民人均可支配收入分别增长8%左右，PM2.5平均浓度、单位GDP能耗下降率完成既定任务。

围绕上述思路和目标，重点在以下九个方面攻坚突破：

（一）全力以赴增投资、上项目，在增强经济发展动能上攻坚突破。始终把项目作为发展之基、立市之本。提速提效抓项目。加快实施总投资1374亿元的146个产业类、城建类、民生类项目，争列省市重点项目40个以上，建立“专班推进、调度通报、观摩拉练、考核评比”一揽子工作机制，千方百计促开工、抓在建、保投产，力争37个续建项目一季度全部复工、87个新开工项目二季度前全部开工、21个保投产项目三季度全部完工、其他储备项目加快落地。“双招双引”上项目。把2023年作为“招商引资突破年”，开展县级领导挂帅的10个产业招商组“大比武”，实施重点产业招商提质、重点区域招商拓展、重点企业招商扩能、重点平台招商提升、重大项目招商提效五大行动，瞄准“央字头、国字号、500强”，强化产业招商、专业招商，发挥好产业研究院“北京飞地、邯郸会客厅”作用，力争引进投资100亿元以上项目1—2个、50亿元以上项目3—5个、亿元以上项目30个。大力开展“回武创业再出发”活动，吸引更多武安籍在外企业家回乡投资、在武兴业。鼓励本地重点民营企业延链补链、中小企业转型发展。做强园区聚项目。围绕创建国家级经济技术开发区目标，加快工业园区整合并区和扩区调区，推进曹公大街贯通等5个重点基建项目。建立园区项目自主审批机制，加快签约项目落地。通过动态清退、整合兼并等方式，腾出宝贵空间，服务企业发展。千方百计争项目。迈开两条腿、进厅跑部委，紧盯政策导向、前沿动向、资金投向，全力争政策、争项目、争资金、争试点，建立项目“谋划储备、筛选确定、手续立项、分类入库、全力争跑”工作机制，完善考核评价体系，加强考核结果运用，争取上级专款和债券资金增长20%以上，有效突破资金难题。

（二）全力以赴调结构、快转型，在构建现代产业体系上攻坚突破。走好工业立市、产业强市之路，大力发展县域特色产业集群，年内新增“四上”企业60家以上。主导产业要存量变革。全力推进钢铁转型升级和精钢延链提升，力争太行二期三季度建成投产，确保冀南二期、普阳整合重组项目进度完成50%以上，推动文安优特钢项目全面开建，抓好鑫汇短流程炼钢及悦然600万吨废钢加工、武洲新材料等项目，实施工业技改项目50个以上，新增企业上云80家，实现精钢占比达25%以上，提高钢铁产业高端化、智能化、绿色化发展水平，加快打造装备先进、品优质精的冀南钢谷。新兴产业要质量跃升。装备制造产业突出集群发展，发挥新兴铸管龙头带动作用，抓好格力三期高端树脂砂、福瑞泰精密型材深加工、鼎润二期数控机床等9个高端装备制造项目，引入战略投资建设小型飞机装备制造基地。铸造产业突出整合提升，大力推动“企业集中、要素集约、特色集群”。新材料产业突出提质升级，启动总投资30亿元的锂离子隔膜生产项目，推动年产120万吨高性能玻璃纤维项目一期开工，力促龙凤山铁基新材料实现工业化生产。新能源产业突出扩能增效，支持格力钛电池产品提质、产值翻番，推进年产1万辆的电动物流车整车制造项目，同步拓展储能应用板块，推进华丰能源与上海重塑、宇通客车等企业合作建设氢能全产业链项目，加快打造创新引领、高端智能的制造强市。现代服务业要增量崛起。全力推进外贸进出口服务平台建设，借助海关特殊监管区优势，建设跨境电商产业园、优质外贸出口企业聚集地、大宗进口平台和头部企业大宗采购联盟，引进外贸企业50家以上，探索“龙头企业+跨境电商+海外仓”模式，持续扩大进出口贸易，常态化运行中欧班列，鼓励新峰等优势企业发展海外项目，支持创建国家级综合保税区，打开“向海图强”大通道、融入“一带一路”大战略，加快打造链接全球、服务全国的开放强市。全力推进现代物流服务平台建设，鼓励清峰物流、华增达等集群发展，力促河北陆港多式联运年吞吐量达到千万吨级，金都物流煤炭应急保障储运中心一期建成投运，打造冀南地区最大的现代物流基地。全力推进产业数字化平台建设，支持高翔地理建成全省首家地理信息技术创新中心，积极引进碳汇交易、供应链金融等企业落户武安，加快打造业态丰富、多产融合的现代服务业高地。文旅产业要变量突破。打造太行民宿康养度假区，建设全市游客集散中心，确保旅游大环线全线通车，推动古武当山、七步沟等景区提档升级，实施京娘湖东板山、长寿村康养小镇等民宿升级工程，启建桃花湾养老社区，推进昆仑峪度假小镇、溶蚀大峡谷等项目。支持赵窑遗址申报国家级文物保护单位、河西村争列中央新闻媒体研学实践基地，谋划磁山文化遗址公园建设，引入战略合作加快伯延古镇市场化运营，培育2个省级以上乡村旅游重点村镇。构建“承接邯郸、辐射中原”康养生态圈，加快打造魅力人文、乐享山水的文旅康养福地。

（三）全力以赴促改革、求实效，在全面优化营商环境上攻坚突破。营商环境就是生产力。激发民营经济活力。对民营企业给政策、给支持、给荣誉，提供“项目咨询筛选、前沿信息对接、产业基金引导”等全方位服务，引导民营资本有所为、有所不为，支持优质企业结合城市更新发展总部经济，鼓励更多民间资本参与重大工程建设。做好重点拟上市企业申报服务，支持共赢装备、兆宏泵业、高翔地理等进入上市辅导。加大改革力度，让市场在资源配置中起决定性作用、更好发挥政府作用。加强政企沟通联系，广泛听取企业意见，推动减税降费、融资信贷等政策直达企业，构建亲清政商关系，强化“亲”的服务，守住“清”的界河，让企业家投资放心、发展舒心、创业安心。增强科技创新动力。用好科技成果转化中心，探索设立院士工作站，与清华大学共同举办专业创新创业大赛，打通企业与高校院所合作交流通道，力争实现成果转化落地10项以上。鼓励重点企业参与行业标准制定，支持金鼎重工、华丰能源等申报省级研发机构，新认定国家级专精特新“小巨人”企业1—2家、省级专精特新企业和国家级高新技术企业各10家以上。深入实施人才强市战略，创新人才引进和使用机制，有针对性地培养和引进一批创新团队、青年科技人才、高技能人才。提高要素保障能力。大力开展“整治违法占地、利用闲置土地、激活低效用地、清查工矿废地”攻坚，盘活土地1000亩以上，推行工业用地“标准地+承诺制”改革，强化土地亩均效益，坚决保障发展所需。持续深化国有企业改革，推进各部门国有资产集中统一监管，进一步做稳国资、做实远隆、做强城发，推动城发集团争创AA+。运用好“政银企”对接平台，扩大授信和投放规模，大力支持农村信用联社改制农商行。创立高质量发展引导基金，对接头部企业遴选基金管理团队，为产业发展、城市建设、乡村振兴等提供保障。

（四）全力以赴补短板、提能级，在加快城市开发建设上攻坚突破。围绕“创建全国文明城、打造邯郸副中心”，深入实施新型城镇化战略，继续稳妥推进撤乡设镇工作。以重点工程提速新区开发。高水平推进西苑新区建设，确保回迁安置房主体封顶，建成中兴路西延城建段、贾庄大街等“两横两纵”路网，启动市民活动中心、科创中心建设，提升城市品质能级。有序实施中兴路东延、富强大街南延、新兴大街北延等工程，推动工业园区、洺湖新区、九龙山公园与主城区互联互通、产城融合。以有机更新完善城市功能。高标开展玉带河上游7千米段开发治理，完成五一水库节点水利及配套市政工程，跟进实施城区中段节点开发，加快实现“防洪护城、玉带穿城、清水润城”。推进新华大街、建设大街功能优化等28项道路更新工程，完成兴安小区等18个老旧小区改造，加快东山科普园、城西多功能生态公园建设，打造一批口袋公园。以经营理念推动重点区片开发，逐一确定规划设计、建设时序、投资主体，成熟一个、推进一个，通过2—3年努力，实现城市品位和颜值的大提升。以产业导入拉动城市经济。围绕培育高档商圈、总部经济、文旅业态，持续做好产业招引导入，力争年内引入总部大厦项目3个、五星级酒店项目1个，引进知名企业建设大型商业综合体。推动太行武安城商业示范区展示开放、南关商业步行街建成营业，打造武安特色街区。以精细管理提升城市品质。持续开展“三拆四治五提升”，对城区及周边农村自建房加严管理，严厉打击“违法建设、私搭乱建”等行为。着力解决房地产遗留问题和群众回迁难问题，探索建立“大物业”管理机制，有序推动出租车新能源更新，新建新能源充电桩300个以上。大力实施主次干道、农贸市场、交通场站、乡村环境等14个整治提升专项行动，打造干净整洁靓丽的城乡环境，举全市之力创建全国文明城市。

（五）全力以赴创特色、上水平，在实施乡村振兴战略上攻坚突破。坚持农业农村优先发展，加快建设宜居宜业和美乡村。严守耕地保护红线，坚决遏制耕地“非农化”、基本农田“非粮化”，力争新建2万亩高标准农田，确保粮食面积稳定在75.5万亩以上，筑牢农产品质量安全防线。围绕“农业强”做优四大产业。全链化发展生猪业，实施总投资30亿元的7个项目，力促益源牧业年出栏26万头生猪项目一期投产，打造白沙“智能养殖、冷链仓储、中央厨房”全产业链示范区。特色化发展林果业，扶持壮大核桃、花椒、苹果等林果，做大做精休闲采摘农业，培育优质果园30个以上。规模化发展中药材业，新增连翘种苗繁育和标准化生产面积3500亩，推动柴胡等道地药材与下游企业合作。品牌化发展小米业，抓好“三品一标”基地建设和小米醋等产品开发，做强磁山粟、米乡乐等品牌，着力解决武安农业“有资源无产业、有产业无产品、有产品无品牌”问题。围绕“农村美”抓好创建提升。编制乡村振兴产业发展规划，精准导入“城镇带动类、工贸配套类、文旅休闲类、特色种养类、碳汇生态类”等产业，在“一区”打造13个和美乡村、7个人居环境精品村，在“两带”启动6个乡镇12个村提升计划，在其他乡镇培育一批和美乡村、乡村振兴示范村。健全农村改厕长效运管机制，稳步提升农村基础设施和公共服务水平。围绕“农民富”拓展增收渠道。持续巩固拓展脱贫攻坚成果同乡村振兴有效衔接，加强农村“三资”管理，规范农村产权交易服务，发挥武安产业优势，开展“就业创业促进、产业项目带动”等联农带农活动，千方百计带动农民增收。积极争列国家农村集体经营性建设用地入市试点，大力发展集体经济，力争100个村超百万元、10个村超千万元，加快打造产业兴旺、人和景美的乡村振兴示范区。

（六）全力以赴抓攻坚、治污染，在改善区域生态环境上攻坚突破。践行绿水青山就是金山银山理念，加快建设天蓝地绿水秀的美丽武安。坚持大小齐抓，打好污染防治攻坚战。巩固提升中央生态环境保护督察反馈问题整改成效，以环保绩效创A为抓手，全面开展一氧化碳、PM_{10}深度治理攻坚，推动钢铁企业全部创A，焦化企业全部创B冲A，制定中小企业提升方案，力争每个重点门类创建1—3家A级企业，年内提标升级达100家以上。突出抓好工业总量减排，推进1000立方米以下高炉、100吨以下转炉有序关停。强力抓好精准治理，加强弱项指标分析，健全长效抓促机制，全面提升“车、尘、油、煤”等领域精细化管控水平。坚持水土共治，打好生态环境提升战。深化全域治水，推进2座城区污水处理厂、3个乡镇12座农村污水处理站建设，建成四里岩水源地周边污水管网，确保国省考核断面水质稳中向好，积极争创国家节水型城市。深入开展矿山综合治理三年攻坚，完成修复93处2300亩，同步实施后续资源开发利用。启动创建国家森林城市，加强南洺河生态走廊湿地、青崖寨国家级自然保护区生物多样性保护，全力争取太行山二期绿化、国家储备林等项目落地实施，稳步提升生态碳汇能力，让绿色颜值加速转换为生态价值。坚持加减并举，打好绿色转型主动战。稳妥启动碳排放数据测算和碳达峰路径规划，加快构建“1+N”政策体系，坚决遏制“两高”项目盲目发展，对钢铁、焦化等行业进行绿色低碳改造，建设省级绿色工厂5个以上。大力发展循环经济、建设“无废城市”，全力推进清峰医废、固废、垃圾综合利用等项目，加快打造资源节约、循环利用的绿色发展城市。

（七）全力以赴优功能、强支撑，在夯实基础设施保障上攻坚突破。立足补短板、强弱项：增强交通保障。建成综合客运西站，加快推进青兰高速南岗互通、邯太高速、聊邯长高铁、南二环东延、西三环北延等重点项目前期工作，改造提升农村公路47千米，完成口上桥、常王庄桥建设和井峪隧道拓宽，建设城乡公交站亭（点）257个，加快打造内畅外联、便捷高效的交通强市。增强水利保障。力争南水北调引水工程7月竣工投用，启动农村饮用水灌区提升改造工程，在西南部山区打造63个人饮长效运行试点村，让更多群众放心用水、健康饮水。增强电力保障。积极推进武安北220千伏输变电及110千伏送出工程、苑水220千伏变电站增容工程，谋划邯郸北500千伏输变电及220千伏送出工程，同步推进农村电网更新计划。增强数字保障。加快智慧武安综合指挥中心建设，开发实景三维应用场景，绘好全市空间地理信息“一张图”，既要构建“天空地”一体化监管执法格局，给非法盗采、违法建设、开山毁林等行为戴上“紧箍咒”，更要让智慧信息形成数字产业、产生发展价值，加快打造数字赋能、共建共享的智慧新城。增强能源保障。构建新型能源体系，推动盘根抽水蓄能电站、氢能产业技术研究院等新型能源项目加快落地，探索“矿山修复+新能源一体化”模式，稳妥有序开发风电光电项目，向市场要资金、以资源换产业，在“双碳”格局中塑造产业竞争新优势，加快打造清洁低碳、安全高效的能源强市。

（八）全力以赴办实事、惠民生，在统筹发展社会事业上攻坚突破。坚持以人民为中心：推动教育优先发展。加快2所城区小学建设、增加学位3240个，改造农村薄弱学校25所，开展职教中心新校区项目前期，支持邯郸幼儿师范高等专科学校提升办学实力，争取更多高等学府落户武安。稳步提高就业质量。开展助企稳岗帮扶，开发公益性岗位，强化“双创”平台带动，加强高校毕业生、脱贫人口等重点群体就业帮扶，全年实现新增就业7000人以上。完善社会保障服务。深入实施全民参保计划，积极推行“免申即办”“一卡通办”。新改扩建5家农村互助幸福院、2家乡镇敬老院，实施特困老人家庭居家适老化改造。筹集保障性租赁住房200套。实施精准助残服务工程，惠及1800余名残疾人。推进健康武安建设。深化“四医联动”改革，推动市第一医院晋升三甲．加快市第一医院综合病房楼、疾控中心实验楼建设，启动中医院新院区项目，完善基本医疗、大病保险、医疗救助制度，积极创建国家卫生城市。加强疫情防控救治体系和应急能力建设，抓好重症资源扩容、重要物资保供，乡镇卫生院新增36台（套）救治设备，加强对医护人员关心关爱，做好脆弱人群保护和救治。繁荣发展文体事业。开展文艺演出、戏曲下乡、非遗展演350场以上，新建改建社会足球场、多功能运动场等11处公共体育场地，丰富群众文体生活。同时，不断加强国防动员和后备力量建设，切实保障退役军人、妇女儿童等群体权益，全力打造青年发展友好型城市，统筹抓好红十字会、邮政通信、史志档案、气象地震、人民防空、民族宗教、外事侨务等各项事业。

各位代表！发展就是为了人民。2022年我们继续坚持群众提、委员议、代表定、政府干，经过反复征求意见，梳理了候选民生工程，将提请大会票决确定。我们一定根据大会决定，一项一项抓推进，一件一件抓落实，全力把好事办实、实事办好，致力提升全市人民的生活品质和幸福指数！

（九）全力以赴防风险、守底线，在深化平安武安建设上攻坚突破。坚决贯彻总体国家安全观，建设更高水平的平安武安。毫不放松抓好安全生产。压实安全生产各方责任，强化应急管理指挥中心智能化监管，确保实现1030家重点企业作业现场视频监控稳定联网，加强乡镇应急办规范化建设，持续加大常态化排查整治和打非治违力度，提升冶金危化行业本质安全水平，抓好非煤矿山安全专项整治，畅通事故隐患投诉举报渠道，加强防火隔离带、取水点等森林防灭火基础设施建设，统筹做好消防安全、燃气安全、防汛抗旱、食品药品安全等工作，巩固提升防灾减灾救灾能力。坚决有力防范风险隐患。对金融、债务、非法集资等领域，健全风险评估、监测预警、应急处置等一系列机制措施，确保守住不发生系统性区域性风险底线。持之以恒维护社会治安。实施大数据融合作战指挥中心建设，启建多功能、综合性公安作战基地，全面提升“打、防、管、控”能力。常态化开展扫黑除恶，严打各类违法犯罪活动，积极化解信访隐患，维护社会安定和谐。

三、全面加强政府自身建设

新时代、新征程，对加强和改进政府工作提出了更高要求。全市政府系统一定牢记初心使命，加快转变政府职能，着力提高行政效能，深入挖掘创新潜能，努力建设人民更加满意的政府。

（一）对党忠诚、履职担当，在扛责尽责中强化政治引领。始终与以习近平同志为核心的党中央保持高度一致，深刻领悟“两个确立”的决定性意义，增强“四个意识”、坚定“四个自信”、做到“两个维护”，不断提高政治判断力、政治领悟力、政治执行力，把讲政治体现在经济转型、城市建设、生态治理、民生改善等工作实绩上，坚决确保上级政策和市委决策落地见效。

（二）解放思想、奋发进取，在创新创业中蹚出发展新路。强化“八种观念”，进一步打破长期形成的老大思想、路径依赖，跳出武安看武安、放眼全国找对标，走出去开阔视野、争先进比学赶超，与时俱进学政策、学经济、学金融、学法规，强化投融建思维、互联网思维、“双碳”思维，以改革理念谋事、市场逻辑做事、资本力量干事、平台思维成事，全面树立事争一流、创先争优的鲜明导向，努力争创国家级和省级试点5个以上，每条战线都要在全省全国打造1—2项亮点工作，加快在各类全国百强榜单中冲刺争先、晋位突破。

（三）埋头苦干、少说多做，在较真较劲中狠抓末端落实。坚决破除等靠意识、慢热状态、畏难情绪等顽疾，大力倡导勇于任事、敢于斗争、善于攻坚的作风，对各项工作都要定标准、定措施、定进度、定奖惩，只要有利于武安发展，只要有利于民生福祉，即使困难再多，也要顶着压力“上”、一往无前“冲”、一招不让“抓”，对落实不下去的事动真碰硬，和不去抓落实的人较真较劲，不见实效不罢手，不获全胜不收兵，真正以强大执行力树立过硬公信力。

（四）依法行政、建章立制，在尊法用法中打造法治政府。深入贯彻习近平法治思想，争创省级法治政府建设示范县（市），健全完善科学决策、民主决策、依法决策机制，运用法治思维和方式深化改革、推动发展、化解矛盾。主动接受人大法律监督、政协民主监督、社会舆论监督，认真办理人大代表建议和政协委员提案，深化政务公开，畅通社情民意。提高执法队伍能力素质，强化严格规范公正文明执法，坚决维护社会公平正义。

（五）筑牢底线、廉洁自律，在从严从紧中守好纪律规矩。认真落实全面从严治党要求，严格遵守《中国共产党廉洁自律准则》《中国共产党纪律处分条例》，驰而不息纠正“四风”，落实中央八项规定及其实施细则精神，坚持“八个零容忍”“六个绝不手软”“五个高度聚焦”“三个全覆盖”，扎实推进政府系统党风廉政建设和反腐败斗争。牢树“过紧日子”思想，严格预算管理，严控各项支出，严肃财经纪律，强化政府投资项目全过程监管和绩效评价，切实加强审计监督，确保把每一分钱都花在刀刃上、用在关键处。

各位代表！经过换届以来全市上下的奋力拼搏，现在的武安已经站在了加快赶超、跨越提升的全新起点。唯有创新与开拓，才能在新一轮发展热潮中抢占先机、率先突破！唯有奋斗与实干，才能不负85万武安人民的殷殷重托、热切期盼！让我们更加紧密地团结在以习近平同志为核心的党中央周围，全面贯彻落实党的二十大精神，在中共武安市委的坚强领导下，同心同德、勇毅前行，为加快建设富强文明美丽幸福的现代化新武安而努力奋斗！

（责任编辑：张文庆　张冠华）

专 文

武安这十年

党的十八大以来，武安市在经济发展、科技创新、环境治理、乡村振兴、医疗卫生、民生保障、招商引资、项目建设、科教文卫、旅游康养、森林绿化等方面取得非凡成就。十年来，全市深入贯彻新发展理念，积极培育新动能。格力智能装备制造、龙凤山铁基新材料等一大批战略性新兴产业项目引领发展，产业结构由原先的“一钢独大”，呈现精品钢材、装备制造、新能源、新材料、现代物流等竞相发展新格局。中国民营企业500强11家，中国制造业民营企业500强12家，市场主体由10956家增长到78200家，县域经济综合实力位居全国“百强”第78位。全市生产总值由494.9亿元增加到758.1亿元；财政总收入由65.3亿元增加到113.04亿元。

项目建设蓄势赋能促发展

2012年到2022年，是武安经济飞速发展的十年，是项目建设成绩斐然的十年，是硕果累累、日新月异的十年。

十年来，太行钢铁重组搬迁改造一期项目、冀南钢铁退城进园搬迁改造项目、格力精密装备制造项目、钜兴精密装备制造项目、格力钛新能源项目等一批顶天立地的大项目相继建成投产；十年来，武安市委、市政府始终坚持把项目建设作为促进经济社会发展的主要动力，精心谋划，精准帮扶，全力推进；十年来，武安市打破了“一钢独大”的发展格局，形成产业多元化发展态势；十年来，武安市克服了一个又一个瓶颈，重点项目建设捷报频传；十年来，武安市招商引资，让格力、利通行、伟光汇通等全国知名企业在武安落地开花；十年来，武安市把项目建设作为促进经济社会发展的主要抓手，奏响经济发展最强音。

2012年，是党的十八大胜利召开之年，也是武安市提出深化再次创业，加快转方式、调结构的关键之年，武安市委、市政府审时度势，首次提出在全市开展“重点项目建设年”活动，掀起项目建设热潮。

——十年，武安市项目投资规模越来越大。2012年，武安市实施重点建设项目50个，总投资360亿元，单体投资均不超过50亿元，超10亿元项目仅14个，占项目总数的28%；从项目结构上看，一产项目7个（占比14%），二产项目12个（占比24%），三产项目4个（占比8%），城建和基础设施项目23个（占比46%），产业支撑相对薄弱，产业配比不均衡。面对这样的局面，武安市委、市政府明确提出调结构、转方式的发展方向，在优化产业结构、提高项目质量、延伸产业链条上下功夫。经过十年的摸爬滚打，2022年，武安市围绕9大产业链实施重点建设项目78个，总投资1400亿元，10亿元以上项目24个，占项目总量的30.1%，单体投资100亿元以上项目3个，50亿元以上项目5个，均为历年最多，这些项目的实施将为武安市经济发展提供有力支撑。

——十年，武安市产业发展态势越来越强。十年来，武安市在延伸产业链条，促进产业集群发展上狠下功夫，以稳定产业链供应链为目标，聚焦精品钢材、装备制造、循环经济、新能源、新材料、电子信息、现代农业、现代物流、文旅康养等9大产业门类，建立产业链“链长制”。每个产业链明确一批链主企业，明确一名市级领导为链长，明确一个部门牵头，全产业链、全经营周期指导帮扶，加快推进建链、强链、补链、延链工程，切实提升我市产业发展能级，加快构建现代产业体系。各链主企业充分发挥市场主体作用，准确把握市场动态，通过产业链招商、以商招商等形式，引进更多上下游企业入驻，壮大自己，成就武安。今年以来，先后对接格力电器、三一重工、洛克集团、盈峰环境、大龙网集团、重庆环保基金公司等大企业、大集团，28个招商项目实现签约，总投资额达463.03亿元，为推动全市经济总量超千亿、实现高质量发展注入新动能。

——十年，武安市立市项目建设突飞猛进。总投资134亿元，太行钢铁退城进园一期项目于2021年正式建成投产，这标志着武安市围城企业退城搬迁项目取得了实质性进展，同时，也意味着武安市钢铁企业在发展壮大上迈出了坚实的一步。在太行钢铁，我们看不到排放的污染物，看不到进料的扬尘，这里有世界上先进ESP车间，在世界上首次实现了板宽1500mm、厚度0.7mm的以热代冷的极薄带钢的批量生产，这将成为武安钢铁的新“名片”；金鼎装配式建筑高强度H型钢，填补冀南地区中大型H型钢和钢板桩产品空白；龙凤山超纯生铁，打破了我国高纯生铁依赖进口的“卡脖子”难题；万利高端家电用板，是我市钢后延伸的典型代表；世界500强企业格力落户武安，是格力集团首次落子布局县级市……这一个个大项目、好项目的落地，必将会使武安的明天更加强大。

——十年，武安市破解瓶颈制约决心毫不动摇。从“六个一”推进到“四色管理”，从领导分包到专班推进，武安市在推进项目建设上不断革新。“一切围绕企业转、一切围绕项目干”是武安市服务项目建设的宗旨。为进一步加快项目建设，武安市每年出台年度《重点项目建设实施意见》明确任务目标，强化推进机制。此外，在新冠肺炎疫情防控期间推进项目建设十条措施，为企业生产生活提供保障；武安市委、市政府成立重点项目建设要素保障专班，专门破解项目要素瓶颈。10年来，武安市破解项目建设难题大小约600多个，顺利保障清峰固废综合利用、鼎润智能装备、华增达铁路物流园等100多个项目建成投产。

——十年，武安市顶层设计逐步优化。十年来，武安市委、市政府立足武安实际和项目建设需要，立足当下，谋划长远，结合国土空间规划，不断加强顶层设计，合理布局，加快产业聚集发展。近年来，武安市倾力打造“一区三园”，并力争将武安工业园区申报国家级工业园区，进一步搭好项目平台，根据不同功能划分，承接不同产业类别，强化项目要素保障，提升服务品质。

——十年，武安市储备项目质量越来越好。“外引+内培”双管齐下，是武安市项目储备的主要源泉。武安从十年前的“招商引资”到现在的“招商选资”，是营商环境不断优化的结果。此外，武安坚持把本地企业家留住、把本地资金留下，就是最好的招商。2022年，武安市谋划项目24个，其中武安市新峰水泥有限责任公司大宗固废综合利用集疏港项目，总投资95.43亿元，已申请列入国家重大项目；武安保税物流冷链仓储项目，是我市现代物流产业链的强链项目；京娘湖通用航空机场、新金钢铁高端深加工基地高强钢深加工一期、清峰生态墙地砖等一批科技含量高、市场前景好的储备项目正在加紧办理前期手续，按照既定目标有序推进，这些项目的实施不仅可以完善我市产业链条，提高企业市场竞争力，同时将会提高我市经济发展水平和发展质量。

回顾过去，项目建设硕果累累，成绩斐然。在过去的十年中，武安市曾连续7年被邯郸市评为“重点项目建设先进单位”，2020年、2021年连续两年在邯郸市重点项目建设年终综合考核中排名第一。今年争列省重点建设项目9个，邯郸市重点建设项目34个，均位居邯郸市各县市区第一名，纳入省重点前期管理项目9个，位居河北省第三名。上半年项目观摩位居邯郸市中西部片区第一，投资和项目建设考核位居邯郸市第一。

展望未来，太行二期、冀南二期、普阳文安联合升级改造等一大批大项目、好项目的实施将为武安的经济发展作出更大的贡献，向党的二十大献礼。

（“新武安”微信公众号载于2022年9月15日）

科技创新带动工业高质量发展

2012年至2022年，全市完成各类科研攻关、技术开发81项，36 项科技成果通过省、市级项目鉴定验收，经邯郸市、省登记的科技成果13项，另外还有30多项荣获省、邯郸市科技进步奖，科技成果转化率达65%以上。一项项新技术、新工艺、新产品使产品附加值大幅上升，铸造用（超）高纯生铁、水平连铸球墨铸铁型材、高速列车齿轮箱体漏油技术等一批填补空白产品和关键技术不断涌现，企业核心竞争力显著增强，有力地促进了区域经济发展。2012年底，规模以上工业生产总值1238.6亿元，2021年底增加到2351.4亿元，今年1—8月份，总量已经达到1582.4亿元；2012年规模以上工业增加值301.6亿元，2021年底突破500亿关口，达到505.8亿元，2022年1—8月，总量达到315.5亿元。科技进步贡献率由55%达到65%，GDP的增长有近三分之二来自科技创新的贡献，科技创新为全市经济实现跨越式发展提供了不竭的动力。

创新主体增量提质，高新技术产业日益壮大。不断完善“科技型中小企业—高新技术企业—科技领军企业”的全链条培育模式，大力培育创新主体，通过实施“四个一批”（扶持认定一批、转型升级一批、发展壮大一批、培育孵化一批）工程，着力构建科技型企业“小升高、高壮大”梯次培育机制，逐步壮大创新主体。全市省级科技型中小企业从无到有，复审更新，跃升至798家，高新技术企业从15家跃升至41家，高新技术产业增加值增长率达 65%以上。十年间，中国民营企业500强和中国民营制造业企业500强企业规模和数量不断壮大，分别从2012年的9家和11家增长到2021年的11家和12家。河北省级“专精特新”中小企业和国家级“小巨人”企业从无到有，截至目前，累计认定省级“专精特新”中小企业15家，国家“小巨人”企业2家。国家级单项冠军产品1个；省级单项冠军产品2个；省级单项冠军企业3家。省级技术创新示范企业4家，全国质量标杆企业4家。

创新平台提档升级，研发能力不断提升。十年来，科技创新平台体系不断完善，工业企业研发机构覆盖率快速提升，经邯郸市备案的研发机构达169家，规模以上工业企业中有78家建有研发机构，研发机构覆盖率达51.8%，比10年前提升28.2个百分点。市级以上科技创新平台总量由2012年的1家增长到目前的12家，研发投入强度达到了1.54%。新成立邯郸市级创新联盟1家，省级创新联盟1家，省级孵化器1家、省级众创空间1家。2020年，国内首个以纯铁生产工艺技术研发和应用为主要研究内容的省级研究机构——河北省纯铁材料及应用产业技术研究院在我市龙凤山铸业成立，这标志着我市打造国家级科技创新平台进程提档加速，创新平台建设已经形成市级打好基础，争创省、国家级实现突破的良性发展机制。

科技合作扩面提效，成果转化能力不断加强。以“武安市院士工作站”为合作平台，以政府为引导、企业为主体、市场为导向的官产学研相结合的技术创新体系建设取得积极进展，企业自主创新能力显著提高。10年来，由政府牵线搭桥，企业与中国科学院、清华大学、北京科技大学等30余家高校以及科研院所建立了战略合作关系，为钢铁、焦化、建材三大传统产业的升级改造提供了智力平台。普阳钢铁有限公司与上海大学合作“900-1300MPa高强韧防爆钢板研制”项目，调整产品结构、延伸产业链条、增加高端供给，促进了钢铁产业创新驱动、绿色发展。泽丰农业与河北农大、河北工程大学开展合作，围绕连翘产业技术创新，开展共性关键技术研发，在产业技术服务、人才引进培养、产业发展战略研究等方面开展服务合作。冀钢集团与上海大学签订了战略合作协议，双方通过全面战略合作，在稀土耐蚀普碳钢方面开展产品开发，加快了产业化步伐。

工业与信息化深度融合，智能化发展不断加强。大力支持鼓励企业用信息化手段提升生产效率和经营管理效率，推进信息化和工业化深度融合，以数字化技术赋能企业高质量发展。积极推进5G网络建设，截至目前，全市5G基站完成475个，初步实现了市区重点区域及部分景区的信号覆盖，为5G+工业互联网的创新应用发展奠定了基础。工业互联网创新发展重点项目取得成效，新兴铸管、普阳钢铁、烘熔钢铁等5家企业通过工信部两化融合管理体系贯标认定；华丰能源、普阳钢铁、金鼎重工等5家企业列入河北省两化融合重点企业；新峰水泥、新金钢铁2家企业列入河北省两化融合示范企业；格力（武安）精密装备制造、金鼎钢铁，新兴铸管、新金钢铁4家企业列入河北省工业控制系统信息安全试点单位；实施工业互联网创新发展重点项目共计12项，为工业企业高端发展、智能发展、提升企业核心竞争力打下了良好的基础。

结构调整取得成效，主导产业带动作用明显。连续多年的刮骨疗伤、压减产能、整合重组，钢铁企业由鼎盛时期的18家整合成13家，先后完成太行一期、冀南一期、鑫汇短流程炼钢、太行二期、冀南二期、普阳（文安）、新金永洋等钢铁产能置换方案公告。焦化行业由焦化企业11家整合成9家，产能由1159万吨压减至844万吨，全市钢焦行业实现“装备、技术、质量、环保”等全方位提档升级。2021年，全市450立方米以下高炉、40吨以下转炉全部退出或参与产能置换，炭化室高度4.3米焦炉全部退出历史舞台。明芳、文丰、玉洲3家企业实现退城转型。铸造企业由90多家淘汰关停整合成目前的58家。2017年，全市铸造企业全部淘汰拆除了冲天炉，完成“煤改电”清洁能源替代、铝壳电炉全部更换为钢壳电炉，全面更新提高工艺装备水平。龙凤山铸业在精料、精炼、精处理“三精法”基础上，与上海大学联合研发生铁深度提纯技术工艺，成为我国高纯生铁行业标准制定参与单位。普阳钢铁与上海大学研发的700-1300MPa级高强韧防爆钢，顺利通过8kg TNT实爆试验，产品性能达到一流防爆钢水准，解决了我国武器装备“卡脖子”关键材料难题。新峰水泥推广水泥窑协同利用的垃圾处理技术，实现了生活垃圾“变废为宝”绿色使用，谋划实施的医疗废弃物处置项目，投产后将实现医疗废物的减量化和无害化处置，1300万吨/年工业固废综合利用项目，通过年处理钢渣、矿渣等工业固废，形成生产人造石材、道路骨料、蒸压砌块、城市透水砖等产品能力，实现工业固废高值化、规模化、集约化处置。

岁月峥嵘，沧桑巨变。回顾过去，市委、市政府团结带领勤劳智慧的武安人民取得了瞩目成就。展望未来，我们有信心，创造新成就，实现超千亿，建设富强文明美丽幸福的现代化新武安，向党的二十大献礼！

（“新武安”微信公众号载于2022年9月22日）

文旅融合绘就绿水青山新篇章

党的十八大以来，围绕举旗帜、聚民心、育新人、兴文化、展形象使命任务，我们坚持以文塑旅、以旅彰文，推动文旅产业繁荣发展，绘就"诗"和"远方"新画卷。经过十年的努力，文化铸魂、文化赋能和旅游为民、旅游富民作用充分显现，全市年游客接待人数由150万人次增至2543万人次，增长16倍，旅游综合收入由9亿元增至290亿元，增长31倍，文旅产业作为全市经济发展新兴战略性产业的作用日益明显，为加快建设富强文明美丽幸福的现代化新武安贡献着文旅力量。

——十年来，完善体制变"零"为"整"，全面优化产业发展环境。文旅融合。2012年，文化、旅游部门分别单设，文化事业和旅游产业各自发展，2019年顺应时代发展要求，将市文广新体局、市旅游局合并组建市文化广电和旅游局，至此旅游有了灵魂、文化有了载体，实现了"诗和远方"的完美结合，所辖范围扩大至全市文旅企业、文博场馆等领域，承担起丰富全市人民精神文化生活的重任。资源整合。按照"能融则融、宜融尽融"的原则，对全市文化和旅游资源统一规划开发，构建起了"旅游+文化演艺"等八项文旅融合发展模式，为旅游产业注入全新的文化底蕴，为文化事业的发展传承塑造鲜活的产业形态。政策支持。相继出台了《武安市关于促进文化产业和旅游业恢复发展的十条政策措施》等支持企业发展的政策，推出了旅游一卡通、文化惠民卡等消费卡券，创新性建立假日旅游"两防两保"工作机制，优化了文旅产业发展环境。

——十年来，旅游交通变"堵"为"畅"，整体提升旅游道路可进入性。长期以来，进入西部旅游区仅有原309国道一条双向单行车道，每到节假日交通拥堵成了制约旅游业发展的瓶颈。2016年以来，武安市先后投资70亿元全面优化县域旅游路网，建成直达景区的旅游专线，将路程由1个多小时缩短至20分钟，建成总长130公里的白云、盘龙等5条风景大道，打通京娘湖隧道、朝阳沟隧道等四条山体隧道，将500平方公里的西部旅游区融为一体、连成一片，形成"高速连通域外、快线直达景区、环线串联景点、绿道游线赏景"的旅游路网格局。同时依托西部旅游道路，连续六年举办马拉松、划骑跑等国际性体育赛事。太行山旅游风景道穿境而过，将我市与涉县、磁县、峰峰矿区等周边地区的资源有效整合，共同形成邯郸西部精品旅游环线。

——十年来，生态修复变"黑"为"绿"，全力推动社会经济转型发展。深入践行绿水青山就是金山银山的生态理念，引导钢铁产业向旅游产业"大转型"，先后培育出七步沟、武华山等一批"矿老板、钢老板"转型文旅产业的典型，特别是东山钢铁投身文旅产业，布局三大板块：在西部投资18.6亿元改造提升古武当山景区，在东部建成4A级景区东山文博园，在中部开发建设太行武安城城市文化休闲综合体，2000多名钢铁工人变身为旅游从业者。从矿山治理发力，实施生态环境"大修复"。九龙山矿山遗址建成集休闲观光、慢跑骑行、野营拓展等于一体的城郊山地生态公园；贺进镇废弃的白云岩矿山修复改造为太行山抗战景区；白沙村实现了由粉尘飞扬的矿山村向全国休闲农业与乡村旅游示范点的转变。

——十年来，老旧村庄变"废"为"宝"，加快实施文旅赋能乡村振兴。以文化引领乡村振兴，大力发展乡村旅游。打造了伯延古镇、楼上戏曲小镇、田鑫亲子小镇等一大批特色小镇，先后建成国家级乡村旅游重点村1个，省级乡村旅游重点乡、村4个。目前，正在全力以赴开展第一批河北省文化产业赋能乡村振兴示范县的创建工作。积极发展民宿产业，成功举办首届太行民宿产业发展（武安）会议，以打造太行客栈、福寿山居、养生精舍等独具太行风情的主题民宿引领民宿产业发展，将王坡、地脑、白王庄等自然村、废弃村“修旧如旧、建新如故”，就地选材打造太行山石板房高端民宿。依托遍布城乡的非遗保护项目，培育出河北宋祖酒业有限公司、武安市淑芳家纺加工厂、武安市来兴香醋有限公司等一大批非遗生产性保护企业，吸纳数千名乡村群众上岗就业，带动村民致富增收。

——十年来，产品业态变“简”为“潮”，加快构建全域全时产业格局。2012年我市仅有7家A级景区，产品也是单一的生态观光游。经过十年的开拓，我市连年被评为“全国县域旅游综合实力百强县”，通过承办第四届邯郸市旅发大会、第六届河北省旅发大会，全面夯实全域旅游发展基础，引进中景信、伟光汇通等一批龙头企业，成功创建国家全域旅游示范区。景区品质提升。重点景区增至13家，推出了实景演出、夜经济、轻奢露营等特色旅游产品；先后举办了十三届京娘湖爱情文化节等节庆活动，形成独特的旅游品牌。旅游要素完善。建成了邯郸地区唯一的五星级宾馆财富国际酒店、度假型智慧酒店晨曦酒店；旅行社由8家发展到26家，国旅、携程等品牌旅行社纷纷入驻武安；文创研发形成“武安游礼”产品套系。文化底蕴彰显。“六大文化”脉系助力旅游业态发展：在磁山文化研学，可以体验史前文明的灿烂；在太行武安城文化休闲综合体，可以通览中国两千年冶铁历史；在戏曲小镇，可以感受太行戏韵的激昂；在伯延古镇，可以品读武安商帮货通天下的传奇故事；在冶陶、河西红色旧址，可以感受红色革命精神的伟大；在遍布各地的民俗展馆，可以品味武安人文风情。

——十年来，公共服务变“点”为“面”，促进全民共享文旅发展成果。2012年以来，武安市充分发挥“两馆一站一中心”的龙头牵引作用，不断推动现代公共文化服务体系提档升级。文化馆、图书馆在全市33个村建立了分馆和馆外服务基地，连续获评“国家一级馆”，在全省率先开通了“文化云”“智游武安”数字服务平台；新建了文体中心及武安博物馆等7个公益性文博场馆；22个乡镇及工业园区高标准建成综合文化站，502个村建立了综合文化服务中心和农家书屋，在458个村建设了文化广场，组建各类文艺团队751支，开创性地实施了村级文化服务中心“五+N”模式，成功创建第一批河北省公共文化服务示范区。深入实施“文化七进”惠民工程，年均开展各类文化下乡500场以上；不断加强精品创作，年均创作文艺精品120件，大型原创红色现代平调剧《贺进》完成创排，以实际行动迎接党的二十大胜利召开。

——十年来，文物保护变“浅”为“深”，大力传承弘扬优秀历史文化。文物资源丰富。全市已发掘可移动文物3334件（套），不可移动文物2021处，是“全国文物工作先进县”。文保事业成效显著。组建武安市文物保护中心，在全市设立68处文物管理站。与联合国教科文组织联合举办“中国古建筑保护与合理利用武安论坛”；累计投资2亿余元，对全市20余处文物进行了修缮。文物考古成绩斐然。2012年以来，先后完成了旅游环线等50余个项目的文物调查勘探，先后出版《武安民居文化》等文物研究专著。赵窑遗址考古发掘被列入“考古中国—中原地区文明化进程研究”重大项目；磁山文化遗址入选“百年百大考古发现”。

殷殷初心如磐，时代答卷常新。展望下一个十年，我们坚信在市委、市政府的正确领导下，武安文旅事业一定会在更广范围、更深层次、更高水平上实现深度融合发展，让“诗”和“远方”实现更好联结、共创美好生活。

（“新武安”微信公众号载于2022年10月13日）

西苑新区动迁纪实

2022年夏天，在西苑新区这方美丽的土地上，新时代的武安人，吹响了城市建设攻坚战的冲锋号角。6月28日到7月8日，短短十天时间，完成了4个村共计1100余亩的土地收储任务；8月14日率先启动贾庄村动迁工作，原定15天的动迁工作仅用5天时间就全部完成；8月27日接连启动下泉村动迁工作，8天内完成全部任务的99%。9月16日启动贾庄村自建小区动迁工作，2天完成全部107户协议签订。武安的干部群众，合力谱写了依法动迁、公平动迁、和谐动迁的壮美诗篇。

千难万难群众认可就不难

西苑新区动迁工作面临诸多困难。一、动迁任务量大，贾庄村、下泉村是城郊村，商铺多、楼房多，有的楼房甚至在宅基地上盖到了7层，涉及各类住户、租户房宅近千处。二、思想工作难度大，贾庄村、下泉村村情社情错综复杂，纠纷矛盾多，如果前期工作不扎实，易引起“台上”与“台下”的矛盾、干部与群众的矛盾、群众与群众的矛盾、家庭内部矛盾集中爆发；加之离城区较近，各户已经实现了“四供”入户，很多村民房屋满檐超盖，对改造工作意愿不强，存在一定的抵触心理。三、对干部队伍考验大，武安近二十年没有开展过整村动迁工作，很多党员干部没有动迁工作经验，补偿标准、安置政策、组织动员等工作都是摸着石头过河。

如期完成动迁，不仅是一项民生大事，更是对武安政府公信力、干部执行力的一次大考。为确保动迁工作平稳有序，组建了动迁工作指挥部，成立了“1办+8组+12专项”的动迁工作推进体系。群众利益无小事，最是细处见真情。指挥部充分发挥多次调度，组织人员先后到石家庄、保定等地学习先进经验，邀请业内专家全程指导，先后召开20余次专题会议，研究论证补偿政策。大到每平方米宅基地换多少面积房子，小到按天数提前签协议奖励多少。事无巨细，逐项抠法律条文、抠政策法规，本着合法合规、让利于民的原则，最终出台的政策科学合理、补偿多元、保障长期，充分保障了群众的合法权益。“顶层设计”的率先“破题”为西苑新区动迁的后续工作奠定了坚实基础。

回迁房是群众最关心的问题，也是动迁成败的关键。指挥部从4月份开始连续三个月调度研究，确定选址，从数十家设计单位中比选出最优方案，规划配建了包含养老、学校、医疗、党群服务中心在内的最全的社区服务设施，特别是回迁房设计户型，更是结合群众意见9易其稿，将回迁安置房规划设计图、户型图等制成展板公开展示。同时，快速推进土地招拍挂、项目立项等前期手续，安排专业队伍开展地勘、场地平整、临建搭建、通水通电等前期施工准备工作，让群众看得见形象进度，为进场施工铺平一切道路。在前期大量细致工作的基础上，从7月28日开始，顶着“三伏天”的炎炎烈日，指挥部组织职能部门、镇村两级和评估单位组成300多人的工作组，坚持吃住在村，开展逐户摸底调查。最初，群众不理解、不配合，第一天就遭到群众集体抵触，甚至进不了群众家门。指挥部第一时间采取措施，召开全体党员、群众代表会议，讲政策、讲感情，逐一签署承诺书，统一“关键少数”人员思想。逐户与抵触情绪比较强烈的群众见面做工作，一次不行两次，两次不行就三次、五次，数不清吃了多少次闭门羹，算不出听了多少次难听话，记不住受了多少次窝囊屈，但只要群众愿意见面，马上笑脸登门。白天工作组挨家挨户讲政策、搞调研，绿汗衫被汗水一次次浸湿开出了盐花，黄草帽遮住了一时的烈日遮不住一条条的汗道道；晚上开会调度，晒成绩、比进度，劳累一天难得吃得上一口热乎饭，都是一手拿着矿泉水，一手举着硬面包，瘫坐在屋前台阶上，嚼着咽着也能睡着。

千难万难党员干部带头就不难

本次动迁工作中，各级党组织和广大党员充分发挥战斗堡垒和先锋模范作用，打头阵、当先锋、作表率，始终把党旗插在攻坚克难的最前沿，凝聚起强大的动迁工作合力。关键时刻四套班子成员率队打头阵。市委书记刘浩峰、市长董志毅多次深入动迁一线调研指导。深夜里动迁指挥部里的加油鼓劲，烈日下动迁现场的慰问嘱托，这是压力的传导，更是信心的传递！全市上下总动员，县级领导包部门、部门包工作组、工作组包户，有力推动了动迁工作进展。贾庄村、下泉村“两委”干部为打消群众顾虑，带头签订动迁协议并主动放弃了优先选房的机会，用实际行动为群众树立了榜样。镇村两级多次组织召开党支部会议、支村“两委”会议、党员大会和村民代表大会，指挥部更是把政策解释帮扶组设在了动迁一线，倾情接待每一位群众，充分听取和吸纳群众的意见，从动迁方案的制定到安置房面积、户型的设计，每一环节、每一程序都有群众的参与，并按照群众意见多次修改方案，直至大多数群众接受。整个过程公开透明，使绝大多数群众彻底打消疑虑，已然从“要我拆”变成了“我要拆”。

谁英雄、谁好汉，动迁工作比比看。动迁工作开始后，指挥部充分发挥牵总协调作用，挂横幅、贴喜报、标红旗、发通报，营造了浓厚的动迁“比比看”氛围。全体参战队员扎根一线，争分夺秒，从登门入户到协议签订，从验房交房到集中拆除，2000多人奔走在贾庄、下泉村的大街小巷，不分昼夜、废寝忘食，用自己的辛勤汗水换来群众的积极配合、高度认可。8月16日，贾庄村动迁第二天，资规局、民政局、午汲镇、检察院、住建局率先完成分包任务；8月27日，下泉村动迁大会当天，财政局、法院短短半天时间完成了全部协议签订任务，医保局、市社、生态环境分局、行政审批局紧随其后、奋勇争先；9月17日，贾庄自建房动迁启动仅仅20小时，马家庄乡就完成了全部11户的工作任务。这些部门和乡镇为西苑新区动迁带了好头、作了表率，其他各单位也不甘落后，你追我赶、交替领先，动迁指挥部现场每晚都是灯火通明，彻夜鏖战。人心齐、泰山移，工作捷报犹如雪花般飞向指挥部办公室。

8月15日，贾庄村动迁第一天，签订协议68处；

8月16日，签订协议159处；

8月17日，签订协议122处；

8月18日，409处全部签约。

……

8月27日，下泉村动迁第一天，签订协议129处；

8月28日，签订协议107处；

到9月3日，8天内完成全部任务99%。

……

9月17日，贾庄自建小区动迁第一天，签订协议92户；

9月18日，107户全部签约。

数字之中见担当，数据背后是赤诚！武安干部的齐心协力，换来了动迁的完美答卷！

神钲多风采，盛夏结硕果。西苑新区动迁工作圆满收官，打通了中兴路连接西二环、西三环、太行山高速的堵点，为城发科创中心、市民中心、客运西站等中长期项目建设铺平了道路，为破局城市建设难题提供了实践范例，投资70多亿元的西苑新区建设大幕已经徐徐拉开。

十月金秋，党的二十大擘画了以中国式现代化全面推进中华民族伟大复兴的宏伟蓝图，发出了为全面建设社会主义现代化国家、全面推进中华民族伟大复兴而团结奋斗的伟大号召。我们相信，西苑新区建设将日新月异、夺目耀眼，武安人民的生活将更加富足安乐、幸福美满。武安，这座千年古县，正迈着自信雄健的步伐，向着“十四五”经济总量超千亿目标昂首阔步、奋勇向前！

（市住建局）

（责任编辑：张文庆　张冠华）

大事记

1月

4日 武安市八个项目入选《河北省2022年省重点建设项目名单》，分别为河北金鼎年产120万吨H型钢生产线项目、河北新金万利高端家电用板项目、河北钜兴铸管及精密铸造项目、河北龙凤山铁基新材料品质提升项目、河北新武安转型升级改造项目、冀南钢铁重组搬迁改造项目、河北新兴194万吨焦化项目、河北太行钢铁焦电联产项目。

5日 中国共产党武安市第八届委员会第二次全体会议召开，表决确定武安市出席党的二十大代表候选人推荐人选。

7日 武安市旅游环线公路工程PPP项目中的仙灵隧道贯通。

10日 武安市发展和改革局获“河北省优化营商环境推动高质量发展先进集体”称号。

12日 河北普阳钢铁有限公司向邯郸市圆梦青少年发展基金会捐赠600万元，用于武安市希望小学建设。

14日 中国共产党武安市第八届委员会第三次全体会议召开，提出要推动实现“十四五”期间经济总量超千亿元奋斗目标。

同日 河北省文明办印发《关于2021年度文明城市创建工作省级年度测评（复检）情况的通报》，武安市综合成绩位居全省各县市区第一名，在15个提名全国文明城市创建测评中排名第一。

21日 西二环道路工程正式通车。至此，武安市外环路实现闭环。西二环全长14.55千米，采用一级公路标准建设，设计速度为80千米/小时。工程总投资4.65亿元。

同日 上团城村李晓升、北果村胡同学、市特巡警大队黄龙、桃花村王小富、磁山镇退役军人服务站魏延兵、坦岭村周国权6人获“全省优秀退役军人”称号。

22日 武安市获全国“‘四好农村路’示范县（市）”称号。

23日 北线冀南钢铁专线供水工程主体工程竣工，管道完成试通水。工程投资1亿余元。

26—28日 政协武安市第九届委员会第二次会议召开。

27—29日 武安市第九届人民代表大会第二次会议召开。

28日 省应急管理厅领导代表省委、省政府慰问黑龙江省森林消防总队驻邯队伍。

2月

2日 河北普阳钢铁有限公司生产的风电塔筒用钢，入选第三批河北省制造业单项冠军产品名单。

6日 全市河湖绿化工程竣工，投资600余万元。

7日 七步沟气象科普教育基地被中国科协评为“2021—2025年全国科普教育基地”。

13日 邯郸市委书记张维亮到武安市调研检查经济运行和重点项目建设情况。

21日 西寺庄乡卫生院在2021年度“优质服务基层行”活

动中获国家卫生健康委员会、国家中医药管理局通报表扬。

24日 “邯郸市2022年一季度项目开工活动武安市项目开工仪式”在河北清峰绿能循环经济产业园二期项目现场举行。此次开工10个项目，投资55.2亿元，涉及循环经济、钢后延伸、现代物流、能源综合利用、节能环保、文化旅游等多个领域。

3月

1日 河北省爱国卫生运动委员会重新确定武安市为“河北省卫生城市”。

18日 武安市3家企业5个产品获评“金杯优质产品”，包括河北新金钢铁有限公司冷轧及冷成型用热轧钢带SPHC，河北普阳钢铁有限公司低合金结构钢热轧钢带Q355B，中普（邯郸）钢铁有限公司桥梁用结构钢热轧中厚钢板Q345qD、低合金结钢热轧钢板Q355B，裕华钢铁有限公司冷轧用热轧钢带SPHC。

27日 《人民日报》刊登《调整能源结构，加快转型发展》一文，报道武安市能源结构调整和“公转铁”（公路转铁路）工作。

同月 在北京冬残奥会上，武安籍运动员武中伟获男子单板滑雪坡面回转LL1级金牌和障碍追逐LL1级铜牌，武安籍运动员车行所在的中国冰球队获铜牌。

4月

13日 河北普阳钢铁有限公司向邯郸市、武安市、鸡泽县捐赠3000万元。

20日 省委书记、省人大常委会主任王东峰到武安市新金钢铁公司、烘熔钢铁公司调研。

21日 共青团中央授予武安市第一中学团委2021年度“全国五四红旗团委”称号。

28日 武安市玉带河综合整治项目入选生态环境部公布的第二批EOD试点项目。

5月

5日 武安市消防救援大队被应急管理部消防救援局记“集体三等功”。

6日 河北省大气污染防治工作领导小组通报2021年度全省大气污染综合治理工作考核结果，武安市获优秀等次。

12日 武安市制定印发《武安市各级领导干部安全生产包联责任制实施办法》。

13日 武安市科技和工业信息化局获“全省工业和信息化先进集体”称号。

16日 武安市供销合作社联合社被中华全国供销合作总社确定为“全国流通网络强县（市）培育国家级试点社”。

19日 车谷水库水源自流供水进入河北普阳钢铁有限公司，南部钢铁企业供水工程普阳段通水成功。

6月

2日 武安市和沧州银行邯郸分行战略合作协议签约仪式在武安宾馆举行，沧州银行在2021年原协议40亿元金融支持的基础上，再增加20亿元授信。

5日 河北省省长王正谱到武安市钜兴智能装备公司、新峰循环经济产业园调研。

7日 文化和旅游部与新华社共同发布《全国县域旅游研究报告》，评选出“第四届全国县域旅游综合实力百强县（市）”，武安市居第六十八位，是邯郸市唯一跻身“百强”的县（市）。

同日 武安市人民检察院安全环保巡回检察室正式揭牌。

10日 武安市举办全市招商推介会暨合作项目云签约仪式。仪式上签约项目15个，投资327.74亿元，涉及生态环保、现代物流、特色农业、城市建设、文化旅游、新能源、新基建等领域。

16日 河北省安全委员会办公室第九综合督查组对武安市“十五条措施”贯彻落实、安全生产大检查和自建房安全专项排查整治工作开展督查。

29日 河北陆港保税中欧班列开通仪式在武安市举行，中欧班列“武西欧”号（武安—西安—塔什干/莫斯科）从武安市启程。

同月 央视《朝闻天下》、河北省电视台《河北新闻联播》对武安市物流保通保畅工作进行报道。

同月 武安市人民检察院关工委获“全国青少年普法教育先进集体”称号，是全省唯一获此称号的基层检察机关。

7月

25日 河北省应急管理厅督导邯郸市工贸行业“百日清零行动”意见交流会在武安市召开。

26日 河北省文化和旅游厅发布公告，确定古武当山景区为国家AAAA级旅游景区，这是武安市第七家国家AAAA级旅游景区。武安市AAAA级景区数量占邯郸市总量41%。

同日 2021年度河北省县域特色产业振兴考核工作，武安市在136个县（市、区）中排名第二。

同月 武安市被第六届京津冀中药材产业发展大会组委会授予“十大冀药——连翘产业大县”称号。

8月

1日 武安市获河北省2021年度“医改工作先进市（县、区）”。

5日 武安市制定《关于扎实稳住全市经济运行的一揽子政策措施及配套政策》，可概括为“1＋18”政策体系，即1个总体文件、18个配套文件。

12日 武安市石八酒民宿、王坡民宿获评“河北省百佳特色精品民宿培育单位”。

同日 武安市委、武安市人民政府研究制定《武安市稳经济促发展十条硬措施》。

14日 武安市召开西苑新区动迁大会。

16日 武安市工业园区被省商务厅评为“同年度全省抓投资上项目提能级先进示范经济开发区”和“2021年度全省综合考核先进经济开发区”。

24日 武安市获准首批“国家知识产权强县（市）建设试点县（市）”，是邯郸市唯一获准的县（市）。

9月

1日 武安市出台支持企业（项目）高质量发展十二条用地政策措施。

7日 河北省文明办发布2022年8月“时代新人·河北好人”，市第十中学党总支书记连军强入选敬业奉献类“河北好人”。

16日 武安市市场监督管理局获“全省食品安全工作先进集体”称号。

19日 国槐和月季分别被选为武安市市树和市花。

21日 省委书记倪岳峰到武安市裕华钢铁有限公司督导检查安全生产工作。

28日 武安市制定出台《关于进一步明确乡镇和市直有关单位生态环境监管及大气污染防治工作职责》，对各乡镇（工业园区）、市直有关部门生态环境监管职责明确和细化。

同月 金鼎钢铁集团获“2022年度河北省节水标杆企业”称号。

同月 第二十届中国国际铸造博览会暨第十八届中国铸造协会年会在上海举行。新兴铸管公司“球墨铸铁支墩”获“2022年度优质铸件金奖”。龙凤山铸业有限公司获评“中国铸造用高纯生铁生产基地”，连任中国铸造协会铸造生铁分会理事长单位。

10月

14日 武安市国土空间规划“三区三线”划定方案获批，划定耕地保护目标510.22平方千米，永久基本农田454.25平方千米，生态保护红线473.95平方千米，城镇开发边界面积121.49平方千米。

19日 中央广播电视总台推出融媒体特别节目《二十大时光》，用7分钟时间报道武安。

25日 武安市应急管理局被国家机关事务管理局评为“节约型机关”。

28日 徘徊镇西河下村，磁山镇南岗村、明峪村，石洞乡河西村，入选第六批中国传统村落名录。

29日 邯郸市2022年四季度项目开工活动武安项目开工仪

式，在武安市西苑片区综合开发首期项目现场举行。

同月 磁山镇磁山二街村被卫生健康委员会、全国老龄办评为“全国示范性老年友好型社区”。

同月 武安市“两健全三统一”农村厕所常态化服务体系，收录进《河北省农村厕所粪污处理和运维管护长效机制建设典型范例》。

11月

1日 武安市举行西苑新区回迁安置房项目奠基仪式，回迁房建设进入实施阶段。

2日 武安市获“省级森林城市”称号。

4日 武安市在全省率先开通医保移动支付功能。

20日 武安市召开产业引导基金运用和招商策略及人才引进培训交流会，刘红涛、朱海涛、南春雨、党晓刚4位专家，就产业引导基金运用和招商策略及人才引进进行专题授课。

30日 武安市活水乡、伯延村被评为河北省乡村旅游重点乡、重点村。

同月 市应急管理局获2022年河北省“安全生产月”活动先进单位。

同月 武安市社区卫生服务中心中医科和西土山卫生院眼科，通过省级特色专科验收，被命名为“河北省基层医疗卫生机构特色专科”。

12月

4日 中国信息通信研究院发布《中国县域工业经济发展报告（2022）》，武安名列中国工业百强县（市）第七十三位、中国创新百强县（市）第五十一位。

同日 市医疗保障局策划拍摄的微视频《全家动员交医保》，被河北省医疗保障局作为医保科普视频在官方微信公众号刊发。

7日 西土山乡和上团城乡撤乡设镇获省民政厅批复。

16日 省社会信用体系建设领导小组办公室发布《关于公布社会信用体系建设典型城市县级试点名单的公告》，武安市入选“社会信用体系建设典型城市试点”。

20日 河北省住建厅、省发展改革委授予武安市“河北省节水型城市”称号。

同日 由冶金工业规划研究院主办的“2023中国和全球钢铁需求预测暨2022中国钢铁企业竞争力（暨发展质量）评级研究成果发布会”，发布中国钢铁企业竞争力（暨发展质量）评级成果。河北新兴铸管有限公司获A+（极强），河北普阳钢铁有限公司、冀南钢铁集团有限公司、新武安钢铁集团有限公司三家企业获A（特强）级，河北太行钢铁集团有限公司、鑫汇冶金有限公司两家企业获B+（优强）级。

21日 武安市举行南水北调“引水入武”工程开工仪式。该工程投资5.6亿元，从南水北调中线总干渠丛台区三陵口门引水至武安市，输水管线全长30千米，近期供水规模每年2000万立方米，远期供水规模每年5000万立方米以上。

22日 武安市入选第一批“河北省文化产业赋能乡村振兴试点县（市）”。

25日 国家水土保持重点工程万谷城小流域综合治理工程完工。

26日 武安市白沙迎宾大道、盘龙大道获“河北省美丽农村精品示范路”。

同月 武安市被评为“河北省村庄清洁行动全域示范县（市）”。

（张文庆　整理）

（责任编辑：张文庆　张冠华）

市情概览

建置区划

【位置面积】 武安市位于河北省西南部，地处北纬 36°28′至37°01′，东经 113°45′至114°22′之间，东邻邯郸市复兴区、永年区，南与磁县、峰峰矿区毗连，西与涉县、山西省左权县接壤，北与邢台县、沙河市相连。境域东西长55.5千米，南北宽60.50千米，西北至东南最长65千米。市人民政府驻地武安镇位于市境东部，距邯郸市26.5千米，与石家庄、太原、郑州三个省会城市距离均在200千米左右，距首都北京450千米、天津330千米。东靠邯郸、西达长治、南望安阳、北邻邢台，是邯郸唯一县级市，全市总面积1806平方千米。

【建置沿革】 武安春秋属晋，战国为赵之武安邑，秦灭赵后属邯郸郡。西汉初始置县，属魏郡。王莽新朝时改武安为桓安。东汉初复名武安，仍隶魏郡。三国魏黄初二年（221），属广平郡。西晋，改属司州。东晋十六国时为十六国之地。北魏皇始三年（398）县属广平郡。南北朝北魏末属相州魏郡。东魏末县属司州魏尹（魏郡改，治邺）。北齐属司州清都尹（魏尹改，治邺）。建德六年（577）县属相州魏郡。隋初县属相州魏郡。隋开皇三年（583）废郡，县属相州。十年（590）县属慈州。大业二年（606）县属洺州。三年（607）县属武安郡。唐武德元年（618）县属紫州。四年（621）属慈州（武德元年复置）。六年（623）改隶洺州。永泰元年（765）武安属磁州。北宋初属河北路磁州。熙宁六年（1073），县随磁州隶河北西路。元至元十五年（1278），县属广平路。元末县废。明洪武元年（1368）十一月复置武安县，属河南分省广平府磁州。洪武二年（1369）4月，隶河南省彰德府。洪武九年（1376），河南省改置河南承宣布政使司，辖彰德府磁州，县属之。清初沿袭明制。雍正四年（1726），县直属河南省彰德府。

民国2年（1913），河南省废府置道，县属豫北道。民国3年，豫北道改称河北道，县属之。民国16年（1927）道废，县直属河南省政府。民国21年（1932）四月，属第三行政督察区。民国28年（1939）11月4日，武安县抗日民主政府成立，属冀西专署（1939年11月至1941年9月）。9月，武安县（亦称武北县）属太行区第六行政督查专员公署。民国33年（1944）八月改为武东县，属太行区第六专署。民国34年（1945）9月6日，武安县属太行区第六专署。民国35年（1946）7月1日，武安县属第三专署。民国36年（1947）3月改属第五专署。民国37年（1948）1月6日再改属第六专署。民国38年（1949）3月改属第五专署。5月，第五专署改称安阳专署。

1949年，武安县由太行区安阳专署划归河北省邯郸专区。中华人民共和国成立后因之。1958年，撤销武安县，设立邯郸市武安矿区。1961年，恢复武安县，属邯郸专区。1986年，邯郸地区武安县划归邯郸市。1988年，撤销武安县，设立武安市，为省辖县级市。10月6日，设立武安市，授权邯郸市管理。

【行政区划】 中华人民共和国成立初期武安县沿袭旧制，仍设11区。1951年做部分调整：一、二、三、四区不变，五区驻下焦寺，六区驻贺进，七区驻阳邑，八区驻午汲，九区驻茶口（后迁徘徊），十区驻活水，十一区驻管陶。1953年5月，全县重新划分11个区，下辖110个乡、1个镇。一区驻午汲，辖13个乡；二区驻伯延，辖9个乡；三区驻清化，辖9个乡；四区驻迁城，辖10个乡；五区驻小汪，辖9个乡；六区驻贺进，辖10个乡；七区驻阳邑，辖8个乡；八区驻徘徊，辖11个乡；九区驻茶口，辖13个乡；十区驻活水，辖8个乡；十一区驻管陶，辖10个乡。城关镇辖6个街道。1956年7月，撤区并乡。撤销11个区公所，在阳邑、徘徊、贺进设立办事处。合并为1个镇：城关镇（区级），44个乡：午汲、崇义、大贺庄、西营井、西土山、伯延、淑村、东竹昌、骈山、清化、北安乐、赵店、大同、邑城、西通乐、西寺庄、上焦寺、矿山、东梁庄、杨庄、贺进、阳邑、百官、东井、徘徊、冶陶、琅矿、崔炉、茶口、神南峪、刘家庄、西峧、长亭、马家庄、庙上、活水、陈家坪、马店头、阳鄄、列江、梁沟、柏草坪、管陶、小冶陶。1957年12月10日，邑城乡、赵店乡合并为赵店乡，活水乡、陈家坪乡合并为活水乡，马店头乡、阳鄄乡合并为马店头乡，阳邑乡、长亭乡合并为阳邑乡，列江乡、梁沟乡合并为列江乡，琅矿乡、冶陶乡合并为冶陶乡，茶口乡、徘徊乡合并为徘徊乡，营井乡解体，分别划入贺赵乡和崇义乡。至此，全县设36个乡、1个镇。阳邑、徘徊、贺进3个办事处改设为区公所。1958年8月31日，武安县成立11个人民公社：城关、大同、午汲、西寺庄、贺进、活水、阳邑、冶陶、徘徊、马家庄、伯延。不久，冶陶公社撤销并入徘徊公社。各公社下设管理区。1958年12月20日，武安矿区成立，辖城关、大同、午汲、伯延、矿山、康二城6个公社，下设47个管理区。1960年4月30日，原划归涉县的贺进、活水两公社划回武安矿区。1961年恢复县建制，原划归涉县的阳邑、徘徊、马家庄3个公社划回武安县，至此全县有11个公社。8月，11个公社分建为45个公社：马店头、工程、崇义、清化、上团城、城关、马家庄、西通乐、崔炉、宋二庄、庙上、伯延、午汲、下白石、西寺庄、北安乐、列江、阳邑、野河、孔壁、石洞、阳鄄、柳家河、邑城、西峧、冶陶、百官、粟山、管陶、西土山、康庄、上焦寺、贺进、庄晏、刘家庄、赵店、康二城、徘徊、矿山、大同、贺赵、翟家庄、活水、骈山、北安庄。8月10日，县委在城关、大同、午汲、贺进、阳邑、徘徊、伯延、矿山、康二城设立工作委员会，协助管理若干个公社。1962年3月8日，设立城关、大同、午汲、贺进、阳邑、徘徊、伯延、矿山、康二城9个区公所。柳家河公社由贺进区划归阳邑区管辖。20日，各区工委改为区委员会。是月底，工程、康庄两公社划归邯郸市郊区，康二城区公所撤销。至此，全县设8个区，辖43个公社。城关区辖城关、骈山、清化、康二城、宋二庄公社；午汲区辖午汲、上团城、崇义、下白石、磁山公社；伯延区辖伯延、庄晏、北安庄、粟山、野河公社；大同区辖大同、北安乐、西通乐、赵店、邑城公社；矿山区辖矿山、西土山、西寺庄、上焦寺公社；贺进区辖贺进、贺赵、翟家庄、活水、马店头、庙上、阳鄄公社；阳邑区辖阳邑、石洞、列江、柳家河、管陶公社；徘徊区辖徘徊、冶陶、百官、西峧、崔炉、刘家庄、马家庄公社。1965年2月6日，将从峰峰矿区划回的淑村、北大社等11个村组成淑村公社，归伯延区；西苑城、念头合并到磁山公社；仙庄归庄晏公社。至此，全县有44个公社。

1969年5月15日，撤销城关、大同、午汲、贺进、阳邑、徘徊、伯延、矿山8个区公所。1972年6月9日，县委在贺进、阳邑、徘徊设立工作委员会。6月20日，城关公社更名为城关镇。1977年1月13日，设立城关、大同、伯延、午汲、矿山办事处；贺进、阳邑、徘徊工委改为办事处，各办事处管辖公社与原来区相同。1979年4月，北安庄公社、粟山公社合并为北安庄公社。至此，全县设42个公社和1个镇。1984年3月20日，实行政社分开改革，原42个公社改设为42个乡，城关镇改为区级镇。5月7日，经河北省人民政府同意并经民政部批准，设立淑村镇、徘徊镇、伯延镇、午汲镇、大同镇、冶陶镇、邑城镇、康二城镇、矿山镇、贺进镇、阳邑镇、磁山镇，各乡镇驻地和管辖范围与公社时相同。1987年5月5日，城关镇更名为武安镇。1988年底，全市辖8个办事处、1个区级镇，12个乡级镇、30个乡，502个行政村，672个自然村。1996年1月，武安市进行行政区划改革，撤销城关、大同、午汲、伯延、矿山、贺进、阳邑、徘徊办事处；乡镇由43个合并为22个：撤并宋二庄乡入武安镇；撤并清化乡入康二城镇；撤并庄晏乡入伯延镇；撤并野河乡入淑村镇；撤并下白石乡入午汲镇；撤并崔炉乡入磁山镇；撤并崇义乡入上团城乡；撤并西通乐乡入大同镇；撤并赵店乡入邑城镇；撤并上焦寺乡入矿山镇；撤并骈山乡入西土山乡；撤并贺赵乡入西寺庄乡；撤并西峧乡入徘徊镇；撤并刘家庄乡入马家庄乡；撤并翟家庄乡入贺进镇；撤并庙上乡、马店头乡、阳鄄乡入活水乡；撤并柳家河乡入阳邑镇；撤并百官乡入石洞乡；撤并列江乡入管陶乡。北安庄乡、北安乐乡、冶陶镇行政区域不作变更。2022年，全市辖13个镇、9个乡、1个工业园区，502个行政村。

2022年武安市行政区划情况一览表

表1

乡镇(工业园区)名称	代码	土地面积(平方千米)	社区居委会(个)	村委会(个)
总计		1788.48	9	502
武安镇	01	32.1	6	14
康二城镇	02	11.3	—	9
伯延镇	03	43	—	15
北安庄乡	04	16.7	—	12
午汲镇	05	72	2	28
磁山镇	06	68	—	23
淑村镇	07	62	—	21
上团城镇	08	71	1	18
大同镇	09	74	—	21
北安乐镇	10	43.9	—	11
阳邑镇	11	107	—	24
矿山镇	12	99.5	—	30
西土山镇	13	74	—	19
西寺庄镇	14	23.3	—	21
徘徊镇	15	106	—	29

续表

乡镇(工业园区)名称	代码	土地面积(平方千米)	社区居委会(个)	村委会(个)
马家庄乡	16	83.4	—	28
冶陶镇	17	70	—	21
贺进镇	18	120	—	32
活水乡	19	224	—	36
邑城镇	20	67	—	25
石洞乡	21	72	—	15
管陶乡	22	188	—	38
工业园区	23	60.28	—	12

(张文庆　整理)

自然地理

【地质】 武安市位于新华夏一级构造——太行山隆起与华北平原沉降带接界部位，经不同时期、不同规模构造运动，构造较为复杂，褶皱和断裂均较发育。主要有武安向斜、柏林、阳邑向斜、矿山背斜、野河背斜及管陶—柳家河—活水扇形断裂带、西北角—顶垴北东向断裂带、马家庄—崔炉断裂带、康宿—康二城断裂带。崔炉—康二城断裂带分布于武安断陷带两侧，属彭城—任县隐伏大断裂影响产物，方向基本平行。地层以西北最为古老，向东逐渐由老而新，中部第四系覆盖较厚，地层总体走向北东倾向南东，倾角一般不超过20°，自老至新依次为太古界五台群古地层、元古界长城系地层、古生界寒武系地层、古生界奥陶系地层、古生界石炭系地层、古生界二叠系地层、中生界三叠系地层、中生界白垩系地层、新生界第三系地层、新生界第四系地层。

【地貌】 武安市四面环山，太行余脉盘亘全境，唯东北部有一缺口，为洺河出境处。地势西北部高，山峰险峻，海拔多在千米以上，最高峰青崖寨海拔1898.70米；西部、西南部、北部岗峦层叠，构成山乡；南部鼓山耸立，主峰海拔891米，呈天然屏障；东部紫金山绵延，迤逦边境。中部局部小平原，称“武安盆地”，但间有丘陵起伏，且沟壑纵横，最低处为洺河出口处，海拔80米。全市地形可分为中低山、低山丘陵及盆地三大类型。

武安市西部山区地貌东太行山　　(市委宣传部　供图)

【土壤】 武安市土地分棕壤和褐土2个土类6个亚类21个土属73个土种。棕壤主要分布在西部山区高山坡地上，含生草棕壤1个亚类3个土种。褐土类分布遍及全市，分为褐土、淋溶褐土、褐土性土、石灰性褐土、草甸褐土5个亚类70个土种。其肥力状况为富钾缺氮，严重缺磷属中等地力。

【气候】 武安市地处中纬度地带，属暖温带半湿润大陆性季风气候。气候温和，雨量适中，冬寒夏热，四季分明，光照充足，无霜期较长，干湿分布不均。春季冷暖气团活动频繁，气温回升快，降水量少，干燥多风，蒸发量大，土壤失墒严重，经常发生春旱；夏季受热带海洋气团影响，炎热多雨；秋季受北方南下冷气团控制，副热带高压迅速南撤，降温迅速，昼暖夜凉，天高气爽；冬季受变性极地大陆气团影响，气候寒冷，雨雪稀少。

降水 全市多年平均降水量545.5毫米，最多的2016年降水量1104.3毫米，最少的1965年为301.8毫米，年际相差802.5毫米。

气温 全市年平均气温14.5℃。1月份最低，平均为－1.0℃。7月份最高，平均为27.0℃。年内冷暖相差平均为28.0℃。历年极端最低温度－20.1℃，出现在1990年1月31日；历年极端最高温43.8℃，出现在2009年6月25日。

日照 全市年日照时数平均为2000.3小时，年日照百分率平均为56%。5月份日照最多，时数228.7小时，1月份日照时数最少，为128.3小时。

无霜期 历年平均无霜期212天，2000年最长达244天，1990年最短为183天。初霜平均日期为10月24日，最早为2004年10月14日，最晚为2007年11月7日。终霜平均日期4月8日，最早为2000年3月1日，最晚为1990年4月12日。

2022年武安全年平均气温为14.9℃，比常年值（14.5℃）偏高0.4℃，连续9年年平均气温偏高，春、夏、秋、冬季平均气温均偏高。降水量为698.50毫米，较常年值（545.50毫米）多28%，降水时空分布不均，冬季降水偏少，春季降水显著偏少，夏季降水偏多，秋季显著偏多。全年平均风速2.8米/秒，比常年值（2.2米/秒）偏大0.6米/秒。全市年平均日照时数2274小时，比2021年（2000.3小时）偏多273.70小时，冬季、夏季、秋季日照时数较常年偏多，春季日照时数接近常年。

【水文】 武安市地处海河流域，境内诸河由东北出境，除极少数外，均汇流于洺河，洺河即洺水，古称千步水、寖水、南易水、漳水。南北洺河于永和村汇流后始称洺河，向东北流经北安乐乡，西纳马项河，北纳淤泥河，东流入永年，境内全长12.25千米，河道宽约700米，平时有细流或积水，汛期泄洪，年自产径流量80万立方米（保证率为50%）。1963年8月上旬暴雨期，最大流量7700立方米/秒。2016年7月19日特大暴雨，马会河与洺河汇流口段洪峰流量达3510立方米/秒。

（张文庆　整理）

自然资源

【矿产资源】 武安市矿产资源丰富，其中铁矿蕴藏量最为丰富，煤矿蕴藏量较大。西部山区有丰富的建材资源。全县发现金属、非金属矿产20多种，主要有铁、煤、大理石、铝矾土、石灰岩、石英砂岩、玄武岩、金，以及与铁矿、煤矿伴生的钴、铜、硫等。

【野生动物资源】 武安市境内野生动物资源分兽、禽、爬行、昆虫四大类。兽类主要有豹（土豹子）、狼、狐、狸、田鼠、鼯鼠（俗名寒号鸟）等。鸟类主要有麻雀、喜鹊、鸽、蓝喜鹊、燕等。爬行动物有蛇、蜥蜴（俗名蛇出利）、壁虎（俗名蝎虎子）等。昆虫有蝴蝶、蟋蟀、蝈蝈、金龟子、蚂蚁、蜻蜓、瓢虫等。

【野生植物资源】 武安市属华北植物区系—半旱生森林丛草原植被区系，木本及草本植物均在百余种以上。植被呈垂直分布，杨、柳、榆、槐、椿、桐及各种果树和灌木（如荆条、绣线菊、酸枣等）大多在海拔700米以下；松、橡栎林和胡枝子、毛黄栌、忍冬等在海拔700—1000米；海拔1000米以上有少量桦、山杨杂木林及六道木、毛榛、苔草等灌草丛分布。

【水资源】 武安市多年平均水资源总量为3.32亿立方米，其中，地表水资源量为2.25亿立方米，地下水资源量为2.11亿立方米。按2010年末全市人口和耕地面积计算，人均水资源占有量为271立方米，亩均水资源占有量为279立方米，属严重缺水县（市）。全市境内地表水资源主要来自大气降水，平均年降水量为545.5毫米，年降水总量为10.30亿立方米。投资5.60亿元南水北调“引江入武”工程于2022年12月21日开工。该工程从南水北调中线总干渠丛台区三陵口门引水至武安市，输水管线全长30千米，近期供水规模每年2000万立方米，远期供水规模每年5000万立方米。可有效缓解武安生产、生活用水紧张问题，并改善和优化洺河流域生态环境。

（张文庆 整理）

人口 民族 宗教

【人口】 汉代时武安不足万户，唐、宋时人口无记载。元初，因战乱，武安已不及千户，被并入邯郸县。明代嘉靖年间，武安全县5466户、45050人。明崇祯十五年（1642）由于连年灾荒，原编户数10035户，死绝8028户，仅余2007户，人口不足4000人。清代人口，旧志均未记载，按丁数概算，武安5万余人口。此后，武安人口增长较快。至民国23年（1934），全县户数67697户，总计人口377515人。抗日战争期间，据不完全统计，武安人民遭日伪杀害者7925人，被俘或下落不明者12750人，因战争带来的灾难和饥荒病饿而死者19170人，总计39845人。1949年中华人民共和国成立，武安总人口为327953人，比1934年减少49562人。中华人民共和国成立后，人口逐年增加。1988年底统计武安人口已增至597223人，驻武企业人口136953人，外地流入流动人口约1.9万人，全市人口负载75.3万人。后因实行计划生育政策，人口增长速度降低，1988年末，全市总户数为171641户，总人口597223人；1995年末，全市总户数197451户，总人口667226人，8年间增加70003人。2005年末，全市总人口725565人，比1995年末增加58339人。2010年，全市总户数235650户，总人口781823人，其中男性397777人，女性384046人。2022年，武安市总户数223598户，总人口854236人。其中，城镇人口355992人，乡村人口498244人；男性435987人，女性418249人。人口出生率5.67‰，死亡率2.92‰，自然增长率2.75‰。

武安市南洺河生态走廊 （市水利局 供图）

【民族】 1964年之前武安市少数民族人口无准确记载。1964年人口普查共有7个少数民族。1982年普查时为8个少数民族。2010年底，武安市境内有少数民族21个，总人数783人，约占全市总人口781823人的0.1%。2022年，武安市总人口中以汉族为主，少数民族（含未定族称人口和入籍人口）1590人，约占总人口0.19%。其中，蒙古族111人，回族227人，藏族4人，维吾尔族9人，苗族189人，彝族60人，壮族161人，布依族103人，朝鲜族11人，满族452人，侗族78人，瑶族30人，白族16人，土家族5人，哈尼族8人，傣族6人，黎族17人，傈僳族6人，佤族4人，畲族9人，拉祜族1人，水族15人，东乡族1人，景颇族2人，土族1人，达斡尔族2人，仫佬族4人，羌族2人，布朗族5人，撒拉族1人，毛南族2人，仡佬族21人，锡伯族3人，京族1人，基诺族1人，未定族称人口16人，入籍6人。属少数民族散居地区。

【宗教】 佛教于南北朝时传入武安，民国以后，佛教衰落。民国十八年（1929）北伐军入武安，佛教停止活动。改革开放以来，根据党的宗教政策，佛教又有发展。道教何时传入武安，史书未见记载。明代曾设有道会司。民国时期，道徒生计维艰，道观逐渐解体，1949年后境内已无道士。后根据党的宗教政策，道教又有发展。清康熙年间天主教传入武安，在固义村建教堂。1949年后人数减少，“文化大革命”期间教务中止，后根据党的宗教政策又有发展。清光绪年间，基督教传入武安，教务盛于一时，后因牧师归国，教务无人主持，逐渐趋向于停顿。“文化大革命”期间教务中止，后根据党的宗教政策发展较快。伊斯兰教何时传入武安，没有明确记载，规模也较小。2022年，武安市境内有佛教、道教、伊斯兰教、天主教、基督教。武安市天主教爱国运动委员会成立于1999年，武安市佛教协会成立于2000年，武安市道教协会成立于2009年，武安市基督教三自爱国运动委员会成立于2009年。

（张文庆　整理）

历史人文

【历史名人】 李君羡（598—643）武安得义里人，唐初大将，曾跟随李密起兵。后归顺李世民，南征北战，屡立战功，是李世民的股肱重臣。李世民曾说：“使皆如君羡者，虏何足忧！”后因谣言，受李世民猜忌，被杀。直到武则天时代始得平反。

胡砺（1107—1167）字元化，武安丛井人，武安历史上唯一的状元。为官几十年，刚直不阿，秉公无私，体恤百姓。以其人格魅力赢得同事、百姓及上级赞许，为政颇有建树。官至翰林学士、刑部尚书。胡砺文章通俗典雅，舒卷自如，自成一体，被时人称为“元化格”。

胡祗遹（1227—1293）字绍闻，胡景崧之孙，武安胡累里人。元代重臣，屡任重要职务，以精明干练、廉洁刚直著称。为政颇有建树，所到之处，必抑制豪强，扶持弱小。他注重教化，办学促教，亲自授业传道。胡祗遹是元代大儒，他的散曲被选入多个版本，其风格被明初朱权评为“孤潭秋月”，其戏曲理论，被学者视为“元代戏剧学第一人”。著有《易解》三卷、《老子解》一卷、《紫山集》六十七卷，现仅存《紫山集》二十六卷。

郭资（1361—1433）武安西马庄人，明洪武乙丑年进士，因助明成祖朱棣夺取江山有功，颇受器重，曾督建北京城。明朝四朝元老，退休时加封太子太师。逝世后追封为光禄大夫（正一品）、柱国汤阴伯，谥“忠襄”。郭资性格刚强坚毅，且廉洁自守，去世时北京没有房产，老家墙垣颓倒，没有余钱。武安城里和西马庄分别建有太师祠（前者今作他用）。

冀述（1558—1612）武安下三里村人。早年与其弟冀体同在村外凤翼岗读书，学业超群，一起纵论天下大事，时称大小冀。冀述万历二十六年（1598）中进士，先后被授予广宁司理、户部广东司主事、兵部车驾司等职。冀述行事刚强廉洁，孝顺父母。后服丧归家，病死家中。著有《桃园草》《庸言》等。

冀体（1560—1613）武安下三里村人，冀述的弟弟。早年同哥哥一同学习，相互砥砺。万历十三年（1585）中举人，十四年（1586）中进士，人称一门双进士。三任山东县令，又任福建道监察御史。明神宗对其有“在鲁鲁宁，在齐齐治”赞誉。冀体生性耿介，颇有气节。后因指责权贵怠政误国，被罢官。回归家乡后，寄情山水，吟诗作赋。著有《见山堂诗稿》《枕流清话》《甲午纪事》。逝后被追赠光禄寺少卿。

李尔育（生卒不详）字咸若，号遂臣，武安挂金峪人（今邑城镇南沟村）。崇祯十年（1637）进士。他从政干练有才，廉洁自守，政绩颇丰。正当盛年，退隐归家，课子育人。明末，灾荒频起，他不但自己倾囊救助百姓，还协助当时武安县令为民请命，最终使武安得以豁免赋税。李尔育的《祭白骨文》，实录当时惨状。血泪文章，不忍卒读。他另一突出成就是书法，其所书碑记、匾额颇多，至今仍有许多断碑残碣留存于南沟村及白云山等处，时常有人拓片临摹。

王可大（1637—1695）字易从，号洺川，武安夏庄人。康熙十五年（1676）进士，先后在中央和地方任职。精研程朱理学，奖掖后生，选贤任能，为朝廷举荐许多人才。其书法宗法二王，依循米芾，时人皆以为宝。

房锦云（1862—1927）武安伯延人，武安商帮杰出代表。他生性善良，乐善好施，把大量财富投入扶危济困、惠农劝农、教化育人等公益事业。光绪三十年（1904），被奖授二品封典，诰封通奉大夫。民国时期，他捐款为北大建宿舍，北大校长蔡元培亲自题赠匾额“育我菁莪”。民国大总统连续颁发三等嘉禾、二等嘉禾奖章。

武伦佩（1900—1938）字玉吾，武安龙泉村人，1925年北京大学肄业，后入东北军。东北军撤入关内后，愤然辞职还乡。抗日战争爆发后，组织成立抗敌自卫大队，奋起抗日。1938年5月率部投奔八路军，之后多次参与组织对日伪军的战斗。1938年9月在战斗中壮烈牺牲。

杨兰春（1920—2009）武安列江（今朝阳沟）人。早年贫苦，曾随戏班学戏，后参加革命。曾在中央戏剧学院学习三年，是中国著名剧作家和戏曲导演，一生创作多部现代戏。他的戏曲作品《朝阳沟》享誉大江南北，产生巨大社会影响，奠定他在中国戏剧界的地位。杨兰春常关心家乡戏剧事业，多次到武安指导，为武安文化事业作出贡献。

【特色文化】 武安孕育红色文化、磁山文化、冶铁文化、戏曲文化、商帮文化、地方民俗文化“六大文化脉系”。晋冀鲁豫边区首脑机关和129师司令部都曾驻武安，董必武、刘伯承、邓小平、薄一波、杨秀峰等老一辈无产阶级革命家都曾生活和战斗在这里。在革命战争中，近3000名武安优秀儿女献出自己的生命。1961年5月、1966年4月周恩来总理两次视察武安。磁山文化遗址的发现，填补新石器时代早期文化的重要缺环。武安冶铁起源于战国时代，2000多年前占重要地位。固义傩戏的发现，打破“江北无傩”的论断。武安平调落子、武安傩戏、赛戏被收入中国非物质文化遗产名录。

【遗址遗迹】 武安古遗址遗迹数量多、类型全、文化内涵丰富。登记造册589处古遗址，包括旧石器、新石器、商周、春秋、战国、汉、唐、宋等诸多文化类型。多处新石器时期仰韶文化、龙山文化及商周、战汉文化类型都极具重要考古研究价值。其中最具代表性的磁山文化遗址，距今约8000年，粟种植、家鸡饲养、核桃栽培堪称世界之最，为全国重点文物保护单位。

【非物质文化遗产】 武安市有国家级非物质文化遗产项目武安平调落子、武安傩戏、赛戏3项。省级5项为伯延民间建筑艺术、土山诚会、琅矿活帷子、黄河灯阵、薛式火罐疗法。邯郸市级为

2022年2月13日，武安市举行民俗非遗展演活动　（李建峰　摄）

武安灯谜、武安民间故事、补锅技艺、张箩技艺、柏林灯山、犁耧耙灯、武安刺绣、上刀山、河渠柳编、李十王子火、武安旱船、武安竹马等24项。武安市级项目为土山挂彩布、郝大娘面塑、武安谚语、西土山皮影戏、武安杂技、武安婚丧风俗、轧琴制作、武安荆编、门楼炕围彩绘艺术、粗布门帘绘制工艺、虎头枕虎头鞋制作技巧、武安粗布、武安吹歌、活水醋酿造工艺等79项。

【民俗】 婚嫁习俗 旧时武安婚俗礼仪繁多，诸如“三书六礼”(聘书、礼书、迎书，纳彩、问名、纳吉、纳征、请期、迎亲）等。受时代和西方文化影响，现代婚俗礼仪多化繁为简。2000年后，个别村庄再现传统婚俗：新娘乘轿，吹奏班吹奏，“骑马夸官”，即新郎先骑马转街，然后再乘车。城区在饭店设婚宴、请司仪主持婚庆仪式，农村仍以在家里摆宴席居多，也有到集镇饭店设宴招待。婚典仪式采用中西结合形式，如点燃“同心蜡烛”、开启香槟酒、向长辈“敬茶”等。新娘婚服，中国传统以红色为主，表示喜庆，如今穿白色婚纱者渐多。

生育习俗 旧时，新婚夫妇的第一胎婴儿要举行“贺满月”仪式，又称“过小事儿”，礼节繁多，时下则比较简单。大致有以下几项：报喜（通知亲友）、请人（宴请帮忙人员）、做满月(设宴庆祝新生儿满月)、“挪窝儿”（新生儿第一次到姥姥家)、圆汤（以大馍答谢月子期间“送汤儿”亲友)。武安有“四、六不看孩儿”习俗，即农历逢四、六日不看新生婴儿。

丧葬习俗 旧时丧葬习俗繁琐，尤以乡村为甚，后辈服孝更有诸多讲究。现在实行丧葬改革，推行火葬，丧葬礼俗也有很大变化。大致包括孝子磕头（通知亲友)、请人（宴请帮忙亲友)、出讣告、破孝、守灵、搭灵棚、请娱乐班、火化、葬埋。葬埋时间城乡有别，农村一般头天火化，次日葬埋，出殡时间多安排在午饭之后。城里则早晨出殡，火化后直接到坟地葬埋。烧纸、服孝是葬礼的延续，逝者去世后第七天叫“头七”，自“头七”始，每七天近亲属都要到坟上祭奠，谓之曰烧“七纸”，直到烧完“七七（尽七）纸”。部分地区只烧单数“七纸”，尤以三、五、七较隆重。之后，尚有烧“百日纸”“周年纸”“三周年纸”习俗。旧时，讲究孝子百日内不剃头、三年内不贴红对联（可贴蓝绿对联）等习俗，前者现不流行。2000年后，城里始有殡葬专业服务队，承办葬礼一应事务，收取相应费用。在祭品祭礼方面，20世纪90年代，农村多送祭食或挽幛等；公职人员去世单位送花圈，同事送挽幛兼祭礼。2005年后，挽幛淡出，城乡普遍上祭礼，农村10—50元不等，间有100元；城里多为一二百元，近年三五百元也常见。祭品、祭礼忌讳丧事后补。2000年后，域内偶有雇人哭丧陋习。丧葬习俗中最具地方特色的当推黄粟山村“通天对子”，所谓“通天对子”就是贴在大门两侧从墙角到屋檐的挽联，由村中耆宿撰写，享此哀荣的是村中长寿者或对村庄建设有重大贡献者。

节日习俗 春节、元宵节、清明节、端午节、中秋节、重阳节等传统节日习俗及元旦、国际妇女节、植树节、国际劳动节、五四青年节、国际护士节、中国共产党成立纪念日、建军节、教师节、国庆节、记者节，与各地大同小异。唯元宵节文娱活动最为丰富多彩，除搭牌坊、挂吊挂外，还有“黄河阵”、花灯会、猜灯谜、唱赛戏、放烟火、捉黄鬼、拉死鬼、过七河，以及各种文武社火杂耍班的花会汇演，有舞腾龙、耍狮子、踩高跷、跑旱船、打扇鼓、跑驴、抬阁、秧歌、戏班等。城内西岭湖公园灯谜一条街成为元宵节重要看点。烤“李十王子火”是武安一项重要而特殊节日习俗。相传唐玄宗的“十王子”不愿参与宫廷争斗，云游天下，普救苍生，曾在武安城生火驱寒，为民治病。为纪念十王子，每年元宵节武安多地都要砌筑形似大佛的火炉，大佛的七窍、双乳、肚脐都会喷出火苗，俗称“李十王子火”或“福火”。其中古楼街“李十王子火”最盛，居民在赏花灯、猜谜语、观汇演同时，都要到烤“李十王子火”，烤食小麻糖等食物，据说可以祛除全年杂病。旧日，上团城、大贺庄等地过年期间有“打铁花”习俗，即一人用耐火容器盛炽热铁水适时泼出，另一人紧密配合，用铲状木板将铁水击打向空中，火花四溅，类似礼花。

特异习俗　武安城区老住户，孩子称母亲为“娘”，而称父亲为“大”或“大大”。如果孩子是“缺宝”（独子），又称父亲为“叔叔”，称母亲为“婶婶”，现在此风俗淡化。

岳父母给女婿“做生儿”。武安城里传统习俗。旧时人们尊女婿为贵客，城里人自闺女出嫁后，岳父母或晚辈每逢女婿生日，要带礼物到女婿家（或将女婿请至自家）为女婿“做生儿”，所送礼物多为一刀猪肉（约3—5斤），女婿家一般不招待。此俗讲究为女婿终身连续过生日，即使闺女先去世也不能停止。2000年之后，这一习俗逐渐淡化。

【方言】 武安话总体上属晋方言。但由于武安处于晋语区、冀鲁官话区、中原官话区接触过渡地带，武安话过渡特征十分明显，内部也有较大差异，即所谓“五里不同音”。武安话词汇丰富、表现力强，特色鲜明、节奏感强，是前人留下的一笔十分宝贵文化遗产。随着时代变迁，武安方言也发生不少变化。改革开放后，受外来文化和影视文化影响，一些土语、俗语、谚语词汇日渐消失；在语音上，一些字词原来读法发生改变；在声调上，年轻人口中入声逐渐减少，使用普通话的人日益增多。

（张文庆　整理）

风景名胜

【东太行景区】 东太行景区是河北省重点项目、河北省重点旅游项目、全国优选旅游项目，因所处太行山东麓而得名。该景区规划总面积26平方千米，最高海拔1428米，与美国科罗拉多大峡谷同属丹霞地貌，是一处集雄、奇、险、峻和巧石、云海、清幽、变幻于一体的山岳型自然景观。其中最著名的是东太行景区修建在海拔千米上的绝壁栈道，夏秋季节漫步栈道，行云缭绕。

【京娘湖景区】 京娘湖景区位于武安市西北部，距邯郸约60千米。因宋太祖赵匡胤千里送京娘的故事发生在该地，故得该名。京娘湖原称口上水库，建于1966—1969年，最大水面1.67平方千米，总蓄水量3208万立方米，海拔1088米。湖面呈倒“人”字形，水上游览区分东、西两条支流。东支为常社川的前段，西支为门道川的前段，河长各有3千米，因水资源丰沛，山林植被茂密，野生资源非常丰富。

【七步沟景区】 七步沟景区位于太行山东麓，坐落在国家地质公园、国家森林公园腹地，总面积20平方千米。明代以前七步沟因漆树遍野、漆铺众多被称为“漆铺沟”，后因佛教僧众聚此修行，取佛家典故“七步莲花”之意，更名为“七步沟”。七步沟景区有门景区、休闲度假区、马武寨（待开发）、三棱山（待开发）、罗汉峡、百瀑峡、青龙岭（惊喜岭）、战地医院、沃野山谷（亲子乐园）等板块。各功能区特色鲜明，布局合理，形成“吃、住、行、游、购、娱”完整的产业链，素有“避暑天堂”的美称。

【长寿村景区】 长寿村风景区位于武安市西北56千米处摩天岭脚下的艾蒿坪村，最高峰海拔1747.50米。总面积25平方千米，游览面积15平方千米。景点有长寿园、长寿泉、长寿洞、龙盘树、马刨泉、十八盘、古长城（邯郸长城遗址）、峻极关、玉皇顶等50多处。长寿村境内的原始次生林中长满油松、樟子松、漆树，板栗树等几十种珍贵树木，有上千亩野生连翘茶林，有党参、丹参、柴胡、何首乌等200余种中草药材。

【朝阳沟景区】 朝阳沟是戏剧作家杨兰春的家乡，是豫剧《朝阳沟》故事的创作原型地。朝阳沟是条东西走向山沟，是个四季朝阳的好地方，这里的山川横看成岭侧成峰，远近高低各不同，有湖有潭，有洞有泉，有冰有川，春夏秋冬时迁景异。春季，漫山遍野的山桃红花；夏季，山雄水秀，山青谷幽，溪流潺潺，高山流水，山水断跌而下；秋季，霜打红叶，丛林尽染，果实飘香；冬季，松涛阵阵，滴水成冰，造就的冰瀑十分壮观。

【古武当山景区】 古武当山始建于隋朝，历代重修。现存石碑35通，均为历史重修功德碑。古武当山主峰海拔1437.70米，称北顶老爷顶；主峰南侧500米处，有一峰海拔1420米，称奶奶顶，两峰遥相呼应直刺苍穹。南侧有龟山、蛇山，正东有香炉山。山顶古建众多，主峰建有真武大帝庙，分上中下三级殿宇及配殿，南峰建有菩萨殿、碧霞宫等建筑。

（张文庆　整理）

地方特产

【武安小米】 武安小米色泽微黄，粒小，糊锅易烂，入口绵甜糯香，含有丰富的维生素，可暖胃养人，舒缓筋骨，止烦解渴，益气补中，常年食用可延年益寿。武安小米营养价值极高，蛋白质含量约为9.2%—14.3%，高于大米和玉米，粗脂肪含量3.0%—4.6%，略低于面粉，色氨酸、蛋氨酸的含量很高，每千克小米中含色氨酸192毫克，蛋氨酸297毫克。

【武安山羊】 武安盛产山羊。成年公羊体重43千克左右，成年母羊体重36千克左右。武安山羊肌纤维细，硬度小，肉质细嫩，味道鲜美，膻味小，营养价值高；产绒量较高，绒质好，每只成年公羊平均产绒量275克，成年母羊平均产绒量160克，羊绒长4.7—5.3厘米，细度19—20微米，羊绒可纺织成各种款式羊毛衫，羊肉可制成各种美味佳肴，以清炖或涮火锅尤佳。

【武安连翘茶】 河北省武安市长寿村，善于制作连翘茶，又叫“打老儿茶”，该茶具有预防感冒、清热解毒、改善睡眠、抗菌利尿、抗衰养颜等功效。长期饮用可强身健体，如再配以长寿村的长寿泉水沏茶，则味道、效果更佳。

（张文庆　整理）

2022年经济社会发展

【经济建设】 2022年，武安市全年地区生产总值达到801.60亿元，比上年增长5%，财政总收入79.59亿元。培育“四上”企业，新增入统65家，比上年增加26家。深入推进质量强市、科技强市战略，研发费用加计扣除额6.14亿元、比上年增长56.6%，全年新增国家级高新技术企业10家、省级专精特新企业16家，国家级和省级企业技术中心各1家。工业结构调整提速。太行一期全面达产，“智慧工厂”太行二期全面开工；投资288亿元的冀南钢铁二期、投资86亿元的普阳钢铁整合重组项目启动建设；新金万利“智能制造+5G云技术”的高端家电板二期、金鼎钢铁年产120万吨装配式建筑用钢试生产；武洲新材料钢后延伸冷轧开建；普阳防爆钢、龙凤山超纯铁参加中国航展。新兴能源194万吨等5个项目投产或部分投产。华丰氢能产业园加快推进，新峰1300万吨工业固废、200万吨建筑垃圾综合利用、医废处置项目整体推进；格力钛新能源产业园产值翻番。格力智能工厂3个项目列入省战略性新兴产业重点项目，中联钢信、普阳钢铁入选工信部新一代信息技术与制造业融合发展试点，武安市广普焦化有限公司、金鼎重工有限公司入选全国“水效领跑者”，新兴铸管6家企业成为全省首批县域特色产业集群“领跑者”企业，县域特色产业振兴工作位列全省第二名。

【政治建设】 2022年，武安市加强党的政治建设，开创高质量发展新局面。引导全市上下自觉讲政治、讲团结、讲廉洁，保持统一的思想、坚定的意志、协调的行动，为武安各项事业发展提供坚强战斗力。坚定理想信念，对党绝对忠诚。深刻领悟“两个确立”的决定性意义，坚决做到“两个维护”，始终在思想上、政治上、行动上同以习近平同志为核心的党中央保持高度一致，不断提高政治判断力、政治领悟力、政治执行力，自觉把党的领导贯穿到政府工作的各领域、各环节，确保上级各项决策部署落地见效。坚持学思践悟，推动思想大解放。更新思想观念。反复研学习近平总书记重要讲话精神，及时跟进学习习近平总书记最新重要指示，从中找方法、找路径、找答案，更好适应新形势、新任务、新要求。聚焦末端抓落实。健全完善习近平总书记重要讲话精神和党中央、省委、邯郸市委决策部署落实机制，加强督导检查，确保谋划推进的工作干一件成一件，抓一事成一事。

【文化建设】 2022年，武安市开展“欢乐城乡——群众文化大舞台”65场，文化科技卫生三下乡集中活动6场，小分队活动122场。大型原创平调剧《贺进》和落子小剧《端花》入选邯郸市文艺精品创作名录。开展百姓故事汇宣讲、“悦读邯郸——武安约读e起来”诵读、“喜迎二十大——奋进新征程 文明我先行”演讲比赛、“讴歌新时代 喜迎二十大”主题文学作品和短视频征集、农家书屋“乡村阅读季”等活动，在“新邯郸”APP展播120余条诵读视频，组织优秀选手参加省市百姓故事汇，讲述武安动人故事。举办“磅礴力量”典型工作报告会，来自交通、医疗、教育等各条战线优秀代表，倾力讲述奋斗的故事，凝聚起全市上下解放思想、奋发进取，实现经济总量超千亿元、建设新武安的磅礴力量。对文化企业升规入统工作加大力度，召开专题会议、实地考察调研，对文化企业进行摸排、分析汇总发展情况，确定培育企业，完成田鑫小镇旅游开发有限公司、嘉源文化传媒有限公司和广电网络公司的升规入统工作。爱国主义教育基地建设投入使用，完成晋冀鲁豫边区革命纪念馆改陈布展工作，开辟国防教育前沿阵地，组织开展“请党放心 强国有我”国防教育校园行、“9·17”全民国防教育日、“国防教育 国之大事”网络宣传等主题活动，推动白沙爱国强军主题公园建设。开展“扫黄打非”专项行动，督导各类文化经营场所30余次，规范基层站点建设，构建全覆盖的“扫黄打非”网络。建立版权服务站，完成2022年出版物发行单位年度核验工作，办公软件正版化覆盖率100%。开展农村65岁以上老年人免费收看有线电视的民生工程，该项民生工程惠及3.3万余户。

【社会建设】 2022年，武安市社会事业不断进步。20项民生工程和10件民生实事如期完成。中高考成绩再创历史新高，职教对口升学连续22年全省第一。房地产配建幼儿园遗留问题稳妥解决，24所幼儿园按政策实现移交，洺湖、安瑞两所小学建成投用。西土山镇卫生院、社区卫生服务中心获批省特色专科医疗机构。武安市在全省首个实现医保移动支付，连续三年被评为全省医改工作先进县（市、区）。城镇新增就业8014人，为4300名农民工追回工资5100万元。河北普阳钢铁有限公司被评为全省唯一的全国和谐劳动关系创建示范企业。44个小区卫生服务站投入使用，改扩建10家农村幸福院和敬老院，新增床位253张。武安运动员在北京冬残奥会获得“一金两铜”优异成绩。“考古中国”重大项目赵窑遗址完成初步发掘，大型原创红色题材武安平调剧《贺进》入围省舞台艺术精品工程。改造升级农村道路46千米，方便50个村群众出行。南水北调引水工程开始建设，供水试点、人饮维养等水利提升项目开工；投资5.5亿元的南部钢铁、冀南钢铁专线、城西复线等供水工程投入运行，供水能力由3000万立方米提高至8000万立方米。

【生态文明建设】 党的十八大以来，“绿水青山就是金山银山”的理念成为全国上下的共识和行动。2022年，武安市坚持因地制宜、分类实施，完成营造林1.98万公顷，成功创建省级森林城市，林木覆盖率37.17%，西部山区80%以上。城区广场游园星罗棋布、景观节点比比皆是，形成“点成绿园、线成绿脉、面成绿网”的绿美生态系统，塑造自然舒适的休闲景观带，打造“长年见绿、三季有花、城景交融、个性鲜明”的城市特色。生态良好，野生动物栖居于此，尤其是鸟类众多。据统计，全市已发现的鸟类有14目41科84属146种，约占全国已知鸟类的11%、河北省已知鸟类的35%。其中有黑鹳、灰鹤、草鹭、白琵鹭、鹗、豆雁等国家级保护动物。洺河近古出境断面水质和2处集中式饮用水源地水质全年稳定达标。全年优良天数达到237天，比上年增加8天。

（张文庆 整理）

（责任编辑：张文庆 张冠华）

中国共产党武安市委员会

综　述

【理论学习】 2022年，中国共产党武安市委员会（简称武安市委）把党的政治建设摆在首位，抓实抓紧党的创新理论学习，开展多形式、多载体、多渠道宣传。武安市委理论学习中心组发挥带头作用，围绕学习习近平总书记重要讲话和指示精神，开展集体学习15次。抓好党员干部理论培训，推进党史学习教育长效化，贯彻落实党中央和省委、邯郸市委决策部署。坚持武安市委常委会会议“第一议题”制度。武安市委常委带头到基层调研，指导解决实际问题，推动党中央重大决策部署落地见效。落实国家和省、邯郸市稳经济“一揽子”政策措施。做好各阶段新冠疫情防控工作，抓好安全隐患排查整治。开展“跟党奋进新征程”等系列主题活动，打造清朗网络空间，凝聚团结奋进力量。

【加强党的领导】 2022年，武安市为加强党的全面领导，支持市人大常委会、市政府、市政协、市法院、市检察院党组依法依章程履行职能。支持市纪委监委依法依纪开展监督、查办案件。注重做好新形势下的统战工作，完善大统战工作格局，市委统战部被中共河北省委统战部、河北省人力资源和社会保障厅评为“全省统战系统先进集体”。意识形态工作前三季度在邯郸市排名第一，邯郸市新时代文明实践中心现场观摩会在武安市召开。推进工会、共青团、妇联等群团组织改革发展，武安市总工会获邯郸市县级总工会综合评价第一名，争创国家级青年发展型县域试点。深化双拥共建和退役军人服务保障工作，提升党管武装工作，市人民武装部获评河北省练兵备战先进单位。坚持新时代好干部标准，坚持通过实绩口碑和重大工作一线考察识别干部，全年提拔干部62人、进一步使用74人、晋升职级109人，树立良好用人导向。开展“大兴学习之风，提升能力素质”活动，发挥考核“指挥棒”作用，激励各级干部解放思想、奋发进取，在邯郸市上半年和第三季度基层党建考核中位列第一，邯郸市党员教育管理现场会在武安市召开。开展抓党建促乡村振兴工作，武安市被确定为省级“党建引领村级集体经济发展”和“党建引领乡村治理”试点。坚持党管人才，为武安市企事业单位引进博硕人才86人，发放英才卡333张。推进党风廉政建设和反腐败斗争，压紧压实管党治党政治责任，开展八届市委第三轮巡察和供销教育系统专项巡察、优化营商环境专项巡察。召开政治性警示教育大会，开展纠治“四风”和作风纪律专项整治，查处违反中央八项规定精神和“四风”问题39起，立案查处各类违纪违法案件228件，给予党纪处分246人、政务处分70人，组织处理19人，涉及乡科级干部46人，采取留置措施2人，移送司法机关审查起诉2人。

【高质量发展】 2022年，武安市加快推进总投资1404亿元的78个重点产业项目，省、邯郸市重点项目数量均位居邯郸市第一。

玉带河综合治理项目争列国家第二批EOD试点。冀南二期等12个项目纳入省重点前期管理项目库。新增入统企业25家，45家上报国家统计局。加快推进产业转型，传统产业提档升级，河北新兴能源科技股份有限公司194万吨焦化项目建成投产，太行二期开工建设，冀南钢铁二期、河北普阳钢铁有限公司整合重组、河北新武安钢铁集团文安钢铁有限公司优特钢等项目加快推进。开展延链补链行动，河北钜兴智能装备制造有限公司60万吨球墨铸管项目建成投产，格力钛新能源股份有限公司产值比上年实现翻倍，河北华丰能源科技发展有限公司氢能产业园项目加快推进，金鼎重工有限公司H型钢项目试生产。新兴铸管股份有限公司等6家企业被认定为全省首批县域特色产业集群"领跑者"企业，县域特色产业振兴工作在全省136个县（市、区）中位列第二名。坚持创新驱动发展，落实研发费用加计扣除等普惠性政策，第1—3季度研发费用加计扣除额6.14亿元，比上年增长56.6%；企业技术合同成交额18.62亿元，比上年增长84%；高新技术企业增加值比上年增长13.7%。河北龙凤山铸业有限公司、共赢装备制造有限公司被评为国家级专精特新"小巨人"企业，新增省级专精特新企业16家、邯郸市级专精特新企业19家，新增国家高新技术企业10家。河北普阳钢铁有限公司防爆钢、河北龙凤山铸业有限公司超纯铁参展第十四届中国航展，受到《中国冶金报》推介。第三产业提升全面发力，出台支持现代服务业发展政策，推动现代物流产业加速发展，华增达铁路物流园建成投产；与中国科学院合作共建低碳技术与能源材料研发中心，科技成果加速转化；与浙江物产合作成立武安数字贸易综合服务平台，联合河北陆港打造跨境电商产业园；与河北高翔地理信息技术服务有限公司合作，加快建设地理信息数字化平台；创新招商模式，打造北京科创飞地和邯郸产业研究院。

2022年6月29日，首列中欧班列"武西欧"号从武安市陆港保税铁路专用线发车 （保税物流 供图）

【改革创新】 2022年，武安市在全省率先实行"用地规划许可+工程规划许可（预）+施工许可（地基处理部分）"三证联发的审批模式，实现"拿地即开工"，全市新增市场主体8054家。出台支持企业上市政策，推进国企改革三年行动，国有资产服务中心挂牌成立，城发集团总资产比上年增长51%。招商引资出台"双招双引"（招商引资、招才引智）优惠政策，对接格力电器、宇通汽车、氢璞创能等头部企业，签约总投资507.12亿元的33个重点项目，投资额、开工率均为邯郸市第一。扩大对外开放，开通中欧中亚班列，1—11月河北陆港多式联运量17.96万标准箱，比上年增长92%，位列全省第一。争创国家级经济技术开发区，工业园区被河北省商务厅评为2022年度全省抓投资上项目提能级先进示范经济开发区。落实惠企政策，制定武安稳经济"一揽子"政策、接续政策和十条硬措施。释放减税退税红利，留抵退税34.5亿元，占邯郸市的42.21%，居全省各县市总量第一。优化营商环境，搭建"政企会客厅"，建立常态化政企沟通机制。10月全国县域城市信用状况监测排名第三十七位。加大要素保障力度，完成"三区三线"（三区：城镇空间、农业空间、生态空间；三线：城镇开发边界、永久基本农田、生态保护红线）划定，盘活土地资源，保障重点项目、重大基础设施建设用地355.4公顷。常态化组织开展政银企对接，争取债券资金13.57亿元、上级资金14.3亿元。设立产业引导基金，吸引社会资本投资战略性新兴产业。

【乡村振兴】 2022年，武安市推进乡村振兴，巩固拓展脱贫攻坚成果，脱贫人口年人均可支配收入稳步增长。保障粮食安全，坚决遏制耕地“非农化”、基本农田“非粮化”。坚持产业带动振兴，推进南山沟特色种植产业带和北部现代农业产业带建设，武安市被农业农村部评为全国生猪调出大县，被第六届京津冀中药材产业发展大会组委会授予“十大冀药——连翘产业大县”称号，乡村振兴工作在邯郸市上半年考核中位列第一。开展农村人居环境整治，申报东太行和美乡村省级示范区，完成38个村生活污水治理。推动农文旅产业融合发展，入选首批“河北省文化产业赋能乡村振兴”试点县；上榜“全国县域旅游综合实力百强县”，为邯郸市唯一。完善城乡基础设施，中山大街北延等3个工程列入省重点交通项目，青兰高速南岗互通项目省政府已批复，旅游大环线茶壶山、观音山、仙灵3个隧道贯通，完成国省干线和农村公路灾后重建。城区及周边农村污水处理厂项目完成社会资本方招投标。实施农村人饮水毁修复和饮水设施维养工程，武安市被河北省住建厅、河北省发改委命名为河北省节水型城市。

【污染防治攻坚】 2022年，武安市重点关注精品钢铁产业、装备制造产业、循环经济产业、新材料产业四大行业，管控中小企业、“车尘油煤”“散乱污”企业反弹，投资7.9亿元的687项治理任务全部完成，在全国率先完成一氧化碳智能管控平台试点建设，立案处罚生态环境违法案件665件，推动空气质量改善。年底，空气质量综合指数5.32，比上年下降7.16%，绝对值退出省市末位；PM2.5浓度为43微克/立方米，比上年下降4.44%；优良天数达到237天，比上年增加8天。中央广播电视总台融媒体特别节目《二十大时光》向全国展示武安生态治理。统筹生态环境系统治理。全面推进林长制，完成营造林1.98万公顷，创建省级森林城市。落实河湖长制，开展河道“清四乱”，洺河近古出境断面水质稳定达标，洺湖公园、南洺河生态走廊等湿地吸引各类飞鸟在此栖息繁育。开展矿山生态治理三年攻坚行动。成立环保巡回法庭，推进经济社会发展绿色转型。促进减污降碳协同增效，深化钢铁、焦化、火电、水泥等行业节能减排，推动能源清洁低碳高效利用。推进抽水蓄能项目，盘根抽水蓄能电站项目上报省发展改革委。发展循环经济，清峰医疗废物集中处置中心项目建成投产、垃圾综合利用项目开工建设，推进无废城市创建。

武安市古武当山景区索道　　（市委宣传部　供图）

【民生改善】 2022年，武安市完成20项民生工程和10件民生实事，开展直播带“岗”活动，新增就业7325人。基本医保参保人数、城乡居民养老保险参保率稳步提升，武安市被河北省人民政府评为全省医改工作先进县。洺湖、安瑞2所小学建成投用。武安市加快实施总投资99.47亿元的27个城建重点项目。南水北调引水项目开工建设，玉带河综合治理加快推进，西苑新区综合开发启动，完成贾庄、下泉动迁任务；体育路等4条市政道路建设有序推进，第三水厂、回迁安置房及两所配套学校等项目启动。完成14个老旧小区和8条背街小巷改造，新兴大街（中兴路—太行大道段）全线通车。启动东山植物科普园建设项目，完成4个游园、7个“口袋公园”和白鹤公园提标改造。推进全国文明城市创建，通过全国文明城市省级复检。开展安全生产专项行动、专项整治三年行动，强化乡镇应急办规范化建设，夯实基层基础，健全责任体系，全市工矿商贸行业领域未发生安全生产事故。首创乡镇防火工作站工作经验在全省推广，武安市消防救援大队被应急管理部消防救援局评为“集体三等功”。做好信访工作，强化法治武安、平安武安建设，开展常态化扫黑除恶斗争，开展普法宣传，市公安局获评夏季治安打击整治“百日行动”邯郸市第一名，全市各类刑事案件比上年下降23.5%，各类治安案件比上年下降32.1%；市检察院获评“全国青少年普法教育先进集体”；市法院道路交通事故法庭“网上数据一体化处理”经验做法被邯郸市作为自主改革事项在全市推广。

（胡世超）

重要会议

【市委全委会议】 2022年1月5日上午，中国共产党武安市第八届委员会第二次全体会议召开，会议表决确定武安市出席党的二十大代表候选人推荐人选。全会由市委常委会主持。市委委员、市委候补委员出席会议。会议听取武安市出席党的二十大代表候选人推荐程序和推荐人选基本情况说明，以举手表决的方式通过武安市出席党的二十大代表候选人推荐人选。

1月14日，中国共产党武安市第八届委员会第三次全体会议召开。市委常委会主持会议，刘浩峰讲话，全会听取刘浩峰受市委常委会委托作的工作报告，审议通过《武安市加快实现高质量发展推进经济总量“十四五”期间超千亿行动计划》《中共武安市委贯彻落实〈中共中央关于党的百年奋斗重大成就和历史经验的决议〉的实施意见》和《中国共产党武安市第八届委员会第三次全体会议决议》。

7月28日，中国共产党武安市第八届委员会第四次全体会议召开。市委常委会主持会议，市委书记刘浩峰代表市委常委会，作题为“解放思想、奋发进取，加快建设富强文明美丽幸福的现代化新武安”的报告，并就《中共武安市委关于全面贯彻省委十届二次全会、邯郸市委十届四次全会精神，加快建设现代化新武安，以实际行动迎接党的二十大胜利召开的实施意见（讨论稿）》作说明。全会审议通过《中共武安市委关于全面贯彻省委十届二次全会、邯郸市委十届四次全会精神，加快建设现代化新武安，以实际行动迎接党的二十大胜利召开的实施意见》《中国共产党武安市第八届委员会第四次全体会议决议》。

12月29日，中国共产党武安市第八届委员会第五次全体会议召开。全会贯彻习近平新时代中国特色社会主义思想，学习宣传贯彻党的二十大精神，落实省委十届三次全会、邯郸市委十届五次全会精神，中央和省、邯郸市经济工作会议精神。全会由市委常委会主持。市委书记刘浩峰代表市委常委会，作题为“深入学习宣传贯彻党的二十大精神，加快建设富强文明美丽幸福的现代化新武安”的报告。全会审议通过《中国共产党武安市第八届委员会第五次全体会议决议》。

【市委常委会会议】 2022年1月12日，市委书记刘浩峰主持召开会议，传达学习邯郸市第十届委员会第三次全体会议精神，听取武安市委八届三次全会方案及相关文件起草情况汇报。市委常委出席会议。市人大常委会主任、市政协主席列席会议。

2月7日，市委书记刘浩峰主持召开市委常委会（扩大）会议，研究巡视整改、文旅产业发展、国企改革攻坚等工作。市委常委出席会议。市人大常委会主任、市政协主席等市级领导及有关乡镇、部门负责人列席会议。

3月4日，市委书记刘浩峰主持召开市委常委会（扩大）会议，传达学习中央、省重要会议及文件精神，研究武安市贯彻落实意见，对加强农村“三资”管理、加强政府投资项目管理等工作进行安排部署。市委常委出席会议。市人大常委会主任，有关市级领导及部门负责人列席会议。

3月20日，市委常委会（扩大）会议召开，听取相关领域生态环境问题整改情况汇报，传达学习上级文件、会议精神，并讨论研究其他具体事宜。市委书记刘浩峰主持会议。市委常委出席会议。市人大常委会主任、市政协主席，有关市级领导及乡镇、部门负责人列席会议。

4月2日，市委常委会（扩大）会议召开，传达学习上级文件和会议精神，研究部署粮食安全、安全生产、统计、打击整治村霸、农村（社区）黑恶势力、人大监督评议等工作。市委书记刘浩峰主持会议并讲话。市委常委出席会议。邯郸市重点工作大督查第一督查组组长，武安市人大常委会主任、市政协主席，有关市级领导及部门负责人列席会议。

4月17日，市委书记刘浩峰主持召开市委常委会（扩大）会议，分析研判新冠疫情防控形势，对下一步工作进行再安排再部署。市委常委出席会议。

4月30日，市委书记刘浩峰主持召开市委常委会（扩大）会议，传达贯彻省新冠疫情防控工作会、邯郸市安全生产、经济运行视频工作会议精神，对武安市安全生产、经济运行、新冠疫情防控工作进行安排部署。市委常委出席会议。

5月2日，市委书记刘浩峰主持召开市委常委会（扩大）会议，传达贯彻上级新冠疫情防控有关会议和文件精神，对武安市新冠疫情防控各专班工作方案进行细化完善，安排部署下一步工作。市委常委出席会议。

5月25日，市委书记刘浩峰主持召开市委常委会（扩大）会议，听取八届市委第一轮巡察综合情况报告，研究中央生态环境保护督察曝光典型问题整改、统筹新冠疫情防控和“三夏”生产、工业园区和城发集团建设、基层党组织建设等工作。市委常委出席会议。

7月4日，市委书记刘浩峰主持召开市委常委会（扩大）会议，听取八届市委第二轮巡察综合情况报告，研究耕地保护和创建青年友好型城市等工作。市委常委出席会议。

7月7日，市委书记刘浩峰主持召开市委常委会（扩大）会议，研究巡察、人才等工作，安排部署当前重点工作。市委常委出席会议。

7月13日，市委书记刘浩峰主持召开市委常委会（扩大）会议，传达学习中共中央办公厅、国务院办公厅《印发〈关于建立健全领导干部自然资源资产离任审计评价指标体系的意见〉的通知》，研究部署大气污染防治、中央生态环保督察整改以及意识形态等工作。市委常委出席会议。

10月22日，市委书记刘浩峰主持召开市委常委会（扩大）会议，传达学习上级有关文件精神，研究部署生态环境保护、冲刺全国百强县、优化营商环境、巡察等工作。市委常委出席会议。

10月30日，市委书记刘浩峰主持召开市委常委会（扩大）会议，学习10月25日中共中央政治局会议精神，传达学习习近平总书记在瞻仰延安革命纪念地时的重要讲话精神、在陕西延安和河南安阳考察时的重要讲话精神，贯彻落实省委十届三次全会精神，研究部署招商引资、城市建设、科技安全、开展“小巨人”企业科技特派团等工作。市委常委出席会议。

11月16日，市委书记刘浩峰主持召开市委常委会（扩大）会议，研究双招双引、大气污染防治、审计、“四上”企业入统、“一跑四争”、安全生产、巡察、农村“三资”管理等工作。市委常委出席会议。

12月28日，市委书记刘浩峰主持召开市委常委会（扩大）会议，研究审议市委八届五次全会会议方案和相关文件，研究部署食品安全等重点工作。市委常委出席会议。

12月31日，市委书记刘浩峰主持召开市委常委会（扩大）会议，听取全市消防安全、森林防灭火和国家自然资源督察反馈问题整改工作汇报，研究市两会相关事宜。市委常委出席会议。

【市委议事机构协调会】 2月23日，武安市召开生态环境保护委员会会议。市委书记刘浩峰主持会议并讲话。董志毅等市领导出席会议。

7月7日，武安市巩固拓展脱贫攻坚成果领导小组2022年第一次会议召开，贯彻中央和省、邯郸市关于巩固拓展脱贫攻坚成果同乡村振兴有效衔接决策部署，安排部署下一步工作。市委书记、市巩固脱贫攻坚成果领导小组组长刘浩峰主持会议并讲话。

8月26日，市委书记刘浩峰主持召开市委审计委员会第六次会议，学习贯彻中央和省、邯郸市有关会议和文件精神，研究部署武安市审计工作。市长董志毅出席会议。有关市领导和相关部门负责人参加会议。

9月22日，市委书记刘浩峰主持召开市生态环境保护委员会会议，学习习近平生态文明思想重要内容摘要，传达学习省、邯郸市主要领导关于大气污染防治工作相关指示精神，对做好武安市生态环境保护工作进行安排部署。

10月14日，武安市召开会议，贯彻落实省市会议精神，对新冠疫情防控、安全生产等工作进行安排部署。市委书记刘浩峰主持会议并讲话。市长董志毅出席会议并讲意见。市领导贺良就新冠疫情防控工作进行安排部署。会议以视频形式召开，市领导和市直有关单位负责人在主会场参加会议，各乡镇、工业园区有关负责人在分会场参加会议。

10月31日，市委书记专题会议暨巡察工作领导小组会议召开。市委书记、市委巡察工作领导小组组长刘浩峰主持会议，市领导董志毅等出席会议。巡察工作领导小组成员出席会议，八届市委第三轮巡察各巡察组组长，市委巡察办有关人员列席。

（胡世超）

重大决策

【武安市2022年项目建设】 2022年，武安市围绕9大产业链，实施重点项目78项，总投资1404.88亿元。2月28日，召开优化营商环境暨项目建设攻坚大会，总结成绩、分析形势、部署工作。3月3日，印发《武安市项目建设攻坚战实施方案》，明确指导思想、任务目标、重点工作、推进机制、保障措施。全面推行重点产业链“链长制”，由市委书记、市政府市长担任链长，深入研究产业政策和产业发展方向，在“延链、强链、补链”上为产业发展把方向，分包各产业链的市级领导定期深入项目建设现场，调研项目建设进度，研究解决存在问题，加快产业链项目推进。各产业链组织召开产业链会议10余次，专题研究全市钢铁产业结构调整、重点退城项目土地保障、186个项目手续推进、旅游业发展、循环经济发展等问题，推进项目建设和产业链发展壮大。全市外出招商39批次，在武接待客商113批次，举办招商推介会暨合作项目云签约仪式，参加邯郸市钢后产业招商引资暨现有企业增资扩能项目签约仪式，33个招商项目实现签约，总投资额507.12亿元。出台《武安市要素保障攻坚战实施方案》，成立项目谋划推进、前期手续办理、供地保障等7个工作专班全力保障项目建设。每月对9大产业链从新开工项目开工率、续建项目复工率、谋划项目备案率、项目投资总量、投资完成进度、培育新增项目等情况对9大产业链项目推进情况进行综合排名。每月召开调度会，分析原因、查漏补缺，鼓励进展快、排名靠前的产业链，分享工作经验。武安市列入省重点项目9个，邯郸市重点项目34个，数量和规模均位居邯郸市第一；举行重点项目开工仪式4次，开工建设81个项目，总投资346.46亿元，位居邯郸市前列。

【西苑动迁】 8月14日，武安市召开西苑新区动迁大会，动员全市上下统一思想、凝心聚力，加快西苑新区开发，建设美好家园，全面掀起城市攻坚战热潮。8月27日，召开西苑新区动迁推进会议，总结前期动迁工作经验，提升工作质效。11月1日，武安市召开西苑新区动迁总结大会，表彰在西苑新区动迁工作中作出突出贡献的先进单位和先进个人，全面总结西苑新区动迁经验，动员全市上下进一步解放思想、奋发进取，以更加昂扬的精神状态、更加过硬的工作作风、更加务实的攻坚举措，全面冲刺四季度重点工作，圆满完成全年任务目标，奋力开创经济社会高质量发展崭新局面。会上，共同观看纪录片《西苑新区动迁工作纪实》。同日，武安市举行西苑新区回迁安置房项目奠基仪式。该项目占地232.98亩、建筑面积51.56万平方米。

（胡世超）

市委综合事务

【会务组织】 2022年，武安市召开市委八届二次、三次、四次、五次全会、武安市经济工作暨项目建设攻坚推进大会、武安市“喜迎二十大　忠诚保平安”誓师大会、西苑新区动迁工作总结大会等，市委办公室负责会务组织工作。市委办公室通过联通政务云、腾讯视频等方式组织专题调度，保障各种会议召开。

【综合保障】 2022年，武安市完成邯郸市委第七专项检查组对武安市及市党政领导班子及成员2021年度落实党风廉政建设主体责任的年度考核以及武安市对各乡镇党委、市直各单位党组织2021年度落实主体责任的考核。推进机要保密工作，市委办公室实现各类电报传输办理“无事故、无差错、无错情”，加强日常值班管理，办理值班报告、收文、密件、电话通知、电报、常委传阅件，收发中央、省、市三级来文等。接待各级领导、客商到武安和组织各类活动303批次。接待武安市委机关来访55批次889人次。

（胡世超）

组织工作

【概况】 2022年，武安市有基层党组织1835个，其中，党委78个，党总支80个，党支部1677个。党员4.58万人，其中，35岁以下青年党员1.1万名，占比23.97%；高中以上学历党员3.19万名，占比69.54%；女党员7195名，占比15.70%；农民党员2.33万名，占比50.95%。武安市列入“党建引领乡村治理试点县”和“党建引领村级集体经济发展试点（白沙共建示范区）”2个省级试点。

【干部选拔任用】 2022年，武安市树立凭实绩用干部的选人用人导向，贯彻执行市委选人要求标准，为全市突破“超千亿”发展目标选拔培养干部。聚焦打造忠诚干净担当的执政骨干队伍，注重在招商引资、项目推进、新冠疫情防控等领域考察识别干部，从新冠疫情防控领导小组成员单位和重点乡镇提拔22人、晋升职级13人。完成学校党政分设、督查专员配备、投资促进服务中心组建、“两新”（新经济组织、新社会组织）工委强化等干部配备任务，提拔干部61人、进一步使用64人、晋升职级94人。推进事业单位职级等级晋升。出台全市事业单位管理岗位职员等级晋升工作方案，对各单位职数进行核定，晋升六级职员2人、七级职员4人、八级职员56人、九级职员37人。发挥“考核指挥棒”作用，建立考核结果与选人用人挂钩机制，把考核结果运用在干部选任晋升上，建立每月经济运行专项考核排名约谈机制。

【公务员管理】 2022年，武安市做好公务员招录、培训、考核等工作，招录“四级联考”公务员44名，公安院校生3名。组织公务员初任培训班1期，培训47人。落实中共中央组织部全国新录用公务员培训班要求，组织培训52人。为2021年录用的79名公务员、25名选调生办理公务员转正定级和公务员登记手续，对2020年到村任职期满选调生进行考核，1人获邯郸市“双十佳公务员”称号。

【“两新”组织党建】 2022年，武安市发挥“两新”组织党建引领作用，推进非公党建规范化，聚焦“两新”组织“两个覆盖”（党的组织覆盖和党的工作覆盖），实现党建入章程比例100%、党组织覆盖率100%，不同领域的6家非公企业被命名为“邯郸市第三批两新组织党建示范点”；创建武安市委党校“两新”组织校区；紧盯新业态新就业群体发展趋势，突出党建引领作用，构建“市委非公工委—行业党委—新业态党组织”的架构体系，联合市金融办创立67家“劳动者驿站”，联合社区改革管理中心组建11个社区“红色驿站”。

【人才工作】 2022年，武安市强化人才支撑作用，开展高层次人才引进工作，聚焦研发团队建设，全职引进2名国家级高层次人才；强化博硕人才力度，完成事业单位、国企原定招聘计划，围绕企业需求，搭建人才、企业双向平台，开展现场招聘活动，为全市企事业单位引进博硕人才86人。完成“人才强冀”和“人才兴邯”人才项目。推行县级英才卡发放制度，圈定子女教育、住房补贴等11项服务内容，召开专题会议部署安排，发放英才卡333张。组织商务、林业、文化等5个领域，每月开展“专家人才下基层、乡村振兴惠民生”活动，建立“自下而上供需对接”每月滚动申报机制，确定每月技术服务订单，组织专家人才下基层服务88次，选派专家530余人次，涵盖22个乡镇、1个工业园区，培育乡土人才2000余人次，惠及群众3.5万余人。

【党员发展】 2022年，武安市发展党员工作中注重把握“四个比例”，即注重35岁以下年轻党员发展比例，注重大专以上文化程度的党员发展比例，注重农村新发展党员致富能手发展比例，注重非公有制企业、社会组织从业人员党员发展比例。落实发展党员全程记实制度，实行发展对象联审机制，组织发展对象集中培训，提升发展党员规范化、信息化、科学化水平。全年发展预备党员550人，完成发展党员指导性计划目标，各项结构比例符合要求。

【党员教育管理】 2022年，武安市开展党员教育管理，推进“书记抓党建”项目，落实党员教育管理“五项机制”（建立发展党员市委组织部全程预审记实机制，健全组织生活制度常态化机制，实行多年不发展党员预警机制，落实党内关怀机制，实施党员信息化教育管理机制），构建流动党员“五个一”管理机制，即“建立一套流动党员电子档案，打造一个空中教育培训课堂，设置一批流动党组织，每季度开展一次走访慰问活动，完善一套民主评议办法”。建立涵盖1905名流动党员的工作台账，在山西省太原市、江苏省扬州市、安徽省六安市等流出党员地区，成立11个流动党员党组织；打造26个线上教育管理群，组织培训12次，开展走访慰问4500余人次，《河北日报》对相关做法予以刊发。开展“防疫情、党旗红”活动，在全市组建党员志愿队561个，设置党员先锋岗363个，编发活动简报，宣传新冠疫情防控中各级党组织及党员的先进典型事迹。

2022年9月15日，武安市2022年党员发展对象暨专职组织员培训班举办
（市委组织部 供图）

【老干部工作】 2022年，武安市于元旦、春节、重阳节等重大节日走访慰问老干部5100余名。在符合离休干部政策和老干部服务部门职能范围内，征集离休干部在日常生活、居家养老、医疗保健等方面问题和需求。全年走访老干部120余人次，为32名县级老干部过生日、组织健康体检，解决6名特殊困难老干部生活方面的困难和问题。组织老干部参观西苑新区、河北太行钢铁集团有限公司ESP轧钢车间、钜兴智能装备制造有限公司，召开座谈会。

【关心下一代工作】 2022年，武安市建立进校园长效机制，开展主题教育和知识进校园活动，促进校园活动城乡一体化。打造法

2022年3月，武安市人民检察院开展“普法知识进校园”活动

（市检察院　供图）

治教育品牌，发挥“青少年法治教育基地”作用，制定《关于加强未成年人司法综合保护的意见》，建设家庭教育指导站。编写出版《武安赤子英才通讯录》，收编武安市在外地的受资助大学生、高考精英、成功人士1300余人，为武安市在外精英人才服务家乡、回报家乡提供平台。

（白金阳）

宣传工作

【概况】 2022年，武安市围绕全市中心工作，围绕转型升级、乡村振兴、文明创建等，在《人民日报》、新华社、中央广播电视总台等中央和省市主流媒体、网络中刊播各类新闻稿件800余篇（条）。《人民日报》头版头条刊发《调整能源结构 加快转型升级（稳字当头 稳中求进）》，新华社刊发《听！乡村振兴的铿锵新声》《河北武安农家小院里的一场特殊手术》；中央广播电视总台融媒体特别节目《二十大时光》用近7分钟的时间展示武安十年间如何治污换来青山绿水；《邯郸日报》整版报道《让新时代文明实践之花在武安大地上绚丽绽放》《“志愿红”凝聚战疫合力助力构筑防控堡垒》，展示武安经济社会和各行业各领域的发展势头。通过微信、报纸、电视、抖音等平台，开辟《书记荐读》《奔跑武安》《六比六看》等栏目，在产业发展、生态保护、城乡建设、民生福祉等方面推动全市上下持续解放思想和转变作风，刊登各类稿件1000余篇。

【思想政治工作】 2022年，武安市印发《2022年全市党委（党组）理论学习中心组专题学习重点内容安排》等文件，对理论学习细化量化实化。全年市委理论学习中心组集中学习12次，交流研讨5次。征订《习近平书信选集》第一卷、《习近平谈治国理政》第四卷等辅导读物5万余册。发挥“学习强国”学习平台作用，武安市学员总数位居邯郸市第一，市委宣传部、工业园区、冶陶镇、北安庄乡等单位被邯郸市委宣传部评为“学习强国”学习平台推广使用工作先进单位。依托五大宣讲队伍，把理论宣讲延伸到基层一线，开展市级联动宣讲活动200余场，各乡镇、各单位同步开展宣讲活动1000余场次。在新媒体平台开设《全面深入学习宣传贯彻党的二十大精神》等专栏；转发推送相关信息1000余条；在中央、省级媒体网站刊发学习宣讲稿件80余条。印发《关于落实意识形态工作责任制的实施意见》等专件，武安市在邯郸市意识形态专项检查中排名第一。

【媒体融合发展】 2022年，武安市以“新武安”微信公众号、“冀云武安”APP、“武安观察”微信公众号等平台为基础，优化新媒体采、编、发、运营等流程，增强媒体在互联网、新媒体端影响力。围绕党政要闻、农村人居环境、安全生产、森林防火等全市重点工作进行宣传，“新武安”“武安观察”等新媒体平台关注人数达50万人。“新武安”在邯郸市20个县（市、区）政务微信排行榜中连续多月取得第一名。创新引入直播带货业务，全年完成125场直播，观看20万以上人次，宣传武安及武安特色农产品，带动小米、醋、蜂蜜等特色农产品销售，销售额达20余万元。10月，武安融媒综合广播报送的《乡村振兴出把力 媒体增收农民喜》案例在中国广播电视社会组织联合会“2022第六届广播超级碗”活动中，获优秀活动案例。

【精神文明创建】 2022年，武安市印发《2022年创城工作推进实施方案》等6个规范文件，推进文明小区、市容市貌等10项专项行动，对715个固定创建点位建立动态管理台账，逐一督导验收、销号落实。在城市主要节点安装景观小品40多处，在小区、道路安装公益广告3000多块，自制100多个公益短视频，在媒体开设《创建进行时》《创城大家拍红黑榜》等栏目。8月1—2日，武安市通过省创城测评组实地复检测评。建设1个市新时代文明实践中心、23个文明实践所、513个文明实践站。打造3个分中心、9个主题公园、28个文明实践点。搭建信息网络平台，建立“文明实践”APP、微信小程序、网站以及户外电子屏播放、“大喇叭”村村通广播等系统。9月，邯郸市宣传工作调度会暨新时代文明实践中心观摩会在武安市召开。全市有1700多支志愿服务队、14万名创城和文明实践志愿者志愿服务一线。开展移风易俗，用好红白理事会等组织。开展“最美人物”系列评选活动，武安市9人被评为“邯郸好人”、2人被评为“河北好人”。

【干部队伍建设】 2022年，武安市通过召开宣传工作例会，邀请专家讲解，组织宣传干部学习业务知识。开展“解放思想 奋发进取”大讨论、“双争”、“大兴学习之风 提升能力素质”活动，基层一线大走访，对标提升、争先进位等十项活动，探索培养青年宣传干部新模式。做好宣传战线优秀人才推荐培养工作。于维斌等获评2022年邯郸市文化名家暨“四个一批”人才，骈玲玲等获评“邯郸市宣传思想文化青年英才”称号。

（杨亦鑫）

网络安全与信息化

【概况】 2022年，武安市对头条、微信、抖音、快手等平台24小时人工监测。与公安网监联合建立扁平化调查处置体系，对网民反映的问题，结合相关部门联合解决，处置舆情63条。

【网络阵地建设】 2022年，武安市统筹市教育体育局、公安局、人力资源和社会保障局等部门，借助“武安新视线”微信平台，分别以“政务服务”“媒体文化”“优秀企业”三个类别组建武安微信矩阵群，科学管理武安市属新媒体，统筹全市网络信息发布内容，推动全市新媒体协作、交流与推广，形成规模优势和宣传合力。组建全市新媒体微信交流群，实现全市信息共享、协作发展。

【乡镇综合指挥和信息化网络建设】 2022年，武安市制定《武安市乡镇综合指挥和信息化网络中心建设工作方案》，建设“一中心一站”，9个一类乡镇中心面积不小于60平方米，高清大屏不小于9平方米；13个二类乡镇中心面积不小于30平方米，高清大屏不小于6平方米；502个行政村网信工作服务站面积不小于20平方米，配备电脑、打印机等办公设备，实现连接外网的建设标准，推进机构、人员、职责、场地、设备五到位。协调市委组织部等市直部门和通信运营商，打造智慧党建、综合执法、综合治理、行政审批4大系统11个模块综合指挥系统，实现市、乡、村三级联网，支撑服务基层各项工作开展。6月，全市22个乡镇综合指挥和信息化网络中心，502个行政村网信工作服务站全部挂牌运行。“一中心一站”运行以来，午汲镇格村将网信工作站打造成集水、电、暖、气、养老、医疗一体化便民服务平台，为村民办理各种缴费便民服务事项200余次。贺进镇英脑村通过村级网信工作平台，拓展佛手瓜网络销售渠道，帮助村民销售佛手瓜5000千克，增收2万余元。邑城镇白府村利用网信工作服务站与省种子管理总站、省农技推广总站、省农科院谷子研究所常年开展技术合作，定期邀请省级专家通过网信平台向村民传授优质谷子种植技术，“白府小米”成为武安市农业产业化的一张名片。

【网络安全宣传周】 2022年9月，武安市举办国家网络安全宣传周活动，市委网信办联合市公安局、教育体育局等10个单位及22个乡镇围绕“网络安全为人民，网络安全靠人民”活动主题，通过摆放展板、开展网络安全知识竞答、发放宣传手册，向广大群众讲解预防电信诈骗、养老诈骗等网络安全知识，增强群众防范意识。22个乡镇、1个工业园区和502个行政村开展活动。组织开展校园日、电信日、法治日、金融日、青少年日、个人信息保护日6大系列主题日活动，营造网络安全氛围。

（梁雪峰）

统一战线

【概况】 2022年，武安市指导30个涉企重点部门设立“政企会客厅”，市委、市政府主要领导交替主持召开“政企同心谈”座谈会议，有关单位组织座谈30余次，组织92家企业参加座谈，解决问题100余个。民营经济统战工作获评“邯郸市推进政企沟通机制建设工作突出单位”。《以规范化建设构建大统战工作格局》获2022年度邯郸市统战理论政策研究成果一等奖，《武安市宗教事务综合执法联席会议机制》被中共邯郸市委统战部评为2022年度全市统战工作实践创新成果奖。在邯郸统一战线巡礼暨“寻美·邯郸”活动中，征集作品140余件，获得一等奖2个、二等奖3个、三等奖1个。市委统战部获优秀组织奖。市委统战部被中共邯郸市委统战部评为“宗教工作专项整治和系统治理工作先进单位”“2022年度民营经济统战工作推进政企沟通机制建设工作突出单位”“2022年度天主教‘09攻坚活动’先进单位”。“武安统战”微信公众号发布文章494篇，最高阅读量2522次，12月全省县级党委统战部微信公众号影响力排行第三名。

【思想政治引领】 2022年，武安市坚持以习近平新时代中国特色社会主义思想为指导，引领全市统一战线对象坚定不移走中国特色社会主义道路。学习贯彻习近平总书记关于做好新时代党的统一战线工作的重要思想，促进政党关系、民族关系、宗教关系、阶层关系、海内外同胞关系，巩固和发展爱国统一战线。贯彻落实中央、河北省委、邯郸市委有关要求，按照“统一起来、强基固本、落实下去、改革创新”的工作思路，推进民族宗教工作开展。组织党外知识分子和新的社会阶层人士开展“人人参与自救互助，共建共享文明社会”服务主题活动。组织新的社会阶层人士观看“寻美·中国”主题活动表彰暨2022年启动仪式，收集“寻美—邯郸”征文作品14篇、书法38幅、绘画25幅、摄影30张、短视频33个。组织新的社会阶层人士四类人群（私营企业和外资企业的管理技术人员、中介组织和社会组织从业人员、自由职业人员、新媒体从业人员）参加邯郸市组织的第二期全市新的社会阶层人士培训班线上培训。“武安统战”“同心党派工作群”“非公经济工作群”等统一战线微信平台，发布党和政府相关政策。

【多党合作】 2022年，武安市民主党派中有邯郸市政协委员6名，武安市人大常委会委员、人大代表19名，武安市政协委员34名，各民主党派成员参政议政．开展人大视察、政府座谈、政治协商、民主监督、建言献策。市委统战部通过召开民主党派座谈会，开展主题教育活动，编发《建言》专刊等形式，助力各民主党派建言献策。

【民营经济服务支持】 2022年，武安市深化“两个健康”主题，引导非公有制经济人士健康成长，促进非公有制经济健康发展，建立健全政企沟通协商机制，畅通政企沟通渠道。建立领导干部与民营企业家常态化联系制度，全年召开政企座谈会议30次，解决企业融资、惠企政策、手续办理等问题100余个。河北普阳钢铁有限公司等11家民营企业入围“2022年中国民营企业500强”和“2022年中国制造业民营企业500强”。推荐12名优秀民营企业家加入邯郸市重点民营企业家人才库。深化“万企兴万村”行动，召开“万企兴万村”推进大会，组织全市民营企业开展“回报家乡”专项行动，筛选27家重点民营企业，结对帮扶22个乡镇、1个工业园区、40个村，带动南山沟特色产业带和北部现代农业产业带建设；以产业振兴为基础，推进乡村产业、人才、文化、生态、组织振兴。深化民营企业“统战工作室”创建，加强工商联组织体系和商会建设，配齐配强民营企业统战委员和联络员。河北华丰科技能源发展有限公司等9家民营企业建成统战工作室，冀南钢铁集团有限公司等3家企业在建。组织引导民营企业为新冠疫情防控捐款、捐赠医疗设备，共计1.05亿元。

【民族工作】 2022年，武安市以铸牢中华民族共同体意识为主线，开展民族团结进步创建工作，围绕“一领域一特色”思路，开展民族团结进步创建“七进”活动，即进机关、进企业、进社区、进乡镇、进学校、进宗教场所、进连队。开展民族团结进步创建“五个一”活动，即建设一个教育基地（东山文博“同心圆”）、一个主题公园（九龙山主题公园）、一条文化长廊（大同村手绘文化长廊）、一个主题广场（淑村民族团结进步主题广场），开展一系列宣传教育活动。开展《中华人民共和国食品安全法》《河北省清真食品管理条例》等相关法律法规宣传咨询活动，出动宣传车2辆次，制作宣传单1000余份，接受群众咨询300余人次，到企业宣传2次，开展食品卫生培训1次，直接受益群众120余人。解决少数民族流动人口子女就近入学2人次。

【宗教工作】 2022年，武安市推动党中央、省委和邯郸市委决策部署落实，巩固宗教领域专项整治和系统治理成效，落实“三项制度”（乡镇专干制度、县乡村干部联络宗教活动场所制度、领导干部联系宗教教职人员和活动场所制度），推进“双创四进”工作，依法依规管理宗教事务。开展私设聚会点和家庭聚会点治理“回头看”和风险隐患排查化解行动。发挥乡镇、村两级民族宗教工作网络作用，配备专职信息员，构建信息沟通网络。调整充实《县级领导联系宗教活动场所和宗教界人士工作方案》，明确县、乡两级领导干部责任。组织14个基层治理工作队采取“查、看、听”的方式开展集中观摩和座谈交流。申请拨付基层治理工作重点村经费80万元，申请基层治理工作经费112万元。

【新的社会阶层人士统战工作】 2022年，武安市坚持“一县一特色、一领域一品牌”，巩固加强新的社会阶层人士阵地建设。依托武安博物馆、东山文化博艺园、九龙山矿山生态修复公园等单位，培育提升8个武安市统一战线教育实践基地。其中，创新创业孵化基地创新实践基地总建筑面积5000平方米，入驻企业100家，入驻人员700余人，包括法律工作者、新媒体从业人员、自由职业者、民营企业管理技术人员等。团结引导新的社会阶层人士，立足本职工作，履行社会责任。

（屈芙蓉）

机构编制工作

【概况】 2022年，武安市以党管机构编制为统领，围绕体制职能转变、统筹编制资源、创新基层体制等业务工作，落实责任。全年召开市委编委会议7次，市委常委会审议研究机构编制事项7次。制定工业园区“三定”（定职能、定机构、定编制）方案、对武安市投资促进服务中心、武安市文物保护中心落实机构编制。推进行政执法改革，整合市文化广电和旅游局等15个部门“跨领域跨部门综合执法”和智慧综合执法管理平台建设。整合市自然资源和规划局等5个部门组建乡镇综合执法队伍。

【行政执法改革】 2022年，武安市级综合行政执法改革围绕“跨领域跨部门综合执法”这一中心，推进机构、队伍、措施、机制“四项改革”。整合市文化广电和旅游局、农业农村局、自然资源和规划局等15个部门1370项执法事项，转隶全部人员。坚持“专业化”标准，组织执法人员进行岗前培训，符合条件的人员全部通过省执法资格考试，获得执法资质。推进智慧综合执法管理平台建设，在全市重要节点、重点路段、案件多发区域安装太阳能远程视频监控，进行实时监控，增加打击精度。

【乡镇综合执法队伍组建】 2022年，武安市整合市自然资源和规划局、市农业农村局、市林业局、人力资源和社会保障局、水利局5个部门93个派驻机构和上级部门下放的执法资源，组建22个乡镇综合行政执法队，112项行政处罚事项全部下放乡镇。制定印发《武安市乡镇和市直有关部门行政处罚事项边界划分细则（试行）的通知》《关于加强综合行政执法协作配合的意见》，逐项明确乡镇和市直有关部门执法边界，建立健全县乡执法协调衔接联动机制，完善相互告知、案件移送、联合执法以及信息共享等工作制度。

【机构编制政策落实】 2022年，武安市制定工业园区“三定”（定职能、定机构、定编制）方案，保障工业园区改革规范到位。制定《关于创新优化市委、市政府督查工作体制机制的实施方案》，构建市乡两级上下贯通、协调联动的督查工作体系。设立武安市投资促进服务中心、武安市文物保护中心，为武安市招商引资、投资促进和文物保护工作提供机构编制保障。规范科级事业机构更名，24个委局办处科级事业机构全部规范到位。完善“两新”工委工作机构设置、明确领导职数。印发《关于统筹使用各类编制资源的实施方案》，发挥现有编制资源使用效益，提供机构编制保障。

（郭雪燕）

市直机关党建

【概况】 2022年，市直机关工作委员会（简称市直工委）通过向基层党组织发放《党的二十大文件汇编》等学习资料、组建市委宣讲分团等方式学习宣传贯彻党的二十大精神。举办党员发展对象培训班，组织部分新党员在体育场举行入党宣誓仪式。调整19个基层党组织，完成116个党支部换届。

【理论学习】 2022年，武安市向480个基层党组织发放《党的二十大文件汇编》《党的二十大报告学习辅导百问》《二十大党章修正案学习问答》等系列书籍，遴选10名领导干部、专家学者、基层党员，组建市委“走基层”宣讲团、“进机关”宣讲分团。市直机关党员干部全年学习24次以上。

【党员管理】 2022年，武安市439人转为正式党员、84人确定为发展对象。全年组织举办党员发展对象培训班1期72人，对所有学员就中国共产党党史、武安党史、党章等内容进行学习测试。全年收缴党费335万元。

【基层组织建设】 2022年，武安市调整19个基层党组织，其中，撤销9个，新成立8个，合并2个。完成116个党支部换届工作。整合党建与业务工作，创建“碧水青山党旗红”“忠诚党办人 争当排头兵”等13个党建品牌。邯郸市直工委评选出36个“邯郸市机关优秀党建品牌”，武安组织参评的6个党建品牌全部入选，位列邯郸市各县（市、区）第一。

【市直单位作风评议】 2022年，武安市组织开展2021年度市直单位作风评议工作，制定市直机关作风评议工作方案，改革面向社会群众征求意见的办法，直接征求服务对象评价意见，评定出优秀单位58个，良好单位20个，为市委考核市直单位领导班子和领导干部提供科学的数据。

（程树海）

党史编研

【概况】 2022年，中共武安市委党史研究室编辑印发《中共武安年鉴（2021）》，摸排普查全市100余处革命遗址和纪念设施。《武安，哺育〈人民日报〉的摇篮》一文在《邯郸日报》刊登。4月27日，红色文献专题纪录片《太行号角》全市展播，2万余名党员干部观看。

【党史宣教】 2022年，《革命人物与武安》发行。该书分领袖将帅、县区干部、英模先锋、宣教名人、南下干部、国际友人、复员军人、革命烈士和附录9个部分，收录人物115名，发放500余本。《光辉的历程 伟大的成就——庆祝中国共产党成立100周年》画册面向全市各级党政机关和事业单位公开发行。该画册分烽火岁月、建设征程、改革开放、走向复兴4个篇章，收录近600幅不同历史时期的图片，展示中国共产党成立100年来武安走过的历程和取得的成就。

【党史征编】 2022年，中共武安市委党史研究室编辑印发《中共武安年鉴（2020）》版，收集整理《中共武安年鉴（2021）》。11月16日，召开全市革命遗址和纪念设施普查工作会议，推进党史学习教育常态化长效化，传承红色基因，保护好利用好红色资源。围绕革命遗址和纪念设施的名称、地址、面积、建筑样式和筑材、形成时间、利用时间、历史由来、保存状况、陈列物品、所有权属、经费来源及人员状况进行专题培训。

（李震山）

党校工作

【概况】 2022年，武安市以乡科级领导干部、公务员、年轻干部教育培训作为重点，创新教学方式方法，构建“一个中心、四个方面”教学布局，即以习近平新时代中国特色社会主义思想为中心，系统安排理论教育、党性教育、能力培养和相关知识学习四个方面，举办各种培训班4期。成立基层理论宣讲团，开展线上微党课培训，开办系列主题微党课宣讲栏等。

【干部培训】 2022年，武安市举办“两新”组织党组织书记暨党建指导员培训班2期，培训180余人次；举办武安市2022年度新录用公务员初任培训班，培训47人；举办新任职领导干部培训班，培训103人；举办全国新录用公务员初任视频培训班，培训53人。

【理论宣讲】 2022年，武安市成立基层理论宣讲团，到市政协、自然资源与规划局、阳邑镇等地宣讲党的最新理论成果，受众1000余人。开展线上微党课培训，围绕武安市“解放思想、奋发进取”大讨论和“大兴学习之风、提升能力素质”活动，开办系列主题微党课宣讲栏目六期。围绕学习贯彻党的十九届六中全会精神、“四史”学习教育和党的二十大精神，录制并在“学习强国”学习平台展播微党课7个，其中2个在全国党员干部现代远程教育网展播。依托“惠民实践团”联动宣讲，在新武安平台展播微党课6期。

【科研成果】 2022年，武安市在省委党校系统科研课题结项2项、立项1项，邯郸社科联立项2项，邯郸市党校系统立项8项。在邯郸市委党校《赵都论坛》发表学术论文5篇，《邯郸日报》发表文章3篇，“冀云武安”APP发表文章1篇。组织编撰《新时代教研精品文集》一书，总结武安市党员干部教育培训阶段性成果，收录专题党课3篇，优秀论文11篇，精品教案17篇，科研资政12篇，计25.7万余字。

【创办“两新”组织校区】 2022年，武安市成立“两新”组织校区，打造“三位一体”办学新格局，党校主校区以面向全市党员领导干部培训为主，白沙校区以服务全市农村、社区党员干部培训为主，河北华丰科技能源发展有限公司“两新”组织校区以面向全市非公经济和社会组织党员干部培训为主，推进党员干部教育培训工作。

【特色党性教育】 2022年，武安市打造“周恩来在武安”特色党性教育项目，整合周总理在伯延调研纪念馆、冶陶中共晋冀鲁豫中央局旧址和晋冀鲁豫边区革命纪念馆、七步沟八路军抗战医院旧址和抗日英雄纪念碑、孤的山战役烈士公墓、朝阳沟知青博物馆、磁山二街、白沙村等现场教学点，抓实搞活干部教育培训，教育引导广大党员干部传承红色基因，加强党性修养，永葆政治本色。

（张煜伟）

（责任编辑：李子强）

武安市人民代表大会

综　述

【“一府两院”工作报告审议】 2022年，武安市人民代表大会常务委员会（简称市人大常委会）听取审议“一府两院”及其工作部门专项报告24项，分别是《市政府关于2022年民生实事候选项目筛选情况的报告》《市政府关于市第九届人民代表大会第一次会议意见建议办理情况的报告》《市政府关于“七五”普法决议执行情况和“八五”普法规划的报告》《市政府关于武安市2021年国民经济和社会发展计划执行情况与2022年国民经济和社会发展计划草案的报告》《市政府关于武安市2021年财政预算执行情况和2022年财政预算草案的报告》《市政府关于2021年环境状况和环境保护目标完成情况的报告》《市政府关于“5+2”重点领域工作情况报告和关于重点项目建设情况的报告》《市监察委员会关于整治群众反映强烈的问题工作情况报告》《市法院关于民事执行工作情况的报告》《市政府“5+2”各领域工作情况报告》《市政府关于2022年上半年工作情况的报告》《市政府关于2022年国民经济和社会发展计划上半年执行情况的报告》《市政府关于2022年上半年财政预算执行情况的报告》《市法院关于2022年上半年工作情况的报告》《市检察院关于2022年上半年工作情况的报告》《市政府关于中央生态环境保护督察交办问题整改情况和“6+1”相关领域整改落实情况的报告》《市政府关于优化营商环境情况的报告》《市政府关于市九届人大二次会议代表建议办理情况的报告》《市政府关于2021年财政决算情况的报告》《市政府关于2021年度财政预算执行及其他财政收支情况的审计工作报告》《市检察院刑事检察工作情况的报告》《市政府关于2021年国有资产管理情况的报告和隐性债务管理情况的报告》《市政府关于落实九届人大二次会议〈关于推动武安高质量发展实现“十四五”期间经济总量超千亿的决议〉情况的报告》《市政府关于2022年十件民生实事项目进展情况的报告》。

【人大代表构成】 2022年，武安市第九届人民代表大会共有代表304名。其中，中共党员代表198名，占65%；非中共党员代表106名，占35%。民主党派代表16名，占5%。妇女代表75名，占25%。工人、农民、专业技术人员等代表204名，占67%。具有大学专科及以上文化程度216名，占71%。35岁以下的30名，占9.9%；36岁至55岁的中青年代表238名，占78.3%；56岁以上36名，占11.8%。连任代表162名，占53%。

【人大常委会自身建设】 2022年，武安市人大常委会组成人员35人。市九届人大设教育科学文化卫生委员会、城乡建设环境保护委员会、财政经济预算审查委员会、法制委员会、社会建设委员会5个专门委员会。常委会内设办公室、人事代表工作室、财经工作室、政法工作室。全年召开人大常委会会议8次，主任会议18次。听取和审议专项报告24

项，开展专题视察调研、执法检查12次，专题询问1次，完成九届人大二次会议确定的各项工作任务。

（王书娟）

重要会议

【武安市第九届人民代表大会第二次会议】 2022年1月27—29日，市第九届人民代表大会第二次会议召开。会议听取和审议《武安市人民政府工作报告》《武安市人民代表大会常务委员会工作报告》《武安市人民法院工作报告》《武安市人民检察院工作报告》；书面审议和批准《关于武安市2021年国民经济和社会发展计划执行情况与2022年国民经济和社会发展计划草案的报告》；审议和批准《关于武安市2021年财政预算执行情况和2022年财政预算草案的报告》；审议决定2022年市政府民生实事项目。会议表决通过各项报告，批准计划预算草案，依法作出相应的决议决定。大会通过人民代表无记名投票，确定2022年市政府十项民生实事项目。会议期间收到代表提出的议案167件，经大会议案审查委员会审查，经大会主席团会议审议决定，列为大会议案1件，其他件转作建议、批评和意见，连同其他105件建议、批评和意见，转交各承办部门办理落实。应出席会议的代表303名，实出席代表287名。

【武安市第九届人大常委会会议】 2022年1月19日，武安市第九届人大常委会举行第五次会议。会议听取和审议《市政府关于2022年民生实事候选项目筛选情况的报告》《关于市第九届人民代表大会第一次会议意见建议办理情况的报告》《武安市第九届人大常委会代表资格审查委员会关于个别代表的代表资格的审查报告（草案）》；书面审议《关于召开武安市第九届人民代表大会第二次会议的决定（草案）》《关于接受连海良等4人辞去武安市第九届人民代表大会代表职务的决议（草案）》《市政府关于“七五”普法决议执行情况和“八五”普法规划的报告》《武安市人民代表大会常务委员会关于在全市公民中实施第八个五年法治宣传教育规划的决议（草案）》；审议并原则上通过市第九届人民代表大会第二次会议预备会议议程、大会议程、日程、民生实事表决办法、各项名单等（建议草案或草案）；会议举手表决通过有关决议决定草案。

3月28日，武安市九届人大常委会举行第六次会议。会议审议并通过《市人大常委会2022年工作要点（草案）》和《武安市人大常委会关于开展“5+2”联动监督的工作方案（草案）》；表决通过《武安市人大常委会开展监督工作评议办法（修订稿）》；听取和审议《市法制委员会关于2021年规范性文件备案审查工作情况的报告》《市政府关于2021年环境状况和环境保护目标完成情况的报告》，进行满意度测评。拟任命人员进行供职发言。会议以无记名投票的方式表决通过有关人事任免事项。

5月23日，武安市九届人大常委会举行第七次会议。会议听取和审议《市人大常委会“5+2”联动监督代表视察情况报告》《市政府“5+2”重点领域工作情况报告和关于重点项目建设情况的报告》《市监察委员会关于整治群众反映强烈的问题工作情况报告》《市法院关于民事执行工作情况的报告》；书面审议《市人大常委会“5+2”联动监督各领域视察报告》《市政府“5+2”各领域工作情况报告》，对有关报告进行满意度测评。拟任命人员进行供职发言。会议以无记名投票的方式表决通过有关人事任免事项。

7月29日，武安市九届人大常委会举行第八次会议。会议传达学习市委八届四次全会精神；听取和审议《市政府关于2022年上半年工作情况的报告》《关于2022年国民经济和社会发展计划上半年执行情况的报告》《关于2022年上半年财政预算执行情况的报告》《市法院关于2022年上半年工作情况的报告》《市检察院关于2022年上半年工作情况的报告》，对有关报告进行满意度测评；书面审议《市政府关于中央生态环境保护督察交办问题整改情况和“6+1”相关领域整改落实情况的报告》《市人大常委会“6+1”联动监督“回头看”代表视察情况报告和各领域代表视察报告》。拟任命人员进行供职发言。会议以无记名投票的方式表决通过有关人事任免事项。

8月13日，武安市九届人大常委会举行第九次会议。张国群宣读关于提请巩奎永任职的议案。会议以无记名投票的方式进行表决，决定任命巩奎永为武安市人民政府副市长，接受贺良辞去武安市人民政府副市长职务。巩奎永在会上作供职发言。会后举行宪法宣誓仪式。

9月23日，武安市九届人大常委会举行第十次会议。会议听取和审议《市政府关于优化营商环境情况的报告》《关于市九届人大二次会议代表建议办理情况的报告》《关于2021年财政决算情况的报告》《关于2021年度财政预算执行及其他财政收支情况的审计工作报告》《市检察院刑事检察工作情况的报告》；书面审议《市政府关于2021年国有资产管理情况的报告和隐性债务管理情况的报告》，经满意度测评通过有关报告。拟任命人员进行供职发言。会议以无记名投票的方式表决通过有关人事任免事项。

9月26日，武安市九届人大常委会举行第十一次会议。会议表决通过关于许可对个别人大代表采取强制措施的决定。

12月26日，武安市九届人大常委会举行第十二次会议。会议集中学习党的二十大精神；听取和审议市政府关于落实市第九届人民代表大会第二次会议《关于推动武安高质量发展实现“十四五”期间经济总量超千亿元的决议情况的报告》；书面审议《市政府关于2022年十件民生实事项目进展情况的报告》，经满意度测评通过有关报告；审议并表决通过市人大常委会关于同意将西苑污水处理厂PPP项目政府付费等费用纳入本级政府财政预算及财政中长期规划的决定（草案），关于同意调整全市部分经济指标年度计划目标的决定（草案）。拟任命人员进行供职发言。会议以无记名投票的方式表决通过有关人事任免事项。

（王书娟）

重大决定和人事任免

【重大决定】 2022年，武安市人大常委会围绕财政预决算、撤乡建镇行政区划调整、PPP项目纳入预算管理、经济指标调整等重大事项作出决议决定13项，加强监督检查决议决定贯彻实施，防止跑偏走样，维护决议决定的严肃性和权威性。

【人事任免】 2022年，武安市人大常委会坚持党管干部与人大依法任免相结合的原则，完善议案提请、任前法律知识考试、供职发言、投票表决、颁发任命书和向宪法宣誓等法定程序。全年任命国家机关工作人员63人（次）、免职41人（次），接受辞职2人。

2022年武安市人大常委会人事任免一览表

表2

序号	任免事项	文号／会议	日期
1	任命：赵波为武安市人民法院审判员；程月（女）为武安市人民法院审判员	武安市人大常委会公告〔2022〕第二号	3月28日
2	任命：郝红江为武安市人民检察院检察委员会委员；高璞（女）为武安市人民检察院检察委员会委员；孔彦斌为武安市人民检察院检察委员会委员；刘魁帅为武安市人民检察院检察委员会委员；王非为武安市人民检察院检察委员会委员；李强为武安市人民检察院检察委员会委员；杨明为武安市人民检察院检察委员会委员；乔栋为武安市人民检察院检察委员会委员 免去：吕海江的武安市人民检察院检察委员会委员职务；王庆华的武安市人民检察院检察委员会委员职务；李学军的武安市人民检察院检察委员会委员职务	武安市人大常委会公告〔2022〕第三号	3月28日

续表2-1

序号	任免事项	文号/会议	日期
3	任命:马静(女)为武安市人大常委会人代工作室副主任 免去:朱志祥的武安市人大常委会人代工作室副主任职务;马静(女)的武安市人大常委会办公室副主任职务	武安市人大常委会公告〔2022〕第四号	5月23日
4	任命:冯海峰为武安市住房和城乡建设局局长;冯振军为武安市退役军人事务局局长;郭鑫为武安市统计局局长 免去:申立保的武安市住房和城乡建设局局长职务;田海兴的武安市退役军人事务局局长职务;王铁军的武安市统计局局长职务	武安市人大常委会公告〔2022〕第五号	5月23日
5	任命:贾亚杰为武安市人民法院审判委员会委员;吕志明为武安市人民法院审判委员会委员;杜世军为武安市人民法院审判委员会委员;曹君杰为武安市人民法院审判委员会委员;段晓华(女)为武安市人民法院审判委员会委员;李继英(女)为武安市人民法院审判委员会委员;马志钢为武安市人民法院审判委员会委员;安培成为武安市人民法院审判委员会委员;杜爱兰(女)为武安市人民法院审判委员会委员;王晓光为武安市人民法院审判委员会委员;李元昌为武安市人民法院审判委员会委员;郝海安为武安市人民法院审判委员会委员 免去:任西川的武安市人民法院审判员职务	武安市人大常委会公告〔2022〕第六号	5月23日
6	任命:王梦瑶(女)为武安市人民检察院检察员	武安市人大常委会公告〔2022〕第七号	5月23日
7	任命:李广奇为武安市发展和改革局局长;王日田为武安市综合行政执法局局长;李学军为武安市监察委员会委员;任燕博(女)为武安市监察委员会委员;安培成为武安市人民法院立案庭庭长;宋利军为武安市人民法院审判委员会委员、刑事审判庭庭长;马志钢为武安市人民法院民事审判一庭庭长;陈海龙为武安市人民法院民事审判二庭庭长;杜世军为武安市人民法院行政审判庭(综合审判庭)庭长;王晓光为武安市人民法院城关人民法庭庭长;孙道庆为武安市人民法院康二城人民法庭庭长;王智为武安市人民法院午汲人民法庭庭长;李元昌为武安市人民法院阳邑人民法庭庭长;郝海安为武安市人民法院贺进人民法庭庭长;张少华为武安市人民法院矿山人民法庭庭长 免去:白卫东的武安市发展和改革局局长职务;李广奇的武安市综合行政执法局局长职务;程会云(女)的武安市人民法院立案庭庭长职务;孙道庆的武安市人民法院刑事审判第一庭副庭长职务;孙海永的武安市人民法院民事审判第一庭庭长职务;陈海龙的武安市人民法院民事审判第二庭庭长职务;赵蕾(女)的武安市人民法院审判监督庭庭长职务;贾亚杰的武安市人民法院执行局执行二庭庭长职务;燕向民的武安市人民法院城关人民法庭庭长职务;张少华的武安市人民法院城关人民法庭副庭长职务;马志钢的武安市人民法院康二城人民法庭庭长职务;杜爱兰(女)的武安市人民法院磁山人民法庭庭长职务;郝海安的武安市人民法院徘徊人民法庭副庭长职务;吕志明的武安市人民法院阳邑人民法庭庭长职务;王智的武安市人民法院阳邑人民法庭副庭长职务;王晓光的武安市人民法院贺进人民法庭庭长职务;安培成的武安市人民法院矿山人民法庭庭长职务;李元昌的武安市人民法院矿山人民法庭副庭长职务;野进民的武安市人民法院大同人民法庭庭长职务;来润田的武安市人民法院审判员职务	武安市第九届人民代表大会常务委员会第八次会议通过	7月29日
8	任命:巩奎永为武安市人民政府副市长	武安市人大常委会公告〔2022〕第八号	8月13日

续表2-2

序号	任免事项	文号／会议	日期
9	任命：李利东为武安市人民法院副院长；燕向民为武安市人民法院副院长、审判委员会委员；陈海龙为武安市人民法院审判委员会委员；赵帅为武安市人民法院刑事审判庭副庭长；赵波为武安市人民法院刑事审判庭副庭长；程月（女）为武安市人民法院刑事审判庭副庭长；董耿耿（女）为武安市人民法院民事审判一庭副庭长；刘欢（女）为武安市人民法院民事审判一庭副庭长；张盼（女）为武安市人民法院民事审判二庭副庭长；夏季艳（女）为武安市人民法院行政审判庭（综合审判庭）副庭长；崔福臣为武安市人民法院磁山人民法庭副庭长；李晶晶（女）为武安市人民法院大同人民法庭副庭长 免去：赵国华的武安市人大常委会秘书长职务；李雪飞的武安市人民法院城关人民法庭副庭长职务；曹君杰的武安市人民法院大同人民法庭副庭长职务	武安市第九届人民代表大会常务委员会第十次会议通过	9月23日
10	任命：任鸿雁为武安市人民政府副市长	武安市人大常委会公告〔2022〕第九号	12月26日
11	任命：宋杰为武安市农业农村局局长；刘东方为武安市文化广电和旅游局局长；张杰为武安市人大常委会办公室主任；马静（女）为武安市人大常委会人事代表工作室主任；张钊为武安市人大常委会财经工作室副主任；江日兴为武安市人民法院副院长、审判委员会委员、审判员；李利东武安市人民检察院副检察长、检察委员会委员、检察员 免去：周现伟的武安市农业农村局局长职务；高维江的武安市文化广电和旅游局局长职务；张杰的武安市人大常委会人事代表工作室主任职务；马静（女）的武安市人大常委会人事代表工作室副主任职务；张菊如（女）的武安市人大常委会财经工作室副主任职务；李利东的武安市人民法院副院长、审判委员会委员、审判员职务；杜利民的武安市人民法院审判委员会委员、审判员职务；江日兴的武安市人民检察院副检察长、检察委员会委员、检察员职务	武安市第九届人民代表大会常务委员会第十二次会议通过	12月26日

2022年武安市人大常委会重大事项决议决定一览表

表3

序号	重大决议事项	通过机关	日期
1	武安市人大常委会关于召开武安市第九届人民代表大会第二次会议的决定	武安市第九届人大常委会第五次会议通过	1月19日
2	武安市人大常委会关于接受连海良等4人辞去武安市第九届人民代表大会代表职务的决议	武安市第九届人大常委会第五次会议通过	1月19日
3	武安市第九届人民代表大会第二次会议关于武安市人民政府工作报告的决议	武安市第九届人民代表大会第二次会议通过	1月29日
4	武安市第九届人民代表大会第二次会议关于推动武安高质量发展实现“十四五”期间经济总量超千亿的决议	武安市第九届人民代表大会第二次会议通过	1月29日
5	武安市第九届人民代表大会第二次会议关于武安市2021年国民经济和社会发展计划执行情况与2022年国民经济和社会发展计划的决议	武安市第九届人民代表大会第二次会议通过	1月29日
6	武安市第九届人民代表大会第二次会议关于武安市2021年财政预算执行情况和2022年财政预算的决议	武安市第九届人民代表大会第二次会议通过	1月29日

续表3

序号	重大决议事项	通过机关	日期
7	武安市第九届人民代表大会第二次会议关于武安市人民代表大会常务委员会工作报告的决议	武安市第九届人民代表大会第二次会议通过	1月29日
8	武安市第九届人民代表大会第二次会议关于武安市人民法院工作报告的决议	武安市第九届人民代表大会第二次会议通过	1月29日
9	武安市第九届人民代表大会第二次会议关于武安市人民检察院工作报告的决议	武安市第九届人民代表大会第二次会议通过	1月29日
10	武安市人大常委会关于接受贺良辞去武安市人民政府副市长职务请求的决定	武安市第九届人大常委会第九次会议通过	8月13日
11	武安市人大常委会关于许可对武安市第九届人大代表李贵书采取强制措施的决定	武安市第九届人大常委会第十一次会议通过	9月26日
12	武安市人大常委会关于同意将武安市西苑污水处理厂工程PPP项目政府付费等费用纳入本级政府财政预算及财政中长期规划的决定	武安市第九届人大常委会第十二次会议通过	12月26日
13	武安市人大常委会关于批准《武安市人民政府关于调整全市部分经济指标年度计划目标的方案》的决定	武安市第九届人大常委会第十二次会议通过	12月26日
14	武安市人大常委会关于接受张国群辞去武安市人民政府副市长职务请求的决定	武安市第九届人大常委会第十二次会议通过	12月26日

（王书娟）

监 督

【重点工作监督】 2022年，武安市人大常委会开展“5＋2”（重点项目建设、优化营商环境、地下水超采综合治理、农村人居环境整治提升、城市生活垃圾分类管理五个重点领域以及生态环境保护、矿山综合治理两项重点工作）联动监督和“6＋1”（清理规范违法违规占用土地、清理规范违规违建项目、清理规范资源能源项目、清理规范房地产开发项目、矿山综合治理、地下水超采治理、加强公共卫生管理）联动监督“回头看”。5月，组织全市120名五级人大代表成立7个视察调研小组，对重点项目建设、农村人居环境整治、垃圾分类、大气污染防治、矿山综合治理等12个领域开展视察调研，通过公开举报电话、发放征求意见函等方式广泛收集线索，发现问题27条。召开座谈会5次，听取市政府及有关部门工作汇报两次，了解各领域工作开展情况，为推动整改建言献策。在人大常委会上分别听取市政府各领域工作情况报告和联动监督视察调研报告，提出意见和建议30余条，将审议意见连同发现问题转交市政府及相关部门办理。

【经济监督】 2022年，武安市人大常委会听取审议市政府2022年国民经济和社会发展计划上半年执行、2021年财政决算和审计工作报告。对财政预算编制、执行加强监督，听取审议2022年上半年财政预算执行情况报告，审查批准2021年财政决算和2022年财政预算调整方案。听取审议国有资产管理情况报告和隐性债务情况报告，督促市政府管好用好国有资产，防范化解债务风险。围绕主要经济指标完成情况，听取市政府专项报告，审议相关建议，审查批准全市经济指标年度计划目标调整方案。听取审议市政府落实九届人大二次会议《关于推动武安高质量发展实现“十四五”期间经济总量超千亿的决议》的情况报告，提出意见建议15条，推动项目建设提速、提质、提效，为实现经济总量超千亿夯实基础。

【营商环境监督】 2022年9月21日，武安市组织省市县乡四级人大代表开展优化营商环境专题视察，对全市范围内省、邯郸市人大设立的优化营商环境监测点企业进行走访调研，市人大常委会听取审议市政府关于优化营商环境工作报告。制定《优化营商环境工作专题询问实施方案》，明确专题询问的内容、程序、步骤等。9月26日，武安市召开全市优化营商环境工作专题询问会，围绕群众和市场主体普遍关心的热点难点，现场提出问题13个，市政府办公室、市发展和改革局等16个部门到会应询，收集整理问题36条，意见建议53条，转交市政府及有关部门办理。

【环境质量监督】 2022年，武安市人大常委会听取审议市政府2021年环境质量状况和环境保护目标完成情况报告，市监察委员会整治群众反映强烈的问题工作情况报告，提出审议意见5条，促进相关工作开展。对安全生产“一法一条例”（《中华人民共和国安全生产法》《河北省安全生产条例》）贯彻落实情况开展执法检查，对粮食安全保障工作开展专题视察，围绕2022年民生实事项目建设，通过听取审议工作报告，实地视察调研建设情况，查找症结问题，提出对策建议6条。

【“一府一委两院”监督】 2022年，武安市人大常委会听取审议市法院、市检察院2022年上半年工作情况报告，对法院民事执行工作、检察院刑事检察工作开展监督，组织人大代表对法院庭审的民事刑事案件进行旁听评议，督促武安市法院、检察院忠实履职，树立司法威严，维护社会公平正义。听取审议规范性文件备案审查工作报告，依法对“一府一委两院”及乡镇人大主席团报备的7件规范性文件组织审查，促进规范性文件合法合规。受理群众来信40余件（次）、来访80余人（次），解决群众合理诉求。

（王书娟）

代表工作

【代表履职平台拓展】 2022年，武安市健全“双联”制度，密切市人大常委会组成人员与代表、代表与群众的联系。组织代表列席市人大常委会会议，参加视察调研、执法检查、旁听庭审等活动350余人次。推进代表履职阵地建设，指导各乡镇、工业园区人大代表家（站）改造升级，实现硬件标准化、制度规范化、活动常态化。引导各级人大代表参与乡村振兴、文明城市创建等中心工作。表彰先进人大代表小组和优秀市人大代表。利用人大常委会公报、《武安人大》专刊和“武安人大”微信公众号、人大代表交流群等平台，通报全市各方面工作，为代表知情知政提供保障。

2022年11月7日，武安市人大常委会组织部分省市县乡四级人大代表在城市综合客运西站建设现场视察调研城市功能完善提升工程

（市人大常委会 供图）

【健全工作机制】 2022年，武安市健全代表建议办理工作机制，市人大常委会坚持会议集中交办、领导重点督办、听取办理报告等做法，推动代表建议办理落地见效。市九届人大二次会议期间的272件代表议案建议全部办复。邀请乡镇人大主席列席常委会会议，参加人大常委会组织的视察调研等活动，组织各乡镇人大参与“5＋2”联动监督和“6＋1”联动监督“回头看”各阶段活动。健全常委会领导对口联系乡镇人大制度，指导各乡镇人大按法定程序在3月、7月分别召开乡镇人民代表大会。

（王书娟）

议案建议

【概况】 2022年，武安市九届人大二次会议收到代表建议267件，涉及33个部门、3个乡镇和1个工业园区。267件均按时办结，代表提出的问题得到解决和基本解决的243件，占总件数的91%；暂时不能解决而列入规划解决的17件，占总件数的6.4%；因政策、财力等多种因素限制，确实不能解决，向代表作出解释说明的7件，占总件数的2.6%。代表满意率98%。

【学校“大班额”问题治理】 2022年，武安市人大代表提出的教育系统《关于治理超大规模学校的“大班额”问题建议》。市长组织召开2次专题会议，主管副市长5次调度并现场办公，通过内部挖潜和新建改建相结合，扩大学位供给，大班额问题得到缓解。

【道路亮化工程推进】 2022年，武安市人大代表提出的《亮化武邑路 提升道路畅行安全的建议》。武安市成立安畅工程领导小组办公室，围绕占道经营、增设照明设施等开展专项推进工作。武邑路安装路灯168盏，通电投入使用，由城管局对该段路灯进行后期维护；邢峰线安装路灯135盏，磁左线安装119盏，均投入使用。经过一系列工作推进，7月、8月的交通事故率比上年同期分别下降36.8%、37.7%。

【群众停车费用减免】 2022年，武安市人大代表提出的《关于减少群众停车费用负担的建议》。市交警大队组织成立工作专班，对停车位“应划尽划”，城区道路两侧施划公共停车泊位1.5万余个，免费向群众开放；对市对外经营25家停车场、3100个泊位，统一收费标准不高于邯郸市，30分钟内停车免费；在晚8时至早7时，靠道路右侧停放的机动车不予处罚，为群众停车提供便利。

2022年武安市政府系统承办市九届人大二次会议重点提案一览表

表4

序号	编号	题　目	承办单位	主管领导
1	54	关于解决武邑路两侧路灯问题和绿化整治的议案	市政府办	张国群
2	002	关于优化发展环境，加大招商力度的建议	市发改局	
3	091	关于持续加大空心村治理力度的建议	市发改局	
4	105	关于加强山区乡镇防火基础设施建设的议案	市应急管理局	
5	064	关于加大支持职业教育发展力度，及时足额拨付武安市综合职业技术教育中心生均公用经费的建议	市教体局	郭全生
6	017	关于加强培育壮大技能型人才队伍的建议	市人社局	
7	148	关于引导鼓励优秀青年人才投身乡村振兴的议案	市人社局	
8	155	关于培养装备制造业技能型人才的议案	市职教中心	

续表4

序号	编号	题　　目	承办单位	主管领导
9	076	关于大力发展武安市电子商务产业园的建议	市商务局	贺　良
10	167	关于武安市大力发展绿色环保改型事业的议案	市大气办 市财政局 市供电公司	温金良
11	30	关于加强乡村道路改造提升工作的议案	市交运局	
12	35	关于建设提升徘徊镇西峧村——前李甲村道路工程助力乡村产业发展的议案	市交运局	
13	0105	关于铁矿开采区废弃矿渣亟须治理的建议	市自规局	杨彦江
14	059	关于农田水利建设的建议	市农业农村局	袁云霄
15	7	关于打造武安古文化区的议案	市文广旅局	
16	070	关于加强农村养老建设的建议	市民政局	武建生

（王书娟）

视察调研

【执法检查】 2022年6月30日，武安市人大常委会组织执法检查组，对贯彻实施《中华人民共和国安全生产法》《河北省安全生产条例》（简称“一法一条例”）情况开展执法检查。7月19—21日，市人大常委会组织部分人大代表，对清理规范违法违规占用土地、清理规范违规违建项目、清理规范资源能源项目、清理规范房地产开发项目、矿山综合治理、地下水超采综合治理、加强公共卫生管理7个重点领域“回头看”工作开展集中视察，发现问题16条，全部移交有关部门办理。

【专题视察】 2022年9月21日，武安市人大常委会组织开展优化营商环境专题视察活动，到行政审批局政务服务大厅、金鼎重工有限公司、泉上农贸市场、鼎润智能公司等地进行实地视察，了解优化营商环境工作推进情况，询问政策落实情况，围绕打造一流营商环境与相关部门工作人员进行交流。11月7日，市人大常委会组织部分省市县乡四级人大代表，对2022年民生实事项目完成情况开展专题视察，到社区卫生服务中心、洺湖小学、城市综合客运西站建设现场、下团城村、市保障医院和工商银行家属院，实地查看城乡医疗服务提升、城乡教育优化提升、城市功能完善提升等民生实事项目工程现场，了解项目概况、进展情况、建设中存在的困难和问题以及下一步推进措施，提出意见建议17条，全部移交有关部门办理。

（王书娟）

专门委员会

【教育科学文化卫生委员会】 2022年，武安市人大教育科学文化卫生委员会对公共卫生管理监督工作开展视察，到市新冠疫情防控工作领导小组办公室、市第一人民医院传染病医院，对公共卫生管理监督工作开展视察，并召开座谈会协调解决有关问题。协调组织“2022年资助贫困大学生资金发放仪式”，制定资金发放仪式方案，保障资金发放仪式顺利开展。

【社会建设委员会】 2022年，武安市人大社会建设委员会召开重点议案建议督办会，围绕市九届人大二次会议期间代表提出的《关于加快城区学校建设、缓解城区大班额问题的议案》《关于加快乡村标准化幼儿园建设，推进乡村幼儿教育的议案》《关于治理大规模学校的“大班额”问题的议案》《关于加强全市群众性体育健身场所建设的议案》4件重点议案建议办理落实情况进行监督。向人大代表通报市人大常委会和“一府一委两院”2022年上半年主要工作，征求人大代表对全市各个方面工作以及市九届人大二次会议代表议案、建议办理落实情况的意见和建议。

【财政经济预算审查委员会】 2022年，武安市人大财政经济预算审查委员会对财政预算、预算执行情况和决算进行审查监督，督促武安市政府及时公开全市财政预算、决算。围绕全市经济发展中心重点工作，组织各级人大代表对全市重点项目建设、优化营商环境开展视察调研2次，对视察调研中发现的5条问题进行梳理并及时交办，增强监督工作实效，促进财经部门工作的规范化，助推全市经济社会的高质量发展。

【法制委员会】 2022年，武安市人大法制委员会听取和审议《市政府关于“七五”普法决议执行情况和“八五”普法规划的报告》《联动监督清理规范违法违规占用土地和矿山综合治理等领域视察报告》《市法院民事执行工作情况的报告》《市检察院刑事检察工作情况的报告》《市法院、市检察院关于2022年上半年工作情况的报告》，组织起草《武安市人民代表大会常务委员会关于在全市公民中实施第八个五年法治宣传教育规划的决议（草案）》。围绕市人大常委会监督议题，开展视察调研，为常委会议事决策提供参考。市人大常委会认真贯彻落实省、邯郸市规范性文件备案审查条例，按照“有件必备、有备必审、有错必纠”的要求，依法开展规范性文件备案审查，重点进行合法性、合理性、合规性审查。1—12月，依法对“一府一委两院”及乡镇人大主席团报备的7件规范性文件组织审查。

【城乡建设环境保护委员会】 2022年，武安市人大城乡建设环境保护委员会组织各级人大代表对全市房地产开发项目、违规违建项目农村人居环境整治提升和地下水超采综合治理四个领域的清理规范工作开展视察调研5次。视察调研工作中，人大代表到分管职能部门、企业、乡村、居民小区、施工现场等地调研，发现问题5条，并对交办问题进行跟踪再监督，要求责任部门制定和完善有关规章制度，建立健全长效机制，防止问题反弹。武安市人大常委会就大气污染防治工作进行专题询问。市委、市政府对大气污染防治工作高度重视，认真贯彻上级决策部署和《中华人民共和国环境保护法》《中华人民共和国大气污染防治法》等法律法规，切实加强重点行业深度治理和“散乱污”企业清理整治，开展扬尘综合治理，全市大气污染防治工作取得进展。但是受产业结构、工业布局、能源消费等客观因素影响，全市空气质量防治形势依然复杂严峻，大气污染防治成效与人民群众的期待还有较大差距。

（王书娟）

（责任编辑：李子强）

武安市人民政府

综　述

【经济发展】 2022年，武安市政府确立经济总量超千亿目标。全年地区生产总值801.6亿元，比上年增长5%。其中，第一产业增加值35.7亿元，比上年增长11.9%；第二产业增加值495.7亿元，比上年增长4.8%；第三产业增加值270.2亿元，比上年增长4.3%。三次产业结构为4.5：61.8：33.7。财政总收入79.59亿元；一般公共预算收入47.8亿元，扣除留抵退税因素后比上年增长8.8%；规模以上工业增加值完成461.7亿元，比上年增长7.1%；固定资产投资完成290.1亿元，比上年增长10%；社会消费品零售总额完成141亿元，比上年增长3.1%；实际利用外资7062.3万美元；进出口总值达133.1亿元，比上年增长23.4%；城乡居民人均可支配收入比上年分别增长4.1%和7.2%。全市存贷款余额分别为1303.25亿元、860.26亿元，比上年分别增长8.3%和23.2%。

武安市落实稳经济“一揽子”政策，建立九大产业链攻坚指挥部，成立要素保障等七大专班推进总投资1404亿元的78个产业项目落实，列入省重点9个、邯郸市重点34个，重点项目数量位居全省第三。加大招商引资力度，出台“双招双引”（招商引资、招才引智）、升规入统等一系列政策，投资507亿元的33个项目签约，项目投资额、开工率均位列邯郸市第一。以国土空间规划调整为契机，为项目建设、城市开发、园区发展留足空间，工业园区被河北省商务厅评为“省抓投资上项目提能级先进示范经济开发区”。培育“四上”（规模以上工业企业、资质等级建筑业企业、限额以上批零住餐企业、国家重点服务业企业）企业，新增入统65家，为历年最多，比上年增加26家。武安市城镇建设发展集团有限公司总资产比上年增长51%，完成授信23亿元，发展实力和引领作用进一步增强。农村信用联社作为全省唯一银行业金融机构获“全国金融先锋号”称号。开展政银企对接，落实授信522.3亿元。加大“一跑四争”力度，争取上级专款24.1亿元、债券资金13.57亿元，分别比上年增长26%、24%。首次启动战略性新兴产业引导基金，吸引社会资本，市场化引入新能源项目。推进质量强市、科技强市战略，研发费用加计扣除额6.14亿元、比上年增长56.6%，惠及39家企业，比上年增加20家；企业技术合同成交额18.62亿元，比上年增长84%，高新技术产业增加值比上年增长13.7%。河北龙凤山铸业有限公司和共赢装备制造有限公司进入国家级专精特新“小巨人”企业，全年新增国家级高新技术企业10家、省级专精特新企业16家，国家级和省级企业技术中心各1家。武安市位列中郡研究所全国百强榜单第七十六位、中小城市研究院全国百强榜单第八十五位、全国科技创新百强县市第七十八位、中国工业百强县（市）榜单第七十三位、中国创新百强县（市）榜单第五十一位、2022中国县级市品牌百强榜第四十八位、第四届全国县域旅游综合实力百强县、首批国家知识产权强县建设试点县。

【产业转型】 2022年，武安市推进钢铁整合重组、转型升级、延链提升一揽子计划。河北太行钢铁集团有限公司一期、冀南钢铁集团有限公司一期、河北新金万利新材料科技有限公司高端家电板一期达产，“智慧工厂”河北太行钢铁集团有限公司二期开工，投资288亿元的冀南钢铁集团有限公司二期、投资86亿元的河北普阳钢铁有限公司整合重组项目启动建设，河北新武安钢铁集团文安钢铁有限公司优特钢完成前期手续，河北新金万利新材料科技有限公司“智能制造 + 5G云技术”的高端家电板二期、金鼎重工有限公司年产120万吨装配式建筑用钢试生产，武洲新材料钢后延伸冷轧开建，河北普阳钢铁有限公司防爆钢、河北龙凤山铸业有限公司超纯铁在中国航展参展。河北新兴能源科技股份有限公司194万吨、河北华丰能源科技发展有限公司100万吨焦炭减量提升项目全部投产，河北太行钢铁集团有限公司100万吨焦电联产项目部分投产。河北钜兴智能装备制造有限公司60万吨球墨铸管、河北虎耀智能装备制造有限公司高端装备配件项目建成投产，河北华丰能源科技发展有限公司氢能产业园推进，武安市新峰水泥有限责任公司1300万吨工业固废、200万吨建筑垃圾综合利用、医废处置项目整体推进。格力智能工厂等3个项目列入省战略性新兴产业重点项目，河北中联钢信电子商务有限公司、河北普阳钢铁有限公司入选工信部新一代信息技术与制造业融合发展试点，武安市广普焦化有限公司、金鼎重工有限公司入选全国“水效领跑者”，新兴铸管股份有限公司等6家企业成为全省首批县域特色产业集群“领跑者”企业，县域特色产业振兴工作位列全省第二名，武安市裕华钢铁有限公司等3家民营企业和4位民营企业家获河北省政府表彰。

【城市建设】 2022年，武安市实施投资近百亿元的27个城建重点项目，加快西苑新区开发建设，完成贾庄、下泉2个村整村动迁。回迁安置房及配套学校；综合客运西站、第三水厂、4条市政道路等重点工程启动；玉带河综合整治项目列入国家第二批EOD试点；新兴大街中兴路至太行大道段全线通车，南二环东延等3个交通项目列入省重点前期管理。开展“三拆四治五提升”（拆非正常施工围挡、拆违规建筑、拆私搭乱建；整治老旧小区、整治老旧建筑、整治老旧管网、整治规范房地产市场秩序；提升道路通行能级、提升园林绿化品位、提升环境卫生水平、提升排水防涝能力、提升特色街区品质）行动，打击违法建设行为，拆除整治私搭乱建、危陋建筑107.8万平方米，搁置多年的31处存量违法建筑处置到位。建东街等17项道路综合提升工程竣工，阳光小区等14个老旧小区完成改造，白鹤公园等5个游园和7个口袋公园提档升级。武安市率先在全省搭建实景三维地理信息数据底座，智慧武安建设提速，5G网络、新能源汽车充电桩等新基建加速布局。

【生态文明建设】 2022年，武安市推进“四大行业”（精品钢铁产业、装备制造产业、循环经济产业、新材料产业）深度治理，

2022年10月，武安市新兴大街全线通车　（市委宣传部　供图）

投资7.9亿元“一企一策”完成687项改造提升。开展钢铁企业创A工作，完成金鼎重工有限公司创A。完成企业一氧化碳智能管控平台试点建设，投入2.4亿元建成3家焦化企业备用脱硫脱硝设施。推进绿色运输，引导企业购置纯电重卡超1000辆，新能源重卡运量比上年增长8倍，在全省首创纯电重卡集群集控中心，建成全省规模最大的重卡充电群，年减少碳排放12万吨。元宝山铁路专用线主体完工，全年重点企业铁路货运量实现3549万吨、比上年增长54.3%。成立环保巡回法庭，保护生态环境。非现场执法监管“三个标准”（污染源排放和控制标准、自动监控设备安装标准、自动监测数据质量控制标准）建设列入全省试点。推进林长制、河湖长制，加强重点领域综合执法，查办环境污染案件665起、盗采河砂案件127起、非法取水案件18起、毁林占地案件42起，非法盗采矿产资源刑事立案5起，提升29处矿山治理点治理水平，洺河近古出境断面和2处集中式饮用水源地水质全年达标。完成营造林1.98万公顷，创建省级森林城市。空气质量综合指数改善率位居邯郸第二名，全年优良天数达到237天，比上年增加8天。中央广播电视总台融媒体《二十大时光》栏目用半个小时播出武安生态变化。

【民生事业保障】 2022年，武安市完成20项民生工程和10件民生实事。职教对口升学全省第一，解决房地产配建幼儿园遗留问题，洺湖、安瑞两所小学建成投用，“大班额、大校额”改善。推进紧密型医共体建设，西土山镇卫生院、社区卫生服务中心获批省特色专科医疗机构。武安市在全省首个实现医保移动支付，被河北省人民政府评为全省医改工作先进县（市、区）。城镇新增就业8014人，为4300名农民工追回工资5100万元。河北普阳钢铁有限公司被评为全省唯一的全国和谐劳动关系创建示范企业。建成44个小区卫生服务站，改扩建10家农村幸福院和敬老院，新增床位253张，磁山二街被国家卫健委、全国老龄办评为“全国示范性老年友好型社区”。

2022年11月，武安市白沙村人民体育馆获“第二批全国农民体育健身活动基地”称号 （白沙村 供图）

【改革服务方式】 2022年，武安市开展帮助企业解决困难“大调研、大走访”，搭建“政企会客厅”，建立企业“白名单”无事不扰等制度，在全省率先实行“三证联发”，实现“拿地即开工”，新增市场主体8054家，在全国383个县级市信用状况监测中最好月度排名升至第二十五位，入选全省信用体系建设典型城市县级试点。接受市人大法律监督、市政协民主监督和社会舆论监督，向市人大常委会报告工作，565件人大代表建议和政协委员提案办结。推进法治政府建设，完善重大行政决策程序，加强政府投资项目全过程管理，全年评审各类项目281个，审减率19.6%。完成政策措施落实、经济责任、重点领域专项资金等审计项目33个。实施国企改革三年行动，完成79家国企专项审计和34家国企改革任务。

【招商引资】 2022年，武安市健全“双招双引”机制。借鉴先进地区招商引资相关政策、先进经验，结合武安市实际，制定《关于进一步推进全市招商引资工作

河北龙凤山铸业有限公司厂区　　（河北龙凤山铸业有限公司　供图）

的实施意见》《武安市招商引资考核办法（试行）》《武安市招商引资奖励政策（试行）》。围绕武安市“343”（全国精品钢材、先进装备制造、资源循环利用产业“三大基地”，新能源、新材料、钢铁精深加工、电子信息“四大集群”，现代物流、现代商贸、文旅康养“三大现代服务业态”）产业体系和“5+3”（青龙山转型升级示范区、南部钢焦产业聚集区、中部生态宜居新城区、东部产城融合创新区、西部文旅康养度假区“五大平台”，东南部现代物流、北部现代农业、南山沟特色种植“三个产业带”）产业空间布局，结合现代物流、装备制造、精品钢材等九大产业链，结合市发展和改革局、科技和工业信息化局、文化广电和旅游局、农业农村局和工业园区等单位进行摸底工作，梳理汇总产业结构、重点企业需求和发展方向等。加强队伍建设，11月21日市投资促进服务中心根据省、邯郸市新调整的工作要求，整理汇总《招商引资项目信息报送规范及要求（暂行）》；12月14日组织专场业务培训，每名工作人员对应一个产业链，研究“链主”企业，研究上下游配套产业，弄清“有什么”、了解“靠什么”、明确“招什么”，实现精准招商。建立《2022年第一批市级领导分包重点项目台账》，实行“一个项目、一名市领导、一个班子、一套方案、一抓到底”的“五个一”推进机制，推动项目签约。年内，对接格力电器、中国科学院过程研究所、宇通汽车、陕西陆运帮等企业。1—12月，武安市招商引资绩效考核工作在邯郸市排名第二。

（刘新忠）

政府重要会议

【政府全体会议】 8月24日，市长董志毅主持召开全体（扩大）会议暨廉政工作会议，贯彻国务院、省、邯郸市关于稳经济一揽子政策措施及廉政工作安排，落实省委、邯郸市委全会和武安市委八届四次全会精神，统筹新冠疫情防控和经济社会发展，向“十四五”期间经济总量超千亿元目标迈进。

【政府常务会议】 1月8日，市长董志毅主持召开第九次常务会议，研究审议抓投资上项目促发展行动方案、重点领域项目清单、2022年民生实事谋划情况、森林防火总体规划等议题。

2月7日，市长董志毅主持召开第十一次常务会议，研究审议市属国有企业董事会工作规则、加强政府投资项目管理、2022年教育重点建设项目、新冠疫情防控、大气污染防治等议题，安排部署当前重点工作。

2月25日，市长董志毅主持召开第十二次常务会议，集体学习习近平法治思想，研究审议加强统计基层基础工作、河道水库修复工程等议题，专题研究生态环境保护工作。

3月3日，市长董志毅主持召开第十三次常务会议，研究讨论抓投资上项目促发展工作，农村公路、灾后道路恢复重建等重点交通道路工程、城市建设及“三拆四治五提升”工作实施方案、重点林业项目等议题。

3月18日，市长董志毅主持召开第十四次常务会议，会议集中观看安全生产专题片《生命重于泰山》，学习习近平总书记关于安全生产重要论述，研究讨论河道排污口整治及长效监管、露天矿山生态修复、非法盗采打击、物流大通道建设、西苑新区建设等议题。

3月25日，市长董志毅主持召开第十五次常务会议，传达学习中央第一生态环境保护督察组督察河北省动员电视电话会议精神，研究讨论全面推进乡村振兴重点工作实施意见、农村人居环境整治提升五年行动方案、深化美丽乡村建设实施意见、矿山综合治理三年攻坚行动方案、安全生产委员会工作规则等议题。

4月18日，市长董志毅主持召开第十六次常务会议，传达学习习近平总书记、李克强同志关于安全生产的重要指示批示。逐分管口听取中央生态环境督察期间群众信访案件办理情况，研究讨论法院聘用制书记员管理、城中村改造、乡镇卫生院运转等议题。

5月6日，市长董志毅主持召开第十七次常务会议，讨论研究加快构建新发展格局推进高质量发展的实施意见、市长质量奖评定管理办法、打击非法采矿专项行动方案等议题。

5月21日，市长董志毅主持召开第十八次常务会议，传达学习关于全国防汛抗旱工作的批示和国务委员王勇同志在全国防汛抗旱工作电视电话会议上的讲话精神，听取中央生态环保督察交办问题整改情况，听取高考筹备工作情况汇报。

6月26日，市长董志毅主持召开第十九次常务会议，学习国务院第五次廉政工作会议上的讲话和《中华人民共和国民法典》，听取未成年人思想道德建设工作情况汇报，讨论研究玉带河综合整治规划及相关重点城建工程、《武安市养犬管理办法》等议题。

8月3日，市长董志毅主持召开第二十一次常务会议，学习全省经济工作推进会议精神、邯郸市政府全体（扩大）会议暨廉政工作会议精神和《中华人民共和国退役军人保障法》，听取上半年全市经济运行情况及下一步工作建议的汇报、进一步推动稳经济政策落地落实具体措施制订及落实情况的汇报，逐部门听取武安市稳经济政策的意见建议，专题研究稳住全市经济运行一揽子政策措施，讨论研究教师公开招聘、道路工程建设、景区开发管理等议题。

8月22日，市长董志毅主持召开第二十二次常务会议，学习《中华人民共和国安全生产法》，讨论研究城区及周边农村污水处理设施项目等议题。

9月11日，市长董志毅主持召开第二十三次常务会议，听取“落实硬措施、深化大检查、全力保安全、护航二十大”安全生产集中攻坚行动工作情况汇报、稳经济一揽子政策措施落实情况、综合考核工作有关情况，讨论研究重大行政决策程序规定、太行山绿化建设、河道治理、招商引资等议题。

9月22日，市长董志毅主持召开第二十四次常务会议，听取市政府班子各成员关于市委八届三次全会报告、市九届人大二次会议《政府工作报告》、2022年民生工程和民生实事承担任务落实情况的汇报。

9月29日，市长董志毅主持召开第二十五次常务会议，安排部署全市安全生产工作，市自然资源和规划局等安全生产委员会办公室成员单位汇报分管行业领域安全生产大排查、大整治工作开展情况，上级督导检查发现问题整改情况，存在问题和下步措施。

10月22日，市长董志毅主持召开第二十六次常务会议，观看学习《生命重于泰山——学习习近平总书记关于安全生产重要论述》电视专题片、《安全生产“十五条硬措施”》宣传视频，调度安全生产隐患整改落实情况，安排部署全市安全生产工作。

11月13日，市长董志毅主持召开第二十七次常务会议，传达学习11月10日中央政治局常务委员会会议精神、11月11日国务院联防联控机制电视电话会议精神等，学习研究进一步优化防控工作的二十条措施，安排部署全市新冠疫情防控工作。

12月29日，市长董志毅主持召开第二十九次常务会议，传达学习中央经济工作会议、省委经济工作会议及邯郸市委经济工作会议精神。

【政府专题会议】 2022年，武安市市长董志毅主持召开专题会议41次。

2022年武安市政府重要专题会议召开情况一览表

表5

时间	会议内容
2022年1月2日	研究部署教育有关工作。市教育体育局负责人汇报规范民办义务教育、城镇小区配套幼儿园移交和清理整治非法办学等工作情况
2022年3月7日	专题研究城市更新工作。会议研究讨论“三拆”（拆除乱搭乱盖、广告招牌、废弃建筑）百日攻坚、城市更新、基础设施建设等工作
2022年3月9日	召开大气污染防治工作会，贯彻落实上级有关决策部署，研究部署下步工作措施
2022年3月16日	调度全市水生态环境保护和治理工作。生态环境分局通报有关工作情况，相关部门和乡镇依次汇报分管领域水生态环境治理进展及下步具体措施
2022年3月22日	专题研究调度水源地保护和矿山生态修复工作，安排部署下一步工作。有关部门负责人分别汇报水源地保护和矿山生态修复开展情况、存在问题及下步措施
2022年5月12日	专题研究农村人饮工作。水利局、农业农村局负责人汇报全市农村群众饮水工作，与会人员就相关问题及解决措施进行讨论研究，董志毅提出明确要求
2022年5月12日	专题研究调度自建房安全专项整治和安全生产重点工作，市住房和城乡建设局负责人汇报市自建房安全专项整治百日攻坚行动有关情况，应急管理局负责人汇报安全生产重点工作
2022年5月14日	专题研究调度城市违法建设治理工作，市城市管理综合行政执法局汇报存量违法建设治理有关工作情况，相关部门和乡镇进行研究讨论
2022年5月16日	召开道路交通安全畅通工程调度会，会议听取市交警大队、交通运输局关于道路交通安全畅通工程开展情况汇报，董志毅就高质高效推动交通保畅工作提出明确要求
2022年5月18日	专题听取“三区三线”划定工作汇报。市自然资源和规划局汇报武安市“三区三线”划定工作情况，相关部门进行研究讨论
2022年5月28日	召开专题会议，调度当前工作进展，研究下步推进措施。会议听取市新冠疫情防控工作指挥办公室、市科技和工业信息化局、卫生健康局、冶金局等单位相关情况汇报
2022年6月23日	专题研究城区污水处理厂建设和农村饮水工作，有关市领导及相关部门、乡镇负责人和部分人大代表、政协委员参加。在城区及周边农村污水处理厂建设调度会上，市住房和城乡建设局负责人汇报污水处理厂投资建设运维模式有关情况，与会人员进行研究讨论
2022年6月25日	专题研究规范机关事业单位和市属国有（集体）企业劳动用工管理和卫生类专业技术人员招聘工作，有关市领导及相关部门负责人参加。在规范机关事业单位和市属国有（集体）企业劳动用工管理调度会上，市人力资源和社会保障局主要负责人汇报规范机关事业单位和市属国有（集体）企业劳动用工管理情况，与会市领导和各相关部门负责人进行研究讨论
2022年7月8日	专题研究调度城市新区重点工程和项目建设。相关涉及单位逐一汇报城市新区重点工程和项目建设情况，各部门和乡镇参会人员进行讨论，与会市领导讲具体意见

续表5

时　间	会议内容
2022 年 8 月 8 日	专题研究现代服务企业发展优惠措施的实施办法。有关市领导及相关部门负责人参加。市财政局主管负责人汇报相关优惠措施制订情况，与会各部门负责人逐项进行研究讨论
2022 年 8 月 23 日	调度钢铁企业环保绩效全面创 A 和环保督察反馈问题整改工作。市生态环境分局传达省、邯郸市钢铁企业环保绩效全面创 A 工作推进会议精神，通报全市钢铁企业全面创 A 工作进展情况，与会企业和部门负责人讨论发言，与会市领导讲具体意见
2022 年 8 月 25 日	专题研究城市规划建设工作。会议研究讨论重点城建项目的规划、开发和建设工作，与会市领导和部门负责人分别讲具体意见
2022 年 9 月 1 日	专题调度研究农村人饮、水利工程建设和农村厕改工作。水利局负责人汇报全市农村群众饮水工作有关情况，与会人员就当前存在问题提出具体意见建议
2022 年 9 月 7 日	安排部署全市大气污染防治工作。有关市领导和各乡镇及相关部门负责人参加
2022 年 9 月 22 日	专题研究大气污染防治重点工作。会议逐一研究乡镇部门监管条块结合、联合执法、中小企业综合监管、散乱污动态清零、乡镇削高值、散煤治理、退城企业专班辅导、工作考核等机制，与会人员围绕职责分工、协调联动、执法监管等方面进行讨论，就进一步理顺工作体系、压实各级责任、建立长效机制提出意见建议
2022 年 9 月 26 日	专题研究西苑新区开发、玉带河综合治理、重点城建项目等工作。市水利局、自然资源和规划局、城镇建设发展集团有限公司分别汇报有关城建工作规划推进情况，与会单位进行研究讨论
2022 年 9 月 27 日	专题调度全市核酸检测能力提升工作。市卫生健康局主要负责人汇报核酸检测能力与质效提升完成的情况。各部门分别汇报各自承担工作情况
2022 年 9 月 28 日	专题研究全市交通重点项目建设工作。市交通运输局负责人汇报生产物流大通道、旅游大环线、综合客运西站等交通项目规划建设情况，与会人员就进一步完善项目设计、破解要素制约、加快建设进度进行研究讨论，提出具体意见建议
2022 年 10 月 6 日	专题研究调度招商引资工作，研究全市招商引资工作体制机制、相关政策
2022 年 10 月 11 日	专题研究调度山区重点道路建设工作。市交通局负责人汇报山区道路建设规划情况，与会人员就设计方案、线形优化、功能配置、服务设施等进行讨论研究，提出具体意见建议
2022 年 10 月 12 日	专题研究城建重点项目推进实施工作。市自然资源和规划局、市住房和城乡建设局等部门分别汇报城建重点项目谋划推进情况，与会单位围绕项目规划设计、要素保障、建设时序等进行研究讨论

续表5

时　　间	会议内容
2022年10月17日	专题研究全市水利重点工作。与会人员就全市重点水利工程谋划、水资源配置使用、供水能力提升等进行研究讨论
2022年11月2日	专题研究调度基础设施项目进展情况和谋划工作，听取市发展和改革局关于2022年全市基础设施项目建设完成情况、2023年全市基础设施项目谋划情况汇报，水利、交运、住建、民政、城管、农业农村等有关部门就各领域谋划项目逐一进行汇报，与会市领导讲具体意见。会议对项目建设内容、投资模式、进展情况等进行研究讨论，明确下一步推进方向和实施措施
2022年11月3日	专题调度研究城建和城市更新重点项目规划设计工作。规划设计单位逐一汇报城区重点道路工程、公园绿地改造提升方案，与会人员从设计理念、配套完善、便民利民、长远发展等多角度对项目进行研究讨论，对设计方案进行比选，提出意见建议
2022年11月7日	专题调度推进招商重点项目。会议听取新能源车、研发中心等招商重点项目进展情况，与会人员从供应链配套、市场调研、政策要求、发展前景、下一步措施等方面进行研究讨论
2022年11月7日	专题调度2022年民生实事工程。市发展和改革局汇报2022年民生实事工程整体完成情况，各相关单位逐一汇报承担任务推进情况
2022年11月21日	专题研究老旧小区改造工作。市住房和城乡建设局汇报老旧小区工作的整体情况，设计单位汇报设计方案、改造计划等内容，与会人员进行研究讨论，就各小区改造的可行性、必要性逐一分析，提出明确要求
2022年11月23日	专题调度研究玉带河项目推进情况。市城镇建设发展集团有限公司汇报玉带河项目整体进展情况，水利局、自然资源和规划局、武安镇、午汲镇等单位就相关工作进行汇报，与会人员进行研究讨论，与会市领导讲具体意见，董志毅就玉带河项目下一步工作提出具体要求

（刘新忠）

市政府综合事务

【政务信息】 2022年，武安市政务信息被河北省政府采用短条2条、长篇交流4篇，邯郸市政府采用短条78条、长篇交流6篇、专报9篇、约稿104篇。全年编发信息刊《政务信息快报》40期、《政务交流》5期。

【政务督查】 2022年，武安市以《武安市人民政府工作报告》为统揽，对年度目标任务细化分解，逐一落实主管市领导、承办单位及其主要责任人和具体承办科室，卡责限时，定期要账，公开通报；对不能达到进度要求的提前预警整改，层层推进。牵总承办国务院“互联网+督查”交办事项、新冠疫情防控督导、大气污染防治、“三拆”百日攻坚行动、交通安畅工程、企业违规生产、打击非法盗采、重点项目建设督导、旅游假期“两防两保”（防火、防汛，保安全、保畅通）等事项进行督查。全年开展督查活动200余次，编发《要务督查专报》81期、《督查通报》18期。办理市政府主要领导交办事项103项，均按时办结。办理“互联网+督查”66批次291件、省长留言14件、市长留言16件、邯郸市政府常务会、市长办公会交办事项12批次、邯郸市重点工作大督查督查事项交办事项11件次、邯郸市政府督查室交办其他问题17件次，按时办结反馈，办结率100%。

【建议和提案办理】 2022年，武安市政府办公室承办市人大代表提出建议267件，政协委员提出提案298件，确定34个承办单位，办理完成后满意率98%。完善主要领导总负责、分管领导直抓、责任科室直接办、办公室总协调的“3＋1”承办工作责任制。在承办工作中，利用听汇报、查资料、看现场等方式，对18个“承办大户”进行专项督导。7月下旬，抽调专人对人大代表逐个进行电话回访，对代表不满意的，要求承办部门重新办理。对于办理落实不到位情况，市政府督查室会同人大选任工委、政协组联室现场走访，所提建议落到实处。

【“12345”热线管理】 2022年，武安市按照《邯郸市12345政务服务便民热线诉求办理工作办法》要求，“12345”热线在受理转派、协调督办、反馈回访等环节，做到签收及时、督办及时、反馈到位。全年“12345”热线受理各类诉求1.9万余件，按时办结率100%。

（刘新忠）

政务服务

【概况】 2022年，武安市办理行政许可事项128项，行政备案23项。市行政审批局全年办理业务6.17万件，解答群众电话咨询10万余次，为2058名教师办理资格认定，完成8000万元非税收入任务。设立“办不成事儿”反映窗口，推出“远程踏勘”“三证联发”“模拟审批”等多项工作举措，经验做法在各类媒体宣传报道80余次。

【行政审批优化】 2022年，武安市新增市场主体8054家，净增6136家，市场主体总量8.53万家。市行政审批局完善企业服务专区，推进企业开办便利化、注销简易化，实现企业开办一日办结。其中营业执照4小时办结。拓展简易注销适用范围，压缩公示时间至20日。紧盯企业办事需求，增设“证照联办”专窗，提供“套餐服务”。组织市住房和城乡建设局、自然资源和规划局、城市管理综合行政执法局等部门召开协调会，确保部门和业务骨干“应进尽进”，为企业群众提供“一站式”项目审批服务。全年完成政府投资各类批复106项、固定资产投资项目核准45项、备案262项。办结建设用地规划许可20件，建设工程规划许可19件，建筑工程施工许可37件。规范公共资源交易，完善全流程电子化交易系统，打造公正高效、阳光透明的公共资源交易环境。进场的四类招投标活动中，工程建设和政府采购项目招投标实现全流程电子化，国有土地出让和国有资产全流程电子化交易正在邯郸市局试运行，待系统成熟后逐步推广。全年完成各类交易348项，交易额64.08亿元。其中全流程电子化交易数320宗，交易金额35.31亿元，占比92%。

【政务服务提升】 2022年，武安市政府印发《2022年武安市“互联网＋政务服务”工作要点》及《武安市政务服务就近办、网上办、自助办提升工程实施方案》，在全市布设25台智能终端，实现省级64项、邯郸市53项高频事项自助办、就近办。在全市服务机构经营网点布设“裕农通”终端数量389个，可自助办理政务服务事项70余项。依托乡村两级网上政务服务系统，实现156项政务服务事项网上可办。其中，乡镇120项，村级36项。落实政务服务事项标准化，动态调整全市行政许可事项清单为241项，编制印发全市行政许可备案事项目录为177项，提升全市政务服务效能，规范各级政务服务大厅运行管理，建立健全“内部效能监督＋外聘监督员监督＋纪检监察监督＋群众评价监督”四位一体的监督检查体系。以综合服务站为基础，联合中国建设银行河北邯郸武安支行、市邮政公司、市供销社及市农村信用联社等部门，创建融合共建村（社区）综合服务站示范点23座，拓展综合服务事项至83项，通过邯郸市级核查验收。建立健全社会信用体系。加强信用信息归集，拓展信用信息创新应用，加强重点领域信用建设，推进社会信用体系建设，打造“诚信武安”。开展各类诚信文化宣传活动130余次，归集各类信用信息723万余条，开展信用修复培训30余次。武安市城市信用状况监测排名连续6个月入围全国城市信用状况监测评价前五十。

【服务举措创新】 2022年，武安市在全省首创“三证联发”审批模式，先后为河北清峰绿能固废处置有限公司200万吨/年建筑垃圾综合利用项目、河北太行钢铁集团有限公司焦电联产项目一期、河北龙凤山铁基新材料等重点项目核发“三证”，项目开工提前2—3个月时间。市行政审批局协调有关部门，结合实际，试行工程建设项目“模拟审批”，通过提前审查相关材料，出具模拟审批意见，待项目取得土地手续后立即转换为正式审批，推动实现“拿地即开工”。对简单事项“远程踏勘”，接手事项“预踏勘”，减环节、减时间，提高审批服务效率。全年完成现场踏勘1141件，其中远程踏勘449件。开展“政策找人、服务上门”和政企会客厅“接待日”活动。上企业、进现场，提供全流程“一对一”帮办指导，解决项目推进过程中的堵点、难点问题。全年开展政策宣讲53次，入户服务600余次，协调解决100余个问题。设立“办不成事”反映窗口。通过整合“好差评”评价系统、效能监督平台、阳光理政平台，设立“办不成事”反映窗口，主动接受群众监督。受理反映问题35件，回访满意率100%。

（市行政审批局）

智慧城市管理

【概况】 2022年，武安市建设智慧武安综合指挥中心，搭建实景三维地理信息数据底座，利用全空间数字化管理平台开发若干智慧场景应用，以信息化手段提升各方面治理水平，发展数字产业、赋能实体经济，进一步助力打造数字赋能、共建共享的智慧新城。

【智慧城市建设】 2022年，武安市完成相关部门视频资源平台数据对接共享；完成全市1806平方千米数据底座采集及软件平台建设，包括主城区优于2厘米倾斜摄影数据、全域5厘米倾斜摄影数据、主城区及主要道路模型采集制作，构建完成武安实景三维数据底座。围绕生态环境保护、非煤矿山盗采超采、林业资源保护、河道资源保护、碳汇交易、建成区私搭乱建等领域的日常监管，开发6个场景应用及全空间数字化管理平台（SDM）。对发现变化图斑、报告指挥中心、交办部门现场执法等环节，制定完善场景应用工作机制及流程，建立健全上下联动、左右协调、渠道畅通、运转高效、综合施治。

【林业巡护管理平台】 2022年，武安市利用最新的高分遥感影像作为底图，叠加高分辨率DEM数据形成三维地形，采用人机交互技术、WebGIS技术地图可视化、Java语言等技术开发电脑端和移动端实现智能移动巡护，可供巡护人员查询所在区域地理情况。具备办理群众举报、视频报警、反馈信息等功能，提高林业巡护效率，保护当地林业资源。利用科技手段精准定点定位防火设施，明确森林资源分布，为火灾扑救节省时间。安装森林火情视频探头156个，实现全市林地草地监测全覆盖；在通信盲区安装4个通信基站，为重点村配备对讲机，实现通信全覆盖；绘制全方位山区地形地貌图，建立巡护定位呼叫管理平台和数据管理监控平台。

【城区违章建筑动态监管平台】 2022年，武安市利用高分遥感影像数据，采用人机交互判读建筑变化区域，把变化区域通过Web GIS发布到违章建筑动态执法监察数据平台。通过任务发布模式，市自然资源和规划部门及时得到动土范围，下发变化图斑，对违法行为及时制止，在一定程度上遏制违章建筑等违法行为。

（武序飞）

信息网络管理

【概况】 2022年，武安市打造综合服务型政府网络平台，开设网站首页、走进武安、市长之窗、政务公开、政务服务、政民互动、专题栏目7个模块、47个子栏目。网站开通内搜索功能，方便群众在线查询、网上办事。通过文字、图片、视频等形式在网上公布公告通知、政府文件、政府财政预决算、办事依据、法律法规，政务公开等，提供全面、负责的咨询投诉服务，多方面展现武安市经济、社会、文化各领域突出成绩，展现武安形象。全年开设专题栏目20个，发布工作动态、重要会议、意见征集、公告通知等信息8000余条。

【政府信息公开】 2022年，武安市在政府网站、政府信息公开平台上公开各类政务信息5000余条；印发政府公报11期；政民互动栏目回复网友咨询评论150余条；在法定主动公开内容栏目中设权责清单、规划信息、财政预决算等18个子栏目，集中公开武安市国民经济和社会发展第十四个五年规划、国土空间规划等信息。线下设立60个信息公开查阅点，强化档案馆、图书馆、市民服务中心3个市级查阅点作用，方便群众查阅政府信息。开通网上申请公开渠道，全年受理政府信息公开申请25件。其中，通过邮寄形式20件，政府信息公开平台申请1件，当面申请4件，均依法进行答复。在市民服务中心设立政务公开专区，推进基层政务决策、执行、管理、服务、结果“五公开”，为群众提供政府信息查询、信息公开申请、办事咨询服务、政策宣传解读等服务。

【政务新媒体管理】 2022年，武安市有政务新媒体账号27个，涉及19个部门，全年发布政务信息500余条。引导和督促各政务新媒体账号及时发布国家、省、邯郸市、武安市政务信息，提高政府信息公开的质量和时效性，提升群众的知情权、参与权和监督权。

【政府网站安全管理】 2022年，武安市人民政府网站严格遵守网络安全各项规章制度，做好内容保障和网络安全工作，对网站错敏信息不定期排查，发现问题及时整改到位。建立健全网络安全管理制度与信息发布审核机制，成立网络安全领导小组，制订网络安全应急管理预案，对网站进行安全等保测评，确保网站安全运行。

（刘　源　郭　佳）

信访工作

【信访受理】 2022年，武安市办理国家、省、邯郸市网上信访事项7340件次，信访部门和责任单位及时受理率均为100%；责任单位按期答复率为100%；责任单位群众满意率为99.46%，比上年提高7个百分点。“三率”指标综合得分在邯郸市排名第三。利用“智慧信访”辅助系统受理信访事项3444件，全部交办责任单位，办结率92.30%，实现“数据多跑路，群众少跑腿”。

【矛盾早期化解】 2022年，武安市借助老党员、老教师、老干部贴近群众的优势，调处各类苗头隐患，使90%以上的矛盾纠纷在基层化解。全市开展治理重复信访化解信访积案专项工作和化解信访积案“清零行动”，中联办、省联办第一批交办武安市409件，第二批交办201件信访事项，全部按照时限要求化解，市信访局被国家信访局评为“全国优秀集体”。

【依法信访宣传】 2022年，武安市印发《信访工作条例》2000册、宣传折页1.2万份，推进《信访工作条例》进乡村、进社区、进学校、进企业、进单位。宣传引导群众依法信访，依法理性表达诉求，不能任性信访。

（王树红）

利民实事工程

【概况】 2022年，市九届人大二次会议票决的10件民生实事和承担省邯郸市考核20项民生工程，全部完成年度目标。

【城乡教育优化提升工程】 2022年，武安市洺湖小学、安瑞小学建成投运，9月接受附近学生入学；完成市八中教学楼、北安乐中学综合楼、伯延镇中心学校操场及厕所、淑村镇野河小学操场、第一职工子弟学校操场5所薄弱学校改造提升；启动新建安置房配套小学；武安市职业技能培训基地完成“三通一平”（水通、电通、路通和场地平整）；推进市职业技术教育中心新校区建设。

【城乡医疗服务提升工程】 2022年，市第一人民医院传染病医疗楼建设，投资3亿元，新增床位500张，提升传染病突发治疗和综合医疗服务能力。完成北安乐乡、活水乡、管陶乡、马家庄乡、上团城镇、贺进镇、北安庄乡7家卫生院和1家社区卫生服务中心中医综合服务区（国医堂）建设，投资104万元，为辖区约20万人提供方便快捷的中医医疗服务。

【农村人居环境整治提升工程】 2022年，武安市申报创建的19个省级美丽乡村示范点完成街道修复、临街墙体整治、污雨水管铺设、绿化、文化宣传等60余个项目，投资8100余万元，惠及周边人民群众3万余人；投资6490万元，完成15个乡镇46千米农村道路主体；投资289.5万元，对90个农村厕所进行改造提升，惠及周边人民群众约8万人。

【城乡养老服务能力提升工程】 2022年，武安市投资100万元，完成柏林西街、贺进南街、道沟村、南岗村、万家庄村5家农村互助幸福院建设；投资85万元，在城区11个社区新增护理床位，日间养老照料等方面提档升级；投资1500万元，完成活水乡、马家庄乡、武安镇3个乡镇居家养老服务中心（敬老院）改扩建。

【交通安全顺畅提升工程】 2022年，武安市完成矿建路西延立项手续，启动体育路西延施工。依托市第一中学、武安市大方工贸有限公司、邯郸幼儿师范专科学校等单位外围便道、空地，全市新增停车位1018个，缓解城市停车难问题。对200余处拥堵点、隐患点增设红绿灯、减速带，修剪路口及隔离带绿植，降低周边台阶，提高通行效率。

【城市功能完善提升工程】 2022年，武安市完成投资970万元的南瓦窑原有排水涵洞更新改造、原有管道下游改造、管顶路面恢复，改善附近区域雨天大面积积水现象；投资1225万元，完成日照街雨污水管道铺设、沥青砼路面恢复、透水砖便道更新、新建照明系统等工程，提升周边道路交通环境；投资8745万，完成符合改造条件老旧小区的楼顶防水、楼体内外、管道、道路、外部环境、安全、文化内涵等方面的改造提升，惠及2009户，建筑面积25.19万平方米；结合三拆百日攻坚和“拆大、拆难、拆重点”两个阶段的城区违建综合治理工作部署，完成对城区非正常施工围挡、违规建筑、私搭乱建、老旧建筑等全面综合治理；投资120万元，完成嘉馨园、桃李园、怡宁园、七星园改建，增加4个游园的绿植、健身设施等，改善周边居民生活环境；完成6所城区公共厕所改造，新增10所装配式公共厕所，逐步提高城市公厕管理服务水平；投资2亿元的城市综合客运西站项目，完成土地清表和平整场地等基础工作。

【城乡居民用电优化提升工程】 2022年，武安市对12条10kv供电线路进行改扩建，改造长度约70.84千米，新增配变容量1.1兆伏安，对23个用电村庄进行低压改造，改造线路长度约115.25千米。

【残疾人关爱服务能力提升工程】 2022年，武安市投入384万元，为残疾人提供居家康复训练、药物救助、康复救助以及居家托养服务；投入20万元，依托金大地职业培训学校、邯郸军之启培训学校等培训机构对残疾人开展实用技术职业培训；对24名贫困残疾学生和残疾人家庭子女资助5.60万元，为他们完成学业提供帮助。

【城乡居民用水质量提升工程】 2022年，武安市完成引“南水北调”江水入武工程；投资4066.44万元，完成北洺河四里岩水库至土山大桥段引水管道防护修复工程，为沿线5个乡镇、32个村、30万口人及26家大中小型企业提供用水保障；申请中央资金81万元，对农村居民生活蓄水池、供水管道、引水渠道等68处设施改造提升，24万名受益群众的饮水安全得到保障。

【便民利企服务提升工程】 2022年，武安市初步建立医保闭环式服务体系，实现“一窗受理、内部流转、一厅对外”，参保人员新增登记、异地就医备案及基本医保信息查询等业务实现网上办理，惠及全市70余万参保人。安康医院、仁慈医院和社区服务中心3家医院开通门诊慢特病特惠药房，购药达2885万人次，总费用210万元，报销金额169万元。在依法依规审批办理前提下，将项目审批和立项环节压缩至39个和33个工作日。因地制宜制定实施项目“容缺受理”制度，出台《武安市政务服务全流程网办实施方案》；推行“三证联发”业务［即同时办理“建设用地规划许可证”“建设工程规划许可（预）证”“建筑工程施工许可证（地基处理部分）”］，提升项目审批服务效能。

2022年武安市10件利民实事工程一览表

表6

民生实事	项目名称	责任单位	具体内容
城乡教育优化提升工程	洺湖、安瑞小学投运工程	市城发集团、市教体局	洺湖小学、安瑞小学建成并投用
	小学改扩建工程	市教体局	启动新建2所小学
	农村薄弱中小学改造提升	市教体局	改扩建5所薄弱中小学
	农村幼儿园改造提升	市教体局	完成2所幼儿园改扩建
	职业教育能力提升	市教体局	推进武安市中职学校项目的前期相关筹备工作
城乡医疗服务能力提升工程	市第一医院传染病楼建设	市卫健局	启动建设新增医疗床位500张的传染病医疗楼
	基层中医医疗服务提升	市卫健局	完成7家乡镇卫生院的国医堂项目建设
农村人居环境整治提升工程	农村美丽乡村创建	市农业农村局	对符合条件的农村，进一步提升美化街道、绿地等基础设施，完善村民服务设施，申报创建省级美丽乡村示范点
	农村道路改造提升	市交运局	对影响群众出行、道路损坏较为严重的46千米农村公路进行维修改造升级成“四好农村路”
	农村厕所改造提升	市农业农村局	改造提升农村公厕90个
城乡养老服务能力提升工程	农村养老互助能力提升	市民政局	按照新建20万元、改扩建10万元标准，全市改扩建5家农村互助幸福院
	社区养老服务能力提升	市民政局	对城区11个社区的日间照料服务中心进行新增护理床位等方面的提档升级，实现服务机构全覆盖、老年服务对象全覆盖和服务功能全覆盖
	改扩建乡镇居家养老服务中心	市民政局	改扩建3家乡镇居家养老服务中心

续表6

民生实事	项目名称	责任单位	具体内容
交通安全顺畅能力提升工程	加快推动西苑新区建设	市城发集团	启动矿建路、体育路西延,加快西苑新区建设步伐
	公共停车便利能力提升	市交警大队	依托城区各大商场、学校、农贸市场、超市等群众聚集地,谋划新增停车位300个以上
	交通安全顺畅能力提升	市交警大队	对排查出200余处隐患点进行增设红绿灯、减速带等方面改造提升
城市功能完善提升工程	城区老旧排水管网改造提升	市城管局	对南瓦窑原有排水涵洞约120米加固、清淤,增建360米钢筋混凝土排水箱涵。增设检查井4座、收水井12座,加固临边建筑物等,改建后增加过水断面,提高排水能力,保障区域排水安全
	城区老旧街巷综合改造提升	市城管局	对日照街及周边老旧街道增设混凝土污水排水管道、混凝土雨水排水管道、恢复沥青混凝土主路面、更新透水砖便道、新建照明路灯系统等方面进行改造提升,全面提升市政功能
	城区老旧小区改造提升	市住建局	对14个老旧小区进行改造提升,补齐小区各项功能短板
	城区违建综合治理	市城管局 市综合行政执法局 市自然资源和规划局	联合相关部门,治理城区违章建筑、危险建筑
	城区园林景观改造提升	市园林局	对嘉馨园、桃李园、怡宁园、七星园4个游园进行改造提升
	城区装配式公厕增配及公厕改造提升	市城管局	对6所城区公共厕所进行改造,并完成新增10所装配式公共厕所的建设
	城市综合西站建设	市交运局	启动实施城市综合客运西站
城乡居民用电优化提升工程	—	市供电公司	对城乡居民供电网络中12条10千伏供电线路进行改扩建工程,改造约70.84千米,新增配变容量1.1兆伏安;对23个用电村庄进行低压改造线路,改造约115.25千米
残疾人关爱能力服务提升工程	—	市残联	对全市2548名残疾人实施"康复需求、辅具适配、技能培训、居家托养、无障碍改造、大学生资助"等关爱服务工作

续表6

民生实事	项目名称	责任单位	具体内容
城乡居民用水质量提升工程	“南水北调”引水入武工程	市水利局	启动建设引“南水北调”江水入武工程
	农村居民饮用水保障工程	市水利局	对农村居民生活蓄水池、供水管道、引水渠道等68处设施进行改造提升
	四里岩引水管道防护工程	市水利局	对北洺河四里岩水库至土山大桥段引水管道防护修复，铺设格宾石笼约16.84千米，其中：支沟下游、桥洞、漫水路等易冲刷段为主要防护段，长度约3.32千米；河道平顺段等为一般防护段，长度约13.52千米
便民利企服务提升工程	医保便民服务提升	市医保局	实现医保线下业务办理“一窗受理、内部流转、一厅对外”，持续推进医保业务线上线下“融合办”，实现慢特病申报、异地就医备案、信息查询等业务高效畅通办理，减少办事群众往返频次；在城区新开通3家门诊慢性病零差率惠民药房，减轻慢性病患者就医负担
	便民利企服务提升	市行政审批局	将政府投资类、社会投资核准类、社会投资备案类三类项目从立项到取得施工许可分别压缩至39个、33个、27个工作日内；与重点项目单位建立常态联络机制，实行“清单式管家服务”全流程帮办

2022年武安市承担河北省、邯郸市考核民生工程一览表

表7

民生工程项目名称	责任单位	具体内容
城镇老旧小区改造工程	市住建局	对14个城镇老旧小区进行改造
城市改造提升工程	市城管局、市园林局	打造3条“四化”样板示范街道；建设7个口袋公园；建成区城市道路装灯覆盖率达到100%；对3个重要节点景观进行亮化
生活垃圾无害化处理工程	市城管局	完成垃圾填埋场封场的治理提升目标
城市公共停车设施建设工程	市交警大队	新增城市公共停车泊位不少于1000个
农村厕所改造提升工程	市农业农村局	完成全市改造提升农村公厕90个
“四好农村路”提升工程	市交运局	建设改造农村公路68.9千米。其中新改建9.3千米；养护大中修19.6千米；水毁道路40千米

续表7

民生工程项目名称	责任单位	具体内容
就业促进工程	市人社局	落实就业优先政策，全省城镇新增就业 7250 人以上，开展就业职业培训 6019 人次
养老服务提质增能工程	市民政局	完成 77 户特殊困难老年人家庭居家适老化改造工作
精准助残服务工程	市残联	为 2080 名残疾人提供康复服务，为 150 名残疾人适配基本型辅助器具，为 131 名残疾人提供居家托养服务，为 56 名残疾人进行农村实用技术培训，为 50 名残疾人提供职业技能培训，为 30 户残疾人家庭进行无障碍改造，对符合资助条件的残疾学生和残疾人家庭子女进行资助，做到应助尽助
政务服务就近办、网上办、自助办提升工程	市行政审批局	全市接入政务服务智能终端的村(社区)及各类经营网点达到 25 个以上；除不宜网办事项外，乡村两级认领事项网上可办率达到 100%；实现自助办理高频便民服务不低于 50 个
义务教育学校扩容增位工程	市教体局	实施新建第八中学教学楼、北安乐乡中学综合楼项目，新建教学用房约 4000 平方米，扩充 1100 个学位容量增位
文化体育惠民工程	市教体局	更新完善 90 个乡村建设设施；建设 2 处足球场、3 处多功能运动场、4000 米健身步道；举办开展不少于 35 场(次)冰雪赛事活动
	市文广旅局	面向全市城乡居民发放文化惠民卡（券）22012 张，其中，发放“阳光娱乐”文化惠民卡 1048 张，发放“阳光娱乐”文化惠民券 20964 张
	市文广旅局	全年完成新（改）建旅游厕所 13 座
康复中心服务能力提质工程	市卫健局	结合邯郸市康复医疗专家，对我市康颐园医养康复中心工作人员每季度 1 次培训，推广中医适宜技术，建立对口帮扶制度，提升康复中心服务能力
婴幼儿照护服务试点示范工程	市卫健局	2022 年 9 月底，完成 1 家婴幼儿照护服务市级试点申报工作
孕妇产前基因免费筛查工程	市卫健局	进一步完善工作流程，强化技术培训，加强质控管理，提升筛查质量，到 2022 年底，孕妇产前基因免费筛查实现全市全覆盖，确保建档立卡孕妇应筛尽筛
“河北福嫂·燕赵家政”提升工程	市妇联	建立市帼家政基地 1 个，培树“河北福嫂”系列先进典型 6 人
公办中小学、幼儿园扩容增位工程	市教体局	完成 2 所公办中小学，2 所幼儿园的改扩建工程，进一步改善公办中小学、幼儿园办学条件

续表7

民生工程项目名称	责任单位	具体内容
提升医疗卫生服务工程	市卫健局	二级以上公立医院试点建立1家一站式服务中心
	市卫健局	全市范围内公共场所试点投放12台AED(心肺复苏)
	市医保局	推动医保定点医院、药店实现扫码、刷脸、刷身份证就医、购药
建设提升城乡道路工程	市交运局	建设改造农村公路94千米(包含"四好农村路"提升工程68.9千米),其中,新改建10千米,提升工程84千米
关爱65岁及以上老年人身心健康工程	市卫健局	免费为城乡65岁及以上老年人健康体检
	广电网络武安公司	农村65岁及以上老年人家庭免费收看有线电视
提升食品安全水平工程	市市场监管局	组织开展食品监督抽检,抽检批次达到4批次/千人
养老服务质量再提升工程	市民政局	全面提升养老护理员职业道德和专业技能素养,为入住老年人提供更专业的养老护理服务,培训养老机构负责人4人次、养老护理员60人次;新改造护理型床位50张

（市发改局）

市直机关事务管理

【概况】 2022年，武安市机关事务管理中心履行管理、保障和服务职能，做好公务用车、办公用房、政府食堂管理，推进公共机构节能和公务接待工作。全年公务接待295 批次、1298人次。

【公务用车管理】 2022 年，武安市机关事务管理中心加强对公务用车使用、租赁、维修管理。参与市纪委督查组对全市公务车辆的使用情况明察暗访。开展公务用车租赁专项清理工作，规范用车单位和租赁企业的租赁行为和租赁程序。完成全市党政机关公务用车专项统计和全市公务用车信息化OBD（车载自动诊断系统）系统设备安装和检修工作。

【办公用房管理】 2022 年，武安市机关事务管理中心完成全市行政综合办公用房的调配、搬迁工作。完成全市行政单位、参公事业单位办公用房信息统计工作。

【政府食堂管理】 2022 年，武安市机关事务管理中心加强对机关食堂食品安全、消防安全、环境卫生等方面的管理，组织相关培训35 次。

（市机关事务管理中心）

（责任编辑：李子强）

中国人民政治协商会议武安市委员会

综　述

【政协常委会自身建设】 2022年，政协武安市第九届委员会坚持以习近平新时代中国特色社会主义思想为指导，深入学习贯彻党的二十大精神，全面落实市委八届五次全会决策部署，紧扣“10个中国式现代化武安场景”（把武安打造成装备先进、品优质精的冀南钢谷，创新引领、高端智能的制造强市，清洁低碳、安全高效的能源强市，链接全球、服务全国的开放强市，资源节约、循环利用的绿色发展城市，业态丰富、多产融合的现代服务业高地，数字赋能、共建共享的智慧新城，内畅外联、便捷高效的交通强市，产业兴旺、人和景美的乡村振兴示范区，魅力人文、乐享山水的文旅康养福地），按照“1256”（围绕“一条主线”，把学习宣传贯彻党的二十大精神作为一条主线。明确“两大抓手”，推动政协系统党建工作全面进步、全面过硬。落实“五项任务”，每半年召开一次专题议政性常委会，每季度组织一次专题协商活动，每两个月开展一次视察调研，每月以界别为单位组织一次“微协商”或“微监督”活动，每年由市政协领导领衔督办一批重点提案。做好“六篇文章”，在解放思想上，做好“闯”的文章；在政治引领上，做好“聚”的文章；在服务大局上，做好“带”的文章；在存史资政上，做好“强”的文章；在委员管理上，做好“严”的文章；在专委会建设上，做好“优”的文章）工作思路，突出主责主业，锐意工作创新，强化“八种观念”，坚持党的领导、统一战线、协商民主有机结合，发扬民主，增进团结，建言资政，提升服务，为武安市“十四五”期间经济总量超千亿元、加快建设富强文明美丽幸福的现代化新武安贡献政协力量。

【政协委员构成】 2022年，政协武安市第九届委员会委员306名，实有委员302名，其中，中共委员122名，占委员总数的39.87%；非中共委员184名（含4名预留），占委员总数的60.13%；妇女委员63名，占委员总数的20.59%；少数民族委员2名，占委员总数的0.65%。政协武安市第九届委员会有常委55名，根据人民政协的性质和界别构成，划分为中共武安市委，无党派人士界，工会、青联、妇联界，武安市工商联一组，武安市工商联二组，文化艺术界，科学技术界，经济界，农业界，教育界，医药卫生界，社会福利和社会保障界，民族宗教界，特邀界一组和特邀界二组15个界别组。

【文化交流】 2022年，政协武安市第九届委员会通过《邯郸日报》政协专版、“新武安”微信公众号、《武安政协》 杂志等平台，报道政协动态60余条。各级主流媒体报道市政协工作20余篇，公开议政成果。开展“喜迎二十大、委员展风采”活动，推出委员风采录30期。扩大对外交流，接待外县政协来武安考察调研4批40余人次。编纂出版《人民的力量——武安水利建设见闻录：1949—1983》。

（韩利波）

重要会议

【概况】 2022年，政协武安市第九届委员会常务委员会围绕全市中心工作，履行政治协商、民主监督、参政议政职能。全年召开全体委员会议1次，常委会会议3次。

【政协武安市第九届委员会第二次会议】 政协武安市第九届委员会第二次会议于2022年1月26—28日召开。会议听取和讨论刘浩峰代表中共武安市委在大会开幕时所作的重要讲话，听取并审议马晓斌所作的市政协第九届委员会常务委员会工作报告和李海顺所作的市政协第九届委员会常务委员会提案工作报告。与会人员列席武安市第九届人民代表大会第二次会议，听取和讨论董志毅所作的《政府工作报告》及其他报告。会议审议并通过政协武安市第九届委员会第二次会议政治决议及其他决议。市政协主席马晓斌作闭幕会讲话。中共武安市委、市人大常委会、市政府领导，市武装部、市法院、市检察院的县级领导，邯郸市重点工作督导组有关领导应邀出席开幕式和闭幕式；市政协往届主席、副主席应邀出席开幕式。

【政协常委会会议】 2022年5月26日，市政协九届常委会第六次会议召开，关注项目建设开展专题协商议政。传达学习习近平总书记在2022年全国两会期间看望参加政协会议的农业界、社会福利和社会保障界委员时的讲话精神、《中共中央办公厅印发〈关于加强和改进新时代市县政协工作的意见〉的通知》、习近平总书记就全国政协开展委员读书活动所作重要指示精神；审议通过有关人事和委员调整事项；听取《市政府关于全市项目建设情况的通报》，围绕武安市项目建设工作进行专题协商议政。

2022年9月22日，市政协九届常委会第七次会议召开，聚焦乡村振兴开展专题协商议政。会议分三个阶段进行。传达学习习近平总书记在省部级主要领导干部专题研讨班上的重要讲话精神、省委书记倪岳峰与各民主党派省委、省工商联（总商会）新一届领导班子成员座谈会上的讲话精神、《中国共产党政治协商工作条例》、邯郸市政协主席韩俊兰有关讲话精神及《武安市“解放思想 奋发进取”大讨论活动实施方案》，审议人事事项。围绕乡村振兴开展协商议政。

2022年12月27日，市政协九届八次常委会会议召开，聚焦生态治理开展专题协商议政。会议分两个阶段进行。第一阶段传达学习中共二十大、二十届一中全会及省委十届三次全会精神，审议通过有关人事事项；第二阶段听取《市政府关于全市生态治理情况的通报》，听取市政协大气污染防治、水土治理、矿山生态修复三个调研组前期调研情况。

（韩利波）

政治协商

【议政机制建设】 2022年，市政协常委会加强和改进政协工作，制定出台《关于加强和改进新时代政协工作的若干措施》。增加协商密度，形成以市政协全体会议为统领，以专题议政性常委会和专题协商会为重点，以对口协商、界别协商、提案办理协商为常态的协商议政格局。对常委会专题议政性协商议题，实行“1+3”（1个主课题+3个子课题）调研模式，将会议发言、互动交流作为协商议政的必要环节，在集思广议中汇聚合力。

【基层协商平台】 2022年，市政协常委会坚持以党建引领推进政协协商向乡镇、农村、社区和企业延伸，抓好市政协社情民意调查站、委员接待岗、政企会客厅等建设，推动协商议事常态化，助力基层治理现代化。市政协全年接待群众120余批次，收集各类问题线索180余条，开展协商议事活动60余场次，转化为政协提案和社情民意信息30余篇。在邯郸市政协系统党建工作推进会上，武安市政协介绍经验做法。

（韩利波）

民主监督

【城乡协同发展监督】 2022年，市政协委员对“四好农村路”、城建工程、文旅融合发展、人居环境提升等方面开展视察调研6次。对乡村振兴工作，分三个调研组开展视察调研，对农业产业化提出优化产业布局，走错位发展、差异化发展的路子，做好强链延链文章，发展智慧农业，实施“互联网+”行动等建议。对农村人居环境整治工作，提出推进农村生活污水分类治理，农村建筑垃圾资源化利用，健全农村人居环境长效管护机制等建议。对文旅融合发展工作，提出强化文旅体制机制保障，加快旅游基础设施建设，抓好水源地周边环境整治提升，推进旅游厕所革命，解决好活水村污水收集处理问题等建议。为市委、市政府科学决策提供参考，为城乡协同发展贡献政协智慧和力量。

【经济转型升级监督】 2022年，市政协常委会落实年度工作要点，开展调研、协商、视察、督办提案等活动20余次。响应市委提出的“十四五”期间经济总量超千亿战略部署，就新材料产业链、现代物流、重点项目建设等课题组织专题视察调研12次，召开项目建设、乡村振兴和生态治理议政性常委会，形成视察、调研、协商报告18篇，提出意见建议80余条。市政协常委到河北龙凤山铸业有限公司、武安市火焰山工业有限公司、金鼎钢铁重工有限公司、新兴铸管股份有限公司、河北聚鹏投资有限公司、河北新金万利新材料科技有限公司等企业开展调研督导40余次，帮助企业协调解决项目用地组卷报备、通信设施迁改、外省务工人员进场施工等难题。

【民生项目督办】 2022年，市政协组织政协委员到煤炭公司家属院、子弟家属院、新华大街道路综合提升项目现场、长邯聊高铁线及高铁新城规划选址现场、西苑新区回迁安置房（A区）等民生项目施工现场实地察看，了解提案办理进度，围绕工作推进中存在的问题，深入协商交流，提出意见建议。

（韩利波）

提案工作

【概况】 2022年，政协武安市第九届委员会第二次会议收到提案草件354件，符合立案条件308件。其中，市委系统承办10件，占提案立案总数3%；市政府系统承办298件，占提案立案总数97%，其中，住建、城管、园林方面75件；交通、交警方面62件；文广旅、教体、卫生、医保方面63件；农业农村、自然资源和规划、水利、林业方面43件；市场监管、发改、科工、财政、商务方面27件；其他方面28件。对不符合立案条件的46件提案草件全部与委员进行解释说明。

【城区学校“大班额”问题建议】 2022年，市政协委员提案《关于加快城区学校建设，缓解城区大班额的建议》提案。市教育体育局对实验小学、西苑小学、光明小学、中山小学4所城区学校进行扩建，新增学位1530个；扩建南小河小学，增加学位540个；启动二中综合楼建设，增加初中学位1250个；将原武安师范改造成西岭湖中学，增加学位2700个；新建洺湖、安瑞2所小学，增加学位1860个。

【高速路口增设建议】 2022年，市政协委员提出《关于建设武安西三环南延增设青兰高速口的建议》提案。市交通运输局成立推进专班，到西三环和磁阳线交叉口南段，实地查看了解情况。邯郸市及武安市交通运输局负责人现场予以答复。青兰高速南岗互通项目省政府已批复。

【建设智能公交站牌建议】 2022年，市政协委员提出《关于建设智能公交站牌进一步便民利民的建议》提案。市交通运输局在使用电子智能站牌的紫光花园站、双马站、新世纪站、妇幼保健医院站的基础上，完成神征大道25个、中兴路37个智能电子站牌建设。

【打造武安特色品牌建议】 2022年，市政协委员提出《关于挖掘提炼本土特色，做好武安品牌特色产品》提案。市文化广电和旅游局围绕国家全域旅游示范区的创建目标和产业跨越式发展目标，提出“有机整合资源，做大品牌”发展思路，挖掘资源特色，发挥资源集聚效应，整合京娘湖、七步沟、东太行等现有开发景区，突出核心，提升品质，打造太行山国家公园、国家AAAAA级旅游景区、国家级旅游度假区。整合武安市古村落资源，突出太行古民居特色实现“古村落＋”的旅游开发模式，打造太行古民居品牌，拓宽全域旅游空间。

（韩利波）

调研与视察

【概况】 2022年，市政协根据年度工作安排，围绕重点协商议题，组织委员开展专题视察或调研12次，撰写调研报告15篇。

【重点项目建设调研】 2022年5月18—19日，市政协组织部分政协常委、委员，专题调研新材料、现代物流和重点项目建设情况。调研组听取企业负责人关于项目建设进展情况汇报，详细了解项目整体规划、前期手续、建设进展、存在问题等情况，并召开座谈会，与相关部门面对面协商。

【防汛工作视察调研】 2022年7月13日，市政协调研组对防汛工作进行视察调研。视察组查看玉带河南小河段、防汛抗旱指挥中心等现场，了解城区防洪排涝、水库除险加固、河道疏浚治理等情况。视察结束后，召开座谈会，听取市水利局、城市管理行政执法局、交通运输局等主要部门和活水乡、武安镇等重点乡镇防汛工作情况汇报。

【“四好农村路”建设视察】 2022年9月14日，市政协组织部分政协常委、委员视察“四好农村路”建设工作。实地查看活水综合服务站、白王庄综合服务站、贵妃垴驿站等，市交通运输局汇报武安市“四好农村路”建设工作情况；市政协副主席、政协委员代表和管陶乡主要负责人依次发言。

【城建工程视察】 2022年10月28日，市政协专题调研视察城建工程，实地查看体育路防汛应急改造、白鹤公园及嘉馨园改造提升、新兴大街绿化、西苑新区片区开发、综合客运西站等工程项目。

（韩利波）

专门委员会工作

【科教文卫委员会】 2022年，武安市政协科教文卫委员会围绕《关于加快城区学校建设，缓解城区大班额的建议》《关于挖掘提炼本土特色，做好武安品牌特色产品》提案，组织委员视察8次，形成5个调研报告。提交提案45件，提案办复率100%。

【提案委员会】 2022年，市政协提案委员会注重提案征集、审查、督办、宣传四个环节，武安市政协收到符合立案条件的提案308件。其中，集体提案1件，联名提案27件，政协委员个人提案280件。撰写政协理论研讨文章12篇，学习贯彻中共二十大精神演讲稿6篇，提案督办调研报告10篇、专题发言材料5篇。开展探寻乡村民宿，助力乡村振兴活动。考核推选提案办理先进集体5个、先进个人12人。

【经济委员会】 2022年，市政协经济委员会围绕武安市“十四五”期间经济总量超千亿目标、2022年国民经济和社会发展计划执行情况与2023年计划草案、2022年财政资金使用效益情况、预算执行情况与2023年财政预算情况等，组织开展协商活动5次，组织政协委员集中视察2次。提交提案27件，立案27件，提案办复率100%。

【农业和农村委员会】 2022年，市政协农业和农村委员会对环境整治提升等工作组织政协委员开展集中视察，提出建议43条。指导开展“助推农村人居环境整治工作”“爱护环境、保护水源”等活动。提交社情民意信息67条，采用41条。

【城乡建设环境保护委员会】 2022年，市政协城乡建设环境保护委员会围绕《关于建设武安西三环南延增设青兰高速口的建议》《关于建设智能公交站牌进一步便民利民的建议》等建议，组织专题调研12次，撰写研讨文章8篇。

（韩利波）

（责任编辑：李子强）

中国共产党武安市纪律检查委员会
武安市监察委员会

综　述

【纪检监察体制改革】　2022年，武安市深化纪检监察体制改革，巩固拓展改革成果，完善系统集成机制，推动完善纪检监察专责监督体系，构建审查调查“1+N”组织管理体系。提升审查调查工作质效，出台加强审查调查组织管理工作意见、审查调查人才库建设管理使用办法、“室组地”联合办案工作办法、办案协作区实施方案等制度。坚持科学谋划，强抓落实，举办综合监督单位纪检工作培训班，通过专题授课、分组讨论、现场教学等多种方式，提升纪检监察干部政治能力、思维能力和实践能力。中国共产党武安市纪律检查委员会武安市检察委员会（简称市纪委监委）将定期检查、日常检查与专项检查相结合，构建全覆盖案件质量评查机制。通过开展重点案件质量问题专项整治、召开全市纪检监察案件质量评查总评会、下发案件质量评查情况通报等方式，保障和提高全市案件质量。

【纪检监察队伍建设】　2022年，武安市加强纪检监察队伍建设，市纪检监察机关始终把党的政治建设摆在首位，通过常委会领学、中心组研学、党支部促学、党员自学工作机制，落实“第一议题”制度，传达学习习近平总书记重要讲话和重要指示批示精神，中央和省、邯郸市召开的重要会议精神，深学细悟党的创新理论，推动广大纪检监察干部不断提高政治判断力、政治领悟力、政治执行力。注重用好红色资源，“开展缅怀革命先烈 传承红色精神”等活动，引导纪检监察干部坚定理想信念，自觉接受革命性锻造和精神洗礼。树立正确选人用人导向，优化队伍结构，推进干部轮岗交流，注重在跟班学习、监督检查、审查调查、政治巡察工作中考察识别干部，不断扩充“一线监督”骨干力量，选派优秀年轻干部到国有企业、乡镇和开发区任职、挂职，推动干部能上能下。搭建年轻干部成长平台，选派优秀年轻干部跟案锻炼、跟班学习，安排年轻干部轮流参加信访接访，提升纪检监察干部政治素养和业务水平。

【市纪委八届二次全会】　2022年3月1日，武安市召开市纪委八届二次全会，会议以视频形式召开。会议总结2021年全市纪检监察工作，部署2022年重点任务。大会要求全体党员干部要扛起管党治党责任，加强政治建设，坚定不移推进全面从严治党，对党绝对忠诚，坚决反对“七个有之”，切实做到“五个必须”，自觉拥护“两个确立”，做到“两个维护”，大会号召全党要打好党风廉政建设和反腐败斗争，为推动武安“十四五”期间经济总量超千亿元提供纪律保证。

（孔红霞　崔　艺）

监督执纪

【专项监督】　2022年，市纪委监委围绕“三新一高（新发展阶段、新发展理念、新发展格局，高质量发展）”、粮食安全、耕地保护、意识形态等领域，围绕中央和省、邯郸市、武安市委决策部署及全市“七大攻坚战”（项目建设攻坚战、城市建设攻坚战、乡村振兴攻坚战、生态治理攻坚战、全国文明城市创建攻坚战、深化国有企业攻坚战、要素保障攻坚战）等重点任务，出动人员1600余人次，开展专项监督76轮次，发现和督促整改问题984个，向武安市委呈报专报45期。市纪委监委建立“工作提示、约谈提醒、追责问责”分类处置机制，批评教育帮助党员干部643人次，约谈乡镇、部门主要负责人25人次；对失职失责行为追责问责55人次，涉及乡科级干部16人次。开展廉政审查1852人次，提出否定意见36人次。

【政务监督】 2022年，武安市开展办事窗口作风问题专项整治，市纪委监委采取“走访式”调研、“嵌入式”监督、“体验式”暗查，对市行政审批局、自然资源和规划局、市场监督管理局等25个重点部门的审批事项、服务事项、执法事项，开展“事前事中事后”全程跟踪监督。在政务服务大厅设立监督平台，回访办事群众，查处态度恶劣、索要钱款等典型案件3件，7人受到党纪政务处理。

【民生项目监督】 2022年，武安市聚焦群众身边腐败问题，市纪委监委全年查处涉农、教育、医疗等领域问题132件，给予党纪政务处分69人，返还群众钱款162.30万元，解决群众急难愁盼问题213个。对村级“小微权力”日常监督，建立村党支部书记廉政档案，制定《村（社区）“两委”干部受到党纪政务处分后补贴减扣办法》。

【案件查处】 2022年，武安市全年立案查处违纪违法案件228件，给予党纪处分246人、政务处分70人，组织处理19人。涉及乡科级干部46人，采取留置措施2人，移送司法机关审查起诉2人。“四种形态”分别占比70.43%、24.20%、2.54%、2.83%。处置邑城镇卫生院案件、午汲镇西张璨村案件等。

【“四风”纠治】 2022年，中共武安市纪律检查委员会（简称市纪委）对日常监督检查加大频次和力度，查处酒后带班值班、工作日中午饮酒、违规操办红白事等违反中央八项规定精神和“四风”（形式主义、官僚主义、享乐主义、奢靡之风）问题39件，处理89人。

（孔红霞　崔　艺）

反腐倡廉教育

【党风廉政教育】 2022年，市纪委监委向问题突出、案件频发的乡镇和部门制发纪检监察建议45份，督促其强化责任、抓实整改，健全完善“不能腐”的防范机制。向党员领导干部发提醒函150多份，发送廉洁提醒短信1.8万余条。以粮食系统王树清等3人严重违纪违法案件为题材，拍摄警示教育片《擅权妄为的“一把手”》，在全市政治性警示教育大会上公开播放。

【纪检监察干部监督】 2022年，市纪委加强纪检监察干部日常监督，开展“大兴学习之风、提升能力素质”活动，制定监督检查、审查调查、党风政风监督、信访办理、案件质量等业务量化考核办法。从社会聘请武安市监委第二届特约监察员，全市502个村配齐监察联络员，健全纪检委员、监察联络员、村务监督委员“三员”队伍及工作制度。

【“滴灌式”警示教育】 2022年，武安市立足菜单化、精准化、常态化警示教育，以身边事教育身边人，促进警示教育入脑入心。市纪委监委选取本地查处的乡科级单位“一把手”及班子成员、机关中层、农村基层党员干部违纪违法典型案件，拍摄制作系列警示教育专题片，分层分类组织党员干部接受警示教育，对照案例自查自省，增强廉洁风险防范意识。同时，市纪委监委坚持把“一张纸”作为“一堂课”，每查处一起案件后，要到案发单位组织一定范围的人员召开警示教育会议，现场宣布处分决定、剖析问题原因、提出整改建议，被处分人员作出深刻检讨，单位负责人进行表态发言，参会人员谈体会感受，做到处分一人、教育一片。实行“一包一”送纪送法“进一线”，市纪委监委组织委领导班子成员、室主任到分包乡镇所辖农村，上门给村“两委”干部讲警示教育专题党课，结合基层“微腐败”典型案例，为基层党员干部讲明底线、划出红线，不断提升廉洁意识，不碰纪法“高压线”。

【警示教育基地建设】 2022年，武安市建立廉政教育基地，以史为鉴、以案为鉴，通过反面警示和正面引导，号召广大党员干部守底线、知敬畏，不忘初心，永葆共产党员清正廉洁本色，奋勇担当作为，不断为武安市的繁荣发展贡献力量。警示教育基地序厅的两侧为公与私、廉与腐、俭与奢、苦与乐、廉洁从政、廉洁齐家、廉洁修身、廉洁用权等内容。主体部分由唤醒·信仰铸魂、足迹·历史沿革、恪守·党纪国法、引领·廉政丰碑、警醒·前车之鉴、忏悔·悔之晚矣、笃行·继续前进、全面从严治党八部分内容组成。年内，全市两万余人次参观廉政教育基地现场接受廉政教育。

【廉洁文化建设】 2022年，市纪委挖掘武安古代清官廉吏典故，辑印成册宣传廉政故事。在城区磁山大街建立武安市廉洁文化长廊，在武安市职教中心、河北华丰能源科技发展有限公司建立廉洁文化示范基地，在白沙村、刘庄村、下白石村建设廉政文化一条街、廉洁庭院等。

（孔红霞　崔　艺）

巡　察

【概况】 2022年，武安市制定《武安市委巡察工作五年规划》，对供销系统、中小学、优化营商环境开展专项巡察和八届市委第三轮巡察，发现各类问题1281个，向有关部门移交问题53个。承接上级巡察试点课题攻关任务，2项工作规范被中央巡视办采纳，5项制度成果在邯郸市推广。

【巡察制度建设】 2022年，武安市印发《关于建立巡察监督与群众监督、舆论监督贯通融合机制的意见（试行）》《市委巡察组质效评估办法》《市委巡察工作联席会议办法》《中共武安市委巡察工作领导小组工作规则》等文件。制定《中共武安市委巡察工作规划（2022—2026年）》《关于巩固深化“市级巡察机构在上下联动中更好发挥作用”试点成果工作方案》《市委常委会会议、书记专题会议、巡察工作领导小组会议听取巡察情况汇报和研究巡察工作机制》《关于加强巡察整改和成果运用的落实措施》等文件，转发邯郸市委巡察工作领导小组试点期间印发制度文件和指导意见等16件，对巡察工作予以规范。加强对年轻干部的管理监督，强化理想信念教育、纪律规矩教育、廉洁从政教育，引导年轻干部正确对待权力，扣好廉洁从政的“第一粒扣子”。完善监督体系，加强制度建设。深化政治巡察，形成监督合力，切实提高治理效能和治理水平。

【巡察队伍建设】 2022年，武安市巡察机构将巡察干部队伍建设作为一项重要工作来抓，将市直党政群机关及其二级单位、市直单位及乡镇机关单位优秀党员干部纳入巡察干部人才库。保持40余人的组长库和130余

武安市纪委监委编印《武安清官故事》　（市纪委监委　供图）

人的巡察人才库。在每轮组建巡察组时，从纪检、组织、政法、财政、审计等专业部门抽调精兵强将参与巡察工作，增强巡察队伍专业化水平。每轮巡察前开展大培训，邀请纪委、组织、财政等部门专业人员授课，增强巡察专业知识；巡察办主任、副主任根据巡察重点分别授课，增强巡察业务知识。在巡察中，各巡察组利用“组务会”鼓励干部学政策、讲工作、谈体会、提疑问、给建议，提升巡察干部分析、判断、解决问题的能力。2月，武安市组织全市乡镇巡察专员、专干，从职能责任、日常工作要求、巡察整改流程和巡察制度解析等开展培训。在邯郸市十届市委第二轮巡察中，选派1名年轻干部参加邯郸市提级巡察，以干代训，提升巡察队伍特别是年轻巡察干部的业务水平和实践经验。3月，修订《武安市委巡察办职能配置内设机构和人员编制规定》，增设2个巡察办科室，成立武安市委巡察研究与数据保障中心，编制6人。重点关注群众关心领域和反映强烈的突出问题，整治群众身边腐败和作风问题，把作风建设引向深入。

【巡察监督】 2022年，武安市通过巡察这一政治监督形式，促进党的路线方针政策在基层落地落实。推陈出新、务求实效，在学深悟透新思想中认识新矛盾、研究新情况，总结新经验、推进新实践，将精力放在群众反映问题突出、关注度高、情况复杂的村街，发现和推动解决损害集体和群众切身利益的突出问题。协作配合、稳步推进，深入查找被巡察党组织存在问题，督促指导深化改革，完善制度，提高选人用人质量，确保意识形态领域各项工作落地落实。2月18日至3月31日，按照市委统一安排部署，八届武安市委第二轮巡察（专项巡察）成立7个专项巡察组对全市供销系统和教育系统进行专项巡察。其中，市委第一专项巡察组对全市供销系统进行集体企业管理暨农村产权流转交易专项巡察，其余6个专项组按任务分工对市教体局直属中小学、幼儿园和乡镇中心校等73个学校党组织开展全市教育系统专项巡察。开展八届市委第三轮巡察，采取“巡乡带村”的方式，对西土山镇、矿山镇、大同镇、贺进镇、北安乐乡、冶陶镇、徘徊镇、马家庄乡8个乡镇党委开展常规巡察，延伸巡察92个村级党组织。11月4日至12月30日，按照十届省委第二轮巡视工作统一部署，省市县三级联动开展优化营商环境专项巡视巡察工作，武安市成立专项巡察组对本级涉及优化营商环境工作的39个单位联动开展专项巡察。

（孔红霞　崔　艺）

（责任编辑：李子强）

民主党派与工商联

中国国民党革命委员会邯郸市委会武安市总支委员会

【概况】 2022年，中国国民党革命委员会邯郸市委会武安市总支委员会（简称民革邯郸市武安总支）设2个支部，有党员29名，分布于医药卫生界、教育界、经济界。年内未发展新党员。党员中有研究生学历1人，本科学历24人；有县级以上人大代表7名，政协委员8名。全年提交提案议案21篇。

【思想政治建设】 2022年3月，民革邯郸市武安总支学习中共中央总书记习近平重要讲话和全国两会精神、《中国共产党政治协商工作条例》、中共中央统战工作会议精神；传达学习民革中央、省委关于开展“矢志不渝跟党走、携手奋进新时代”政治交接主题教育通知和民革河北省第十三次代表大会精神；召开中国共产党第二十次全国代表大会精神专题学习会，举办两次党史培训会。通过民革邯郸市武安总支微信群，分享学习民革党史、民革新党章与重要理论文章。年内，“民革邯郸市武安总支”微信公众号等推送文章22篇，其中民革武安总支抗击新冠疫情系列通讯被民革邯郸市委、民革河北省委公众号采用。印发《民革武安总支》刊物10期。

【参政议政】 2022年，民革邯郸市武安总支围绕全市中心工作，撰写提案与议案涉及经济发展、行风建设、新农村建设等领域。其中，高宽宏撰写《关于加快推进我市康养产业发展的建议》《关于进一步支持民营企业发展的建议》，孟永生撰写《关于拓宽农产品销售渠道和发展深加工产业的建议》，郝晓辉撰写《关于推进农村电商发展的建议》《关于提升小区物业管理水平的建议》，孙学兵撰写《建议筹建以县域医院为依托的医养结合中心》，赵大春撰写《关于加快治理我市玉带河城区段河道环境的建议 》《关于我市鹿岩山小区建设文化广场的建议》。11月，武

2022年6月，民革邯郸市武安总支委员带领医生到活水乡李家庄村为村民义诊
（民革邯郸市武安总支　供图）

安市政协与民革邯郸市武安总支联合，成立社情民意调查站，加快民生热点难点问题的合理解决，为构建和谐社会贡献力量。

【基层活动】 2022年，民革邯郸市武安总支组织调研活动5次。部分党员到阳邑镇润康医院调研，班子成员赴管陶乡木作村就地质灾害隐患问题进行调研。班子成员和支部骨干党员到高树勋起义纪念馆学习观摩，参加寻美邯郸活动。11月，民革邯郸市武安总支举办“云”读书会，采用线上模式，党员分享“自己喜欢的一本书”。

【社会服务】 2022年8月，民革邯郸市武安总支赴市图书馆开展图书捐赠活动，捐赠《民革之花·芬芳武安》图书及部分学习资料；向武安市南小河学校捐赠音乐器材。部分民革党员及调查站成员，赴活水乡李家庄村开展中秋送温暖活动。带领医生党员下乡开展义诊2次。11月，成立法律服务小组，援助群众5人次。

（郝晓辉）

中国民主同盟武安市小组

【概况】 2022年，中国民主同盟武安市小组（简称武安民盟）有盟员9人，分布于教育界、医药卫生界。年内未发展新盟员。盟员均为本科学历；有县级以上人大代表1人，政协委员1人，全年提交提案议案6篇。

【思想政治建设】 2022年，武安民盟学习习近平新时代中国特色社会主义思想、中共中央总书记习近平系列重要讲话精神，以集中学习、自主学习、网络学习等方式系统学习领会丰富内涵和核心要义。开展学习实践活动，加强思想政治建设，学习《中国民主同盟章程》，提高盟员素质，增强对中国共产党的政治认同、思想认同、情感认同；增强政治意识、大局意识、核心意识、看齐意识和中国特色社会主义的道路自信、理论自信、制度自信、文化自信。认识中国共产党领导的多党合作和政治协商制度的特点和优势。组织盟员参加学习培训200余人次，“美篇”APP编发文章11篇，撰写上报理论研究文章5篇。

【社会服务】 2022年，武安民盟投身新冠疫情防控，负责对分包小区日常消毒。关心关爱贫困儿童的成长，开展“矢志不渝跟党走，携手奋进新时代”主题教育实践活动，盟员到徘徊镇崄岭小学和康二城镇洞上小学开展“六一送关爱，情暖儿童心”活动。重阳节开展“喜迎二十大 情暖重阳节”敬老、爱老、助老活动。

【参政议政】 2022年，武安民盟把参政议政、民主监督贯穿于履行职责的全过程。参加中国共产党武安市委统战部、武安市人大、武安市政协组织开展的有关会议和调研、考察活动。

（贾　渭）

中国民主建国会武安市基层委员会

【概况】 2022年，中国民主建国会武安市基层委员会（简称武安民建）设4个支部，有会员55名，分布于经济界、科学技术界、医药卫生界、教育界、文化艺术界。年内未发展新会员。会员中有本科学历26人，专科学历18人；有县级以上人大代表5人，政协委员18人，全年提交提案议案32篇。

【思想政治建设】 2022年，武安民建学习贯彻习近平新时代中国特色社会主义思想，特别是中共中央总书记习近平关于做好新时代党的统一战线工作的重要思想，推进新时代思想政治建设，调动各级组织和广大会员的积极性、主动性和创造性。强化责任担当，坚持把思想政治建设摆在民建自身建设的核心位置，加强理论武装，用习近平新时代中国特色社会主义思想凝心铸魂。巩固政治共识，强化思想引导，创新工作机制，构建思想政治工作格局。全年开展集中学习、交流心得等活动18次，撰写学习心得体会36篇。

【会员建议】 2022年，武安民建围绕全市中心工作，撰写提案与议案。会员郝辰阳提出《关于加强人员密集区消防通道管理的建议》，张衡提出《关于加快解决城西经常停水问题的建议》《城区住宅小区供暖问题的建议》，陈月梅提出《有关于加强治理“白色污染”的建议》《切实改进农村垃圾处理办法的建议》，孔保军提出《关于在高坡铁道立交桥下加装晚上照明设施的建议》《关于在洺湖大桥再建一座大桥的建议》，杨帆提出《关于整治规范城区宠物养殖的提议》《关于帮助武安市发展壮大连翘全产业链的建议》，杨志燕提出《关于加强食品药品监管，保障人民群众身心健康的建议》，武红霞提出《关于对农村60岁以上老人减免医疗费用的建议》。

（黄　杰）

中国民主促进会武安市总支委员会

【概况】 2022年，中国民主促进会武安市总支委员会（简称民进武安总支）设3个支部，有会员40名，分布于文化教育、医药卫生界。年内未发展新会员。会员中有研究生学历5人，本科学历21人，专科学历6人；有县级以上人大代表2名，政协委员4名，全年提交议案提案8篇。

【思想政治建设】 2022年，民进武安总支开展政治理论学习，组织多次专题学习会。学习习近平总书记重要讲话和全国两会精神、《中国共产党政治协商工作条例》、中共中央统战工作会议精神。传达学习民进中央、省委关于开展“矢志不渝跟党走，携手奋进新时代”政治交接主题教育的通知和民进河北省第十三次代表大会精神。召开中共二十大精神专题学习会，举办党史培训会两次。年内，民进武安总支“美篇”APP推送9篇文章信息。

【社会服务】 2022年，民进武安总支开展长城保护、武安红色文化资源的开发利用和“加强文物保护利用 做好地方文化传承”等调研。民进武安总支赴管陶乡管陶中学开展爱心捐赠活动，为管陶中学捐赠床单、书包、文具等生活学习用品，价值3000余元。

（黄　涛）

中国农工民主党武安市支部

【概况】 2022年，中国农工民主党武安市支部（简称农工党武安支部）有党员28名，分布于医药卫生界、文化艺术界。年内未发展新党员。党员中有研究生学历2人；有县级以上人大代表3名，政协委员3名，提交提案议案6篇。

【思想政治建设】 2022年，农工党武安支部把思想建党作为首要任务。开展“大兴学习之风、提升能力素质”活动，引导党员养成重视学习、善于学习、持续学习的良好习惯。采取线上线下相融合方式，学习中共中央总书记习近平重要讲话精神和中国共产党第二十次全国代表大会精神实质和丰富内涵，在政治上保持清醒头脑，在思想上、行动上与中共中央保持高度一致，把中国共产党的全面领导贯彻工作全过程。学习贯彻中共中央统战工作会议和中共河北省委统战工作会议精神，推动上级各项决策部署落地见效。

【参政议政】 2022年，农工党武安支部聚焦民生热点，开展调查研究，通过各种渠道建言资政，提高参政履职责任感。推进视察调研、协商议政等工作，在实践中提高服务本领，提升引领发展能力，为破解武安市转型升级发展难题、实现高质量发展、加快实现“十四五”期间经济总量超千亿目标贡献力量。参加市人大、市政协组织的活动，突出问题导向，针对助企纾困、粮食安全、耕地保护、农业机械化等领域提出意见建议。

【社会服务】 2022年，农工党武安支部动员党员开展医保政策进基层活动，发放宣传单、现场答疑，向群众解释医保待遇申领、电子凭证激活等相关政策。组织医务人员为社区居民群众义诊，测血压、测血糖、做理疗，开展健康宣传和医保政策宣传，为群众送医送药送温暖；定期派驻医护人员到东太行景区开展医疗保障救护工作，设置医疗点提供服务。农工党作为医务人员为主体的民主党派，围绕新冠疫情防控、信息排查、志愿者服务、心理疏导、物资保障等方面，提高科学精准防控水平。市第一人民医院、市中医院、市妇幼保健院等医疗战线农工党员发挥党员示范作用，为行动不便的老人等人群提供志愿服务，开展心理疏导，化解焦虑情绪。派出医疗小组参与中考和高考医疗保障，配合街道社区做好环境消杀、防控宣传等工作。

（李　阳）

九三学社邯郸市武安直属小组

【概况】 2022年，九三学社邯郸市武安直属小组（简称九三学社武安直属小组）有6名社员，分布于医药卫生界、工商联界。年内未发展新社员。社员中有县级以上人大代表1人，政协委员1人，提交提案议案3篇。

【思想政治建设】 2022年，九三学社武安直属小组组织多次专题学习会，加强政治理论学习，推进思想建设工作。学习中共中央总书记习近平重要讲话和全国两会精神、《中国共产党政治协商工作条例》、中共中央统战工作会议精神；传达学习民革中央、省委关于开展“矢志不渝跟党走携手奋进新时代”政治交接主题教育的通知；举办两次党史培训会。九三学社武安直属小组全体社员关注《河北九三》和《邯郸九三》微信公众号，学习相关文件精神；通过微信群分享重要理论文章。

【参政议政】 2022年，九三学社武安直属小组提交政协集体提案《关于筹建武安市第一人民医院医养中心的建议》，个人提案《多措并举防止武安医保基金外流》《加快武安医共体建设和分级诊疗，实行医保基金对医共体打包支付的提案》《关于在公共场合以及人员密集单位、场所设置自动体外除颤器（AED）以及普及急救知识的提案》《多部门联合信息共享，确保医保基金安全》，均被采纳。

【社会服务】 2022年，九三学社武安直属小组在市新峰水泥有限责任公司组织开展“比学赶帮超”“降本增效”“技术比武”活动，创建环保“A类”企业，打造国家级绿色工厂。新冠疫情防控期间，九三学社武安直属小组向武安市政府捐资500万元。捐赠1万吨水泥助力乡村振兴，免费送到各乡镇、村。

（梁海峰）

武安市工商业联合会

【民营经济调查研究】 2022年，武安市工商业联合会（简称市工商联）同市科技和工业信息化局设立“政企会客厅”服务平台，建立“政企面对面”沟通、“银企面对面”互动、“普法面对面”保障、“企业面对面”调研、“专家面对面”培训、“沙龙面对面”交流六项机制，促进民营经济调查研究，帮助民营企业纾困解难，助力民营企业健康稳定发展。年内，市工商联召开企业董事长、总经理面对面会议18次，收集问题建议167条，解决问题120余条。

【商会建设】 2022年，武安市以基层商会和党组织的联建共建为纽带，加强商（协）会合作互补，盘活各方资源，激发内生动力。通过“商会+园区建设”“商会+龙头招引”“商会+平台孵化”“商会+人才培养”等“商会+N”模式，融入新兴产业和新兴业态的招商引资、项目孵化、园区管理、要素整合的全过程各方面，赋能传统行业商协会实现新发展。搭建起党建引领、共谋发展、信息互通、资源共享、互利共赢的合作交流平台，畅通所属会员企业、商会组织内部循环，做好合纵连横、抱团发展的经济大文章。

【服务民营企业】 2022年，武安市委八届四次全会把“持续优化营商环境”摆上关键要位，明确“坚定不移强保障、优服务、严考核，增创高质量发展新优势”目标，重点关注要素保障、招商引资、营商环境等。按照全国稳住经济大盘电视电话会议和省、邯郸市会议精神，为推动国务院稳住经济的6个方面33项措施、省政府“1+20”和邯郸市“1+18”政策措施落实，武安市制定扎实稳住经济运行的“1+18”一

2022年3月5日，武安市工商联到恒通阀门公司现场调研（市工商联　供图）

揽子政策措施及配套政策。3月，组织50余家规模以上企业召开调研工作专题会，14家会员企业进入“2022年河北省民营企业100强”，16家会员企业进入“2022年河北省民营企业制造业100强”，11家会员企业进入“2022年中国民营企业500强”，12家会员企业进入“2022年中国民营企业制造业500强”。武安市委统战部在河北华丰能源科技发展有限公司、河北普阳钢铁有限公司、武安市南洺河铁矿等12家民营企业和会员企业挂牌建立“统战工作室”，为服务民营企业发展搭建新平台。7月，市工商联同市人民检察院成立《武安市涉案企业合规第三方监督评估机制管理委员会》，预防武安民营企业违法犯罪，服务保障武安经济社会高质量发展。市司法局引导律师参与企业经营法律把关活动，全市22名律师为39家企业担任法律顾问，助力企业依法健康发展。

【民营经济会员企业党建】 2022年，武安市将党建工作机制引入企业管理，围绕“以党建引领促高质量发展”工作目标，将党的组织优势和政治优势转化为企业发展优势。实行“三四五”党建工作模式（三：支部带党员、党员带群众、党建带工建；四：阵地建设强、作用发挥强、融合发展强、村企关系强；五：思想优、服务优、管理优、队伍优、作风优），实现党建工作和企业生产经营高度融合。

【民营经济社会服务】 2022年，武安市组织27家重点民营企业，结对帮扶23个乡镇（工业园区）、40个村，组织全市民营企业开展“回报家乡”专项行动。武安市新峰水泥有限责任公司投资5500万元，拓宽硬化三柏树路口到西三环路段道路，新建绿化带5万平方米，修缮文化墙1500米，新建游园2个，标准化篮球场1座，安装太阳能路灯70盏。支持公益性岗位和特殊扶贫资金50万元，为79户205人建档立卡户提供帮扶，对贫困户中年龄偏大人员，公司提供绿化、保洁等辅助岗位20个。为管陶乡安排16人就业，其中出国工作7人。河北太行钢铁集团有限公司每年资助20名困难家庭贫困学生，投资60万对北关街小学进行校舍改造。向北关街群众和60岁以上老人发放福利资金400多万元。新冠疫情期间，河北太行钢铁集团向武安市徘徊镇等地捐赠防疫用品，价值60万元；为扬州市广陵区抗疫捐款100万元。安排农民工、下岗职工及大中专毕业生和复员军人1.5万人就业。年内，河北普阳钢铁有限公司等四家企业入选“河北省民营企业社会责任感100强”。

【民营经济人士参政议政】 2022年，武安市政协工商联界别政协委员提交提案建议35件，其中《关于在高坡新村路口增设交通信号灯的建议》《关于加快城区学校建设，缓解城区大班额的提案》《关于优化营商环境促进民营企业发展的提案》获评2022年度武安市政协优秀提案。完成《发展现代物流业，打造冀南地区最大的钢铁物流基地》《护一方水土，促一方发展，争经济发展与环境保护双赢》等调研报告3篇。

（贾　奇）

（责任编辑：李子强）

群众团体

武安市总工会

【概况】 2022年，武安市总工会有基层工会组织903个。其中，独立工会806个，联合工会97个，会员14万余人。评选出“工会工作优秀单位”21家，“工会工作先进单位”27家，“先进基层工会”13家；市优秀工会工作者53人，市优秀工会积极分子95名，优秀女工工作者6名；举办“奔跑吧，劳动者迎‘七一’暨‘武安市五一劳动奖’‘武安工匠年度人物’活动”，“冀云武安”APP、抖音“武安融媒”直播，观看5万人次。此活动获评中华全国总工会、中央网信办主办的“网聚职工正能量 争做中国好网民”网络正能量创新活动征集“同心圆”优秀参与活动。工商银行武安支行户外劳动者服务站点获全国总工会2022年“最美工会户外劳动者服务站点”称号。

【基层工会建设】 2022年，武安市总工会新建新兴组织联合工会和基层工会30家，吸纳会员3000余人，位居邯郸市第一位。按照非公企业工会主席能力清单，完成2021年度非公企业工会主席分级管理评价工作，评出中级3人，初级7人，并按非公企业工会主席分级管理办法给予补贴。举办非公企业工会工作者资格认证培训班，39人取得证书。指导康二城镇、矿山镇总工会建设工会阵地，打造3个规范化建设达标乡镇总工会，推动乡镇工会规范化建设。组建房产中介、保安员、护理员、武安市新世纪商场信息员、货运司机、创业孵化基地等新就业形态劳动者工会，召开座谈会，收集意见建议15条。

【劳模工匠选树表彰】 2022年，武安市评选出为经济建设和社会事业发展作出突出贡献的先进集体、先进个人、先进班组80个，其中，五一劳动奖状10个，武安市五一劳动奖章45个，武安市工人先锋号25个。评选出2022年度“武安工匠”10名。申报邯郸市级劳模6人、最美职工5人、工人先锋号4个。河北普阳钢铁有限公司付中原获“全国五一劳动奖章”。参加省总工会、省国资委、省企业联合会组织的“河北工匠故事”征集活动，河北普阳钢铁有限公司付中原、刘恩科分别获一、二等奖，武安市裕华钢铁有限公司郭扬利、孙江涛分别获三等奖和优秀奖。

【职工文体活动】 2022年，武安市总工会举办“喜迎二十大 聚力促发展”职工文体活动联赛。设三人篮球、围棋、跳绳、花样踢毽、羽毛球5个比赛项目，151个参赛队，800余名职工参与活动。10名书法家书写300余副春联和365个福字，赠送全市职工。组建216个运动团，3.27万名职工参与“中国梦·劳动美——永远跟党走 奋进新征程”全国职工线上运动会活动，获省优秀组织奖。申报武安市裕华钢铁有限公司和陆港保税有限公司省级职工书屋，获赠书籍，价值5000元。申报市级职工书屋1个，劳模书架2个，便利点1个。组建8人工会轻骑兵服务团到河北普阳钢铁有限公司等8家企事业单位开展26场红色宣讲和心理知识等讲座。

2022年4月28日，武安市总工会到职业技术教育中心开展“巾帼劳模进校园”活动 （市总工会 供图）

【职工合法权益保障】 2022年，武安市总工会为维护职工合法权益，构建和谐稳定劳动关系，促进全市经济发展，推进职工代表大会制度建设，组织40家百人以上企业成立职工代表大会。举办武安市企业民主管理微视频大赛，组织企业参加邯郸市民主管理微视频大赛，3家企业分别获一、二、三等奖。开展“聚合力 促发展”优秀职工代表提案征集活动，收集提案19件，确定6个优秀提案，评选9个优秀组织奖。指导企业签订集体合同85份、职工工资专项集体合同52份。依据《中华人民共和国劳动法》《中华人民共和国工会法》督促企业开展安全生产隐患排查治理工作。

【职业技能大赛】 2022年6月，武安市举办职工职业技能大赛，推进产业工人队伍建设改革，引领带动全市职工学技术、比技能、提素质。全市9家重点企业及工业园区的182名选手参赛。比赛分为理论考试和实际操作两种形式，大赛设置高炉炼铁工、天车工、钳工、焊工、维修电工、化验工6个工种。评出技术状元、技术标兵、技术能手各6名。

【工会普惠服务】 2022年元旦、春节期间，武安市总工会慰问困难职工10名、脏苦累险一线职工172名，慰问重点工作重大工程重点项目做出突出贡献的职工50名、劳模工匠5名，发放款物7.54万元。“七一”“送清凉”慰问新冠疫情防控一线医护人员、环卫保洁、新就业形态劳动者等519人，发放物资6.76万元。为73名困难职工发放救助金17万余元；大病医疗互助活动救助81名患病职工，发放互助金61万元。组织劳模、援辛集抗疫医护人员等32人到北戴河、温塘疗养院进行疗养。全额返还36家小微企业2022年上半年工会经费18.49万元。开展“公益红娘”系列服务活动，举办“周六相亲角”7期，促成5对职工结婚或订婚，此项活动被河北省总工会评为典型创新案例。开展“农工惠直通车”服务，为贺家村等地群众销售土豆等农产品2.5万余千克。

【产业工人队伍建设】 2022年，武安市总工会印发2022年《关于开展产业工人队伍建设改革试点工作的通知》，召开新时代产业工人队伍建设改革推进会。推动创建职工创新工作室和开展“五小”（小发明、小创造、小革新、小设计、小建议）群众性创新活动，创建武安市级职工创新工作室39个，邯郸市级5个，省级3个，推荐武安市裕华钢铁有限公司李波创新工作室和河北华丰能源科技发展有限公司韩军英创新工作室入围河北省省级劳模和工匠人才创新工作室评审名单。建立产业工人队伍建设改革试点6家。

（郭慧敏）

中国共产主义青年团武安市委员会

【概况】 2022年，中国共产主义青年团武安市委员会（简称共青团武安市委）有基层团委82个、团工委2个，团总支25个、团支部1137个。开展“希望工程·圆梦大学”等活动，筹集资金12.82万元，帮扶家庭贫困学生137名。共青团河北省委授予共青团武安市委2022年度“河北省十佳团县（市、区）委”称号，共青团中央授予武安市第一中学团委“全国五四红旗团委”称号。

【团组织建设】 2022年，共青团武安市委召开团员发展工作专题培训会2次，做好团员发展工作；武安市“学社衔接”率99.3%；推进非公团建工作，全市新建非公企业领域团组织55个；成立“青少年事务服务中心”，发挥青少年宫等联系青少年的作用。组织基层团组织工作述职评议，评选出武安市五四红旗团委24个、五四红旗团支部25个、新长征突击手79名、优秀共青团干部81名、优秀共青团员50名。召开基层团组织工作交流会，学习宣传贯彻党的二十大精神、青年发展相关工作、团组织建设等。

【青少年思想政治引领】 2022年，共青团武安市委制定《共青团武安市委关于开展“喜迎二十大、永远跟党走、奋进新征程”主题教育实践活动的通知》《共青团武安市委认真学习宣传贯彻党的二十大精神实施方案》，开展“诵经典 润童心 传文明”红色经典诵读展示活动，组织全市各级团组织以及广大青少年学习领会党的二十大精神。组织各领域团员青年参与“青年大学习”网上主题团课学习，每期学习人数2万余人。

【全国青年发展型县域试点】 2022年6月，武安市被确定为全国青年发展型县域试点。围绕打造“青企、青创、青旅、青培”四项“青字头”工程，建强“青年健身运动阵地、青年城市主题会客厅、青年成长培育摇篮、青年创新创业服务平台以及青年研学旅游惠青路线”五类青年阵地，专项实施“技能培育、时代筑梦、就业领航、创业扶持、青春相聚、惠青研学、青心爱护、户外健身、社会融入、筑巢引凤”十大专项行动。发挥青年联席会议机制优势，开展试点建设研究、调度、推进等工作，在全市营造关怀青年、重视青年、助力青年的氛围。承担全国青年发展型县城试点建设任务后，共青团武安市委三个季度量化评价全部评为“突出”等次，第三季度排名全省第一，武安市试点建设经验信息《河北武安：建强软硬件阵地 推进“青”字头工程 创建青年发展友好型新武安》被中国共青团杂志等平台刊登。

【新社会组织团建】 2022年，共青团武安市委加大对非公有制企业、社会组织的服务力度，围绕非公企业等板块开展非公有制企业和行业系统团建。全市新建55个非公领域团组织，完成率100%。

【“智慧团建”】 2022年，共青团武安市委依托“智慧团建”网上系统，加强组织建设。“智慧团建”在全市各乡镇、工业园区、学校全覆盖。全年录入新团员1873人，社会领域入团65个。1137个团支部录入“党的青年运动史”“建团100周年大会精神专题”“新时代的伟大成就”“党的二十大精神”专题学习信息，团支部覆盖率100%。

【青年志愿服务】 2022年，共青团武安市委依托“志愿者银行”，组建469支青年志愿者队伍，2000余名青年志愿者参与新冠疫情防控、创建国家级文明城市等志愿服务工作。全市注册志愿者3700余人，信用时数35万。

【少先队工作】 2022年，武安市开展“红领巾心向党”“请党放心 强国有我”主题朗诵、“习爷爷教导记心中”等活动。共青团武安市委召开中国少年先锋队武安市第三次代表大会，选举产生新一届少工委主任、副主任和委员。指导推动初中团队一体化工作，开展少先队辅导员培训10次，实现大队辅导员100%覆盖，规范各级少先队组织建设。

（付丽丽）

武安市妇女联合会

【概况】 2022年，武安市妇女联合会（简称市妇联）围绕市委、市政府中心工作和上级妇联工作部署，推动妇联工作融入武安经济社会发展大局。开展系列宣讲和巾帼典型培树宣传活动，推动美丽庭院创建。开展各类技能培训，促进妇女就业。开展巾帼志愿服务，加大对低收入妇女、儿童和家庭关爱帮扶。全市有市、乡镇和工业园区、村（社区）三级妇联组织658个，其中，市级1个，乡镇和工业园区23个，村502个，社区11个，市直单位及其他“四新”（新经济组织、新社会组织、新就业组织、新商业组织）组织121个。在邯郸市妇联重点工作考核中获优秀等次。

【妇女思想政治引领】 2022年，市妇联开展“巾帼心向党 喜迎二十大”群众性主题宣传教育。制定下发《关于开展“磅礴力量 奔跑向未来”喜迎二十大主题宣传活动的通知》，开展“喜迎二十大 巾帼绽芳华”线下主题宣讲2次，公众号线上宣传2期。组织各乡镇妇联主席和市直单位妇联主席，参观晋冀鲁豫军区司令部旧址，以实际行动向党的生日献礼。召开纪念“三八”国际劳动妇女节112周年大会，表彰优秀集体12个，最美女性40名，巾帼建功标兵131名，最美家庭12个，巾帼文明岗8个。

【妇联组织建设】 2022年，市妇联多次召开“破难争星”工作推进会，组建“四新”（新领域、新业态、新阶层、新群体）妇联组织52个、特色妇联组织10个。在市直单位采取“一个妇联+微家+四新”的纵向联动发展模式，乡镇实行“1个妇联+N”横向拓展模式，村与村、镇与镇横向地域组建妇联。

【巾帼建功行动】 2022年，武安市妇女联合会开展“1+1+1巾帼联动”活动，整合部门、乡镇、“四新”组织资源，组织“巾帼沙龙一小时”活动，举办“品味书香”阅读经典、“特色菜园劳动”等活动20场。在全省“四新”组织建妇联工作推进会上，武安市妇联作为邯郸唯一县级妇联作典型发言。市妇联培树“河北省巾帼家政基地”2个，“邯郸市巾帼家政基地”2个；选树“河北福嫂”3人，“邯郸福嫂”7人；建立武安市巾帼家政基地3个，评选培树“武安福嫂”34人。举办各类家政“微课堂”和线上线下宣讲24期，培训妇女2600余名，帮助320名妇女在家政服务领域实现就业。

【美丽庭院建设】 2022年，市妇联坚持“人美”核心，探索“美丽庭院+”特色创建新形式。通过磁山二街、刘庄、大贺庄3个重点村全域推进，全市打造美丽庭院示范户1.19万户，精品庭院示范户983户，推动美丽庭院创建提档升级。在活水乡白王庄举行“助力厕所革命，共建美丽庭院”暨美丽庭院示范户授牌仪式，向30个示范户赠送清洁大礼包。9月，邯郸市美丽庭院示范创建第三次观摩交流活动在武安市举行。

【家庭文明建设】 2022年，武安市妇女联合会促进家庭家教家风建设，围绕立德树人，推动文明家庭创建。开展“感恩母亲，微语传爱”微信公众号寄语征集等系列活动，征集寄语650余条。开展寻找“最美家庭”活动，在全市评选出最美家庭12个，选树邯郸市级最美家庭5个，最美绿色家庭6个。招募优秀家庭教育指导师16名，组建家庭教育指导服务队伍，开展家庭教育线上分享会6期。

【巾帼关爱行动】 2022年，市妇联开展妇女“两癌”筛查和救助，完成1.70万名妇女的“两

2022年12月，武安市妇联开展“小院课堂·安全宣传进万家”活动

（市妇联 供图）

癌”免费筛查。为14名低收入“两癌”妇女争取“中央专项彩票公益金”救助款14万元。联合市关心下一代工作委员会、市检察院、共青团武安市委成立家庭教育指导站6个，为涉案、离异家庭未成年人提供“一对一”家庭教育指导；邀请河北医科大学先天性心脏病专家为49名先天性心脏病儿童免费筛查，7名儿童达成救助意向；到马家庄乡、午汲镇为16名留守儿童送去生活、学习用品。建立“福嫂加油站”2个，为33名优秀武安福嫂争取“两癌”健康保险33份，保额165万元。

【妇女儿童权益保护】 2022年，市妇联开展法治宣传教育，维护妇女儿童合法权益。在市妇联微信公众号开设《木兰有约·普法小课堂》栏目，宣传《中华人民共和国未成年人保护法》《中华人民共和国反家庭暴力法》等相关法律法规6期。开展多种形式“喜迎二十大，巾帼普法我来讲”活动。做好妇女儿童信访接待，接待妇女群众来访76人次，调处率100%。

（路志芳）

武安市科学技术协会

【概况】 2022年，武安市科学技术协会（简称市科协）推进“科技工作者之家”“基层科普行动计划”，优化人才库建设，开展科普宣传，提升青少年素质。全市有国家级科普教育基地1个，省级科普教育基地2个，邯郸市级科普教育基地3个，武安市科普基地6个。有40余名科普志愿者和459名科学技术人才。组织参加河北省第三十六届青少年创新大赛，征集科幻画作品238幅，获省级奖13幅，获邯郸市级奖41幅。征集科技创新成果竞赛项目90件，获省级奖46件，获邯郸市级奖90件。市科协获评优秀组织单位、2022年河北省全国科普日优秀组织单位。

【科普志愿队伍建设】 2022年，市科协推进“科技工作者之家”建设，在白沙村科普基地、市诺恩污水处理技术有限公司、普阳钢铁有限公司等有代表性的科普基地建立科技工作者之家活动站。冀南钢铁集团有限公司董事长王树华、河北普阳钢铁有限公司董事长郭龙鑫2人获“新时代科技贡献者”称号。

【科普服务】 2022年，市科协开展科普惠农“三下乡”（文化、科技、卫生），科技服务小分队到活水乡楼上村和伯延镇开展活动，发放种植、养殖、生活常识等科普图书宣传资料2000余份。邀请中药材种植专家现场解答连翘、柴胡等中药材种植、销售疑难。“全国科普日”期间，组织理论宣讲10场，发放科普宣传资料4000多份。

【科普阵地建设】 2022年，市科协开展“基层科普行动计划”工作。马家庄乡北果村绿生怡农业开发有限责任公司科普示范基地，获评“国家基层科普行动计划先进单位”。开展省、市级科普基地认定申报及年度评估工作，玉莲种植园被评为市级科普基地，武安市智寿源林牧有限公司在2022年省级农业科技园区评估工作中获评优秀等次。河北洺岸农业科普示范基地负责人郝利杰、淑村镇白沙村绿色田园科普示范基地负责人曹欣洋，获评

2022年7月6日，武安市科协在活水乡楼上村开展“送科技下乡”活动，助力乡村振兴

（市科协 供图）

“国家基层科普行动计划先进个人”。武安广场建立科普长廊，设置大型展板3块，小型展板10块，为广大群众普及科技知识。紫光花园小区公园为科普主题公园，制作安装宣传牌和展示橱窗。

（郭华杰）

武安市文学艺术界联合会

【概况】 2022年，武安市文学艺术界联合会（简称市文联）激发全市文艺工作者创新活力。下属作家协会、美术家协会、书法家协会、摄影家协会等14个民间文化组织，协会会员1800余名，其中国家级21名，省级164名，邯郸市级252名。年内，成立文学、美术、书法等领域6家文化名家工作室，组织开展理论宣讲、文艺培训、艺术展演等活动。

【文艺基层组织建设】 2022年，市文联完成市作家协会、书法家协会、美术家协会、摄影家协会、文化学会等9个协会的换届选举工作。成立武安市影视行业协会，完成市书法家协会、美术家协会、戏曲曲艺家协会注册登记工作。

【文艺作品创作】 2022年，市文联推动文艺作品创作。摄影家王进元、李树锋、司建平等作品分别获第二十六届河北省摄影艺术展览银质、铜质收藏以及文献优秀奖；于冰、李红兵、高夫昌等美术作品参加第四届中国画双年展；原创歌曲《贺进故居寄深情》在“感动中国”2022年全国大型歌手网络（电视）大赛活动中获金奖。拍摄《领航》《农民的儿子》《我的南山沟》等音乐视频，歌曲《武安姑娘》网上播放量20多万人次；朗诵作品《放心，我们在一起》获邯郸市视频类节目评选一等奖；编撰出版《武安文化脉系》《古武当山楹联集锦》《行走的灵魂》《西万年村志》《根书兰亭序》等地方文献。

（史贺伟）

武安市残疾人联合会

【概况】 2022年，武安市持证残疾人1.6万余人。其中，视力残疾1322人，听力残疾410人，言语残疾183人，肢体残疾9616人，智力残疾1489人，精神残疾967人，多重残疾2096人。2022年新办“残疾证”411人，到期换证473人。在2022年北京冬季残疾人奥林匹克运动会上，武安籍运动员武中伟获得2022年北京冬季残疾人奥林匹克运动会单板滑雪男子坡面回环LL1级金牌和残奥单板滑雪男子障碍追逐LL1级铜牌。车行在冰球铜牌赛中，所在的中国队获季军。

【残疾人康复服务】 2022年，武安市残疾人联合会（简称市残联）依托23个乡镇卫生院和6家专业康复机构，通过采取预约上门、电话指导、机构训练等方式，为全市1989名有康复需求残疾人提供上门康复训练服务。为515名有服药需求的精神病患者每人提供500元的药物。为130名有康复需求的脑瘫儿童、听障儿童、智力残疾和孤独症儿童提供机构康复训练服务。为全市有辅助器具需求的残疾人发放轮椅、助行器、腋杖、四脚杖、手杖和假肢等各类基本辅具300件。为137名就业年龄段内的精神、智力和重度肢体残疾人提供居家托养服务。

【扶残助残活动】 2022年，市残联推进残疾人“两项补贴”工作。年内，4.95万人次残疾人享受生活补贴326.78万元，7.73万人次残疾人享受护理补贴463.63万元，3806名重度残疾人办理医保代缴121.79万元，对186名办证困难的重度残疾人给予补贴2.79万元。完成全市1.6万名持证残疾人的调查工作。加强贫困残疾学生及贫困残疾人家庭子女接受教育救助工作，全年资助24名学生，其中研究生1名，本科生9名，大专生11名，中专生3名，补助资金5.60万元。

【残疾人就业培训】 2022年，市残联开展残疾人实用技术培训工作。确定培训学校，制定实施方案，56名残疾人参加培训。对2015年1月1日之后取得“个体工商户营业执照”或“医疗机构执业许可证”的残疾人，经营时间6个月（含以上）的给予一次性扶持补贴6000元，盲人按摩一次性扶持补贴1万元，为24人发放自主创业补贴资金14.4万元。

【无障碍环境建设】 2022年，武安市残疾人联合会采取包区包片方式，开展无障碍环境维权专项行动。徒步巡逻600余千米，发现问题278处，发函督促，提请政府协调，全部整改到位，解决影响残疾人安全便利出行问题。

（杨　乾）

武安市红十字会

【概况】 2022年，武安市红十字会（市红十字会）有会员单位16个，红十字基层组织403个，志愿者队伍5支，志愿者800余人。开展人道领域内社会救助和社会公益活动，普及卫生救护和防病知识，进行初级卫生救护培训，组织群众参加现场救护；依法参与推动无偿献血以及造血干细胞、遗体、人体器官捐献工作。全年开展车辆救援50余次。接收190余个爱心捐款单位善款211万余元。为150余名困难学生发放助学金约13万元，为全市乡村学校学生捐赠棉服、帽子、书包等学习、生活用品200余套。建成乡镇、工业园区红十字会23个，乡镇建会率100%；建成社区、村级红十字会448个，建会率89%。6月，中国红十字会总会授予河北省中普慈善基金会“中国红十字特级人道勋章”。

【人道救助】 2022年，市红十字会为困难群众提供大米、食用油和棉被等慰问物资950套，价值16万余元。救助全市患有尿毒症、白血病、癌症等重大疾病困难群众708人，发放救助金118万余元。端午节、中秋节、重阳节等重要节日，组织志愿者为60名孤困老人发放慰问金4.8万元，发放慰问物品200余套。

【“三献”工作】 2022年，市红十字会开展“三献”（献血、造血干细胞捐献、人体器官捐献）宣传活动10余次，发放宣传品2000余份。动员60余名爱心人士完成人体器官捐献志愿者登记，造血干细胞血样采集150余份。实现造血干细胞捐献一例，挽救一名血液病患者。志愿者孙柯、黄海丽获河北省红十字会“2021—2022年度造血干细胞捐献优秀志愿服务者”称号。组织适龄健康的志愿者参加无偿献血和机采血小板，年内全市献血量3万毫升，机采血小板360个治疗量。

【应急救援培训】 2022年，市红十字会开展应急救护培训进机关、进学校、进农村、进社区、进企业活动，普及人数2万余人次。开展CPR（心肺复苏）和AED（自动体外除颤器）专项应急救护培训，为全市12个AED投放点工作人员进行专项培训，240余人培训合格。对曙光救援队、马拉松协会等社会团体和个人进行应急救护培训，700余人培训合格，发放培训证书。

（李倩倩　房　俊）

武安市计划生育协会

【概况】 2022年，武安市计划生育协会（简称市计生协会）落实中央、省、市人口计生工作的决策部署和工作要求，以推动计生协会改革为主线，推进全市计划

2022年11月，武安市红十字会组织适龄健康志愿者无偿献血

（市红十字会　供图）

生育优质服务。全市有计划生育协会526个，其中，市计生协会1个，乡镇和工业园区计生协会23个，村（居）计生协会502个。有理事1523人，会员8万余人，会员之家502个。

【计生协会组织建设】 2022年，武安市制定《中共武安市委关于进一步加强计生协会工作的意见》，明确县、乡、村各级计生协的工作方向和重点。完善计生协会组织网络，明确乡镇党委书记或乡镇长担任会长，乡镇卫生院院长担任乡镇计生协兼职副会长。更新登记各乡镇主管卫生健康、协会工作的负责人信息，推动计生协工作开展。推行村卫生计生工作组织与村计生协一体化，修订完善计划生育村规民约。至年底，全市95%的村修订完善了计划生育村规民约并严格落实乡级审查备案制度。采取“支部＋计生协”“企业＋计生协”“行业协会＋计生协”等形式，扩大流动人口计生协的组织覆盖。全市创建各类流动人口计生协组织11个。

【优生优育指导】 2022年，市计生协会联合武安市妇幼保健院开展妇女“两癌”筛查乡村行活动30余场，提供均衡营养、高危人群指导、孕前优生健康检查等优生咨询。开展优生优育知识讲座10场，普及青春期、新婚期、孕产期和育儿期知识，组织开展孕妇健康体检和母婴亲子活动，使广大育龄群众增长优生优育知识。

【婚育文化宣传教育】 2022年，市计生协会开展“倡新型婚育文化”系列宣传服务活动。在公共场所、人流量较大场所、公开栏等醒目位置，张贴新型婚育文化宣传海报1280余份。开展“纪念中国计生协会成立42周年宣传”活动，展出4块展牌，发放健康宣传资料和宣传品2000余份。

【“暖心行动”】 2022年，市计生协会摸底登记计划生育特殊困难家庭，计99户，建立亲情关爱档案69户。联合市卫生健康局、乡镇卫生院，为65岁以上老年人等群体开展免费体检。

【“健康家庭”创建】 2022年，市计生协会围绕家庭健康知识普及、健康生活方式推广等，开展“好家风 健康行”宣传活动。向居民普及健康知识，向居民发放关爱女孩健康成长、科学育儿、免费孕前优生、预防艾滋病等宣传单、折页等5000余份。实施健康中国武安行动规划，全市创建“健康家庭”2.35万户。3月初，以社区为单位开展计生专题会议，详细介绍居民关心的政策，计生项目工作办理流程，发放避孕套30余盒，为居民介绍各类药具的使用方法以及日常领取地点。

（贾　宇）

（责任编辑：李子强）

法 治

政法委及综治

【概况】 2022年，武安市委政法委（简称市委政法委）贯彻落实党的二十大精神和习近平法治思想，按照党中央、国务院《法治政府建设实施纲要（2021—2025年）》总体部署和要求，将法治政府与法治武安、法治社会一体化建设，协同推进，提高法治服务保障经济社会高质量发展的能力和水平，推进各项重点工作，提升政府依法行政水平。

【“2345”心理健康服务体系】 2022年，武安市成立社会心理健康服务体系建设领导小组，制定出台《武安市委政法委关于推进心理健康服务体系建设的实施方案》，将构建社会心理服务体系作为营造共建共治共享社会治理格局的重点工作和创新项目。构建“2345”心理健康服务体系，即建设线上线下“两个心理健康服务平台”，做到全市统筹、试点先行、重点群体“三个突出”，健全宣传引导、服务管理、志愿服务、疏导化解“四项机制”，开展心理服务进社区、进企业、进校园、进机关、进家庭“五进”活动，探索出具有武安特色的社会心理服务体系。线上平台发布新冠疫情防控心理健康知识256篇，网络点击量达5万余次，网上咨询和疏导1638人次。全市投资100余万元，建成11个试点心理服务室（站）。全市接受心理咨询4778人次，开展心理疏导660人次，预防和化解矛盾纠纷279起、信访积案30余件。举办心理专题讲座9场，提供心理健康教育287次，答疑释惑625次，心理咨询133次，服务群众2819人次。开展“五进”服务68次，提供心理咨询和疏导3233人次。治安案件受理数比上年下降18%，全市未发生个人极端暴力事件和民转刑案件，群众安全感和幸福感持续提升。

【平安武安】 2022年，武安市推进市域社会治理，形成集人防、物防、技防为一体的“点、线、面”结合的防控体系，全年未发生影响重大的案件和事件。落实“一村一警一群”工作机制，将治安警务前移至村，组建乡镇专兼职巡逻队324个。市公安系统开展打击整治养老诈骗专项行动，接到相关线索6条。健全完善矛盾纠纷化解机制，发挥网格员作用，对婚恋、邻里、财产等领域，全年排查各类矛盾纠纷1402件，调解1378件，成功率98%。由市委政法委牵头，卫生、公安、民政、残联、财政等部门配合，加强重点人群服务管理，采取开展诊断评估等方式，核查全市严重精神障碍患者。走访刑满释放人员、社区矫正对象，刑满释放人员思想稳定，社区戒毒康复人员无脱失漏管情况。

【法治建设】 2022年，武安市将法治建设纳入发展总体规划和党委常委会年度工作要点。完善干部学法、职责清单、述法报告和法治考核“三制度一考核”工作机制，明确党委、政府、乡镇、村党政主要负责人在推进法治建设中发挥第一责任人作用，形成市（县）、乡、村“三级书记”抓法治局面。每半年做一次法治建设情况汇报，解决法治建设中的重大问题。开展“八五”普法工作，建立宪法宣传骨干队伍，调整充实宪法普法宣讲团、普法联络员和普法志愿者队伍，在武安市新峰水泥有限责任公司、河北新武安钢铁集团文安钢铁有限公司等企业开展宪法宣传。开展涉法涉诉案件清查，受理本级涉法涉诉信访案件314件（含重复访），均按程序交办反馈结果；上级交办13件，接收“12337”举报平台线索17批次60件，全部办结并反馈。培树乡（科）级以下的基层法治建设典型，大洺远村入选河北省第九批“全国民主法治示范村（社区）”推荐名单。

【政法队伍建设】 2022年，武安市制定《关于持续加强学习教育全面提升队伍能力素质的实施意见》，提升政法干警执法能力和专业素养。制定《全市政法系统作风纪律专项整治工作方案》。组织开展纪律作风督查11次，印发督查通报1期，发现问题19起33人，全部给予处理。利用平台管理网络宣传队伍，开展宣传工作，政法队伍选出骨干网评员10名、网评员153名。

【扫黑除恶】 2022年，武安市制定《关于2023—2025年全市优化营商环境工作方案》，成立由武安市委书记任组长的领导小组，开展扫黑除恶工作。整治自然资源、工程建设、交通运输、电信网络、社会治安等重点领域突出问题，列出7类整治打击对象，5类整治打击重点。召开扫黑除恶斗争领导小组第一次（扩大）暨打击整治“村霸”等农村（社区）黑恶势力专项行动动员部署会议，全市范围内深挖问题案件线索。通过新闻媒体、公园、广场、沿街门市等开展《中华人民共和国反有组织犯罪法》宣传活动。开展打击整治“村霸”等黑恶势力专项行动，摸排“村霸”线索6条，打击村霸2名。

（姜　勇）

法治政府建设

【合法性审查】 2022年，武安市制定印发《武安市重大行政决策程序规定》，落实“三重一大”事项集体决策制度，对重要人事任免、重大项目安排和大额资金使用等事项，必须经市政府常务会议讨论研究议定，以制度管权管事。落实法律顾问制度，市政府常年聘请法律顾问7名，明确司法部门作为法治审查机构，政府法律顾问固定列席市政府常务会议，对重大行政决策进行合法性把关，确保重大决策依法规范。

【行政复议应诉】 2022年，武安市深化行政复议体制改革，建立复议听证制度，增加实地调查取证环节；建立行政复议应诉信息化平台，和案件繁简分流机制，提升办案质量和效率。年内，市司法局受理行政复议案件43件，作出行政复议决定43件，其中，撤销行政复议决定10件，责令行政机关履行16件，调解3件，驳回行政复议申请10件，维持4件。受理行政应诉20件。

【规范性文件监督管理】 2022年，武安市印发《关于武安市规范性文件备案审查办法的通知》，对规范性文件备案及审查等进行规范。市司法局对2021年规范性文件备案工作进行通报，明确规范性文件备案及编号相关规定。武安市依法行政工作领导小组办公室制定印发《武安市依法行政领导小组办公室关于开展规范性文件制定和备案工作专项检查的通知》，市司法局组织对市政府部门和乡镇政府2022年1—10月规范性文件制定和备案工作进行专项检查。完成市政府及市政府部门、乡镇人民政府规范性文件清理工作，清理结果以市政府文件形式向社会公布。市委政法委对22个行政执法领域、296项包容免罚清单实行备案，梳理乡镇“轻微违法行为包容免罚清单”，涉及8个领域、26项；对行政执法部门执法情况监督，对重点涉企领域执法案卷评查19卷，针对案卷不规范、程序瑕疵等问题，印发通报限期整改；开展“目录之外无证明”专项监督，涉及16个部门、22个乡镇17项证明事项，杜绝各类奇葩证明、循环证明、重复证明；再次扩容市场准营等营商环境领域告知承诺证明事项，新增证明事项14项，告知承诺制证明事项30项。

【行政争议化解】 2022年，武安市将法院定分止争职能与政府系统“行政管理”职能有机结合，促进行政争议“源头化解、多元化解、实质化解”，形成“行政执法、行政复议、争议化解、诉讼协调”的管用有效机制，从源头上减少诉讼增量。武安市行政争议化解中心全年化解具有较大影响、涉群体性的行政争议165件，为推进依法行政、提高县域社会治理水平发挥积极作用。市检察院化解涉房屋拆迁补偿行政争议2件，支持城市新区建设。

（姜 勇）

公 安

【概况】 2022年，武安市打击处理各类在逃人员嫌疑人1332名，抓获各类违法犯罪嫌疑人300名。查处治安案件1923起，行政处罚违法行为人594人。摧毁恶势力犯罪集团1个，破获刑事案件4起，抓获涉恶犯罪嫌疑人7名，打掉村霸2名。刑事案件立案1747起，比上年下降10%；受理各类治安案件1923起，比上年下降32.1%，经验做法被省公安厅和邯郸市公安局以简报形式推广。服务司法机关诉讼，全年服务提讯1754人次，开庭258人次，律师会见437人次。

【刑事犯罪侦查】 2022年，武安市破获各类刑事案件705起，破案率40.4%，比上年增长2%；打击处理各类犯罪嫌疑人1332名，抓获各类在逃人员300名。异地出警，将长期霸占丛台某电器商城“孟某伟恶势力犯罪集团”摧毁。破获非法盗采案件14起，摧毁3个盗抢大货车柴油团伙，破获系列案件17起，破获各类涉电诈刑事案件50起，攻克公安部督办诈骗案一起，冻结涉案账号304个，冻结资金1755.01万元。年内，5起现行命案全部攻克，侦破20年前命案积案2起。组建“打击侵财专班”等多个打击专班，破获盗抢骗侵财类案141起，抓获犯罪嫌疑人93人。打掉养老诈骗团伙1个，抓获犯罪嫌疑人7名。破获拐卖妇女儿童案5起，其中公安部督办案件1起。破获性侵案件27起，抓获犯罪嫌疑人28人。组织治安、环安、食安、情报等警种部门，实施专业化打击。破获食品药品领域刑事案件8起，抓获犯罪嫌疑人20人，捣毁黑窝点5个；查破涉黄案件8起，抓获违法犯罪嫌疑人35名；查破涉赌刑事案件39起，打击处理违法犯罪嫌疑人188名；查破涉毒案件15起，缴获毒品27.98克，铲除罂粟2137株。

【经济犯罪侦查】 2022年，武安市打掉一个涉房地产交易秩序类合同诈骗案件和一个涉商业贿赂类非国家工作人员受贿案件。涉案受损群众20余人，遍布全国各地，两起案件均在“云端”系统发起全国集群战役，获公安部审批，开展集群专项打击。市公安局与上级公安机关配合研发“汽车合同诈骗”类犯罪模型工具、技战法及PPT课件，为工作开展提供信息支持。年内，受理各类经济案件36起，立案25起，破案15起，抓获犯罪嫌疑人21名，逮捕13人，取保候审6人，监视居住2人，移送起诉19人。为企业和个人挽回经济损失3000余万元。

【追逃工作】 2022年，武安市将上网逃犯及外地上网武安在逃人员进行梳理分类，根据各办案单位实际情况制定任务目标，明确各单位一把手为第一责任人，负责督导追逃工作具体实施。构建一体化协作平台，畅通线索共享。年内，抓获在逃人员298人，其中历年在逃人员14人。

【户政管理】 2022年，武安市集中解决无户口人员落户问题，涉及1435人，占邯郸市任务完成总数三分之一。深化“放管服”改革，组织全市户籍窗口民辅警开展“跨省通办”户籍业务、“全省通办”身份证，践行“我为群众办实事”，解决群众急难愁盼户口问题。户籍窗口办理户籍业务1.2万余件，其中出生5603件，补录1269件，迁入1034件，迁出2417件，注销1743件。节假日预约服务800余人次，上门服务100余人次，延时错峰服务600余人次。

【危爆物品管控】 2022年，武安市管控枪爆危险物品，打击枪爆违法犯罪，保持枪爆物品零丢盗、枪爆犯罪零发生。年内，查处烟花爆竹案26起，行政拘留25人，罚款2名，收缴各类烟花爆竹14万响。群众主动上交雷管29枚、导火索250米、废旧子弹633发、枪支3把，检查发现整改各类隐患36处。

【110接处警】 2022年，武安市110接到报警19.44万起，其中，有效报警4.83万起、刑事类警情876起、治安类警情1.07万起、交通事故类警情1.76万起、其他警情1.91万起。撰写周警情分析53期，月警情分析12期。

【治安管理】 2022年，武安市开展“铸盾2022”“除垢净土”“禁种铲毒”等专项行动。全年查处各类“黄赌毒”案件61起，行政处罚171人，收缴毒品27.98克。城区抽调100余名警力、20部警车，农村由属地派出所负责，在烧烤店、大排档、小饭店、KTV、酒吧等夜市活跃场所附近驻警值守，应对各类突发事件。开展24小时视频巡控，发现异常情况，调集附近警力前往处置。乡镇牵头，开展村级群防群治工作；市场监督管理局、城市管理综合行政执法局牵头，对夜市场所业主和从业人员，开展普法和应急轮训工作；开展法治进校园普法活动、服务行业未成年人务工专项整治等。

【公安安保工作】 2022年，武安市成立安保指挥部和情报研判室，开辟情报研判、反恐处突、严打整治、警务督导等若干条战线，形成条块结合、互为响应、协调联动的作战体系。围绕人、事、物、地、网、情等要素，建立“局领导＋督察＋警种”督查机制，采取“勤务＋服务＋形象”模式，排查化解各类矛盾纠纷1500余起，完成各项重大安保任务。走访建立快速反应机制，在武安新世纪商业广场、汽车站、武安广场设置3个武装屯警点，分组开展步巡和车巡，震慑犯罪。

【公安信息化工作】 2022年，武安市公安系统所有公安网电脑“一机两用”（互联网和公安网在一个机器上混用）系统计算机全部完成注册；250部云端警务通配备到基层所队，方便各基层开展相关工作；下发到机关科室和基层派出所手持对讲机500部、刑警队车载对讲机50部、基地台50部，全部安装到位且正常使用。打掉网络水军团伙2个，抓获犯罪嫌疑人4人。

【交通事故处理】 2022年，武安市发生各类道路交通事故7590起，其中，适用简易程序处理的交通事故7514起，适用一般程序处理的交通事故76起。死亡39人，受伤50人，直接财产损失8.85万元，未发生群死群伤交通事故。开辟交通事故救助绿色通道，保障第一时间救治伤者，符合救助条件的与市中医院、仁慈医院、安康医院和各保险公司协作，全年使用救助基金31人次，总金额18万余元。

【道路交通秩序整治】 2022年，武安市将“交通安全顺畅工程”列入“武安市十大民生工程”，增设减速带与慢行标志23处，路

2022年，武安市交警在中兴路帮助受困群众推车

（市公安交通警察大队 供图）

口信号灯7处，禁令提示牌与电子抓拍装置2处。开展路遇帮扶活动，查纠各类交通违法行为37.66万起。开展入企检查609次，发放各类隐患整改通知书380份，出具约谈函328份，本地约谈328人次。处罚企业和个人287人次，其中，处罚超载车辆企业112人次，黑校车12辆，动态监控超速163起，处罚金额57.6万元。查处重型货运车辆违法停靠3.9万余起，查处重型货运车辆飘散遗漏500余起。全年查处机动车尾气排放超标15起、重型货运车辆超载4012起、改型995起，劝返7100辆。

【车驾监管业务】 2022年，武安市办理机动车注册登记6214辆，六年免检4623辆，补领号牌业务1823笔，补换驾驶证1.09万笔，注销登记1.06万笔，恢复驾驶资格163笔，提供免费拓号、安装号牌服务6896人次。开展电动自行车登记上牌业务，至年底，发放电动自行车正式号牌5.19万副、临时号牌6.49万副。

（左世超）

检 察

【概况】 2022年，武安市人民检察院（简称市检察院）履行审查逮捕、审查起诉职能，依法批捕故意杀人、故意伤害、强奸、抢劫、抢夺等暴力犯罪案件21人，提起公诉56人。监督立案14件，监督撤案3件，追捕追诉146人。对侦查和审判、执行活动提出监督意见533件，提出抗诉2件。配合上级检察机关开展跨区域交叉巡回检察，对监外执行和社区矫正执行不当提出书面纠正意见42件。贯彻落实《中华人民共和国反有组织犯罪法》，协助审查村“两委”1000余人次，对“村霸”和宗族恶势力侵蚀基层政权起到震慑作用。

【打击违法犯罪】 2022年，市检察院提前介入上级检察机关指定办理的孟某某等人涉恶案，依法批捕4人，提起公诉5人，打击黑恶势力犯罪。追捕追诉漏犯余罪10件13人，移交案件相关问题线索40余条，向有关行业、部门制发社会治理类检察建议11份。对醉驾、轻伤害等犯罪情节轻微、社会危害性小的案件，依法作出不批捕、不起诉决定。打击生产、销售有毒有害食品、假药劣药等食品药品安全类犯罪，依法办理信息网络犯罪活动罪、网络投资诈骗、电信诈骗等涉众型犯罪案件133件186人。与公安、电信、银行、市场监管等部门联合开展反电信诈骗、非法集资清理，打击整治养老诈骗、非法医疗美容等专项行动，发放宣传单5000余份，现场答疑2000余人次，增强群众防骗意识，促进行业治理。惩处1起非法吸收公众存款类欺老骗老案。帮助农民工、老年人、未成年人、残疾人等弱势群体提起民事诉讼，追讨劳动报酬、赡养费、抚养费、人身损害赔偿等20余万元。办理司法救助案件91件，涉救助资金50余万元。打击侵害未成年人犯罪，依法批捕、起诉23人。

【刑事检察】 2022年，武安市打击危害公共安全和社会稳定犯罪。市检察院批准逮捕各类刑事犯罪179人，提起公诉463人，与市纪委监委协作配合，办理粮食购销领域等相关案件11件。协助上级检察机关到河南、山东等地侦查司法工作人员犯罪案件1件3人。打击侵犯企业合法权益行为，依法批捕、起诉破坏市场经济秩序犯罪37人，以法治稳企业、保民生。办理侵犯企业知识产权犯罪案件3件6人，支持知识产权强市建设。推进涉案企业合规改革，联合市工商联、市场监督管理局、税务等11家单位成立第三方监督评估机制管委会，公开选任45名专业人员组成第三方名录库，对11家涉案企业开展合规审查，对6家整改达标的8名企业负责人依法作出不起诉决定。打击非法吸收公众存款、集资诈骗等破坏金融管理秩序和金融诈骗类犯罪，依法批捕15人、起诉22人，追赃挽损4000余万元。进入农村、社区、企业开展反洗钱等宣传活动50余次，宣讲“跑分”“刷礼物”等新型犯罪手段的防范对策，实现抓“前端”防“未病”。营造安全和谐生活环境，落实最高人民检察院“七号检察建议”，督促邮政、公安等部门对辖区寄递企业及其营业

2022年12月，武安市人民检察院检察官在青少年法治教育基地讲解法律知识
（市检察院 供图）

网点进行安全管理检查，强化从业人员职业教育宣传培训，促进寄递行业源头治理。保障人民生命财产安全，履行审查逮捕、审查起诉职能，保持对故意杀人、抢劫和涉枪涉爆涉毒犯罪的高压态势，依法批捕故意杀人、故意伤害、强奸、抢劫、抢夺等暴力犯罪案件21人，提起公诉56人。

【民事行政检察】 2022年，市检察院开展民事支持起诉工作，做实民事检察监督，办理各类民事监督案件51件，提出检察建议51件，采纳回复率100%。支持起诉22件。办理行政诉讼监督案件5件，发出检察建议3件，全部采纳回复。开展打击虚假诉讼主题普法宣传活动，发放宣传材料2300余份，提供法律咨询、讲解案例等服务，提高群众遵法守法意识。

【未成年人检察】 2022年，市检察院打击侵害未成年人犯罪，依法批捕、起诉23人。组建634人“冀望”观察员队伍，延伸未成年人保护触角。建立6个家庭教育指导站和2个观护帮教指导基地，帮助36名涉罪未成年人回归社会。霍某某等人故意伤害案被河北省人民检察院评为省级家庭教育指导工作典型案例。38名检察官和检察官助理担任全市70所中小学法治副校长，制作的普法课件被河北省人民检察院评为全省法治教育优秀课件。青少年法治教育基地年接待1万余人次，成为未成年人保护宣教主阵地。

【检务公开】 2022年，市检察院主动公开案件程序性信息1678条、法律文书152件，召开听证会83次，实现检察工作全过程人民民主监督，确保检察权依法规范运行。

（秦 杰）

法 院

【概况】 2022年，武安市人民法院（简称市法院）受理各类案件1.8万余件，审执结1.79万余件，结案率97.28%，法官人均结案458件。5个集体、13名个人获邯郸市级以上表彰，多项工作形成可复制的“武安法院经验”，其中，道交法庭“一站式”道交纠纷处理新模式，被最高人民法院工作简报刊载推广。金融法庭防范化解金融风险的典型做法，在邯郸市专项工作会议上予以推广。推行的“11234”（根植一个工作理念、织密一张服务网络、推进两个司法协作、建立三项工作机制、创新“四合一”办案模式）生态环境司法保护新模式，受到最高人民法院肯定。在各级主流媒体刊（播）发新闻稿件236篇，其中省级以上33篇；利用微信矩阵、微信公众号、“冀云武安”APP发布各类信息152条。72名新任职法治副校长走到全市70多所中小学，举办法律讲堂170场次，提供法律咨询2000余人次，受众3.5万人次。

【刑事审判】 2022年，武安市推进扫黑除恶斗争，突出“打财断血”。市法院到全国4省9市，查封房产70套；到200多家银行，冻结289个账户，查处涉案资产1.8亿元。审结“两抢一盗”（抢劫、抢夺、盗窃）、故意伤害、寻衅滋事等危害群众人身和财产安全犯罪案件107件128人；审结危害食品药品安全、非法吸收公众存款、危险驾驶等涉民生及危害公共安全犯罪案件165件170人；审结利用信息网络诈骗、开设赌场、帮助信息网络犯罪案件等17件38人；审结失职渎职等职务犯罪2件5人。打击缠访闹访、妨害社会管理秩序等犯罪行为，依法判处8件9人。全年审结各类刑事案件387件，判处犯罪分子433人，为受害人挽回经济损失1700余万元。

【民商事审判】 2022年，市法院全年审结各类民商事案件9788件。推进“六稳”“六保”工作，制定《优化营商环境六条措施》。打造“厅网线巡”（通过诉讼服务大厅、诉讼服务网、移动终端、“12368”诉讼服务热线、巡回办理等多种渠道为当事人提供诉讼服务）一体化诉讼服务，实现涉企案件立审执无缝衔接，办结各类涉企案件1200余件，为企业挽回经济损失6.8亿元。在邯郸市法院系统率先推行执行预处罚机制，建立强制执行“缓冲区”，依法、慎用“查冻扣”等强制措施，为企业纾困解难。对民营企业等各类市场主体平等保护，提出风险提示48条、对策建议76条，帮助企业依法决策和防范法律风险。组织39名法官到全市45家重点企业，召开企业沟通对接座谈会120余次，诉前调解涉企纠纷1300余件。

【环境资源审判】 2022年，市法院探索实行环境资源民事、行政、刑事、执行案件四合一归口模式，与环保、林业、水利、发改等部门协作，对钢铁企业退城进园、大气污染防治等中心工作，形成符合审判规律和武安市情的环资审判工作新机制。全年办结交通非诉执行案件1660件，标的额2200万元。审结破坏环境资源犯罪案件4件，判处人犯12人，在四里岩水库旁公开开庭审理的侯某某等4人非法狩猎、滥伐林木案，《人民法院报》头版予以刊登报道。

【案件执行】 2022年，市法院开展12次专项执行行动，为268名当事人兑现胜诉权益3398.5万元。利用智慧执行系统，发起网络查控878万余次，发布网络司法拍卖181件次，成交额1.6亿元。发布失信被执行人名单1488人，限制高消费1616人。全年受理执行案件5905件，结案5810件，结案率98.39%，执行到位标的额6.68亿元。

【审判监督】 2022年，市法院向市人大常委会报告执行质效、优化营商环境等工作情况，听取人大代表意见建议。邀请人大代表、政协委员参加各类座谈会、新闻发布会、监督见证执行、公众开放日等活动110余人次，针对提出的意见建议全部整改到位。设立人大代表联络室，完善联络代表工作各项制度，促进人大代表联络工作。走访联络全国、省、邯郸市及武安市人大代表58人次，增进人大代表对法院工作的理解与支持。

【调解网络建设】 2022年，市法院联合乡镇、派出所、司法所、村委会等，构建司法调解、行政调解、人民调解“三位一体”调解网络，将民间纠纷化解在基层。人民法庭受理案件5459件，审结5285件，诉前化解1378件。

【多元解纷和诉讼服务体系建设】 2022年，市法院办结教育、就

2022年9月22日，武安市人民法院环保巡回法庭在活水村四里岩水库公开开庭审理非法狩猎、滥伐林木案 （李 刚 摄）

业、医疗等纠纷案件4500多件，推出便民利民举措16项。推进“为群众办实事示范法院”创建活动，登门办案251人次，巡回审判154件，为群众办实事355件。在诉讼服务中心设置导诉员，提供陪伴式引导、耐心式解答、模拟式体验、跟踪式评价等诉讼服务，典型做法被最高人民法院《诉讼服务体系建设工作周刊》推广。形成“简案快审、类案专审、繁案精审”三级递进甄别分流模式，设立速裁团队，一审案件简易程序适用率87.74%，案件审理周期平均缩短5.66天。开通网上立案办案，立案6301件，网上缴费3906笔，电子送达2.25万次，网上开庭2110件。

（乔艳伟）

司法行政

【概况】 2022年，武安市推进公共法律服务体系建设，制定《关于进一步加快建立覆盖城乡普惠均衡的现代化公共法律服务体系的实施方案》。推进党政机关法律顾问工作和公职律师工作。开展“文明创城 普法同行”等宣传活动。对申请法律援助困难群众进行法律援助。

【公共法律服务】 2022年，武安市对基层法律服务行业进行监督管理，对全市法律服务所和人员进行年检注册前检查。完成全市15个法律服务所和50名法律服务工作者年检注册申报工作。推进全市公共法律服务体系建设，协助全面依法治市委员会办公室制定武安市《关于进一步加快建立覆盖城乡普惠均衡的现代化公共法律服务体系的实施方案》并贯彻落实，提升市、乡、村三级公共法律服务实体平台建设水平，增强公共法律服务网络平台服务功能，推动公共法律服务热线平台融合发展，优化法律援助机制，为全市提供公共法律服务。全市502个村和11个社区更新调整村（居）法律顾问名单，开展村（居）法律顾问“法治星期天”活动。通过市乡两级法律顾问工作微信群，加强对村（居）公共法律服务工作站和村（居）法律顾问管理，满足农村法律需求。

【律师服务】 2022年，武安市有律师事务所5家，律师37人。市司法行政部门拓宽律师参与区域治理工作的深度和广度，组织律师协助政府部门和司法机关开展涉法涉诉信访案件化解。建立“律所联商会”机制，搭建律师服务民营企业新平台，采取“一所联一商”的方式，5家律师事务所分别联系5家商会，为民营企业的健康发展提供法律服务。推进党政机关法律顾问工作和公职律师工作，全市党政机关均聘请法律顾问，配备公职律师的单位7家，发挥法律顾问在依法决策、依法行政中的监督审核作用。2名律师担任市政协委员参政议政。全市502个村和11个社区实现村（居）法律顾问全覆盖，村（居）法律顾问全年开展现场服务560次，举办讲座220场，覆盖人群1.1万人次；参与矛盾纠纷调处180起，为经济、民生、社会管理提出法律意见250次，解答群众法律咨询9500人次。

【法治宣传】 2022年，武安市开展“文明创城 普法同行”活动，普法志愿者到裕新小区、石洞乡赵庄村等地开展普法宣传，发放防火法律宣传资料1.5万余份。在北安庄乡大洺远村、武安镇西关街等村开展专题法治宣传活动，发放《中华人民共和国民法典》等法律书籍1000余册，解答群众法律咨询500余人次。结合扫黑除恶工作要求，普法志愿者开展《中华人民共和国反有组织犯罪法》宣传活动23场，发放宣传资料1万余份，提高社会知晓度。印发《关于开展2022年“民法典宣传月”暨“民法典进农村”主题活动的通知》，普法志愿者在北安庄乡开展“美好生活・民法典相伴”主题宣传活动。开展中国普法微信公众号线上民法典答题活动，参与人数15万人次。开展“优化营商环境法治宣传月”活动，法治宣传23次，印发宣传资料5000余份，接受宣传教育1000余人次。印发《2022年武安市“每月一主题”普法宣传活动方案》，落实“谁执法谁普法”责任制。推动“八五”普法规划实施，建设普法讲师团队伍，选出热心普法工作10名专家、学者，组建武安市“八

2022年3月，武安市人民检察院干警在西岭湖公园开展普法志愿服务活动
（市人民检察院　供图）

五”普法讲师团。印发《关于进一步深化“法律九进”推进“法治九建”示范创建活动的意见》，推动普法与依法治理实践相结合。

【社区矫正与安置帮教】 2022年，武安市开展对社区矫正对象一天两报告和逐人见面谈话教育两排查，发现问题消除隐患。开展审前社会调查88件，报到接收社区矫正对象182人，解除社区矫正对象241人，在册社区矫正对象312人，变更居住地1人。核查监管场所预释放人员信息200余人次，接收刑满释放人员380人，落实帮教措施和责任人。

【公证服务】 2022年，武安市公证机构通过对法律行为和具有法律意义的事实的真实性和合法性的证明，有效地发挥了预防化解纠纷、服务人民群众、保障交易安全、维护市场秩序的作用。公证调解作为一项重要的非诉讼纠纷解决机制，发挥多元解纷作用，推动基层治理能力水平升级。参与司法辅助事务，在调解、送达、执行等诉讼工作相关环节发挥重要作用，有效解决人民群众急难愁盼问题。全年办理各类公证事项684件，其中，民事公证602件，经济公证82件。

【法律援助】 2022年，市司法局解答法律咨询1900余人次，其中，“12348”热线咨询600余人次，来访咨询1300余人次。办理法律援助案件880件，其中刑事辩护案件392件，民事诉讼代理案件76件，为自愿认罪认罚刑事案件犯罪嫌疑人提供法律帮助412件。办理农民工劳动争议法律援助案件25件，维护民工合法权益。

【人民调解】 2022年，市司法局申报一星级司法所6个，二星级司法所2个，三星级司法所1个。整理登记23个乡镇调委会和502个村调委会新任1787名调解员信息，掌握调解员情况，开展人民调解工作提升年活动。各司法所和人民调解委员会调解员逐村逐户排查，对排查出来的各类矛盾纠纷，分类登记，建立台账，采取措施疏导化解。年内排查调解各类纠纷案件1402件，化解1378件，成功率98%。

（杜晓燕）

（责任编辑：骈玲玲　韩俊霞）

军　事

市人武部

【概况】 2022年，中国人民解放军武安市人民武装部（简称市人武部）学习贯彻习近平强军思想，聚焦“忠诚维护核心 矢志奋斗强军”主题教育，深化“传承红色基因 担当强军重任”主题教育，聚焦备战打仗主责主业，纠治和平积弊，组织开展4次形势政策教育。

【思想政治建设】 2022年，市人武部认真学习习近平强军思想，要求领导干部集中研究1个至2个重点问题。按照“随到随学”原则建立“三个第一时间”（第一时间反应、第一时间到位、第一时间控局）学习机制，学习习近平总书记关于国际国内形势、干部队伍建设等重要指示，搞好教育引导。政工科长梁小军代表军分区参加省军区政治教练员比武，获优秀奖。市人武部开展“四个不辜负”（不辜负组织，不辜负时代，不辜负事业，不辜负家庭）专题教育活动，进行个人讨论检视，剖析和查找问题。开展谈心交心，掌握所属人员现实问题和思想动态，凝聚军心士气。

【征兵工作】 2022年，市人武部完成兵员征集、兵役登记工作，完成全市18周岁男性青年兵役登记；推进征兵宣传工作，动员大学生尤其是大学毕业生参军入伍，调动军地各级各单位共同开展兵员征集工作；开展廉洁征兵，向全社会公布廉洁征兵监督员信息，对兵员征集全过程进行监察，未发现违反廉洁征兵相关线索。

【民兵整组】 2022年，市人武部调整布局、优化结构、编实队伍，完成民兵整组工作。建立民兵应急分队值班制度，抽查战备值班落实情况，落实常态化备勤。开训动员战备拉动演练，结合民兵建设检查，拉动点验各镇民兵应急排。将民兵应急连专用装备器材纳入地方应急保障体系，

2022年5月14日，武安市淑村镇白沙村民兵在太行山抗战景区训练

（白沙村　供图）

市政府投入1600余万元专项经费用于购置民兵应急连专用装备器材，推进装备物资预征预储工作。推进落实民兵建设各项任务，统一软硬件资料，推广全军分区。

【民兵训练】 2022年，市人武部以军分区训骨干、市人武部训基干组训模式，完成民兵教练员骨干及民兵无人机侦察排集训、应急连专业训练和伪装遮障连、伪装遮障排集训等3期410人次集训。开展市人武部营院处突训练和演练。抓练兵备战针对性训练，组织10名教练员代表参加全市民兵教练员试点。

【军民共建】 2022年，市人武部开展“为官兵办实事解难题”等双拥活动，把官兵所需、群众所盼和地方所能有机结合，建立健全军地需求对接、协同联动机制。在春节、“八一”节日活动中，市委、市政府主要领导对市人武部、武警中队等驻武部队进行慰问，实地解决驻武部队困难。投资10余万元完成国防书屋、双拥广场和爱民路建设。

【双拥宣传】 2022年，市人武部在全市开设国防教育课和军训活动。清明节和烈士纪念日开展革命传统和红色教育。市人武部联合市委宣传部利用新闻媒体宣传报道双拥工作中涌现出来的模范人物和先进事迹；联合退役军人事务局围绕“让军人成为全社会尊崇的职业”目标定位，在市主要街道和醒目地段，刷写双拥宣传标语，建设双拥主题公园，打造“双拥一条街”“征兵宣传主题街”，增强全市人民双拥意识和国防观念，推动全市人民关心国防、支持国防。

（张李波）

人民防空建设

【概况】 2022年，武安市人民防空办公室（简称市人防办）以习近平新时代中国特色社会主义思想为指导，贯彻落实总体国家安全观，围绕全市重大决策部署和年度任务目标，统筹人防建设工作，推进人防工程建设管理、宣传教育、指挥通信建设、专业队整组训练等各项工作。组织市属人防专业队组建单位按要求上报专业队伍人员名单，完成全市7支人防专业队伍整组任务。

【人防工程建设管理】 2022年，武安市修改完善人防工程专项规划编制，完成河北省人防网上监督系统的升级改造和培训工作，解决实体验收中的工程技术问题，提高人防工程验收率。年内，对人防工程进行网上质量报监；开展人防工程质量监督，对人防工程进行竣工验收，出具人防工程质量监督报告。做好直属人防工程维护管理，对全市人防工程执法监管进行巡查，发现问题全部整改到位。

【人防指挥通信建设】 2022年7月7日、12月6日武安市人防办在全市鸣放防空警报，警报鸣响率100%。年内完成人防作战指挥室升级改造任务，视频会议系统实现高清化，通过邯郸人防办验收并保持正常运行。做好指挥车设备维护工作，参加邯郸市组织的人防指挥通信集中训练12次。

【防空防灾宣传教育】 2022年，市人防办在“5·12防灾减灾日”，开展主题为“减轻灾害风险，守护美好家园”网络宣传活动，在市住房和城乡建设局微信公众号发布4期《一起学人防》；防空警报试鸣日，在武安广场开展人防知识集中宣传活动，发放宣传手册1000余份、防空防灾应急知识读本500本；拓展人防宣传阵地，分别在瑞泰小区和永丰嘉苑小区创建“人防示范社区”，在市双马广场设立人防主题公园，在小区和公园内设立人防教育宣传栏、人防主题雕塑、人防宣传标语等。

（魏玉龙）

国防教育

【概况】 2022年，武安市加强国防教育，弘扬爱国主义精神。在全市范围内开展国防教育宣传、国防知识竞赛、国防征文比赛等活动。增强全民国防观念，掌握必要的国防知识和军事技能，自觉履行国防义务，关心、支持、参与国防建设。开展以“新时代爱国强军谱新篇”为主题的国防教育宣传进校园活动，让学生们认识到强大的军队和稳固的国防是祖国繁荣昌盛的坚强保障，勉励同学们树牢忧患意识，增强国防观念。

【国防教育阵地】 2022年，市人防办以原有武安市第二中学附近公园为基础，融入城市文化建设、嵌入国防理念，建设开放式国防教育主题公园。在武安市第三中学路段（三中十字路口到西环路口），建设征兵宣传国防教育主题街，设有宣传橱窗、宣传栏。主题街具备政策法规讲解、双拥共建、党史军史宣传等功能。

【国防教育宣传】 2022年，武安市开展国防教育基地巡展、国防相关法规节选网络宣传活动，组织全市干部网络学院学员参加邯郸市国防教育专题网班，落实机关事业工作人员国防教育课，提高国防事业社会关注度。围绕“新时代爱国强军谱新篇”主题，开展“请党放心 强国有我”国防教育校园行、“9·17”全民国防教育日、“国防教育 国之大事”网络宣传等主题活动。在市直部门、主要街道、乡镇通过电子显示屏滚动播放国防教育宣传视频。依托市、乡镇、村三级微信矩阵，宣传普及春季、夏季征兵工作政策、大学生参军优惠政策，鼓励有志青年报名应征。结合全年民兵整组训练，春季、夏季预定新兵入伍前教育训练等，进行爱国主义和革命传统教育，上好国防教育课。

2022年3月，武安市淑村镇白沙村爱国强军主题公园军事装备展示
（白沙村爱国强军主题公园 供图）

【白沙“国防小镇”】 2022年9月，武安市建成白沙村爱国强军主题公园，占地3万平方米。公园设国防教育基地、武器装备展示基地、战略战术防御基地3大板块，可进行军事拓展互动体验。9月17日，新华社《新华视频》栏目播出《冀南一村庄的青少年这样接受国防教育》，推介武安市白沙村村民爱国强军、情系国防真情故事。

（郝元元）

（责任编辑：骈玲玲 韩俊霞）

经济管理

宏观经济调控

【概况】 2022年，武安市全年完成地区生产总值801.6亿元，比上年增长5%。完成固定资产投资290.1亿元，比上年增长10%；规模以上工业增加值461.7亿元，比上年增长7.1%；一般公共预算收入47.8亿元，扣除留抵退税因素后比上年增长8.8%；社会消费品零售总额141.1亿元，比上年增长3.1%；实际利用外资完成7062.3万美元；进出口总值完成114.24亿元，比上年增长5.95%；农村居民人均可支配收入2.22万元，比上年增长7.2%；城镇居民人均可支配收入4.68万元，比上年增长4.1%。

【稳经济一揽子政策】 2022年，武安市制定发布《关于扎实稳住全市经济运行的一揽子政策措施及配套政策》，可概括为“1+18”政策体系，即1个总体文件、18个配套文件。提出财政、货币金融、稳投资、促消费、稳住外贸外资基本盘、保粮食能源安全、保产业链供应链稳定、保基本民生8个政策性文件，围绕推动产业发展提出稳住工业经济、促进农业经济发展、支持房地产业、交通运输业、文化旅游业5个政策文件，围绕稳增长和服务企业发展提出用地、环保、科技创新、法治环境4个政策文件，围绕保就业提出促进高校毕业生等青年就业创业1个政策文件。全市留抵退税34.5亿元，占邯郸市总量42.21%，居全省各县市总量第一。制定“武安硬十条”，通过进企帮企“大走访”、搭建政企“会客厅”、项目建设“周调度”、产业赋能“搭平台”、骨干企业“不打扰”、物流运输“保畅通”、金融服务“保需求”、向海图强“扩外贸”、科技创新“促升级”、真抓实干“马上办”十项措施，促进经济发展。

【经济运行分析监测】 2022年，武安市组织发展与改革局、统计局、科技和工业信息化局、商务局定期研讨经济运行形势，分析经济运行存在问题，靶向实测制定工作措施。市领导每月组织相关部门召开经济分析会议，听取工作汇报，研究当前经济运行情况，针对重难点问题提出精准措施，确保经济运行在合理区间。坚持扁平管理机制、问题导向抓调度、聚焦诉求优服务，推动优化经济结构、增强发展动能、释放消费潜力，促进经济稳中加固、稳步提质。关注国内外经济形势，加强经济风险研判预警，维护经济社会稳定局面。

【营商环境优化】 2022年，武安市制定《优化营商环境工作实施方案（工作要点）》《武安市承接2022年省级营商环境评价指标任务分解表（县市级指标）的通知》《优化营商环境正负面清单三十条》，设立“办不成找我”窗口和“政企会客厅”服务平台，建立企业“白名单”无事不扰等制度，在全省率先实行“三证联发”（建设工程规划许可证、施工图设计文件审查合格证、建筑工程施工许可证），实现“拿地即开工”，新增市场主体8054家，营商环境、政务服务在全省考核中名列前茅，在全国383个县级市信用状况监测中最好月度排名升至第二十五位，入选全省信用体系建设典型城市县级试点。推进网上办税，233个办税事项实现“全程网上办”。简化涉税事项流程9个，减少涉税服务中不必要手续8个，193项涉税业务实现“最多跑一次”，纳税人办税事项、纳税时间压减40%以上。完成1464家企业注册，19家金融机构入驻，发布279款金融产品，对接达2.89亿元。加大招商引资力度，对接格力电器、宇通汽车、氢璞创能等企业，总投资507.12亿元的33个项目签约，项目投资额、开工率均位列邯郸第一。工业园区被评为省抓投资上项目提能级先进示范经济开发区。开展政银企对接，加大一跑四争力度，落实授信522.3亿元。争取上级专款24.1亿元、债券资金13.57亿元，比上年分别增长26%、24%。城发集团总资产增长51%，完成授信23亿元。农村信用联社作为全省唯一银行业金融机构获“全国金融先锋号”称号。首次启动战略性新兴产业引导基金，吸引社会资本，市场化引入新能源项目。

（刘小东）

自然资源管理

【规划管理】 2022年，武安市完成“三区三线”上报工作。在上报方案中，划定永久基本农田4.54万公顷、生态保护红线4.74万公顷、城镇开发边界1.21万公顷。在规划编制过程中，新增建设用地1000公顷，特别是将冀南钢铁集团、河北普阳钢铁有限公司、河北太行钢铁集团有限公司等重点项目远期占地涉及基本农田全部调出。推进规划编制，加强市域和中心城区整体风貌特色研究，组织实施西苑新区详细城市设计和中心城区北部重点地段控制性详细规划工作。对城区13处低效闲置地块开展单体设计，优化城市空间布局。

【土地资源管理】 2022年，武安市对重点项目征地组卷报批75宗，面积630.33公顷。保障河北龙凤山铸业公司、冀南钢铁集团、河北普阳钢铁有限公司、河北华丰能源科技发展有限公司、武安市新峰水泥有限责任公司等重点项目以及西苑新区等城市建设用地。办理建设用地使用权出让60宗，面积355.10公顷，收缴出让金28.84亿元。批地供地数量均位列邯郸市第一。全市15个开发项目666.67公顷通过省市验收，用于耕地占补平衡。

【耕地保护】 2022年，武安市强化耕地数量、质量、生态“三位一体”保护，落实耕地“田长制”“占补平衡”和“进出平衡”，抓耕地保护目标实现和责任保护制落实。严格耕地用途管制，对划定的永久基本农田实行特殊保护，任何单位和个人不得擅自占用、破坏、荒芜、改变用途。开展执法巡察监察，落实网格化监管职责，打击违法违规用地，严格管控一般耕地，对耕地转为其他农用地及农业设施建设用地实行年度“进出平衡”。全年开展巡察5000余次，遏制违法用地势头。

【不动产登记】 2022年，武安市办理不动产权证书3563本、不动产登记证明4130本。通过“一窗受理”平台，办理时间压缩至3个工作日以内，查封、解封、抵押注销登记做到即时办结。

【矿产资源管理】 2022年，武安市采取“关闭取缔一批、整合重组一批、单独保留一批、规范提升一批”等措施，压减武安市非煤矿山数量。对73家非煤矿山企业进行关闭整合重组，关闭取缔11家，整合重组12家，单独保留17家，规范提升3家，武安市保留非煤矿山企业32家，达到省自然资源厅保留25%非煤矿山矿权要求。

【矿山修复】 2022年，武安市推进矿山修复治理，对涉及7处矿山地质环境恢复治理工程实施提升优化，通过中央生态环境保护第二轮督察。对水毁工程实施治理，采取垒堰、复土、绿化等措施，修复治理29处73.33公顷，通过邯郸市验收。编制《武安市国土空间生态修复规划（2021—2035年）》，规划通过现状分析与生态评估，识别武安生态资源

武安市淑村镇兴龙石灰岩矿塌陷区经过生态修复，由“废弃矿坑”变为“绿地花园”　（李树锋　摄）

价值特点及存在问题，将规划管控与空间引导结合，提升国土空间生态修复活动效益。

【地质灾害防治】 2022年，武安市聘请专家对全市10个重点地质灾害隐患村、14处重点地质灾害隐患区（点）进行排查，发放防灾避险明白卡800余份，增强群众防灾避险意识。汛期做好预警预报、防灾演练、应急处置等工作，确保安全度汛。

【自然资源测绘与信息管理】 2022年，武安市对6家测绘单位开展测绘行业安全生产专项行动。利用“8·29”全国测绘法宣传周，开展“规范使用地图，一点都不能错”主题宣传教育活动，倡导规范使用标准地图。做好全市辖区范围内测绘项目备案登记，完成测绘项目备案审查8件。开展测量标志巡查工作，对全市10个重点保护类测量标志点进行巡查，建立巡查台账和留存影像资料。

【自然资源执法监察】 2022年，武安市打击违法占地。采取驻点监管，做到精准防范，坚持源头严控、过程严管、后果严惩，全员抓打击盗采。建立健全“人防+技防”“网格化”执法监管机制。抓好农村乱占耕地建房专项整治和卫片执法检查、例行督查，严格非煤矿山监管，打击违法盗采行为，遏制新增，消除存量。年内，出动执法人员9800余人次，检查无证盗采点1.1万余矿次，发现制止盗采苗头14起；联合公安、综合行政执法等部门办理盗采刑事案件3起，无证盗采得到遏制。强化持证矿监管，依法查处越层越界开采。执行旬检、月测、季核制度，检查非煤矿山企业300余矿次，整改消除隐患，确保安全生产。

（康树壬）

财　政

【概况】 2022年，武安市财政整体运行平稳，财政收入完成79.59亿元，扣除留抵退税因素后与上年持平，按自然口径计算比上年下降29.6%。一般公共预算收入完成47.8亿元，扣除留抵退税因素后比上年增长8.8%，按自然口径计算，比上年下降13.1%。压减“三公经费”等一般性支出，财政总支出完成98.5亿元，保障公教人员工资足额按时发放。筹措资金5.7亿元兑现绩效奖，保障党政机关正常运转，保障医保、低保、困难群体救助等民生资金需求。全市争取上级资金14.3亿元，比上年增长26%，缓解支出压力。争取新增债券资金13.57亿元，比上年增长24%，其中，一般债券2亿元，专项债券11.57亿元。完成项目评审 281个，审定金额28.4亿元，平均审减率19.6%。

【资金使用绩效】 2022年，武安市对纳入预算管理87个部门2021年度财政支出项目实施绩效评价，涉及金额84亿元，完成6个部门项目重点绩效评价、1个部门整体支出评价，涵盖教育、民生保障、农业发展等重点支出领域；评价类型从上级转移支付、本级项目支出、部门整体支出，到拓展地方政府专项债券等。年内评价、监督涉及金额4.1亿元，分别为市交通运输局成品油改革发展资金、市林业局林改资金等。其中绩效评价结果5个“优”、1个“良”，针对在工作开展中发现问题及时通报部门。

【政府债务风险防控】 2022年，武安市依法健全政府举债融资机制，依法治理政府隐性债务，根据实际制定《全市债务风险实施意见》，明确政府隐性债务化解责任清单，压实债务单位偿还责任，坚决遏制增量，妥善化解存量。根据全市各单位在隐性债务监测平台上报情况看，武安市全年无新增政府隐性债务，还本付息13.37亿元，每月按时还款，没有逾期情况。

【政府采购管理】 2022年，武安市政府采购金额为3.18亿元，其中，中小企业中标2.09亿元，占比66%，支持中小企业政策得到落实。在推进意向公开方面，落实采购意向公开制度，提前30天向社会公开采购标的、采购预算和采购需求，扩展政府采购公告信息知晓范围。不再要求中小企业提供相关财务状况、缴纳税金和社会保障资金等证明材料，改为出具承诺函。降低供应商交易成本，激发市场主体活力。

【国有资产监督管理】 2022年，武安市深化国有企业改革，理顺行政事业、国有企业及其主管部门和财政部门的资产管理职责，形成“各司其职、各负其责、齐抓共管、运行顺畅”国有资产监管体系，实现对行政事业性资产及国有企业资产有效管理。全年完成79家国企专项审计和34家国企改革任务。通过资产清查，全市246家行政事业单位，资产总额为130.31亿元；72家非金融国有企业资产总额为331.97亿元；1家金融企业资产总额为0.9亿元。

【会计服务】 2022年，武安市审验发放初、中级会计资格证书600余份，对确实需要提供原件审核人员，严格按要求上门领取。无需查看原件人员，采取无接触式领取，对有特殊情况无法领取人员，信息审核通过后，采取邮寄方式发放。开展代理记账行业违法违规行为专项整治工作，督促全市30余家取得营业执照但未取得代理记账许可证书的企业进行整改，全部整改到位。

（刘彦峰）

税　务

【概况】 国家税务总局武安市税务局（简称武安市税务局）税源以钢铁、煤炭、炼焦、电力、采选、商贸物流六大行业为支柱产业，这些行业占整个税收收入95%以上。2022年，全市共有纳税人17205户，其中增值税纳税人15435户（一般纳税人3730户，小规模纳税人11705户）。

【税费收入】 2022年，武安市民营加油站申报销售收入6.39亿元，比上年增收3.85亿元，增长152%。武安市税务局加强重点税源企业所得税季度预缴和汇算清缴管理，强化汇算清缴事前辅导和事后核查，对中小企业开展企业所得税汇算清缴“回头看”，辅导元宝山集团补缴企业所得税7.55亿元。实行全税种一体化管理，协调市自然资源与规划局和工业园区清理历史遗留涉土税收项目，确保耕地占用税、土地增值税应收尽收。不考虑留抵退税因素，年内完成政府口径总收92.3亿元，比上年减收0.9亿元，增幅-0.9%。其中一般公共预算收入37.4亿元，比上年增收2.1亿元，增幅5.9%。

【退税减税】 2022年，武安市对符合退税条件、无风险企业即时办理；对中高风险企业开展排查，分类办理；对风险无法排除企业停止办理。用好数据赋能模块，对提交留抵退税申请企业进行“人机结合”审核，对疑点企业开展分析预警。利用“风险研判例会”，对退税金额较大或涉及退税风险等级存有异议企业，开展集体研判。利用线上、线下相结合开展29轮宣传辅导，为小微企业纳税人“六税两费”多缴办理退税，开展无纸化免填单服务。利用“远程帮办”实时解答纳税人退税减税难题480条。组建退税审核、复核专班，复核195户退税纳税人，会商处置风险疑点，追缴60户企业退税款9728.5万元。全年为5.3万户次纳税人办理退税36.6亿元，其中留抵退税34.5亿元，占邯郸总量42.2%，位列全省县级第一。研发费用加计扣除额 6.14亿元，比上年增长56.6%，惠及 39 家企业。为389户中小微制造业缓缴税费9674万元。

【税收管理】 2022年，武安市清理各税种未申报信息1.46万条、财务报表未报送信息4.50万条，修改征管错误数据3.25万条，提交运维工单480余条。武安市税务局开展全电发票扩大受票范围试点工作，在全省实现受票纳税人试点，183个县区局中受票规模位居第三名，邯郸市20个区县局中名列第一。落实行政执法“三项制度”（行政执法的公示制度、行政执法全过程记录制度、重大执法决定法制审核制度），完成2432条执法信息公示，上传执法音像记录48件次，完成重大执法决定法制审核3件。落实“首违不罚清单”，强化督查内审，全年通过内控平台筛查专票电子化内部风险疑点20余条，执法过错责任追究4人次。树立风险理念，发挥以票控税作用，全年接收省、邯郸市局各类税收风险任务及武安市税务局制发线下风险任务89批次1526户次，查补各类税费款1.24亿元。结合武安税源行业特点，分类施策快化解。对商贸企业实施专业化管理，重点核查相关企业。实施发票管控措施，对房地产、运输、商贸等行业开展留抵退税风险预防、分析和应对，做到应退尽退，规避风险。

2022年5月18日，武安市税务局“青年先锋队”深入小微企业问需解难

（武安市税务局 供图）

【纳税服务】 2022年，市税务部门充实“远程帮办中心”力量，更新升级软硬件，开通“云讯通”电话转接功能，升级屏幕共享功能，纳税人平均等候时长从15分钟降低为4分半钟，比上年降低70%。增加纳税人关注度高的个人作废票退税，社保信息管理与注销，企业迁移、注销前扫描等业务，月帮办业务量1500笔以上。开展“非接触式”办税服务，根据纳税人意愿，优先引导线上办、自助办、远程帮办，全年月平均网上申报率99.96%。推进简易注销免办服务和税务注销即时办理，压缩出口退税、留抵退税、多缴退税办理时间。“信易贷”合作银行扩展到9家，帮助1120户企业办理银税合作贷款2.3亿元。承担西部六区县发票邮寄业务，受理129户次，邮寄发票1.96万份，受理户次比上年增长96.8%。组织信息维护6次，专题部署10余次，优化办税体验，拓宽纳税诉求渠道。

（白利红）

金融监管

【概况】 2022年，中国人民银行武安市支行（简称人行武安支行）各项存款余额1303.25亿元，比上年增加99.78亿元，增长8.29%，位列河北省第二名；各项贷款余额860.26亿元，比上年增加161.71亿元，增长23.15%。完成全年增长目标任务。

【稳健货币政策】 2022年，人行武安支行引导辖内金融机构加大减费让利力度，辖内银行业金融机构减免开户服务费、划款手续费、年费等142.37万元，惠及个体工商户、小微企业3.38万户。鼓励中小微企业和个体工商户、货车司机贷款等实施延期还本付息。办理延期还本付息本金金额3.82亿元，惠及中小微企业和个体工商户、货车司机等190户。对重点行业加大支持力度，批发和零售业贷款余额220.05亿元，比年初增长33.95%；交通运输、仓储和邮政业贷款余额37.00亿元，住宿和餐饮业贷款余额4.04亿元，文化、体育和娱乐业贷款余额3.24亿元。新增普惠小微贷款3.81亿元，帮助武安市200余家小微企业及个体工商户走出困境，普惠小微贷款激励资金比例由1%提升至2%。房地产信贷稳定增长，年内，金融机构下调个贷利率幅度在0.4%—0.6%，实现首套商业性个人住房贷款利率下限参考同期限贷款市场利率减20个基点要求，推动房地产市场稳定发展。

【金融稳定维护】 2022年，人行武安支行对武安市辖区法人金融机构开展评级，掌握金融机构风险状况。7月，人行武安支行对武安村镇银行资产质量真实性现场核查，掌握资产状况，降低潜在风险隐患。成立金融风险处置化解工作领导小组及工作专班，统筹负责金融风险处置化解工作，明确责任分工。制订遏制增量风险指导意见、完善《武安市金融机构突发事件应急预案》；落实金融机构重大事项和突发事件报告制度，加强问责，提高制度执行效力。掌握金融机构重大事项和突发事件，研判金融新情况、新问题，确保金融运行平稳。人行武安支行督促武安市辖区法人金融机构按时将保费划款到账，指导辖内法人机构完成存款保险系统信息维护工作。制订存款保险知识宣传工作方案，组织投保机构开展存款保险知识宣传，开展“行长话存保”活动，武安市晋冀鲁豫边区革命纪念馆设立存款保险示范教育基地，提高存款保险公众认知度。

【反洗钱监管】 2022年，人行武安支行建立金融放贷反洗钱领域扫黑除恶工作机制，对武安市辖区43家金融机构开展风险自评估，将评级结果全辖区通报。督导辖区两家法人金融机构自评估制度建设，约谈评级为C机构。根据《中华人民共和国反洗钱法》《中华人民共和国中国人民银行法》《金融机构客户身份识别和客户身份资料及交易记录保存管理办法》《金融机构反洗钱和反恐怖融资监督管理办法》等法律法规，对银行、保险公司等定期开展监管走访。

【征信管理】 2022年，人行武安支行办理收入29.21万笔，金额149.02亿元；办理支出4.33万笔，金额98.89亿元；退库5.23万笔，金额37.40亿元。加强对外征信服务，保证自助查询设备稳定运行。年内办理个人征信查询1.64万笔，企业征信查询480笔。组织武安市辖内金融机构开展“6·14信用记录关爱日”宣传工作。年内，人行武安支行新办理开立对公账户3565户，办理销户1141户。开展账户监测，对存量账户进行梳理，对增量账户进行监测，对涉案账户进行排查管控，保证账户安全。

（王东鑫）

审　计

【概况】 2022年，武安市审计局完成财政预算执行审计、经济责任审计、民生审计、投资审计等项目33个，通过审计查处各种违规和管理不规范资金1.23亿元，提出审计建议和整改意见59条，完成武安市四里岩水库至土山大桥引水管道防护工程跟踪审计项目。

【财政预算执行审计】 2022年，武安市推动财税体制改革，促进财政政策贯彻落实，提高财政资金使用绩效，对2021年度预算执行及其他财政收支进行审计，重点对市本级及部门闲置资产盘活、一般性支出压减、“三公”经费和会议费、培训费管理使用以及遵守中央八项规定等情况进行审计。市财政局推动健全完善财政资源统筹预算机制，坚持以收定支原则，压减一般性、非必要非刚性支出，优化财政支出结构。市财政局向人大常委会作《2021年度市本级财政预算执行和其他财政收支情况的审计工作报告》。

【民生类专项审计】 2022年，武安市对主城区天然气置换项目财政补贴资金审计，涉及住户5.02万户，资金2511万元。对武安市医疗保障局与邯郸市中心医院、第一医院等13家定点医疗机构医保费用结算情况进行审计，保障城乡居民医保政策、大病保险政策等落实到位，促进医疗机构规范服务，维护基金安全。

【国有、集体企业审计】 2022年，武安市对79个国有及集体企业截至2021年底资产、负债、所有者权益以及近三年损益情况开展专项审计，摸清企业性质、资产底数、人员及经营状况，揭示存在问题260余个。

【西苑新区动迁资金审计】 2022年，武安市对西苑新区动迁资金进行跟踪审计，提高资金兑付公信力。此项目涉及资金约1亿元，动迁住户918户。

【领导干部经济责任审计和离任审计】 2022年，武安市对行政审批局、市场监督管理局、西土山镇等22个部门单位21位主要领导干部经济责任进行审计，对活水乡原党委书记开展自然资源资产离任审计。审计中发现133个问题，全部整改到位。

【审计质量管理】 2022年，武安市健全审计整改工作机制，强化审计整改责任落实，出台完善《机关行政绩效考核管理办法》《审计业务质量检查和优秀审计项目评选》《审计整改督促检查工作管理办法》《审计业务工作规范》《关于全面深化研究型审计的实施意见》等审计业务制度。武安市委机构编制委员会办公室、市审计局联合出台《关于内部审计机构设置有关事宜的通知》，加强和规范审计工作。坚持“一岗双责”（“一岗”就是一个领导干部的职务所对应的岗位；“双责”就是一个领导干部既要对所在岗位应当承担的具体业务工作负责，又要对所在岗位应当承担的党风廉政建设责任制负责），强化领导责任，层层抓落实，执行廉政工作纪律，强化审计现场审计、审计业务审理等各环节监督管理，确保审计工作质量，防控各环节风险。

（杨　杰）

统　计

【统计监测】 2022年，武安市对全市经济运行情况进行监测预警和分析研究，市统计局及时向市委、市政府汇报相关经济指标运行情况。对经济运行存在问题，及时通报相关部门，进行会商研究解决，确保各项指标稳中有进。年内，把关审核源头数据，优化调整指标评价体系，全市主要经济指标实现提升，固定资产投资位居邯郸市第一位，规模以上工业增速第一次超过邯郸市平均增速。

【统计执法】 2022年，武安市强化执法，提高数据质量。开展“双随机、一公开”（监管过程中随机抽取检查对象，随机选派执法检查人员，抽查情况及查处结果及时向社会公开）执法检查，检查规模以上企业20家，公示检查结果。完善统计工作制度，确保数据真实可靠。出台《武安市贯彻落实国家统计督察反馈意见整改方案》《关于切实有效发挥统计监督职能作用的若干措施》《关于加强统计业务培训提高统计队伍素质的通知》等文件。

【统计信息服务】 2022年，武安市对基层统计人员分专业、分批次进行专业培训和业务指导，培训人员1000余人次，提高全市基层统计队伍法治意识和业务水平，加大对统计源头数据把关和评估审核力度，提高统计数据质量。

【壮大“四上”企业】 2022年，武安市加快全市“四上”企业入库入统工作步伐，发挥“四上”企业在稳增长、调结构、冲千亿中的决定性作用，出台《关于进一步加快培育和壮大“四上企业”的通知》《关于进一步鼓励企业升规入统有关工作的通知》，联合相关部门完成新增入统企业65家，比上年增加26家，全市有“四上”企业366家。

【统计法治宣传】 2022年，武安市通过开展统计执法检查、统计业务培训等方式，加强对统计人员和企业法律法规和职业道德教育培训，敦促企业、统计人员依法履行统计法律义务，依法提供上报统计资料。向检查企业、统计人员宣传讲解统计法律法规，明确执法与普法的关系和责任主体，将统计法治宣传教育融入统计行政执法监督检查的各环节。以统计大培训、统计法律法规讲座进党校等形式，加强部门领导的统计法治宣传，提高领导干部对统计法律法规的学习及履职，强化对统计法律法规的贯彻落实和实践运用。

【“百强”排名晋位】 2022年，武安市邀请国家统计局专家围绕全国“百强县”评价工作，分析评价体系、研究评价指标与位次相近县差距，分析优势和短板，弥补差距。武安市首次上榜中小城市研究院发布的全国百强榜单，综合实力位居第八十五名。在中郡“百强”榜位居第七十六名，比上年前移2位。

（高　昂　王宁远）

调查服务

【住户调查样本轮换】 2022年5月，武安市印发《武安市人民政府办公室关于做好全市住户调查和大样本轮换工作的通知》。采取“线上＋线下”宣传，加强业务培训，组织专业人员系统学习《2022年住户调查大样本轮换抽样方案》《2022年住户调查大样本轮换抽样实施细则》等，举办培训班，保障问卷填写高质量。加强档案整理，对替换调查小区、摸底拒访户、开户拒访户等按要求做好记录，归档管理大样本轮换样本抽取、落实和管理等基础资料。

【畜禽监测调查】 2022年，武安市抽取29家大型养殖企业和10个中小型样本村。向养殖户发放《中华人民共和国统计法实施条例》《统计法律事务告知书》等，明确调查户权利和义务，强调调查工作的重要性。针对抽样框内样本村，为样本村聘请联络员，掌握养殖村各个养殖户情况，夯实数据来源。强化调查表、台账记录审核力度，不定期抽查大型养殖户、样本村台账登记情况，做到账表一致。

【消费价格调查】 2022年，武安市在执行“三定一直”（定人、定点、定时和直接调查）采价制度基础上，做好源头数据采集管理，杜绝价格采集中疏忽、漏采现象。加强对价格采集全过程监督管理，实现采集过程严格、规范、有序。

【作物调查样本轮换】 2022年，武安市学习2022年农作物对地抽样调查样本轮换工作方案和实施细则、农作物对地抽样调查样本轮换软件操作以及对地调查任务包制作等，推进规范开展样本轮换工作。遥感测量对地调查、踏田采样、实割实测，确保源头数据真实准确。做好统计报表数据定期监测和整理归档工作，确保调查数据连贯、真实、可靠。

（高　昂　王宁远）

市场监管

【概况】 2022年，武安市市场监管工作坚持质量第一、效益优先，开展产品、工程、服务质量提升行动，推动经济社会发展质量动能提升。出台《武安市市长质量奖评定管理办法》，拟定《武安市质量强市建设纲要》等质量强市基础性工作文件。食品药品安全、特种设备安全等工作位于邯郸市前列，武安市获国家级知识产权强县建设试点县，省质量强省考核获同类序列第一名。启动第三届武安市市长质量奖评定活动，6家企业和7名个人入围市长质量奖评定。组织河北普阳钢铁公司等3家企业申报省政府质量奖评定，烘熔钢铁公司等4家企业申报邯郸市市长质量奖评定。开展钢铁行业质量提升活动，指导全市钢铁企业完善质量基础建设，提高质量管理、环境、职业健康安全、能源、测量等管理体系实施的有效性，全面实施卓越绩效经营模式。钢铁行业“普阳牌”商标获中国驰名商标，河北普阳钢铁有限公司、河北龙凤山铸业公司获邯郸市市长质量管理奖组织奖，河北普阳钢铁有限公司郭恩元等2人获得邯郸市市长质量管理奖个人奖。新兴铸管股份公司等4家企业化验室通过国家认证认可监督管理委员会CNAS实验室认证，河北新金钢铁有限公司通过知识产权管理体系认证。

【市场主体注册登记】 2022年，武安市新设立市场主体8700家。至年底，全市实有市场主体 8.53万家（企业 2.02万家、个体工商

2022年10月10日，武安市市场监督管理局工作人员检查食品加工小作坊燃气安全工作
（市场监管局 供图）

户6.48万家、农民专业合作社300家），比上年增长7.75%。市场主体总量排名前三的乡镇是武安镇、西土山镇和阳邑镇，分别占全市总量的41.09%、5.75%和5.26%；新设立市场主体排名前三的乡镇是武安镇、西土山镇、午汲镇，分别占全市新设立市场主体总量的27.5%、7.3%和6.5%。全市新设立市场主体户数排名前三位的行业是批发和零售业、住宿和餐饮业、居民服务、修理和其他服务业，分别占新设立市场主体的45.19 %、16.48%、9.74%。

【产品质量监管】 2022年，武安市组织实施工业产品生产许可管理，检查35家获证生产企业、11家检验检测机构、9家机动车检测线。抽检产品涵盖钢铁、建材、水泥、铸造、化肥、文具、电线电缆、危化品等领域，计199批次。抽检重点工业品生产企业92个批次，全部合格；工业产品、消费品流通抽检107批次，不合格33批次，立案13起，均依法处置到位。推动富隆智能装备制造、鼎润智能装备制造2家企业开展小微企业质量提升。

【特种设备监管】 2022年，武安市开展危险化学品、工业管道、燃气安全、特种设备超期未检、电梯安全等专项监管，发现安全隐患137处，下达监察指令书105份，查处案件15起。发现并整改燃气安全风险隐患612处。

【食品安全监管】 2022年，武安市开展蔬菜农药残留检测工作，对不合格产品及时处置。食品安全检查处置隐患370处，完成省级食品抽检54批次、邯郸市级抽检643批次、县本级抽检2866批次，34批次不合格均立案处置；推动141家学校食堂完成“互联网+明厨亮灶”安装；推动食品“三小”整治提升，整改隐患400余处；发布食品小作坊小摊点“红黑榜”12期、餐饮单位“红黑榜”12期；2家超市获评省级“放心肉菜示范超市”。13家保健食品经营单位获评省级保健食品经营示范单位。

【药品医疗器械和化妆品市场监管】 2022年，武安市围绕群众关心关注热点领域，开展专项整治，依法严查各类违法经营行为，检查药械妆经营使用单位2400余家次，查处药械妆案件122起，协查案件30起，抽检药品43批次，化妆品18批次，查处3起假冒医用防护服案涉嫌犯罪，货值金额192余万元，依法移交公安机关追究刑事责任；做好不良反应监测工作，上报医疗器械不良事件549例，药品不良反应1660例，化妆品不良反应169例。

【消费维权】 2022年，武安市全年受理投诉举报咨询2204件，其中，12315互联网平台250件，5612315热线478件，市长热线1417件，网信办交办9件，群众来访等其他途径50件，投诉举报办结率100%，为群众挽回经济损失145万元。服务解答群众咨询186件。

【知识产权管理】 2022年，武安市依法加强知识产权代理行业监管，规范专利、商标代理行为，重点整治代理非正常专利申请、恶意商标申请、无资质专利代理、伪造变造公文、以不正当手段招揽业务等5类违法代理行为。

畅通举报投诉渠道，加强违法代理线索核查处置，对查证属实代理非正常专利申请、恶意商标申请行为，实施“零容忍”惩戒；对反复代理、大量代理、撤回后再次提交等情节严重或明显恶意，报请国家知识产权局从重处理；涉嫌骗取财政资助，依法移交有关部门追究刑事责任；对涉嫌无资质专利代理行为单位或者个人，依据《专利代理条例》《专利代理管理办法》等相关规定予以查处。

【煤炭质量监管】 2022年，武安市对散煤经营网点监督检查387家次，依法查处劣质散煤销售和无照经营行为。督促涉煤企业健全购销台账、登记购进合同、购货凭证、检验证明等，公布抽检报告、进货产品信息等内容。全年出动执法人员700余人次，检查涉煤企业400余家次。对全市煤炭生产、销售企业每季度抽检；对全市重点用煤企业每月2次抽检。全年抽检124批次，未发现不合格。抽检煤炭生产、销售企业64批次，其中2批次不合格，立案后按程序办理。

【成品油质量监管】 2022年，武安市出台《2022年成品油产品质量监督抽查工作方案》，开展成品油质量监管。落实各企业产品质量第一责任人主体责任，督促企业严把质量关口，做好进货台账、油品来源以及进货发票等记录。开展成品油监督抽检工作，对合法加油站（点）主体抽检覆盖率100%。全年抽检成品油1648批次，其中，柴油抽检625批次，汽油1023批次，未发现不合格。

【物价监管】 2022年，武安市完善市场物价管理，调研6家企业3年用水数据，进行20多轮成本论证，科学分析、研讨，组织15个企事业单位召开调价座谈会，制定工业水价调整方案。梳理研究污水处理费调价政策，组织拟调整听证会，通过拟调价方案。完成粮油肉蛋菜等30种商品价格动态监测，8种商品房价格备案，价格补贴等工作。分析、核验经济适用房新增费用，提出合理调价方案，征求社会各界意见，均提交市政府常务会研究讨论通过。完成盗窃、诈骗、损坏公私财物、盗采国家矿产资源等各类价格认定案件125件，价格认定金额1000万元，其中，刑事案件120件，行政案件5件，全年无复核案件。应用综合业务平台网上办公软件，线上办理案件447件，录入近5年500多件存量案件。

【市场综合执法】 2022年，武安市查处民生领域违法案件804起。抽查成员单位17家，抽查文件2700余份，查出涉公平竞争审查应审未审文件53份，全部补做审查。强化反不正当竞争执法，推进打击传销和规范直销，查办反不正当竞争案件9起。开展“稳物价、保民生”、涉企收费、房地产销售、教育收费、医疗机构收费整治等专项价格监督检查活动，查办各类价格案件119起。开展违法违规广告线索核查处置，查办虚假违法广告案件9起。坚持网络交易全链条监管，开展网络交易电商平台等专项整治，查办网络交易案件15起，维护公平竞争市场环境。

（秦　锟）

（责任编辑：骈玲玲　韩俊霞）

农　业

综　述

【产业规模】 2022年，武安市谷子种植面积新增866.66公顷，总计1866.66公顷；连翘生产面积新增200公顷，总计6666.66公顷。在第六届京津冀中药材产业发展大会上，武安市被授予“十大冀药——连翘产业大县”称号。连续12年获评全国生猪调出大县。北安庄乡被农业农村部命名为第一批全国种植业“三品一标”基地（谷子），“米乡乐”“磁山粟”入选河北十大优质品牌小米。农业招商签约引资完成1.87亿元。第一产业固定资产完成9.35亿元，比上年6863万元增长13倍；第一产业增加值完成8.7亿元，比上年增长6%。

【产业体系】 2022年，武安市农业形成瘦肉型猪、武安小米、中药材、特色林果四大主导产业为龙头产业格局。武安市为全省生猪产业第一大县市，有农业农村部生猪标准化示范场5家、省级生猪龙头企业2家、邯郸市级生猪龙头企业8家、万头以上生猪规模场21家。生猪存栏率位于全省第三，出栏率位于全省第一，能繁母猪数量位于全省第四；猪肉产量位于全省第一，生猪规模化和标准化水平位于邯郸市第一。绿色农业高质量发展，市境北部开辟谷子繁种基地33.33公顷，谷子标准化种植基地3333.33公顷，辐射带动6666.66公顷。武安小米是国家“地理保护标志产品”“河北省十大区域公用品牌”，入选全国名特优新农产品目录，获“地理标志证明商标”认证、中国国际农产品交易会金奖、中国绿色食品博览会金奖。全市建成4个省级中药材示范园、10个种植示范点、1个县级中药材质量追溯体系平台、1个中药材协会。

【耕地质量保护与提升】 2022年，武安市以土种为基本单元，根据代表性、均匀性、固定性原则，布设45个耕地质量调查点，开展田间调查与采样检测工作，作物收获季节按技术规范要求采集土壤样品45个，委托检测机构

2022年10月，武安工业园区武粮农业开发有限公司晾晒谷子

（刘国桢　摄）

进行pH值、有机质、全氮以及有效铜、锌、铁等含量，交换性钙和镁，土壤铬、镉、砷等含量项目检测。委托第三方开展全域年耕地质量调查监测与评价工作，依据获得调查监测数据，以县域为单位，开展耕地质量等级评价，统计上报评价结果。基于“县域耕地资源管理信息系统”，完成县域内耕地质量评价所必须基础资料收集。对全省耕地质量监测数据管理系统信息，进行年更新，耕地质量比上年提升0.1个等级。

【新型经营主体培育】 2022年，武安市有农民合作社337家，其中，国家级示范社3家，省级示范社9家，邯郸市级示范社12家。产业主要涉及林果、畜禽养殖、谷子、中药材等。全市有各类家庭农场180个，家庭农场经营耕地面积1811.33公顷。至年底，省级示范家庭农场2家，邯郸市级示范家庭农场26家，有县级示范家庭农场133家。

【强农惠农政策落实】 2022年，武安市耕地地力保护补贴资金发放涉及22个乡镇和1个工业园区，享受补贴农户为15.37万户，补贴总面积3.41万公顷。耕地地力保护补贴资金4902.48万元，补贴标准是每公顷1435.88元。核实符合一次性补贴面积为3.41万公顷，补贴标准是每公顷235.19元，补贴资金为800余万元。核实符合棉花奖励面积为81.62公顷，奖励标准每公顷3000元，奖励资金为24.49万元。争取国家农机购置补贴资金350万元，比上年增加115万元，涉及受益农户254户，农机具350台套。

【农产品质量监测】 2022年，武安市坚持农产品质量安全网格化监管，强化源头治理，完成风险检测1035批次，监督抽查345批次。抽检样品涵盖韭菜、芹菜、鸡蛋等，主要农产品例行监测合格率98%以上，年内未发生重大农产品质量安全事件。

【农资监管整治】 2022年，武安市严查农资市场，护航“三夏”生产。按照“打源头、端窝点、摧网络、断链条、追流向”的要求，对制售假种子、假农资、假化肥等涉农资违法行为依法严惩。查处夏季农资生产经营企业违规问题15处，立案查处5起。

（刘国桢）

种植业

【粮食生产】 2022年，武安市小麦种植面积6666.66公顷，总产量4740万千克；玉米种植面积2.40万公顷，总产量1.67亿千克；谷子种植面积1866.66公顷，总产量8400万千克。

【蔬菜生产】 2022年，武安市蔬菜种植面积约2466.66公顷（其中设施蔬菜种植面积约66.66公顷），产量12.5万千克，总产值2.05亿元，辐射范围主要在当地。生产蔬菜主要有油菜、菠菜、大白菜等。注册商标2个，分别为武安市绿色田园蔬菜有限公司“龙荔”商标、武安市万乐蔬菜合作社“寺庄万乐”商标。

【中药材种植】 武安市是河北省中药材种植大县，是河北省连翘、柴胡、荆芥等道地药材县级主产区。2022年，全市中药材生

2022年9月，武安市农业技术人员到万乐蔬菜种植合作社进行技术指导

（蔡志杰 摄）

产面积1.33万公顷，中药材年总产量2500万千克，总产值5.3亿元。种植连翘6666.66公顷其中，其中，野生连翘4000公顷，年产量15万余千克；人工栽植2666.66公顷，年产量30万余千克。合计产量45万余千克，产值1.35亿—1.6亿元，平均年产值1.5亿元。种植金银花333.33公顷，年产量12.50万千克，产值2500多万元。柴胡、山楂、酸枣等6333.33公顷，中药材种植主要分布在市西部山区南山沟特色种植产业带。徘徊镇实施“百千万工程”，打造百亩育苗基地、千亩连翘茶园、万亩连翘种植基地；磁山镇建设标准化连翘茶园33.33公顷；马家庄乡宋家井村打造连翘基地80公顷。2022年第六届京津冀中药材产业发展大会上，组委会授予武安市“十大冀药——连翘产业大县”称号。

【种植业新技术试验示范区建设】 2022年，武安市为国家重点研发计划项目“杂粮产业链一体化示范”课题《华北地区谷子、甘薯生产技术集成与示范区建设》（2020YED1001401）中谷子产业链一体化生产示范区建设示范地。课题承担单位河北省农林科学院谷子研究所在武安市开展1.40万公顷谷子良种、良法一体化集成技术生产示范，生产技术集谷子优质加工品种、水肥高效、化肥减施等技术于一体，种植谷子品种是以冀谷42为主。可从品种上解决谷子亚油酸含量高、加工产品保质期短问题，有助于提高谷子良种质量和标准化体系建立。采用专用谷子免间苗轻简化栽培技术，春季以有机肥配施复合肥做施底肥深翻培肥地力，晚春至夏初等雨或造墒播种。生产过程采用精量播种、杀虫灯诱杀害虫、生物农药、低残留除草剂相结合绿色生产技术、机械化施肥施药、联合收割机收获，实现谷子生产耕种管收全程机械化。

2022年3月24日，武安市农业技术人员走进大同镇马会村开展科技壮苗行动（鉴伟国　摄）

【种植业新技术推广】 2022年，武安市经过良种良法示范推广，示范区谷子平均每公顷产量5234.14千克，对照当地传统田间管理谷子（4680千克/公顷）每公顷增产554.14千克，增产率12.57%。按当地谷子平均价格5元/千克计，每公顷产值2.62万元，每公顷增收2821.85元，谷子种植实现增收4081.06万元。机械化生产每公顷节约30个工，节约人工2400元，每公顷节肥节药成本540元，去掉每公顷新增有机肥及机械使用费用1815元，对照（9225元/公顷）节支1125元，节支率12.19%，加上每公顷增收，每公顷增收节支17.41%。总产量7.31万吨，销售6.23万吨，实现原粮商品率85.22%。谷子一体化生产技术示范对武安市谷子产业发展起到引领和示范带动作用。示范企业河北金粟源米业有限公司“米乡乐”品牌入选河北十大优质品牌小米，为华北地区谷子一二三产业融合奠定基础。

【农作物病虫害监测和防治】 2022年，武安市强化农作物病虫害监测预报、预警工作。按照测报技术规范要求，准确掌握发生消长动态，对流行性气传病害和重大迁飞性害虫重点监测、防控。统防统治小麦病虫害1.10万公顷，绿色防控面积3800公顷，绿色防控覆盖率54.2%。统防统治玉米病虫害3.1万公顷，绿色防控1.32万公顷，绿色防控覆盖率55%。全年发布病虫害防治信息12期，指导意见1期，发生警报1期。

2022年武安市主要农产品产量统计表

表8

产品名称	产量(吨)	比2021年增长(%)
夏粮	38634	+0.2
秋粮	218661	+3.8
花生	2542	−0.1
棉花	1901	−0.3
蔬菜	125085	−0.1
水果	20353	−2.02

（刘国桢）

林　业

【概况】 2022年，武安市营造林1.98万公顷。在全省首创乡镇防火工作站，推进基层森林草原防火工作开展，市林业局对森林、林地、草地、湿地、野生动植物等林业资源加强监管，推广种植元宝枫、连翘等高附加值经济树种，谋划推进林产品深加工。

【造林绿化】 2022年，武安市科学规划，因地制宜安排造林空间，乔灌草结合、“飞封造”（飞播造林、封山育林、造林）并举，完成营造林1.98万公顷。《绿化简报》《中国绿色时报》分别介绍武安市造林绿化工作经验。

【林草资源保护】 2022年，武安市加强森林、林地、草地、湿地、野生动植物等林业资源监管，对违法行为联合综合执法部门依法打击。对武安市国家自然保护区、国家森林公园、国家地质公园三个自然保护地，开展优化整合，组织编制《青崖寨国家级自然保护区总体规划》《武安国家森林公园总体规划》。市林业局开展有害生物防治，加强美国白蛾、松材线虫病等重点病虫害预防监测。加强野生动物繁育场所监管，提升野生动物收容救护能力。开展林草种质资源普查，采集古树名木信息，挂牌保护。

【林果产业】 2022年，武安市利用既有山场和耕地优势，发展特色林果种植，打造出“智寿源”“甲和农业”“冶陶玉露香梨”等品牌。徘徊镇新增、补植各类花椒树种1.5万棵，建成西部山区万亩花椒基地；选取元宝枫—连翘间种模式，实施“百千万连翘种植”工程，推进蟒当村百亩连翘育苗区块、茶口村等千亩连翘茶园区块、张家庄等17个村万亩连翘种植区块。张家庄村防风种植

2022年8月，武安市民在北安乐乡南田村生态园采摘蜜桃　（刘国桢　摄）

示范点13.33公顷，联系河北农业大学、河北工程大学农学院等高等院校，邀请专家、教授指导，为林果业发展提供科技支撑。探索“公司＋集体经济组织+农户”的合作模式。利用互联网推介，与京东等电商实现线上合作；开设抖音店铺，参与直播带货，促进产品推广。全市水果生产面积2206.67公顷，主要品种有苹果、梨、桃等，总产量4137.50万千克。石洞乡、冶陶镇、活水乡、管陶乡等乡镇建有水果示范基地，全市规模化种植企业5家，注册商标有“佛龙山”“鲜蔚”“山水赵庄”“洺岸”“朝阳湖”等。朝阳湖山地苹果连续两年获河北省山地苹果金奖。

【森林草原防火】 2022年，武安市制定《武安市森林防火总体规划》，增加视频探头，实现全市林地草地监测全覆盖；完善防火通信系统，实现全市护林人员通信覆盖；购置背负式风力灭火机、无人机、油锯等，提升乡镇半专业消防队伍装备；理顺审批程序，推进建设森林防火道、阻隔带和防火应急取水点。在全省首创乡镇防火工作站，推进基层森林草原防火工作开展，工作经验得到省、邯郸市肯定，在全省推广。全市开展“清坟边、清林边、清路边、清地边、清电力设施边、清隔离带内可燃物”活动，减少火灾隐患；抓好防火宣传，乡镇村干部、村级护林员，划分责任区，实行网格化巡查监管；在景区入口和重点山场路口，设立防火检查站；市森林草原火情监测中心不间断监测火情动态，报送火情信息；乡镇、景区半专业队伍做好早期火情处置准备；对全市防火工作开展巡查督导，发现问题限期整改，定期通报督导结果。强化物防技防，提升森林草原防火能力。对春节元宵节、清明节、“五一”等节点重点管理，防止火情发生。清明节防火期间，抽调77个市直部门2782名工作人员，分包全市22个乡镇和工业园区林业重点村。

【林业管理】 2022年，武安市构建市、乡、村三级“林长”组织体系，制定资源管护、部门协作、巡林督查等林长制各项制度，编发林长制工作简报19 期；制定乡镇级林长制考核办法，推动全市林业工作开展，在邯郸市各县（市、区）林长制考核中名列第一。

【森林城市创建】 2022年，武安市对照创建省级森林城市各项指标，推进森林城市创建。在青崖寨国家级自然保护区管理中心建起冀南第一个专项生态科普宣教中心。在九龙山公园、七步沟景区、东太行景区等地开展生态科普宣教活动。12月，武安市获“河北省森林城市”称号。

（韩仓安）

畜牧业

【概况】 武安市是“全国生猪调出大县”和“全国畜牧业绿色发展示范县”。2022年，全市生猪存栏52.22万头，能繁母猪存栏5.80万头，出栏95.94万头；鸡存栏214.76万只，出栏216.76万只；牛存栏2.22万头，出栏1.57万头；羊存栏2.76万只，出栏5.09万只。肉产量9000万千克，蛋产量2250万千克，奶产量38.53万千克。畜牧业总产值26.68亿元，比上年增长7.6%，其中生猪产值21.94亿元，比上年增长7.0%。

【畜禽规模化发展】 2022年，武安市规模化养殖场698家，其中，猪场317家，肉牛场38家，肉羊场216家，鸡场127家。全市规模畜禽养殖场粪污处理设施装备配套率100%，畜禽粪污综合利用率91%以上。

【重大动物疫病防控】 2022年，武安市抓好非洲猪瘟、高致病性禽流感等重大动物疫病和重点人畜共患病防控工作，提升动物疫病防控能力，提高从养殖到屠宰全链条兽医卫生风险管理水平，促进畜牧业健康发展。全年未发生非洲猪瘟和高致病性禽流感等重大动物疫情及畜产品安全事件。

（刘国桢）

农业机械化

【概况】 2022年，武安市农业机械总动力达到181万千瓦。全市争取国家农机购置补贴资金350万元，比上年增加115万元，受益农户254户，农机具350台套。东部工业园区、北安庄乡、北安乐乡、邑城镇、伯延镇等地势比较平坦乡镇农机化作业达95%以上；西部管陶乡、活水乡、徘徊镇、石洞乡等乡镇农机化作业水平80%左右。全市主要农作物机收率98%，机播率99%，机耕率100%，主要农作物综合机械化率95%。

2022年10月，武安市淑村镇白沙村秋收现场　（刘国桢　摄）

【小麦机收】 2022年，武安市小麦种植面积6666.66公顷，适宜机收面积6566.66公顷。小麦联合收割机保有量110台，“三夏”期间全部投入作业。

【农机社会化服务】 2022年，武安市加强新型农业服务组织之间合作，引导农机服务主体通过订单作业、生产托管等形式开展农机社会化服务，打造“全程机械化+综合农事”服务中心。市农机站为农户提供全程机械化作业、农资统购、培训咨询、产销对接等“一站式”服务。全市农机大户55户，平均每个乡镇2户，从业人员215人。有各类机械450台，其中，大中型拖拉105台，联合收割机280台。年作业服务面积4万公顷，服务总收入600万元，资产规模达到2250万元。

【农机安全】 2022年，武安市按照“三管三必须”原则落实部门监管责任和生产经营者主体责任，提高安全生产意识，利用广播、电视、报刊、网络、手机短信、微信等各类新闻媒体和媒介载体，开展农机安全生产法律法规、农机安全作业常识和防火知识宣传。组织检查组到机收现场、田间地头、场院等重点区域，开展农机安全生产巡回检查，对拖拉机、联合收割机安全隐患和驾驶人违法违规行为，发现一起查处一起，消除火灾和事故隐患。

（刘国桢）

（责任编辑：骈玲玲　韩俊霞）

工　业

综　述

【产业发展】 2022年，武安市工业企业完成总产值2527.5亿元，比上年增长2.6%，总量居全邯郸市第一位；其中规模以上工业增加值461.68亿元，比上年增长7.1%。

区域分布。武安市有172家规模以上工业企业，钢铁、焦化等重点企业主要分布在上团城镇、阳邑镇、磁山镇、午汲镇、武安镇、冶陶镇、西土山镇。

行业分布。武安市规模以上工业主要分布在29个行业中，其中，钢铁企业23家，钢压延加工企业7家，焦化企业6家，铸造企业19家，装备制造企业9家，水泥企业2家，水泥粉磨站企业11家，石灰企业32家，混凝土企业10家，洗选企业7家，洗煤企业6家，耐火材料6家，电力热力企业6家，采矿企业4家，再生资源企业5家，石料企业2家，供水企业2家，标准件企业1家，球团企业1家，天然气企业1家，泡花碱企业1家，医药企业1家，超高水填充材料企业1家，水渣企业1家，钢渣粉企业1家，矿渣粉企业1家，岩棉企业1家，新能源企业4家，电子信息企业1家。

规模分布。武安市营业务收入亿元以上的工业企业有62家，其中，超百亿元企业有8家，50亿—100亿元企业有7家，10亿—50亿元企业有13家，1亿—10亿元企业34家。武安市主营业务收入超百亿元以上企业：河北普阳钢铁有限公司、中普邯郸钢铁有限公司、新兴铸管股份有限公司、武安市裕华钢铁有限公司、河北太行钢铁集团有限公司、冀南钢铁集团有限公司、河北文丰钢铁有限公司、金鼎钢铁集团有限公司等8家钢铁企业；主营业务收入50亿—100亿元的企业：冀中能源集团有限责任公司、河北新武安钢铁集团烘熔钢铁有限公司、河北华丰能源科技发展有限公司、河北新金轧材有限公司、元宝山（邯郸）钢铁能源有限公司、河北龙凤山铸业有限公司、河北新武安钢铁集团文安钢铁有限公司等7家企业，其中，钢铁业5家，焦化业1家，采矿业1家。武安市裕华钢铁有限公司、冀中能源邯郸矿业集团有限公司、河北普阳钢铁有限公司、新兴铸管股份有限公司、中普（邯郸）钢铁有限公司、金鼎重工有限公司、五矿邯邢矿业有限公司、河北华丰能源科技发展有限公司8家企业纳税超亿元。

2022年武安市规模以上工业主要指标统计表

表9

指标	完成情况(亿元)	比2021年增长(%)
规模以上工业增加值	461.68	+7.1
利税	4.5	−97.7

续表9

指标	完成情况(亿元)	比2021年增长(%)
资产合计	3003.6	+5.6
负债合计	1909.3	+6.0
流动资产	1627.4	-0.4
主营业务收入	2337.2	-11.3
主营业务成本	2262.0	-5.2
从业人员(万人)	7.5	-15.7

2022年武安市规模以上工业主要产品产量统计表

表10

产品名称	单位	产量	比2021年增长(%)
发电量	亿千瓦时	92.27	4.3
水泥熟料	万吨	607.7	7.3
焦炭	万吨	361.5	13.5
铁矿石	万吨	166.2	-26.0
生铁	万吨	2662.0	-4.3
粗钢	万吨	2371.8	-6.5
钢材	万吨	3345.3	-0.1
锂离子电池	万只	80.9	8.1
泵	台	25232	-2.9
铸铁件	万吨	95.4	-5.2
水泥	万吨	638.3	-7.6

【企业培育】 2022年，武安市新增国家级高新技术企业10家、省级专精特新企业16家，国家级和省级企业技术中心各1家。共赢装备制造有限公司、河北龙凤山铸业有限公司2家企业获评国家级专精特新“小巨人”企业。县域特色产业集群快速发展，新兴铸管股份有限公司等6家企业成为全省首批县域特色产业集群“领跑者”企业，县域特色产业振兴工作位列全省第二名，武安市裕华钢铁有限公司等3家民营企业和4位民营企业家获省政府

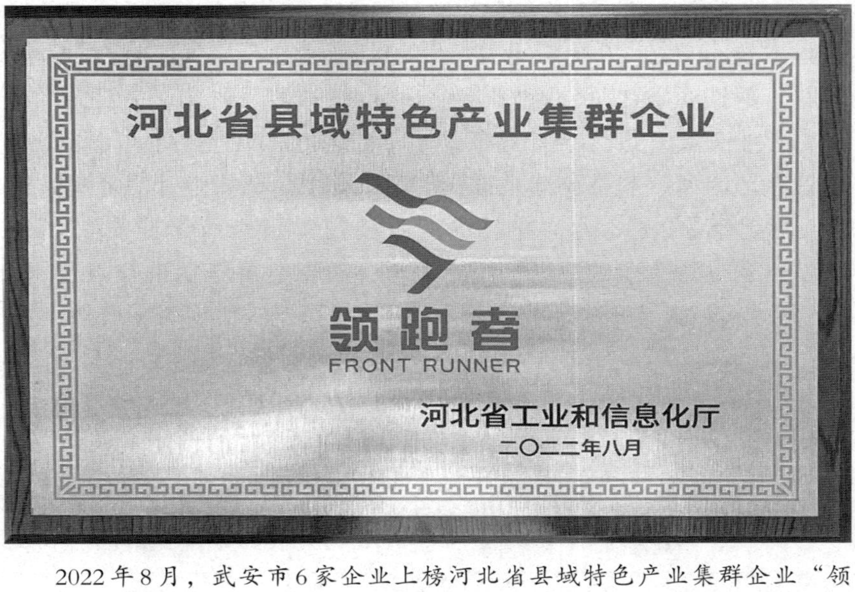

2022年8月，武安市6家企业上榜河北省县域特色产业集群企业“领跑者”
（市科工局 供图）

表彰。融资上市机制健全，开展政银企对接，落实授信522.3亿元。争取上级专款14.3亿元、债券资金13.57亿元，分别比上年增长26%、24%。搭建政银企交流沟通平台，促进银企互利共赢，帮助40余家企业达成融资意向70亿元，解决融资9.65亿元。做好拟上市企业申报服务，支持共赢装备制造有限公司、河北兆宏机械泵业有限公司、河北高翔地理信息技术服务有限公司等进入上市辅导。

【工业项目建设】 2022年，武安市推进78个产业项目，总投资1404亿元，列省重点9个、邯郸市重点34个，重点项目数量位居全省第三、邯郸市第一。冀南钢铁集团有限公司二期等12个项目纳入省重点前期管理项目库。上半年武安市重点项目观摩获邯郸市中西片区第一名，投资和项目建设考核位居邯郸市第一。

河北太行钢铁集团有限公司一期、冀南钢铁集团有限公司一期、河北新金万利新材料科技有限公司高端家电板一期达产，“智慧工厂”河北太行钢铁集团有限公司二期全面开工，总投资288亿元的冀南钢铁集团有限公司二期、总投资86亿元的河北普阳钢铁有限公司整合重组项目启动建设，河北新武安钢铁集团文安钢铁有限公司优特钢完成前期手续。河北新金万利新材料科技有限公司“智能制造+5G云技术”的高端家电板二期、金鼎重工有限公司年产120万吨装配式建筑用钢试生产，邯郸市武洲新材料科技有限公司钢后延伸冷轧开建。河北新兴能源科技股份有限公司194万吨焦化项目、河北华丰能源科技发展有限公司100万吨焦炭减量提升项目全部投产，河北太行钢铁集团有限公司100万吨焦电联产项目部分投产。河北钜兴智能装备制造有限公司60万吨球墨铸管、河北虎耀智能装备制造有限公司高端装备配件项目建成投产。格力智能工厂等3个项目列入省战略性新兴产业重点项目。

河北华丰能源科技发展有限公司厂区图 （华丰公司 供图）

【工业重点领域绿色改造】 2022年，武安市推进“四大行业”（精品钢铁产业、装备制造产业、循环经济产业、新材料产业）治理，投资7.9亿元完成687项改造提升。开展钢铁企业创A行动，金鼎重工有限公司引领创A成功，在全国率先完成企业一氧化碳智能管控平台试点建设，投入2.4亿元建成3家焦化企业备用脱硫脱硝设施。推进绿色运输，引导企业购置纯电重卡1000余辆，新能源重卡运量增长8倍，在全省首创纯电重卡集群集控中心，建成全省规模最大的重卡充电群，年可减少碳排放12万吨。武安市元宝山工业集团有限公司铁路专用线主体完工，全年重点企业铁路货运量实现3549万吨，比上年增长54.3%。成立环保巡回法庭，生态环境司法保护更有力度。非现场执法监管“三个标准”建设列入全省试点。武安市广普焦化有限公司、金鼎重工有限公司2家企业被工信部等四部委评为2022年重点用水企业、园区水效领跑者。河北太行钢铁集团有限公司被认定为省级绿色工厂，河北普阳钢铁有限公司被评为省级无废企业，4个产品被评为省级绿色设计产品。共赢装备制造有限公司“工业互联网的全要素精益管理实施经验”列入为省级工业企业质量标杆。

河北新金万利新材料科技有限公司生产的高端家电板 （新金万利 供图）

【工业信息化建设】 2022年，武安市建设5G基站511个，实现主城区覆盖；完成80家企业上云；召开两次大型数字经济现场观摩及培训会。新兴铸管股份有限公司（数字化生产管控系统）、河北新金万利新材料科技有限公司（新金万利冷轧数字工厂一期项目）、金鼎重工有限公司（工业互联网数字化平台一期项目）3家企业列入河北省工业互联网创新发展试点。河北中联钢信电子商务有限公司（中联钢信工业互联网平台项目）、河北普阳钢铁有限公司（轧钢产品全生产周期精细化管控能力项目）入选工信部2022年新一代信息技术与制造业融合发展试点示范名单，全市实施工信部试点项目3个，首次入选国家级试点项目。武安市新峰水泥有限责任公司（网络基础设施一体化建设项目、水泥生产MES系统项目），金鼎重工有限公司（工业互联网数智化平台二期项目）、河北普阳钢铁有限公司（智能生产管控中心项目）列入2022年省创新发展重点项目库。

【工业技术创新】 2022年，武安市推进质量强市、科技强市战略，打造完善“科技型中小企业—高新技术企业—科技领军企业”全链条培育模式。全年研发费用加计扣除额6.14亿元，比上年增长56.6%，惠及39家企业，比上年增加20家；企业技术合同成交额18.62亿元，比上年增长84%，高新技术产业增加值比上年增长13.7%。河北龙凤山铸业有限公司获批国家级企业技术中心，武安市裕华钢铁有限公司获批省级企业技术中心。格力智能工厂、河北龙凤山铸业有限公司铁基新材料、河北普阳钢铁有限公司高韧性风塔钢工程研究中心列入2022年省战略性新兴产业重点建设项目。全年完成培育认定高新技术企业20家，新增10家，总数52家；国家级科技型中小企业53家；省级专精特新企业16家；省级科技型中小企业新增25家，总数823家；国家级和省级企业技术中心各1家。武安市入选首批国家知识产权强县建设试点县，位列2022中国县级市品牌百强榜第四十八位。其中河北普阳钢铁有限公司被认定为省级科技领军企业，共赢装备制造有限公司列入科技领军企业培育库。

【优势装备出口】 新兴铸管股份有限公司生产离心球墨铸铁管，具有自主知识产权，生产技术、产品质量居世界领先水平，是全球离心球墨铸铁管最大的供应商之一。产品国内市场占有率超过50%，出口比例约为30%，产品行销120多个国家和地区，2005年被商务部评为“重点培育和发展的出口名牌”。2022年出口合同金额1.48亿美元（扣除海外运输后FOB货值约7.5亿元人民币），比上年增长47%。共赢装备机床件，共赢装备制造有限公司生产。2022年产品出口2100万美元，国内市场占有率为40%，国内排名第四位，省内市场占有率为56%，省内排名第一位，出口创汇占邯郸市铸造行业第一位。产品出口国家：美国、德国、捷克、日本，出口产品：机床、底座、床身。武安市科力型钢有限公司出口产品：高层建筑用柔性接口铸铁管、管件及连接件，主要销往德国、俄罗斯、新加坡、瑞典、波兰等国家和中国台湾、中国香港地区。2022年出口创汇402.66万美元，全球市场占有率1.25%。

【工业品运输】 2022年，武安市推进武安市裕华钢铁有限公司、河北龙凤山铸业有限公司2条铁路专用线建设；申办武安市元宝山工业集团有限公司二期、河北普阳钢铁有限公司二期、清峰物流3条在建铁路专用线前期手续。全市重点企业铁路运输3549万吨，比上年增长54.3%。其中，陆港保税物流铁路运输638万吨，比上年增长100%；新能源重卡运量780.91万吨，比上年增长811%。钢铁仓储业务出库量32万吨，比上年增长206.37%；实现收入12.16亿元，比上年增长25%。公铁海多式联运模式作为邯郸市唯一列入省多式联运示范项目，全年运量20万标准箱，比上年增长100%，位列全省第一。利用武安市3000万元财政补贴资金，建立首个邯郸市出口退税资金池，启动建设邯郸市首家县级外贸综合服务平台。打造外贸进出口铁矿石铁路敞顶箱运输模式，与中国矿产合作，购货周期由24小时缩短为1小时。河北省第一家“分送集报”报关模式，首列中欧班列“武西欧”号（武安—西安—塔什干/莫斯科）班列从河北陆港保税公司首发，多式联运量实现20万标准箱，初步建成全省最大铁路综合货运枢纽。

（刘小东　段江华）

冶金钢铁工业

【概况】 2022年，武安市冶金钢铁工业形成“6＋1＋1”（6家长流程炼钢＋1家短流程炼钢＋1家铁基新材料）产业布局，主要产品涵盖“板、带、线、型、管”五大类型。全市钢铁工业完成增加值392亿元，占规模以上工业比重的85.21%，纳税17.9亿元。生产生铁2662万吨，比上年下降4.3%；粗钢2371.8万吨，下降6.5%；钢材3345.2万吨，比上年下降0.1%。全市9家钢铁企业入围中国企业500强，分别是：冀南钢铁集团有限公司、河北普阳钢铁有限公司、武安市裕华钢铁有限公司、金鼎钢铁集团有限公司、河北新金钢铁有限公司、河北新武安钢铁集团文安钢铁有限公司、兴华财富集团有限公司、新兴铸管股份有限公司、河北文丰钢铁有限公司；11家钢铁企业入围中国制造业企业500强，分别是：冀南钢铁集团有限公司、河北普阳钢铁有限公司、武安市裕华钢铁有限公司、金鼎钢铁集团有限公司、河北新金钢铁有限公司、河北新武安钢铁集团文安钢铁有限公司、兴华财富集团有限公司、新兴铸管股份有限公司、河北文丰钢铁有限公司、河北新武安钢铁集团烘熔钢铁有限公司、河北兴华钢铁有限公司；11家钢铁企业入围中国民营企业500强，分别是：河北普阳钢铁有限公司、武安市裕华钢铁有限公司、金鼎钢铁集团有限公司、河北新金钢铁有限公司、河北新武安钢铁集团文安钢铁有限公司、河北太行钢铁集团有限公司、兴华财富集团有限公司、河北文丰钢铁有限公司、河北新武安钢铁集团烘熔钢铁有限公司、河北新武安钢铁集团鑫汇冶金有限公司、河北兴华钢铁有限公司。1家国家级单项冠军（新兴铸管股份有限公司的铸管产品获“全国制造业单项冠军”）；2家国家级企业技术中心（新兴铸管股份有限公司、河北龙凤山铸业有限公司）；2家省级企业技术中心（河北普阳钢铁有限公司、河北新金钢铁有限公司）；7家国家级绿色工厂，10家省级绿色工厂，6家环保创A企业。

冀南钢铁集团有限公司俯瞰图　　（冀南钢铁　供图）

【冀南钢铁集团有限公司】 冀南钢铁集团有限公司（简称冀南钢铁）建于2014年，是兼并武安市裕华钢铁有限公司、河北文丰钢铁有限公司、武安市华信钢铁有限公司、河北兴华钢铁有限公司、河北陆港保税物流有限公司、裕福能源科技有限公司等公司，全资产组建而成，是河北省超千万吨级钢铁产业集群，形成钢铁冶炼、矿山资源、金融投资、国际贸易、循环经济、生态旅游、环保科技、绿色物流、智能科技9大主体板块。位于河北武安工业园区青龙山工业园，注册资金13亿元，占地面积约54平方千米。该公司被国家、省、市政府职能部门授予“中国企业双500强”“民营企业双500强”“河北省百强企业”“国家级绿色工厂”“高新技术企业”“冶金产品金杯奖”“AAA级信用企业”“河北省诚信企业”“河北省最具影响力和最具成长性企业”“河北省工业企业研发机构”“河北省知识产权优势企业”“河北省千家领军企业”等称号。

2022年，冀南钢铁集团总资产1860亿元，炼铁产能427万吨/年，炼钢产能380万吨/年。生产铁760万吨，粗钢667万吨，钢材949万吨，销售收入442.62亿元，上缴税金5.65亿元。其中，文丰钢铁生产铁215.8万吨，钢214.19万吨，材296.11万吨，实现销售收入207.58亿元，利润-11.22亿元，税金0.35亿元。裕华钢铁生产铁434.39万吨，钢356.61万吨，材481.09万吨，实现销售收入189.53亿元，利润-18.07亿元，税金4.3亿元。兴华钢铁生产铁109.59万吨，钢95.96万吨，材171.65万吨，实现销售收入45.51亿元，利润-2.82亿元，税金1亿元。主要产品：中厚板、中宽带、热轧卷板、高速线材、盘螺、H型钢、螺纹钢、铸造生铁等产品。板材、型材、线材、棒材门类齐全，分9大系列200余个规格品种。高速线材销往河北省、河南省大型贸易商。永年标准件市场销售比例约80%，河南省销售比例约20%。热轧卷板销往河北、山东大型贸易商和冷轧厂及管厂，山东省销售比例约70%，其他地区约30%。带钢销往邯邢地区焊管厂，河北省内约100%。中厚板销往河北省、河南省、山东省等地，河北省销售比例30%，河南省销售比例10%、山东省销售比例40%，剩余15%是全国各地，5%出口国外。H型钢销往河南省、山东省、湖南省、浙江省、四川省、福建省、山西省等地，河南省销售占比30%、山东省销售占比20%、湖南省销售占比10%、浙江省销售占比10%、四川省销售占比10%、其余地区销售占比20%；工字钢30特销往河南省大型贸易商。

【河北普阳钢铁集团】 河北普阳钢铁集团（简称普阳钢铁）建于1992年，总部位于武安市阳邑镇东500米，是一家集洗煤、焦化、烧结、炼铁、炼钢、轧材、发电、制氧、科研为一体综合性钢铁企业，占地面积2平方千米，累计纳税240多亿元，向社会各界捐赠20多亿元。集团下辖河北普阳钢铁有限公司、中普（邯郸）钢铁有限公司、武安市广普焦化有限公司、河北新武安钢铁集团烘熔钢铁有限公司、邯郸市日鑫板材有限责任公司、河北新彭楠焦化有限公司、中普精密制造有限公司、山西金烨焦化有限公司等十几家子公司，自2005年起连续18年跻身中国企业500强。获评全国钢铁工业先进集体、国家高新技术企业、第一批绿色工厂、河北省政府质量奖提名奖等多项称号。产品通过CE欧标认证，中、法、日、韩、美、德、挪威、英八国船级社认证和印度、泰国、韩国国家认证。

2022年，普阳钢铁总资产737.15亿元，就业人员6900余人，生铁产量663.2万吨，粗钢产量592.8万吨，钢材产量814.35万吨，销售收入564.59亿元，利润22.38亿元，税金15.72亿元。主要产品有：中宽厚板、热轧卷板、冷轧镀锌、中宽带钢、高速线材、焊管等，产品广泛应用于远洋船舶、海工平台、石油化工、公路铁路桥梁（包括高铁桥梁）、煤矿机械、油气输送工程、高层钢结构建筑、精密模具等国内外重要工程。产品取得多项冶金实物金杯奖，主要销往欧美、韩国、日本等70多个国家地区。

【金鼎重工有限公司】 金鼎重工有限公司（简称金鼎重工）建于

1995年，是中国企业500强、中国制造业企业500强、中国民营企业500强、中国企业慈善公益500强、中国卓越钢铁企业品牌、AAA级中国铸造行业企业信用等级评价企业、绿色发展领军企业、绿色发展标杆企业、省节水标杆企业、省守合同重信用企业、省诚信共建企业，是省重要建筑钢材生产基地。公司位于武安青龙山工业园区，注册资金0.3亿元。

2022年，金鼎重工总资产130.49亿元，员工4000人，总占地面积1.73平方千米，炼铁产能273万吨/年，炼钢产能240万吨/年。生产铁242.01吨，粗钢226.65吨，钢材282.32吨，销售收入-4.08亿元，上缴税金2.82亿元。主要产品：高速线材、中厚板。金鼎牌线材外观精美、耐腐蚀，可实现高强度、高韧性、高焊接等优点，性能稳定，规格齐全，采用防伪标识，可量身定制。金鼎牌中厚板具有良好的抗冲击以及抗震动性能，抗腐蚀性能高，柔韧性能好，采用防伪标识，可量身定制。产品主要应用于北京大兴国际机场、杭绍城际高铁、杭州市地铁、山东潍坊高铁站、青岛胶东国际机场等大型重点工程。产品主要销往河北省、山东省、河南省、安徽省等省重点项目建设工程。产品出口印度尼西亚、菲律宾、马来西亚等国家和地区。

【河北新金钢铁有限公司】 河北新金钢铁有限公司（简称新金钢铁）建于1993年，位于曹公泉工业园区，占地约1.33平方千米，注册资金3.86亿元。是一家以钢铁为主导产业，集新能源科技、金融、投资、外贸、旅游、焦化、铸造等多项新兴产业协同发展综合性钢铁企业。公司下辖独立法人机构有河北新金轧材有限公司、河北新金万利新材料科技有限公司、河北中金冶金有限公司等。河北省重要热轧卷板、低碳钢热轧圆盘条、热轧光圆钢筋、热轧带肋钢筋等钢材生产基地。该公司获“中国企业500强”“中国制造业企业500强”“河北省民营企业100强”“河北省民营企业制造业100强”等称号，申请专利52项。

2022年，新金钢铁总资产110亿元，有员工4400人。新金钢铁炼铁产能286万吨/年，炼钢产能240万吨/年。生产铁164万吨，粗钢166万吨，钢材195万吨，销售收入106.07亿元，实现产值94亿元，上缴税金2.87亿元。申请专利17项，其中，发明专利7项，实用新型专利10项。河北新金万利新材料科技有限公司入选“2022年工业互联网创新发展试点项目”，两化融合管理体系获评AA级。家电用热轧基板和镀锡用热轧基板获2022年河北省高新技术产品认定。主要产品：热轧卷板、低碳钢热轧圆盘条、热轧光圆钢筋、热轧带肋钢筋等。产品特点：热轧卷板产品CQ级及DQ级冷轧基板，产品规格覆盖900—1300毫米范围内宽度要求，形成家电基板、镀锡、镀铬基板和薄材专用热轧基板三大系列。公司热轧产品是LG冰箱门板料独家指定供应商。镀锡、镀铬基板产品覆盖MRT4.0至2.0级别，应用于食品包装行业，与河北省、江苏省、浙江省等地多家马口铁加工企业签订长期供货协议，产品应用于食品罐装、食品包装、压力气雾罐等。

【河北新武安钢铁集团文安钢铁有限公司】 新武安钢铁集团文安钢铁有限公司（简称文安钢铁）建于1993年，位于河北省武安市南环路，就业人员4000余人，总资产57.3亿元，占地面积约1.67平方千米，是一家集矿山开采、钢铁冶炼、钢材加工、循环经济、房地产开发等为多元一体民营钢铁联合企业。公司连续十余年获“中国企业500强”“中国民营企业500强”“中国民营制造业500强”等称号，是国家高新技术企业。

2022年，文安钢铁有炼铁产能205万吨/年，炼钢产能140万吨/年。生产铁158万吨，粗钢150万吨，钢材162万吨，销售收入119.2亿元，实现产值147.08亿元，上缴税金1.88亿元。主要产品：热轧带钢、热轧光圆钢筋、热轧圆盘条等。产品主要销往邯郸市、邢台市、衡水市、郑州市、天津市。

【新兴铸管股份有限公司】 新兴铸管股份有限公司（简称新兴铸管）建于1971年，是一家以生产球墨铸铁管和钢材为主的钢铁企

新兴铸管股份有限公司离心式铸管机 （新兴铸管 供图）

业。1997年6月，“新兴铸管”股票在深圳证券交易所上市挂牌交易，是邯郸市唯一一家在主板上市公司。注册资金39.9亿元，占地面积约1.87平方千米。公司拥有多个生产基地，总部位于河北省武安市。产品获“冶金产品实物质量金杯奖”“冶金行业品质卓越产品”“全国用户满意产品”“绿色环保建材产品”等称号，铸管产品获全国制造业单项冠军，连续五年获冶金企业最高等级“竞争力极强A+”，连续七年获“亚洲品牌500强”，连续多年入选“中国最具发展潜力上市公司50强”。有专利1800余项，其中，发明专利380余项，专利合作协定14项。新兴铸管是球墨铸铁管国际标准主导单位。

2022年，新兴铸管炼铁产能194万吨/年，炼钢产能192万吨/年。生产铁154.62万吨，粗钢145.35万吨，钢材164.32万吨，销售收入202.86亿元，上缴税金5.85亿元。主要产品：球墨铸铁管和钢材。球墨铸铁管产品主要应用于市政供水、水利工程、海水淡化、污水处理、输气、工矿给排水、城市供暖、城市管廊建设等多个领域。产品口径范围为DN80—DN2600毫米，有T型、XT2型、TF自锚型、新兴锚型等多种接口形式，特征产品有顶管、热力管和SIA Wb（拖拉管）等。公司自主研制并开发预制保温层球墨铸铁管，通过“国家钢铁产品质量监督检验中心”审核与认证，供应市场。采用水泥砂浆、聚氨酯、环氧陶瓷等防腐内衬材料和锌层+终饰防腐层、聚氨酯等外壁防腐处理技术，通过管道规格、接口、内外涂层、防腐处理等，新兴铸管可以适用于不同地势条件、水质条件、土壤环境，提供最安全、便捷、定制化产品供应与服务。生产规模和综合技术实力居全球首位，产品出口世界120多个国家和地区，销售网络覆盖亚洲、欧洲、非洲、美洲。铸管产品国内市场占有率超过60%，国际市场占有率30%。钢材产品主要包括普钢、优特钢等品种，具体有Φ6-Φ40mm HRB400、HRB500、HRB600及PSB400-930、MG335、MG500等适用于抗震高品质热轧带肋钢筋，占钢材产品比例70%左右；轴承钢、齿轮钢、紧固件钢、碳结钢、冷镦钢等优特钢产品占比30%左右。公司螺纹钢属于一线品牌，产品应用于三峡工程、大兴机场、雄安新区等国家重点工程。高强度精轧螺纹国内市场占有率30%。

【河北太行钢铁集团有限公司】 河北太行钢铁集团有限公司（简称太行钢铁）建于1984年，注册资金21.8亿元，中国500强企业。企业位于河北省武安市工业园区南洺河工业园，占地面积约5.2平方千米。企业获“中国企业500强”“中国制造业企业500强”“中国民营企业500强”“中国民营企业制造业500强”“河北省百强企业”“河北省诚信企业”等称号，有发明专利11项，是河北省重要线材生产基地。

2022年，太行钢铁总资产120亿元，员工7225余人，炼铁产能321万吨/年，炼钢产能293万吨/年。生产铁204.52万吨，粗钢212.26万吨，钢材345.66万吨。销售收入129.28亿元，产值184.9亿元，上缴税金1.13亿元。主要产品：线材、板材。线材广泛应用于标准件深加工；板材应用于汽车板、家电板、电器柜、门板、集装箱板等领域。板材主

河北太行钢铁集团有限公司俯瞰图 （太行钢铁 供图）

要销往河北省、山东省、河南省及华东各省份；线材主要销往永年标准件市场，市场占有率60%。

【河北新金万利新材料科技有限公司】 河北新金万利新材料科技有限公司（简称新金万利）建于2011年4月，是河北省率先实现全流程家电材料供应链民营企业。2018年转型进入家电产品行列；2020年与常州大学、上海大学签订战略合作关系，成立“高科新材料研发中心”；2021年建成智能数字化工厂，新型3D打印产品替代传统印花覆膜，覆盖家电、汽车及机场航站楼内装饰用材料。该公司多年位列“中国制造业500强”“中国企业500强”“国家首批绿色工厂”“河北省百强企业”“河北省高新技术企业”。热轧和镀锌产品获国家级质量“金杯奖”及海尔“金魔方奖”。

2022年，新金万利主营收入151亿元，利润11亿元，上缴税金6.9亿元，解决当地就业5000余人。主要产品：酸洗板、冷轧板、有花镀锌板、家电镀锌板、家电彩涂板、家电印花覆膜板、智能定制配送板、高端装饰板、汽车用钢等。五大产品系列：家电汽车、医疗抗菌、高端装饰、军工船舰、航空航天系列。产品主要供应海尔、美的、海信、澳柯玛、韩国LG、三星、格兰仕等十几家国内外一线品牌。其中冰箱类材料占海尔、美的市场份额的30%。家电汽车系列涵盖冰箱、空调、洗衣机、电视机等家电侧板、背板、面板以及打印机、传真机、复印机，及汽车大梁用钢、轮辋、轮毂、内外饰板、内部构件等。医疗抗菌系列主要用于抑制和杀灭金黄色葡萄球菌、绿脓杆菌、大肠杆菌。高端装饰系列主要用于高铁站、机场航站楼等室内高档装饰用板。

【河北龙凤山铸业有限公司】 河北龙凤山铸业有限公司（简称龙凤山铸业）建于1999年，是国内专业研制生产铸造用高纯生铁和超高纯生铁高新技术企业、国家专精特新“小巨人”企业、河北省技术创新示范企业、河北省绿色工厂、河北省战略性新兴产业领军百强企业、河北省首批科技领军企业。企业位于河北武安工业园区，注册资金6.8亿元，占地面积1.2平方千米。

2022年，龙凤山铸业总资产40亿元，员工2384人，炼铁产能168万吨/年。生产铁154万吨，销售收入59.78亿元，实现产值68.94亿元，上缴税金0.98亿元。主要产品：高纯生铁、亚共晶生铁、超高纯生铁等铁基新材料六大系列，111个品种。产品获科技部等四部委“国家重点新产品”“中国铸造材料金鼎奖”“中国冶金产品实物质量金杯奖”“国家机械行业改革开放四十年杰出产品”。自主创新研发产品高纯生铁系国内首创，替代进口；超高纯生铁技术指标超越日本和欧美水平，整体技术达到国际领先水平。产品应用于核电、高铁、军工、海洋工程、航空航天等领域，在国内装备制造产业应用领域具有不可替代性。高纯生铁国内市场占有率80%以上，超高纯生铁独占国内市场。高纯生铁、超高纯生铁工艺与装备被列入国家《产业结构调整指导目录》（2019年本）机械行业鼓励类。超高纯生铁列入工信部《重点新材料首批次应用示范指导目录（2019年版）》先进基础材料类。

【河北新武安钢铁集团鑫汇冶金有限公司】 河北新武安钢铁集

河北新武安钢铁集团鑫汇冶金有限公司 （鑫汇钢铁 供图）

团鑫汇冶金有限公司（简称鑫汇冶金）建于2000年，位于武安工业园区青龙山工业园，占地面积约0.73平方千米，注册资金2亿元，前身为地方国营企业（成立于1970年武安县第一炼铁厂），获“中国民营企业500强”“中国民营企业制造业500强”“河北民营企业百强”等称号。有1项发明专利，9项实用新型发明专利。集炼钢、轧钢、制氧、发电、废钢加工于一体，是冀南地区第一家由高炉—转炉长流程炼钢转型为电炉短流程炼钢企业。

2022年，鑫汇冶金总资产35亿元，有员工1027人，炼钢产能144万吨/年。生产粗钢65.11吨，钢材71.15吨，销售收入14.14亿元，实现产值37.86亿元，上缴税金0.98亿元。主要产品有HPB300、HRB400、HRB400E、HRB500、HRB500E系列150mm×150mm热轧钢筋用钢坯，HPB300系列6—20毫米热轧光圆钢筋，HRB400、HRB400E、HRB500、HRB500E系列6—16毫米热轧带肋钢筋。产品用于生产加工丝杠、螺母、螺栓等标准件产品，应用于公路、桥梁等基建，主要销往邯郸永年区、天津市、山东省、河南省等地。

（刘小东）

冶金矿山服务

【概况】 2022年，武安市冶金矿山集团公司下属国有企业“三供一业”（供水、供电、供热和物业管理）分离移交完成，涉及国有企业8家、职工家属区22个、居民2.15万户。分离移交职工家属区涉及供水、供暖、物业改造项目改造完成，进行财政评审工作，接收国有企业职工家属区物业管理和社会职能工作，纳入服务部管理范畴。全年接收国企退休人员1.54万人，人事档案2.15万份，接收退休党员组织关系1254人。优化国有企业产业布局，对资源濒临枯竭矿山和“僵尸”企业进行资源整合和提升重组，完成东河湾矿办公生活区搬迁；对石板坡矿业有限责任公司杨沟第四铁矿依法依规履行关闭铁矿程序。

【冶金矿山安全监管】 2022年，武安市查出企业安全隐患96处，督导企业开展应急救援演练17次，开展安全教育培训6次，实现全年安全工作无事故。4家原复工复产企业实施停产检维修，增派人员24小时驻企监管，根据实际用工情况，逐矿核定下井人数。对13家供电抽水矿，采取人防、技防措施，派驻人员24小时驻企监控，对38家长期停产铁矿斜井井口采取封堵措施。

【业务移交】 2022年9月，武安市矿山公司将所辖20家企业安全监管职责移交相关属地乡镇监管，不再承担所辖非煤矿山和冶金企业属地监管职责。结合调整后工作职责，重点工作为监督检查东河湾、凤凰山等5家下属子公司和小区安全。

（魏 伟 马俊杰 冀政炜）

（责任编辑：骈玲玲 韩俊霞）

商贸服务业

商业贸易

【概况】 2022年，武安市培育限额以上贸易企业，新增入统企业32家，外贸经营备案企业12家，引进外贸平台企业1家，成立武安市数字贸易综合服务有限公司。拓展外贸新业态新模式，打造跨境电商产业园，鼓励企业开拓“一带一路”沿线市场。全市社会消费品零售总额141.1亿元，比上年增长3.1%。其中，限额以上单位零售额18.4亿元，比上年增长19.5%，市场消费位列邯郸市第三名。

【商贸市场建设】 2022年，武安市建成以中山大街新世纪商业广场商圈、新华大街金座超市商圈为核心，以武安保税物流中心、浙江物产安橙外贸综合服务平台为支撑，以专业市场、配送（分拨）中心、南关商业步行街等重点商贸物流企业为支点的现代商贸体系。商业建筑总规模 136 万平方米，商务建筑总规模 86 万平方米，商贸辐射22个乡镇502个乡村。

2022年4月10日，武安市商务局工作人员检查超市保供情况（张　蛀　摄）

【惠民补贴拉动消费】 2022年，武安市发放惠民补贴435.2万元，拉动消费1.9亿元，获邯郸市促消费工作专项奖励50万元。市商务局组织新世纪商业广场、金龙电器公司、顺达汽贸有限公司等19家限上商贸企业开展“你购车我送油”“家电以旧换新”“幸福邯郸欢乐购”等促消费活动7场，提高市场信心和消费意愿；组织23家重点商贸企业，对生活物资集中采购储备、投放配送，市场监测统筹协调，保障城乡居民生活物资供应充足，价格稳定。

【住宿餐饮业】 2022年，武安市有大中型宾馆酒店124家，其中，中大型宾馆34家，限额以上住宿业企业14家，五星级酒店1家；房间总数3409间，住宿业从业人员913人，住宿业营业额比上年增长5.3%。限额以上餐饮企业22家，餐饮业从业人员1526人，餐饮业营业额比上年下降4.5%。

【批发零售业】 2022年，武安市有限额以上批发企业34家，完成销售额39.39亿元。限额口上零售企业37家，完成销售额12.98亿元。

【汽车销售业】 2022年，武安市区汽车销售企业45家，汽车4S店19家，其他均为二级店或直营店。

【隐患治理】 2022年，武安市排查治理商超、宾馆、加油站、餐饮门店等商务领域安全生产和燃气安全隐患，实施常规检查23次，开展大排查大整治专项行动4次，组织应急演练10次，排查隐患105处，整改验收到位。全年化解企业改制等多年遗留问题2起。

（李向忠　冀海兵）

招商引资

【概况】 2022年，武安市开工81个项目，总投资346.46亿元。签约25个重点项目，总投资635.73亿元。格力钛新能源物流车、宇通新能源商务车、氢能产业园等项目开工，全年项目签约量、投资额均为历年最多。举办招商推介会暨合作项目云签约仪式，参加邯郸市钢后产业招商引资暨现存企业增资扩能项目签约仪式，项目签约33个，总投资507.12亿元。

【对外交流和合作】 2022年，武安市围绕“343”（打造全国精品钢材、资源循环利用产业、先进装备制造“三大基地”，新能源、新材料、钢材精深加工、电子信息“四大集群”，现代物流、现代商贸、文旅康养“三大现代服务业态”）产业体系，结合现代物流、精品钢材、装备制造等重点产业链，参加省商务厅招商培训3场，外出招商39批次，接待客商111批次。洽谈对接73个项目，其中在谈项目49个，达成合作共识拟签约项目11个，内商增资扩能项目13个，对接格力电器、中国科学院过程研究所、宇通汽车、陕西陆运帮等企业，在武安接待客商15批次。建立珠三角、长三角目标企业库，遴选3家委托招商机构，其中上海2家（中产集团、东方龙商务），深圳1家（深圳招商引资实战平台），实地考察对接。全市23个招商小分队开展产业链招商和云招商活动，考察对接珠海格力电器股份有限公司、三一重工股份有限公司、宁德时代新能源科技股份有限公司、浙江物产安橙科技有限公司、北京科技大学等大企业和高校院所，瞄准产业龙头、行业领军、科技前沿，精准招商，推进项目招引工作。

【机制建设】 2022年，武安市建立《2022年第一批市级领导分包重点项目台账》，实行“一个项目、一名市领导、一个班子、一套方案、一抓到底”的“五个一”推进机制。落实重点项目台账动态管理工作机制。借鉴先进地区招商引资相关政策、先进经验，结合实际，制定《关于进一步推进全市招商引资工作的实施意见》《武安市招商引资考核办法（试行）》《武安市招商引资奖励政策（试行）》，健全招商引资工作体制和机制建设。

【基金优势发挥】 2022年，武安市汲取先进地区经验，发挥产业引导基金和定增基金作用，设立产业引导母基金。出台产业引导基金管理办法，与多部门投资机

2022年5月，武安市投资促进服务中心接待世界华人企业家投资控股集团参观考察

（市投促中心　供图）

构联合设立产业基金群，形成“引导性股权投资＋社会化投资＋投资基金＋基金管理”多元化投融资体系，引导更多社会资本投资科创项目。成立中鸿基金，注册资本金1.89亿元。

【营商环境优化】 2022年，武安市率先在全省实行“三证联发”，实现项目“拿地即开工”。支持企业发展，留抵退税31.7亿元，占邯郸市40.1%；研发费用加计扣除额6.14亿元，比上年增长56.6%。成立要素保障攻坚战指挥部，保障项目建设。组织开展政银企对接。市国土局保障退城企业等重点项目用地295.87万平方米；市商务局搭建“政企会客厅”，开通“办不成找我”窗口，建立骨干企业“白名单”制度，城市信用状况监测全国排名第二十五位。

（韩 峰 李向忠 冀海兵）

对外经贸

【利用外资】 2022年，武安市依托省商务厅70余家境外招商代理，对外发布招商合作项目，组织企业参加廊坊经济贸易洽谈会、“跨国企业河北行”等展会活动，对接产品需求。利用外资直报平台，跟踪重点外资企业经营动态和项目建设，完善包联服务机制，从投资准入、设立变更、资金融通、建设运营等环节实现平台化服务。健全外商投资企业投诉机制，设立投诉电话和政企联络群，受理解决投诉问题和困难诉求，确保及时有效回应企业关切，优化外商投资营商环境。年内，全市实际利用外资7062.3万美元，占年任务100.9%，位居邯郸第一，人均利用外资排名河北省9个同类县市区第一。

【对外贸易】 2022年，武安市新增外贸经营备案企业12家，新增出口实绩企业4家：武安市铭特金属科技有限公司、格力（武安）精密装备制造有限公司、河北新宏盛电子科技有限公司、武安市汇创机械有限公司，引进跨境电商平台企业1家。武安市稳外贸政策措施落地见效，落实出口信保、进口贴息、融资支持、龙头培育、出口奖励等政策惠企资金424.8万元。市商务局开展精准帮扶工作，组织所有外贸企业参加跨境贸易线上培训及第132届广交会和“一国一展”等线上展会，开拓国际市场；培育外贸新业态，市商务局与物产安橙合作成立武安数字贸易综合服务有限公司，带动中小企业合作开展跨境电商出口业务；推动陆港保税开通“武西欧”号中欧班列，开拓“一带一路”共建国家市场。外贸进出口总值114.24亿元，其中出口49.76亿元，进口64.48亿元，进出口总量及出口总值均位居邯郸市第一。

（韩 峰 李向忠 冀海兵）

电子商务

【概况】 2022年，武安市注册成立电商企业181家，成立电商孵化基地2个，建成直播平台1个，农村直播带货从业者350余人。全年网络零售额11.18亿元，比上年增长25.8%。

【电商人才培养】 2022年，武安市开展线上和线下专项电商培训，邀请当本地知名企业负责人和网红、电商运营服务专家授课，涉及直播带货、新媒体电商、短视频运营、农产品营销、团队打造、产品引流等内容。全年举办12批次电商助农培训，培训农村电商爱好者和新农人1200余人次。

【电商企业品牌培育】 2022年，武安市推动电商企业品牌打造，包括中联钢信、武有好物、赖皮猴、鲲在水等当地优质电商企业。推动发展跨境电商网购保税进口业务，投资700多万元建设1210进口跨境电商通关系统和进出口商品展示展销中心，辐射冀中南、鲁西南、晋东南、豫北地区消费市场，该项目填补冀中南地区1210跨境电商空白。全年跨境电商零售进口销售额1138万元。

【首届“武安好物 销向世界”电商直播】 2022年10月28日，武安市举办首届“武安好物 销向世界”电商直播节，特邀国美、拼多多、天猫等电子商务直播平台负责人，主播达人，品牌经销商及供应链企业负责人参加活动，参与直播带货的网络达人100名，开播后最高在线观看人数达万人。电商直播节开辟线上新型消费渠道，帮助农民致富，助力乡村振兴。

（李向忠　冀海兵）

商圈和商业综合体

【概况】 2022年，武安市以区域次中心消费城市建设为引领，构建县域商业服务体系，优化完善生活性消费空间布局，加快集聚国际国内优质消费品资源，打造高品质消费载体场景，全面提升生活消费发展水平。全年社会消费品零售总额完成141.06亿元，比上年增长5.1%。全市现有南关特色商业步行街、新世纪—亚兴亚商圈、塔南购物街等，大中型连锁商超7家共计35个分店，杜庄、泉上、团城三个大型农贸市场和两家大型建材市场（马庄建材市场、南环路建材市场），大型综合体商场8个，总商业面积22万平方米。全年引进零售、餐饮、服务、培训、娱乐、电器等业态商家264家，时代影城、星巴克、美食林超市、安踏、德克士等知名品牌入驻。全年客流量360万人次，整体营业收入5.8亿元。

【农产品交易市场】 2022年，武安市农产品交易市场主要有杜庄农贸市场、泉上农贸市场、团城农贸市场，均为仓储、冻库、物流、批发零售等场地设施和功能配套齐全的新型农副产品交易市场，市场建有商铺1200余个，有蔬菜、水果、粮油、干调和农用物资等经营商户1100余户，带动就业人员1万余人，全年营业收入13亿元。

【武安新世纪广场】 武安新世纪广场是一家集超市、家用电器、品牌餐饮、娱乐影院为一体的多功能大型综合商场。总建筑面积4万余平方米，有2个营业楼面，经营化妆品、黄铂金珠宝、钟表、手机数码、男女鞋、男女服饰、家居家用、儿童用品等多种品类，2022年，累计客流量156万人次，营业收入7744.41万元。

【马庄建材市场】 马庄建材市场占地面积170亩，营业面积11万平方米，总投资6000多万元，由建材市场、家具市场、钢材市场、窗帘市场、建材精品城组成。2022年，入驻商户500余户，安排管理后勤保障人员130余人。

（李向忠　冀海兵）

供销合作

【概况】 2022年，武安市通过联合合作和资源整合等方式，形成电商业务和实体配送线上线下融合发展的连锁配送体系。市供销系统拥有村级网点518个，大型仓库44座，仓储面积4万多平方米，总资产2.73亿元。年内销售总额19.83亿元，利润总额565.8万元，固定资产投资1000万元，社会消费品零售额增速16%。

【产权交易】 2022年，武安市召开4次调度推进会，组织多场次产权业务培训，农监会强化考核监管和督导推动，分解任务，压实责任，建立周通报、月调度和落后约谈等工作措施。全市建成高标准产权交易中心，22个乡镇、1个工业园区产权交易服务站挂牌进驻综合服务中心，406个村级服务点正式运营，乡、村站点建成率达100%和80%，市乡村三级产权交易体系初步形成。交易业务全面铺开，推动农户承包土地经营权、农村集体林权、四荒、集体经营性资产、建设项目招投标、大额资金采购等12类农村产权纳入进场交易。结合武安产业实际，把厂矿企业、学校、公园及农村闲散土地也引入产权交易范围，提高土地利用效率，促进村级集体经济发展壮大。北安庄乡把属地高教园区、洺湖公园等纳入流转交易，率先完成交易额1.2亿元。午汲镇规定把交易鉴证凭证作为记账的必备依据。以“党建引领+土地托管”形式推行股份合作型经济模式，通过整合农民闲置土地入股，建立“保底收益+盈余分红”分配机制，提供耕、种、管全产业链服务，促进土地规模化经营，促进村集体和农民增收。路南安庄村403亩集体闲置和农户撂荒地，经网上挂牌、征集受让方、公开发包竞价，南安庄村114户村民合计增加收入40万元，村集体增收5万元。全市交易鉴证407笔，交易金额13.9亿元，在邯郸名列第一。

【流通网络强县培育】 2022年，武安市供销合作社联合社（简称市供销社）被全国供销总社确定为全国流通网络强县培育国家级试点社。市社组建农资配送分中心、食品日用品配送分中心、家电配送分中心。建设乡镇综合超市22个、电商网点311个。10月17日，市社供销与市融媒体中心、邯郸市“美团优选”举行战略合作协议签约仪式。与中国供销集团、中央厨房、京东、美食林等大型商贸集团合作，建立采购联盟，建成集冷链仓储、商品集散、物流配送、电子商务、智慧调度等功能于一体的集采集配中心和“数字供销平台”。

【为农服务】 2022年，市供销社对接省供销社五级服务平台，发展终端网点518个，规范建设乡镇为农服务中心10家，推广“党建引领＋土地托管＋盈余分红”模式，托管土地2.73万公顷，农业社会化服务66.6万亩次，建设玉米试验田33.33公顷，开展玉米新品培育、现场观摩和农资推广，供应各种化肥2万吨、种子250吨。参与保供，承储食盐300吨，米面粮油、蔬果等生活必需品，线上订单线下配送。

【企业改制】 2022年，市供销社与邯郸市供销社沟通商讨，制定供销社改革重组和债务化解工作方案，召开3次专班会议，对改制政策、改制方式、时间流程、测算依据等问题，拟定完善改制形式和可行路径。全年完成全系统职工基本信息摸底统计和棉麻公司土地情况调查，5个直属公司完成职工安置费用测算。

【融合共建】 2022年，武安市组织市行政审批局、中国建设银行河北邯郸武安支行、市邮政局、市供销社、市农村信用联社五方共建村级综合服务站23个。建设供销农资间3个，网络直播间3个，马家庄村、小店村、东洺远村服务站3个。12家农产品公司200多个单品进驻销售平台，促进农产品上行和工业品下行。

（张利东　王永丽）

成品油管理

【成品油市场】 2022年，武安市有成品油油库1座，加油站129座，加油点11座。其中，中石化20座、中石油8座（国有资本），社会资本办站90座。全年销售汽油2.2万吨、柴油6.1万吨，销售额6.9亿元。

【成品油督查】 2022年，武安市对加油站点强化监督检查力度，督促企业严格落实主体责任，守法诚信经营，把牢成品油质量关口。加大对主城区及重点区域成品油经营企业的质量抽检力度，构筑成品油质量监管防线，杜绝不合格油品流向市场。履行监管责任，对照监管职责制定成品油市场监管检查标准规范。检查中，执法人员对照检查标准，对油品质量、证照管理、山寨仿冒、计量监管等重点内容进行逐项检查，取缔黑加油点5个，黑油罐车2台，对排查出的问题进行现场登记，限期整改。

【加油站安全管理】 2022年，武安市对加油站“排险除患”安全生产专项检查12次，现场下达责令整改通知单29份、整改复查意见书29份，发现解决隐患问题75条，全部整改到位。

（秦　锟）

烟草专卖

【概况】 2022年，武安市销售卷烟2.40万箱，单箱销售额2.97万元，比上年提升9.46%，绝对值提高2562元。全市建设农网终端552个，乡镇标杆终端22个，投入资金20余万元，用于零售客户自主购买推烟器、柜台、电脑和整店建设。市烟草专卖局档案目标管理通过AAAA等级认定；科技创新课题立项和QC课题结题，获2022年河北省质量管理小组活动优胜质量科技成果奖和优秀论文三等奖。

【专卖稽查】 2022年，武安市查处涉烟违法案件176起，查获非法卷烟212.73万支，假烟44.2万支，烟丝1566千克。查获5万元以上真烟案件8起，5万元假私烟案件1起。

【专卖监管】 2022年，武安市梳理虚拟客户和经营不符客户，上报经营异常客户26户。排查中小学、幼儿园周围零售户，采取月访惩戒措施，自主拜访客户1822户。办理行政许可业务3106个，其中，新办141个，延续757个，变更3个，注销127个，歇业58个，补办5个，恢复营业955个，停业1041个，责令停业整顿8个，责令停业整顿恢复11个。

（曹世平）

2022年11月，武安市妇联开展家政服务进社区活动　（市妇联　供图）

居民服务

【家政服务行业】 2022年，武安市家政服务行业有35家企业，302人进入商务部“家政信用体系建设平台”，录入信用记录。全市依托行业协会，组织重点企业申报全省家政示范企业，路管家等三家企业获评武安市家政服务示范企业和邯郸福嫂家政品牌。年内培树河北省巾帼家政基地2个，邯郸市巾帼家政基地2个，选树各级各类福嫂典型23人，向北京、天津输送优秀家政人员240余人。市妇联对“零基础”妇女开展巾帼家政进社区进乡村活动81场次，受益妇女达6500余人。根据妇女需求举办母婴护理、养老护理、居家清洁等各类培训、微课堂共68期，培训妇女4700余人次。

【婴幼儿照护服务】 2022年，武安市新增备案托育机构13家，累计托位数2128个，每千人口托位数达2.6个。开展托育机构卫生保健业务培训200余人次。组建科学育儿专家团队，编印《0—3岁婴幼儿养育照护指导手册》《托育机构卫生保健手册》等科普资料，免费发放2万余册。通过电视台、直播课堂、亲子活动等，普及科学育儿知识，受众4000余人。组织基础条件较好的托育机构参加“婴幼儿照护服务市级试点”申报工作。9月，武安市观澜城幼儿园、武安市邯邢佳苑幼儿园被评为“婴幼儿照护服务市级试点”，为武安市首批命名市级示范性托育机构。完善母婴设施建设，在医院、商场、车站等公共场所设置母婴室34个。

【养老服务业】 2022年，武安市农村互助幸福院442个，总床位数3640张，提质改造社区老年人日间照料服务站11个、乡镇敬老院5个，新改扩建农村互助幸福院5个。下拨全市民办养老机构运营补贴210.4万元，下拨省级、市级补助金787.7万元。

【洗染业】 2022年，武安市洗染业共计49家，11家配有全封闭式干洗机。32家水洗店，2家单收衣服（第三方洗衣），3家洗鞋店，1家无洗衣设备。

（李向忠　冀海兵）

（责任编辑：骈玲玲　韩俊霞）

园区建设

河北武安工业园区

【概况】 河北武安工业园区（简称工业园区）是1992年经省人民政府批准设立的省级工业园区。2016年，根据河北省加快开发区改革发展要求，托管武安市青龙山工业园区、南洺河工业园区，总规划面积为143.69平方千米。主导产业为钢铁、装备制造、新能源、新材料，入区企业169家。2022年，完成工业总产值1600亿元，主营业务收入1896亿元，税收58亿元。推进专精特新企业培育，龙凤山铸业、共赢装备制造2家企业获评国家级专精特新"小巨人"企业；河北兆宏机械泵业有限公司、河北鼎润智能装备制造有限公司等13家企业获评省级专精特新企业。工业园区被评为2022年度全省抓投资上项目提能级先进示范经济开发区和2021年度全省综合考核先进经济开发区。

【基础设施建设】 2022年，工业园区完成创业服务中心三期孵化基地扩建（四期）室外配套地下管网、配电设施、专家公寓等工程。实施城区市政供热管网园区供热连接工程，铺设热力管道3000余米，新建30兆瓦一级换热站1座、2.5兆瓦二级换热站2座，创业服务中心二期、创业服务中心四期等区域实现集中供暖。青龙山产业园完成格力项目区域福元路、福元支路工程道路工程，东侧管网，西侧、南侧护坡及格力污水处理厂、西三环绿化工程。青龙山污水处理厂正在施工。

【招商引资】 2022年，工业园区接待外来客商50批次，到北京、广州、东莞、珠海、长沙等地外出考察对接5次；举办、参加招商引资项目签约活动4次，收集招商信息186条。园区自主引进居李生物科技有限公司投资5000万元年产5万吨熔盐盐砖及延伸制造项目、南京方锐机械有限公司投资1亿元年产200万套五金工具及配件生产基地项目、连翘高值化投资2000万元研发生产项目、武安市伟晟紧固件制造有限公司投资1亿元轨道交通高端科技装备制造项目4个项目。生产投资1亿元项目。在谈项目新型锂离子动力电池、格力钛新能源物流车、华丰氢能产业园等17个，其中，新型锂离子动力电池通过中鸿产业基金引入，募资1.9亿元。

【现代服务业平台建设】 2022年，工业园区发展现代服务业，打造外贸进出口、科技成果转化、碳汇交易、现代物流、供应链金融和产业数字化"六大服务平台"。签约企业9家，分别是：科技成果转化服务平台，中国科学院过程工程研究所、北京清电智胜科技发展有限公司；外贸进出口服务平台，浙江物产安橙科技有限公司；产业数字化服务平台，河北高翔地理信息技术服务有限公司、河北恒一联城检测有限公司、邯郸市长城工程咨询有限公司；现代物流服务平台，中联钢信电子商务有限公司、河北武有好物电子商务科技有限公司；邯郸市水利投资建设集团有限公司。

【项目建设】 2022年，工业园区列入省重点项目9个，其中，河北钜兴智能装备制造有限公司60万吨球墨铸管车间、河北清峰绿能固废处置有限公司（简称清峰绿能）1300万吨/年工业固废综合利用、河北虎耀智能装备制造有限公司一期建成投产。清峰绿能200万吨/年建筑垃圾综合利用项目完成前期手续。推进格力钛新能源技改项目、兆宏泵业扩能增效项目、格力智能装备、莱特莱德续建工程等。

河北武安保税物流中心 （河北武安保税物流中心 供图）

【隐患排查】 2022年，工业园区开展“双节”两会冬残奥会期间安全生产工作、安全生产月等活动，对危化、铸造、工商贸等场所、园区各企业重点设施设备和关键生产环节开展安全检查，排查企业285家次，排查隐患140处，建立台账，整改到位。对燃气安全开展集中检查，对使用液化气餐饮饭店、沿街门店及泉上市场等场所进行安全检查，排查餐饮门店56家，沿街门店86家，排查隐患185处，整改到位，全年未发生安全责任事故。

（张建召）

河北武安保税物流中心

【概况】 河北武安保税物流中心于2014年10月13日经海关总署等四部委联合批准设立，是省内首家获批、邯郸区域唯一保税物流中心，规划占地106.67万平方米，总投资26.3亿元，原承建单位是河北新武安钢铁集团物流有限公司。2022年，完成申报进口铁矿石7万吨，货值合计764.6万美元；出口钢材、木柜板0.5万吨，货值合计494.8万美元。

【保税业务】 2022年，河北武安保税物流中心进出口额1259.4万美元，比上年增长9.3%。开通中欧中亚班列，升级武安保税物流中心软硬件设施，推进1210跨境电商配套设施和保税商品展示交易中心建设，1210基础建设工作通过邯郸海关验收。建成3000余平方米武安进出口产品展示展销中心，展示进口红酒、轻奢品、日用品等。完成展示展销中心宣传片脚本和镜头采集及出口企业、产品名录。

【多式联运】 2022年，河北武安保税物流中心完成铁路运量638万吨，比上年增加319万吨，比上年增长100%。实现营业收入12.16亿元，比上年增加2.50亿元，增幅25.93%。多式联运量20万标准箱，比上年增长100%，位列全省第一。打造“长途铁运+电动重卡汽运短倒”公铁海联运新模式。工业园区现有150辆电动重卡，实现新能源短倒运输，建有配套充换电设施，打造“零排放”绿色清洁运输模式。工业园区新建充电桩和虚拟电厂，电动重卡实时充电，虚拟电厂采取非侵入技术，动态显示重卡运输减排数据。

（张建召）

（责任编辑：骈玲玲 韩俊霞）

交通　邮政　通信

交　通

【概况】 2022年，国道G309荣兰线武安连接线工程、国道G234兴阳线武安连接线工程、省道S348大左线武安连接线（中山大街北延）工程3个地方道路建设项目获批省重点项目。综合交通运输“十四五”及中长期发展规划争列“三区三线”（“三区”是指城镇空间、农业空间、生态空间三种类型的国土空间；“三线”分别对应城镇空间、农业空间、生态空间划定的城镇开发边界、永久基本农田、生态保护红线三条控制线）。保税物流项目争取到省货运场站补助资金4000万元。完成309国道武安段全线22千米道路修复提升、兴阳线大中修工程。中央电视台《朝闻天下》和《河北新闻联播》，对武安市做好物流保通保畅工作进行典型报道。武安市白沙迎宾大道、盘龙大道被河北省交通厅、财政厅、农业农村厅、乡村振兴局四部门联合授予“四好农村路”省示范路称号，武安市管陶乡被授予“四好农村路”省示范乡称号。武安市交通局被河北省总工会授予2022年“中国梦 劳动美——喜迎二十大，建功新时代”河北省职工“云”上运动会优胜单位奖。市交通局微视频作品《文明交通，你我同行》在全省交通运输系统“喜迎二十大 当好开路先锋”交通运输书画摄影微视频大赛中，获微视频类一等奖。

【公路建设】 2022年，武安市协调中冶南方工程技术有限公司通过河北省交通银行贷款6.6亿元，项目重新启动，完成旅游大环线总工程量70%。磁左线至龙井段具备交工条件、朝阳沟隧道（武安段）交工，茶壶山、观音山、仙灵3条隧道贯通。武安市完成农村公路灾后恢复重建工程，涉及22个乡镇、1个工业园区以及盘龙大道、旅游大道、西三环南延三条地方道路，发生路基、路面、挡墙、桥梁等水毁470余处。投资3518.21万元，完成国道309、兴阳线、磁左线、邢峰线等8条国省干线恢复重建；投资460余万元，出动机械50余辆，人员300余人，完成309国道武

武安市东二环立交桥　　（市委宣传部　供图）

安段修复提升任务；投资2545万元，完成兴阳线大中修，全长19.24千米；投资400.45万元，完成云驾岭至邢峰线道路修建，全长2.45千米；完成沙洺平交口提升改造，缓解邯郸通往武安西部景区交通瓶颈问题；推进2022年国省干线和农村公路破损道路维修工程，路线总长38.73千米，其中，国省干线公路7条，农村公路13条，项目评审金额4239.87万元，完成招标；推进活水乡口上村、活水乡常王庄村、马家庄乡井家峧村桥梁建设工程，完成桩基施工。

【公路养护】 2022年，武安市日均出动300余人次，机械车辆28台班，清扫里程 6.27万千米，清运渣土、垃圾5262立方米。清理、疏通边沟1810千米，整修路肩3286千米。加强绿化美化，对309线、邢峰线、磁左线、永峰线国省干线130.4千米路域环境整治绿化，种植乔灌木68.30万株，绿化总面积463.04公顷。补植紫叶李、金叶榆、大叶女贞等乔灌木1.87万棵，麦冬等地被植物0.66公顷。

【客货运输】 2022年，武安市从事客运企业2家，158辆车，客运量288万人次，客运周转量5184万人千米；运输企业152家，车辆数5854辆。检查各类客运车辆215余台次，纠正各类违规行为18次。完成水上客运量12.5万余人次，未发生一起安全责任事故。取缔非法驾校招生点9个，查处“黑出租车”88辆，规范运输市场秩序。办理公交卡4000余张，老年卡2800余张。开通8条旅游线路，开通景区夜场直通车、景区免费公交，首批开通管陶乡、石洞乡、马家庄乡等10条客车捎货线路，推动客货游旅融合发展。

【行业监管】 2022年，武安市推进超限超载治理，治理超限超载和道路“百吨王”。查处超限超吨案件1088起，罚款1032.67万元；处理源头企业109家，罚款217万元；处罚运输公司156家，罚款79.5万元。非现场治超执法在邯郸树立标杆，成为全省试点。定州市、大名县、魏县、曲周县、峰峰矿区、冀南新区等县区到武安考察学习交通治超执法工作。

（樊燕妮　刘　涛）

邮　政

【概况】 2022年，中国邮政集团有限公司河北省武安市分公司（简称市邮政公司）网点遍布城乡，邮路总长253千米，服务人口84万人，服务面积1806平方千米。全年实现业务收入4407.45万元。市邮政公司被邯郸邮政分公司评为年度先进单位，市邮政公司党支部在中邮先锋“学党的知识，迎党的生日”每日答题竞赛活动中，获评中国邮政集团有限公司优秀奖。寄递事业部被河北省邮政分公司评为2021年度四季度全省电商退换货“到站寄件”业务营销活动先进网点。桥西路邮政支局被邯郸市邮政分公司评为网点转型工作三等奖。

【邮政渠道平台建设】 2022年，武安市打造活跃站点217个，淘汰更换邮乐购站点44处，在邮政网点开设2处惠民超市。利用邮乐购平台，开展电商分销便民服务，配送优质复合肥、食用油、酒水等，代售烟草。市邮政公司与邯郸市阳光三联电器有限公司合作，组织家电节，为广大城乡居民提供物美价廉家电。定期开展车险产品推介销售说明会，为群众提供代理车险和简易险服务。

【寄递条线改革】 2022年，武安市完善邮政网点建设，优化投递线路。全市有18个邮政自营网点、13个代办网点、31个普遍服务网点（含金融网点11处）；有投递道段62条（含市投17条、乡邮28条、包裹专段15条、汽车邮路2条）。全年特快现费散户揽收3.91万件。市邮政公司为政务客户提供个性化服务，法院专递揽收1.66万件；23个乡镇开通身份证快证邮政速递业务，全年寄递身份证1.03万件；与审批局合作，办理教师资格证1800件。与武安市网信办合作，开发“石榴姐女装”“雷陌男装”等抖音、快手直播客户。开发碧桂园、天伦湾收楼通知书2000余件。

【多元发展】 2022年，市邮政公司加快代理储蓄、保险、基金理财、收单付和“邮惠万家银行”发展。加快集邮文化传媒发展，生肖贺岁、中秋文化季主题邮品，利用前台收订、微信收订、网上营业厅收订。开展政务图书配送，为各企事业单位配送《习近平谈治国理政》第四卷1.38万册。开展教辅图书进校园活动，使广大师生不出校门就能看到优质教辅资料。开展普遍服务提质增效，建设31个普遍服务网点，覆盖全市乡镇村。市邮政公司改造网点及工作环境，装修改造大同镇、贺进镇两处营业网点，为西苑支局增加一处商店招牌。在邯郸幼儿师范高等专科学校新建校园邮局一处。

（张京京）

通　信

中国移动通信集团河北有限公司武安分公司

【概况】 2022年，中国移动通信集团河北有限公司武安分公司隶属中国移动通信集团河北有限公司（简称移动公司），下设综合部、市场部、网络部和政企客户部四个管理部室。下辖1个营销班组和8个区域营销中心（城关营销班组，阳邑区域中心、贺进区域中心、团城区域中心、徘徊区域中心、磁山区域中心、矿山区域中心、大同区域中心、康二城区域中心）、8个自办厅和200个他建专营店。全年营业收入1.94亿元，比上年下降0.14%。

【服务创优】 2022年，移动公司推进“三全服务”（全方位服务能力，全过程服务管控，全员服务文化）落地，实施“一把手三个一”（一把手书记挂帅项目，一把手参与总经理接待日，一把手参与客户之声）活动，邀请客户走进移动公司参加“服务有话说”等主题活动。提升移动网络满意度，现场解决弱覆盖物业点，整治劣化小区；提升政企客户满意度，提升宽带产品品质，优化移动云售后品质，提高服务效能。

【网络强基】 2022年，移动公司建成开通4G基站1248个，实现全域覆盖；5G建设建成开通基站378个，武安市区及所有乡镇政府所在地实现5G覆盖，大中型企业及部分景区实现5G覆盖。全市移动宽带覆盖率95.5%，城区实现千兆宽带接入能力。

（白海清）

中国联合网络通信有限公司武安市分公司

【概况】 2022年，中国联合网络通信集团有限公司武安市分公司是中国联通集团分支机构（简称联通公司）设办公室、市场中心、客户响应中心、政企客户中心四个部门，下辖农村营业部10个，城区营业部2个，自有营业厅19个。在职员工64名。全年业务收入1.21亿元，比上年增长0.11亿元。

【网络建设】 2022年，联通公司建设4G宏站点34个、室分15处、5G基站151个。解决河北普阳钢铁有限公司、河北钜兴智能装备制造有限公司等小区无信号问题，实现城区和人口密集区域、所有乡镇5G覆盖。升级1815个端口，重要乡镇和区域开通千兆网络。抓宽带网ODN整治，处理隐患段落600余处，更换二级分纤箱650余个，提升宽带网质量。优化网络结构，完成10处综合接入机房腾退、85处机房整治；结合本地杆路、光缆走向，新建光缆37条（皮长199.5千米），完成传输成环22处；BBU集中102处；核查整改42处有疑问电费，为公司年节约电费6万余元。与金鼎钢铁集团有限公司合作打造5G＋工业互联网合作，成立“智慧钢铁军团”，助推武安钢铁及其他产业绿色低碳高质量发展。

【安全生产】 2022年，联通公司建立健全规章制度，落实安全生产责任制。调整安全生产领导小组，开展安全培训12次，提高员工安全意识。更换办公场所新国标插排200余个，更换维修老化线路120余米，整改安全隐患200余处。

（王　英）

中国电信集团有限公司武安分公司

【概况】 中国电信集团有限公司武安分公司是中国电信集团有限公司分支机构（简称电信公司），2022年，电信公司有营业厅6个、城区支局2个、农村支局7个、政企支局5个，营业网点150余家，专业智家工程师40余人。电信公司移动用户20万户，宽带用户8万户，其中千兆用户2万户。参与武安信息化建设，打造数字乡村、智慧社区等民生应用，为企业提供数字化服务。全年营业收入1.01亿元，比上年提升3%。其中，基础业务收入9025万元，新兴业务收入1075万元。宽带资源累计覆盖用户23.6万户，宽带网上用户7.6万户，移动用户20.06万户。

【网络建设】 2022年，电信公司与联通公司共建5G网络，全年开通5G基站310个（室分30个，宏站280个），高层住宅等人员密集区重点覆盖，乡镇一级全覆盖，通过网络优化解决信号盲区。推进光纤基础建设，覆盖率96%，城区和重点乡镇实现千兆宽带入户；完成三井巷等20处小区电信通信线路整改，敷设光缆850皮长千米。至年底，4G基站527个，4G覆盖率92%。

【服务理念】 2022年，电信公司坚持“好服务 更随心”服务理念，在宽带故障维修主推“660”（6小时安装完成宽带、6小时完成用户障碍修复、无条件进行宽带受理）服务，把服务社会、提升客户感知作为工作的出发点和立足点，让客户享受优质、高效、便捷的通信服务。以客户为中心建立大服务体系，全方位满足客户服务需求。服务不达标，现场赔付现金。

（任晓红）

河北广电信息网络集团武安有限公司

【概况】 2022年，河北广电信息网络集团武安有限公司（简称广电公司）设综合部、财务资产部、技术工程部、市场营销部、集团政企客户部五个内勤部门，14个广电工作站。数字电视双向网覆盖全市22个乡镇和1个工业园区，502个行政村，参与智慧武安数字化建设。全市电视有效户数8.64万户，其中，主机7.97万户，副机6631户。宽带有效户数2.17万户。广电公司为65岁以上老人免费安装数字电视4.36万户。全年营业收入2259.91万元，利润412.69万元。

【线路整改】 2022年，广电公司根据武安创城办要求，对老旧小区、街道飞线，制订整改方案，采用分片整改办法作业，确认线路，做标识。通过断线、改线等方式整改到位。拆除游览街同轴线，新铺设主杆光缆2.40千米，整理广电网络分线箱47个，光纤分批入户；拆除城河街同轴线，新铺设主杆光缆500余米，整理广电网络分线箱14个；拆除城门北关街同轴线，新铺设主杆光缆1千米，整理广电网络分线箱18个。

【安全生产】 2022年，广电公司建立健全公司安全生产规章制度，落实安全生产责任制。调整安全生产领导小组组织机构，采取班组会议、部门会议、全员会议等形式开展安全教育培训40余次，提高员工安全工作意识。全年排查出安全隐患40余处，整改完毕。办公场所更换新国标插排。更换维修10个农村营业部老化线路37条（皮长199.5千米）。

（张鸿雁）

（责任编辑：骈玲玲　韩俊霞）

金融业

银行业

中国农业发展银行武安市支行

【概况】 2022年，中国农业发展银行武安市支行（简称农发行武安支行），存款余额6.22亿元，日均存款余额4.76亿元。年内投放各类贷款11.49亿元，比上年增长0.67亿元，其中中长期贷款投放11.29亿元。涉及教育产业、农村路网、城区供水提升和农村环境整治等领域。坚守“粮食银行”主责主业，保障储备粮油增储、轮换和收购，向武安市裕民公司发放地方储备粮贷款1.55亿元，支持粮食企业收购粮食6.62万吨。坚持融资、融智、融商、融情“四融一体”，从地方重点项目入手，全程参与项目谋划、顶层设计，加强金融服务。

【信贷管理】 2022年，农发行武安支行加强信贷管理，把好贷款准入、发放支付、贷后管理等环节。结合阶段性重点工作，利用贷后管理例会制度，强化评级、授信、用信、担保、放款支付、贷后管理各环节全流程制度落实，以例会主题串联贷后管理工作重点、难点问题，推动贷后管理有效开展，提升信贷管理水平。推进“合规农发行”三年行动，根植风险合规文化理念，使全行员工养成合规习惯，实现合规文化“内化于心、 固化于制、外化于行”目标。“三合一”（专职从事纪检、内控合规、风险防控等监督工作的人员）专员加强履职管理，发挥监督作用，专题研究内外部检查发现问题，逐条梳理，落实整改。

【支农资金筹集】 2022年，农发行武安支行发挥资产业务优势，推动资产负债联动营销；拓宽支农资金筹集渠道，扩大财政资金和非贷客户存款份额；提升客户服务能力，拓展结算业务渠道；开展同业合作，吸收结算性同业存款，推动支农资金筹集工作开展。落实支农资金筹集巩固行动，执行“三方案一嵌入”（“三方案”，逐客户、逐项目制定有针对性的资金账户服务提升方案，信贷资金管理方案，支农资金筹集方案；“一嵌入”，将“三方案”的制定和落实嵌入贷款营销、办贷管贷、资金计划、结算服务全流程，一体化推进，全方位落实）工作举措，将“两类资金”管理贯通办贷管贷全流程。

（岳梦哲）

中国银行股份有限公司武安支行

【概况】 2022年，中国银行武安支行（简称中行武安支行）两项存款余额98.12亿元，其中，储蓄存款余额3.35亿元，贷款余额32.3亿（个人贷款4.21亿元）。中行武安支行针对大型企业资金需求，贷款方面围绕钢铁行业等重点客户，支撑民营贷款和企业多种金融服务需求；中行武安支行发展中小微企业普惠金融业务，贷款发放突破亿元，支撑中小微企业发展。开展“三个走进”（走进基层、走进基地、走进企业）专项活动，为一家专精特新客户发放贷款0.10亿元；加强银企对接，为一家优先制造客户投放贷款0.10亿元；互联网为14户小微企业申请操作，批复总量0.20亿元。全年储备公司授信项目14个，新增敞口授信金额36.47亿元。

【主要业务】 2022年，武安市裕华钢铁有限公司、河北普阳钢铁集团、河北太行钢铁集团有限公司等重点客户存贷款均有提升。武安市裕华钢铁有限公司配套保证金、河北太行钢铁集团有限公司全额保证金开银承付电费等业务，开立国际信用证21笔，金额2.7亿美元；开立国内证4笔，金额0.40亿元；办理商业贴现业务2笔，金额1.7亿元；办理福费廷4笔，金额0.40亿元；办理远期结售汇6笔，金额0.93亿美元；开立银行承兑汇票3.68亿元，贴现3.5亿元。

【中行武安支行普惠业务】 2022年，中行武安支行强化个体普惠，走访市场，调研客户需求；扩宽批量获客渠道，走访相关单位或组织，加强银企对接，宣传中行武安支行产品；加强线上业务营销，结合会计代理公司主推线上税易贷、银税贷等产品。

（万虎斌）

中国工商银行股份有限公司武安支行

【概况】 2022年，中国工商银行股份有限公司武安支行（简称工行武安支行）实现营业收入1.50亿元，拨备前利润1.20亿元，比上年增长0.27亿元。存款时点余额78.53亿元，比上年增长19.97亿元。各项贷款余额39.34亿元，比上年增长6.34亿元。落实国家金融扶持政策，贷款余额1.9亿元，比上年增加0.74亿元。办理票据贴现140亿元。

【客户拓展】 2022年，工行武安支行通过信贷资金、票据贴现途径为企业提供有效信贷支持。组织人员走访企业，与7家县域重点企业建立信贷关系，促进企业复工复产和转型发展。实现新增发放公司贷款7.10亿元（含3.30亿元福费廷业务），新增办理银行承兑汇票12.32亿元，新增发放进口信用证3257万元，新增授信（大）客户1户，新增准入2户。

【工行武安支行普惠业务】 2022年，工行武安支行响应河北省邯郸市分行“工助万企贷动百业”专项营销活动，融入县域“十四五”发展规划，储备普惠业务客户。筛选优质客户，面向县域“专新特精”企业，同30余家企业达成融资意向1.20亿元，现场签约8家，储备金融支持实体经济。工行武安支行落实“第一个人金融银行”战略，实行公私业务联动推进策略，以内设部室牵头，“营业网点＋市场部”推进普惠业务向网点延伸，开辟和扩大社会公众贷款途径和通道。加强代理保险、代理基金规范化销售，提高工作质量和效率，满足不同人群金融需求服务多样化。落实省行“工银冀享”活动，以分期业务推广、积分兑换、“一元购”等开展宣传引导工作，结合线下大堂服务双线推进产品营销。

【不良贷款】 2022年，工行武安支行压降主要措施包括诉讼和核销。至年底，工行武安支行不良贷款余额1170余万元，其中，法人不良贷款减少370万元，个人不良贷款增加800万元，不良率0.31%。

（霍　兵）

中国建设银行股份有限公司武安支行

【概况】 2022年，中国建设银行河北邯郸武安支行（简称建行武安支行）一般性存款时点余额138.09亿元，比上年增加30.46亿元，其中，对公存款时点余额70.74亿元，比上年增加24.64亿元；个人存款时点余额67.35亿元，比上年增加5.82亿元。各项贷款余额120.05亿元，比上年增加88.24亿元，其中非贴贷款新增38.12亿元，比上年增加38.12亿元，贷款余额达到63.29亿元；普惠贷款新增1.21亿元，贷款余额3.10亿元；个人住房贷款余额3.30亿元，比上年增加1.61亿元。实现中间业务收入1134万元。全年新增开立单位结算账户670户，其中基本户419户。在辖区设立普惠金融服务点525个，覆盖全部行政村。新增武安市热力总公司、

2022年5月，农行武安支行工作人员向农户宣传普惠贷款

（农行武安支行　供图）

武安市自来水公司、武安市明星天然气有限公司、武安华润燃气有限公司等重点民生缴费四户。全年发信用卡6633张，分期通业务完成1.35亿元。

【存款市场开拓】 2022年，建行武安支行办理信贷低风险业务16.93亿元，新增对公定期存款16.93亿元。新签约电子银行客户2.58万户。签约“薪享通”等优势金融产品，开展积分回馈活动吸引客户，实现客户精准营销，吸引资金回流，稳存增存。到社区、学校、厂矿开展权益宣讲、专场优惠、联谊活动等，落实代工七个必要环节，开展综合营销，新增代工客户446户，提高客户产品覆盖率和资金留存率。年内新增对公账户670户，武安同行业占比第一。依据建行武安支行优惠费率和初期免费政策，员工邀约客户签约建行武安支行POS和商户收单二维码，年内新增签约商户247户。

【业务发展】 2022年，建行武安支行通过信贷办理低风险业务16.93亿元，新增对公定期存款16.93亿元，实现G端突破。B端赋能方面为高新企业提供综合授信支持34亿元；为集团下属企业提供精准贷款支持，新增投放贷款11亿元。贯彻落实国务院扎实稳住经济“一揽子”政策措施和省政府“1 + 20”政策措施，发挥引领作用，助力武安钢铁企业发展，为高科特企业授信16.3亿元。加大对钢铁和焦化行业支持，授信22亿元。支持小微企业发展，为600余家小微企业办理信贷业务，投放金额1.95亿元，普惠贷款余额比年初新增0.97亿元。

【网点转型】 2022年，建行武安支行围绕“以网点转型带动业务转型，以业务转型带动经营转型”战略部署，把提升软实力作为网点转型重点工作，转变员工思想，提高服务和营销质量，完善网点岗位设置、制度建设和工作流程，对柜面人员业务加强培训，每个员工都实现持证上岗，确保能在最短时间为客户提供服务。各网点逐步由单一对私专业型向全面业务型转型，实现对公、对私、信贷业务共同发展。

（付卫华）

中国农业银行股份有限公司武安市支行

【概况】 2022年，中国农业银行股份有限公司武安市支行（简称农行武安支行）在职员工141人。存款余额153.83亿元，比上年增长16.79亿元；贷款余额86.75亿元，对公贷款余额75.94亿元，比上年增长23.76亿元；个人贷款余额10.81亿元，比上年增长2.35亿元，比上年增长26.11亿元，贷款增速高于存款增速，存贷比提高。对公贷款方面，支持武安市政府重点项目发展，涉及客户7户，投放金额18.67亿元，为大型国有企业投放贷款10.33亿元，为水利项目投放贷款0.31亿元。个人贷款方面，推广超市贷、批发贷、建材贷、生猪养殖贷、铸造贷、致富贷等8个产业集群模式惠农e贷。

【服务半径延伸】 2022年，农行武安支行构建“支行 + 网点 + 金融便利店 + 惠农通服务点”四位一体农村金融综合服务网络。至年底，农行武安支行有惠农通服务点446个，比上年增长69个，覆盖行政村数量300余个，位居邯郸市系统内第一名。

【客户群体拓展】 2022年，农行武安支行采取走出去、请进来、解民情、看市场方法，精准对接客户需求。对公客户总量3889户，其中，新增对公客户528户、基本账户360户。新开客户日均存款0.23亿元。“智慧校园”项目批量带动掌银活跃客户8600余户。

（张　垚）

河北银行股份有限公司邯郸武安支行

【概况】 2022年，河北银行股份有限公司邯郸武安支行（简称河北银行邯郸武安支行）存款余额69.59亿元，其中对公存款56亿元、储蓄存款13.59亿元；贷款余额40.68亿元，其中对公类贷款32.32亿元、个人类贷款8.36亿元；存贷比58.46%。不良贷款187万元，不良贷款率0.03%。年内，河北银行邯郸武安支行落实授信69.92亿元，其中对公贷款22.81亿元；银承及信用证等表外业务45.13亿元；消费类贷款382笔，金额1.01亿元；小微贷款51笔，金额0.98亿元。

【涉农贷款】 2022年，河北银行邯郸武安支行向农业企业、家庭农场、种植户、养殖户等提供专属产品“农担贷”，向农村地区工业企业和小微企业提供永续快速贷及专精特新贷、优易贷、科冀贷等信用类产品。至年底，涉农贷款余额40.68亿元，比上年增加0.64亿元。

【小微贷款支持】 2022年，河北银行邯郸武安支行小微贷款实现线上化，房产抵押类业务最长可贷5年，中间不用还本，最快2天放款，利率低。信贷业务流程方面采取“单签”“双签”“信审会”三种审批方式，增加支行贷款审批权限，减少审批层级，提高贷款业务审批效率。制定小微企业专属综合金融服务方案，丰富产业集群贷、优易贷、复工贷、科创贷等信用类线上产品。

【减费让利】 2022年，河北银行邯郸武安支行落实小微企业和个体工商户支付手续费降费政策有关要求，在对小微企业和个体工商户单位结算账户管理费和年费免费基础上，将支票工本费和挂失费调整为免费，开立单位结算账户开户手续费均按50元/户实行优惠。年内新开小微企业客户186户，减免金额4690元。按照中国人民银行关于支持金融机构对普惠小微贷款阶段性减息有关事宜通知，对存量和新发放普惠小微贷款，2022年第四季度给予相应降利率和退息，优化企业银行账户服务，帮助企业降低成本。

（许少波）

邯郸银行股份有限公司武安支行

【概况】 2022年，邯郸银行股份有限公司武安支行（简称邯郸银行武安支行）存款余额147.45亿元，占县域存款11.3%。其中，全年新增对公账户438户，年末存量对公账户2111户；全年增发银行卡6063张，发行115737张；在行式ATM机7台，全年交易12.63万笔；维护收单商户519户，日均存款3.46亿元。邯郸银行武安支行全年发放贷款101.56亿元，其中，流动资金贷款181笔，个人贷款1315笔。邯郸银行武安支行全年实现报表利润2.4亿元，纳税2447.06万元。

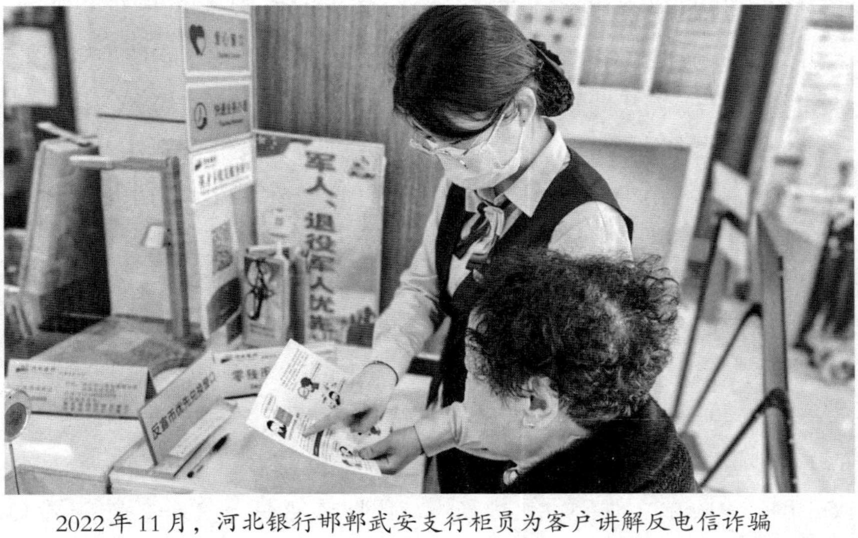

2022年11月，河北银行邯郸武安支行柜员为客户讲解反电信诈骗

（河北银行邯郸武安支行　供图）

【“免费银行”】 2022年，邯郸银行武安支行实行“邯银卡免费刷，邯银网免费上，票单证免费用，融资快免费贷”四大免费措施，创建免费银行，基本免除金融服务费，让利于客户，为全国免费最彻底银行之一。

【“快·乐银行”】 2022年，邯郸银行武安支行以“办事快、客户乐、我快乐”为理念。“快”是手段，“乐”是目的。“办事快”是指以客户为中心，进行流程梳理和技术升级，提高自身管理能力，提高内部决策效率和客户服务效率，做到前台业务不排队、贷款业务限时办，工作高效率。以“快”求“乐”，以“乐”促“快”，发挥决策链短、审批流程快优势，实现贷款客户以“贷款效率”助“企业效益”转化，提升邯郸银行服务实体经济能力。

【调优信贷结构】 2022年，邯郸银行武安支行把武安市经济转型与优化自身信贷结构相结合，调整信贷方向，对符合国家产业政策企业加大贷款支持，对政府支持重点行业、重点项目主动跟进，重点落实。邯郸银行武安支行深化普惠小微金融服务，全年小微贷款余额5.62亿元，比上年增长3.19亿元，增长率131.28%；提高个贷比例，年内新增个人贷款1315笔，比上年增长765笔，增速139%；金额合计1.78亿元，比上年增长0.86亿元，增速94%。

（王莎莎）

武安市农村信用联社股份有限公司

【概况】 2022年，武安市农村信用联社股份有限公司（简称武安联社）存款余额455.75亿元，占全市存款市场份额36%；各项贷款余额337.36亿元，占全市贷款市场份额39%。存、贷份额居武安金融市场首位。武安联社成为全省农信系统首家资产规模突破500亿元、存款突破400亿元县级行社。年内，武安联社获“全国金融先锋号”称号，宋二庄信用社获“河北省金融先锋号”称号。

【实体经济服务】 2022年，武安联社全年涉农贷款余额258.89亿元，普惠型小微企业贷款余额18.08亿元。武安联社巩固提升“双基”（基层农村信用社和基层党组织）共建质量，与22个乡镇重新签订《金融战略合作协议》。“双基”共建农村信用工程实现城乡覆盖，建档客户信用等级评定比例100%，“双基”共建农户用信余额32.49亿元，比上年增加9.35亿元；“双基”共建目标客户扩大到城镇居民、小微企业主、个体工商户和新型农业经营主体，拓展“双基”共建客户内涵与外延，加快新市民建档，创新贷款产品，做好配套服务，发放新市民贷款209户，金额0.23亿元。

【案件防控机制建立】 2022年，武安联社按季对全辖区开展检查辅导，规范业务操作。开展包括异常行为员工监测管理、股东股权、关联交易等十个重点业务领域和人员案件风险排查，每月对逾期贷款发送风险提示，督促管户单位及时采取措施降低风险损失。建立健全案件防控长效机制，推进“内控合规提升工程”，开展警示教育。采取线上授课、集中听课方式，分4期举办内控合规与案件防控培训，促进合规思维逐级传导、层层渗透。

【服务优势培育】 2022年，武安联社开展聚合商户激励活动，拓展新增有效商户1.1万余户，收单交易笔数达1855.97万笔，交易金额82.6亿元。整合网点布局，网点数量由119家优化至111家。探索智慧银行新模式，推进网点智能化转型，打造数字化智慧厅堂。

（李世杰）

保险业

中国人寿保险股份有限公司武安支公司

【概况】 2022年，中国人寿保险股份有限公司武安支公司（简称中国人寿武安支公司）实现长期险首年标准保费791.32万元，首年期交保费0.38亿元，长期险10年期以上首年期交保费954.99万元，大短险保费856.84万元。

【业务拓展】 2022年，中国人寿武安支公司推行国寿e店电子化录单等电子服务运作平台，向客户推广寿险APP功能。年内，中国人寿武安支公司理赔1567件，金额0.15亿元。围绕乡村振兴战略，巩固脱贫攻坚成果，探索“健康保障为柱，产业保障为梁，普惠保险助力”模式，为全市公益性岗位等新型就业群体提供保险保障，为全市公益性岗位人员办理人身意外伤害保险。发挥保险保障和普惠兜底作用，针对农村老弱病残幼等特定群体定制意外伤害、医疗护理等保险产品。

（李　翠）

中国人民财产保险股份有限公司武安支公司

【概况】 2022年，中国人民财产保险股份有限公司武安支公司（简称人保财险武安支公司）保费1.62亿元。其中，车险1.20亿元，比上年增长68%；增速7.5%，占车险整体市场份额46.32%，商业非车险0.19亿元；农险0.14亿元，比上年增长142.18%；社保869.67万元。商业非车险中，家财险签单保费228.01万元，意外健康险签单保费750.72万元，责任险签单保费696.39万元，企财险签单保费283万元。

【业务发展】 2022年，人保财险武安支公司贯彻集团“卓越保险战略”，推动“六大战略服务”（乡村振兴、智慧交通、健康养老、绿色环保、科技创新、社会治理）决策落地。车险上强化直营销团队建设，加大家自车承保占比，营业货车实现有效益发展；加强培训学习，提升业务员商业非车险展业技能，从单一固化思维到针对客户需求开展“一揽子”业务承保，年内业务完成额中，车险占比74%，非车险占比26%。农险破冰政策性养殖险，完全成本保险实现落地。年内承担各种风险保障金额2000亿元，缴纳各项税款0.18亿元，理赔0.77亿元。

（张　楠）

证券业

【概况】 2022年，财达证券邯郸武安中兴路证券营业部（简称财达证券武安营业部），有员工5人，其中证券经纪人4人。服务客户约2.50万名。财达证券武安营业厅是经中国证监会批准设立的合法证券经营机构，是武安市第一家证券经营机构。

【投资者教育工作】 2022年，财达证券武安营业部建立投资者教育工作组织，制定《财达证券股份有限公司邯郸武安中兴路营业部投资者教育工作制度》，开展投资者教育进社区、读懂上市公司投教专题、退市中投资者教育保护、3·15金融消费者权益保护日、防范非法集资、投资者保护主题、“北交所走近投资者”专题投教、2022年投资者教育周等活动。

【反洗钱工作】 2022年，财达证券武安营业部建立反洗钱领导小组，制定完善相关制度。组织投资者参与“反洗钱小知识”培训4次。

（索卫方）

（责任编辑：骈玲玲　韩俊霞）

旅游业

综　述

【旅游规划编制】 2022年，武安市出台《关于加快文化和旅游产业高质量发展的实施意见》，编制《武安市“十四五”文化和旅游发展规划》，构建“一山一河五板块”产业发展格局，“一山”指东太行山观光休闲度假带；“一河”指洺河流域文化旅游产业带；“五板块”指城市活力休闲体验板块、历史文化旅游板块、红色教育研学板块、生态康养休闲度假板块和乡村农旅示范板块。建设西部康养旅游度假区，带动景区提档升级，重点发展旅游观光、休闲度假、特色民宿等产业。草拟《加快景区开发建设管理实施意见》《民宿产业发展指导意见》。

【旅游线路开发】 2022年，武安市整合优质文旅资源，串联全市重点景区、精品民宿、乡村旅游重点村等项目、节点，打造“绿色太行风情游、红色革命圣地游、古色中华文明游、多彩休闲乡村游”等精品旅游线路。东太行景区、七步沟景区、楼上村戏曲小镇、白沙村作为主要乡村旅游点，入选文化和旅游部推出的“乡村四时好风光——瑞雪红梅欢喜过年”全国乡村旅游精品线路。

（刘　伟）

旅游资源

【概况】 武安市山水旅游资源丰富，发展旅游产业具有优势。2022年，全市有国家AAAA级旅游景区7家，分别为：东太行、京娘湖、七步沟、长寿村、朝阳沟、东山文化博艺园、古武当山，数量占邯郸市41%；国家AAA级旅游景区2 家，分别为：莲花洞、天慈峰林；国家AA级旅游景区1家：十六沟。全市有旅游住宿企业（含农家乐）273家，其中星级宾馆3家，精品民宿2家；旅行社18家。1家全国休闲农业与乡村旅游示范点（淑村镇白沙村），1个河北省乡村旅游重点乡（活水乡），3个省级乡村旅游重点村（活水乡楼上村、活水乡白王庄村、伯延镇伯延村）。武安市获“中国优秀旅游城市”“国家全域旅游示范区”“中国最美自然景观旅游城市”“中国县域旅游竞争力百强县”等称号。年内，全市旅游从业人数2万余人。接待国内外游客173万人次，实现旅游综合收入15.3亿元。打造出红色革命圣地游、绿色太行风情游、金色休闲乡村游等多条旅游线路，形成“春踏青、夏避暑、秋观叶、冬赏雪”四季有景发展格局。建成旅游大道、平安大道、白云大道、武当大道、盘龙大道五条旅游道路，构筑成“高速联络线连通域外、旅游快速线直达景区、内部小环线串联景点”旅游路网。

【京娘湖景区】 国家AAAA级旅游景区，景区成立于1985年，前身为口上水库（水库始建于1966年4月，竣工于1969年9月）。河北京娘湖旅游开发有限公司成立于2005年，“京娘湖”因赵匡胤千里送京娘的传说得名。景区面积18.5平方千米，这里奇峰林立，林木茂盛，天然植被覆盖率98%以上，常年平均气温19℃，夏季平均气温26℃，是避暑休闲佳地。2005年被评为国家级水利风景区。景区分水上游览区、贞义岛游览区和休闲度假区三大区域。水上游览区面积1.78平方千米，平均水深40米，围绕贞义岛分为东、西两支。东支景点有老虎洞、神女仓、屏风山、神龟探海、双虹映月、一线天、火发山；西支景点有高山平湖、宋太祖题诗处、宋祖峡、京娘峡、搭衣岩、滴翠潭、梳妆台。贞义岛游览区主要以山地自然风光和人文景观为主。有京娘祠、比翼亭、祈福钟、许愿池、古戏台、玻璃栈道等景点及高山丛林漂流项目。奇特的地质构造和地形地貌，不仅构成一幅壮丽的山水画卷，而且具有地质科学考察价值，成为反映华北地区古海洋沉积层特征的天然博物馆。拥有保存完好的天然次生林，以核桃、板栗、山桃、山杏、针叶松（油松）等为主。野生动物有山猪、野鸡、松鼠、画眉、布谷鸟等。野生药材有何首乌、半夏、茯苓等。码头休闲区有完善的吃、住、游、购、娱接待系统，休闲区内2000亩生态绿色家院，高中档度假公寓，地博园假日酒店、松林山庄、达衣岩客栈、生态庄园楼、京娘河谷度假村，日接待游客能力6000人次。2022年接待游客25.29万人，营业收入1726.29万元。

【长寿村景区】 国家AAAA级旅游景区，位于活水乡长寿村，面积10平方千米。景区山高林密，峰险石奇，主峰摩天岭海拔1747.5米。景区内有数处山泉涌出，四季长流不断，为优质天然矿泉水。景区森林面积万亩以上，有珍稀树木数十种，名贵中药材百余种。主要景观有通天峡、马刨泉、龙盘树、长寿园、玉皇庙、古驿道、古长城等。长寿园是长寿村景区的核心部分。这里树木苍翠，有可供游人休憩的长寿亭，还有长寿泉、寿星像、241级百寿台阶、连翘泉及寿石峰等景点景观。主峰摩天岭为武安五大山峰之一，因高耸入云得名。山顶面积约11平方千米，四周悬崖峭壁。此山以雄、险、奇、美四绝，跻身国家级森林公园行列，被誉为天然植物基因库，清新静谧大氧吧。登上摩天岭可远眺山西省左权县，俯瞰古战壕遗址、峻极关等众多景点。

【七步沟景区】 国家AAAA级旅游景区，位于武安市活水乡境内，坐落在河北武安国家地质公园、国家森林公园腹地，总面积20平方千米，总投资12.1亿元，系河北省旅游重点建设项目。景区开发始于2003年，2009年重新整体规划，2012年5月全面对外开放，年接待游客50万人次。景区获国际摄影家创作基地、中国自驾游首选目的地、中国十佳红色旅游景区、河北省旅游系统先进集体等十多个国家级、省级称号。七步沟景区地处晋冀鲁豫交界处，区位条件优越，交通便捷，与太原、石家庄、济南、郑州四市的车程均在2—3小时。距离202省道（平涉线）仅0.5千米，距太行山高速（顿井口）、东吕高速（路罗口）、309国道均在30千米以内。景区有奇特的红色石英砂岩地貌景观，峡谷幽深，方山、石墙、石柱、石林、孤峰、峰丛广布。植被丰茂，空气清新，负氧离子含量极高，有“天然氧吧”之称，夏季平均气温25℃。地表径流量大，形成多

武安市七步沟天镜湖 （市委宣传部 供图）

个湖泊。文化积淀深厚，有传为东汉开国大将马武屯兵的马武寨，有凿建于唐代的罗汉洞，有明代的隐士塔、散人冢。红色遗迹遍布，有八路军129师战地医院旧址、抗日英雄纪念碑、无名烈士陵园，是重要的爱国主义教育基地。一年一度的中秋拜月大典，被列入武安市第三批非物质文化遗产保护项目名录。冬季冰雪旱滑、冰雪漂流、雪地摩托、雪地大回环、冰上碰碰船、悠波球等项目，填补冀南地区冬季旅游空白。夏季梦幻夜漂流、锦绣中华夜游节等活动吸引各地游客。推出亲子乐园、柒园民宿、趣野露营等新产品。天门湖酒店、菩提山庄、游客中心三家宾馆，可以同时容纳1000余人就餐、800余人住宿，曾多次接待国家级大型活动和体育赛事。2022年接待游客17.14万人，营业收入1591.8万元。

武安市东山文化博艺园入口　　（市委宣传部　供图）

【朝阳沟景区】 国家AAAA级旅游景区、国家地质森林公园、全国乡村游示范点、河北最美30景之一，地处武安市管陶乡朝阳沟村，距邯郸市80千米，是全国著名戏曲编导杨兰春的家乡，是戏曲《朝阳沟》创作原型地。朝阳沟景区即据此开发的旅游区。景区内保存有杨兰春、李支书、二大娘、栓宝、银环、老平、老小孩、有良、小牧童等人的旧居。《朝阳沟》剧中的绳坡峧、野草湾、阳坡堖、跌水岩等大都成为观光景点。其他景点有黑龙庙、九连溪、九连瀑、象山、华山洞、山顶草原、龙泉瀑、观日峰、玉峰塔、药王洞、圣母洞等。朝阳沟地处东太行山腹地，主峰马峰岩海拔1776米，拥有独特的地质景观，悬崖绝壁，植被覆盖率98%。景区内建有自然生态观光园、游客采摘园、农业观光园、果木嫁接园及航天育种绿色蔬菜种植基地，建有四星级宾馆及会议中心、高级别墅，可容纳500人开会、住宿，2000人就餐。朝阳沟景区是一个集旅游、会议、休闲、度假、娱乐为一体的旅游胜地。2022年接待游客2.75万人，营业收入64.26万元。

【东山文化博艺园】 国家AAAA级旅游景区，位于武安市区东郊、邯郸—武安公路北侧，距邯郸市区约21千米，占地面积0.33平方千米，2002年由河北东山冶金工业有限公司董事长王更庆出资兴建。园内有湖水、假山、花草、树木、人文建筑、展馆等，是集文化旅游、度假休闲、餐饮娱乐于一体的秀美园林。园区主要有文化园、地质园、植物园、水上乐园、风情文化娱乐园等游览活动区，供游客休闲娱乐、了解武安人文历史。文化园大影壁上镌刻的《武安史事纪略》，记载武安历史上重大事件。展馆区是东山文化博艺园的精髓所在，有武安文史馆、武安近代史馆、武安三君馆、“光辉的足迹——《人民日报》在武安新闻纪实和历史的记忆”等展馆。2022年接待游客12.18万人，营业收入85.58万元。

【古武当山景区】 国家AAAA级旅游景区，位于武安市活水乡境内，主峰海拔1438米，面积约15平方千米，核心景区3.5平方千米，是国家级森林公园、国家级地质公园的重要组成部分。景区为嶂石岩地貌，丹崖如墙，峻峰如城，形成“一山（老爷山）、二神（北方之神真武大帝、太极宗师张三丰)、三绝(太行绝壁、道家绝学、无极绝功)、四境(日出、霁云、山海、夕阳)、五圣(道教、太极、养生、避暑、度假)、六峰(山形奇特,有六个巨大山峰相连相望)、七彩(四季常青、三季有花、七彩滑草、七彩夜景)、八奇(八种独特奇观)”的特色景观。夏季平均气温26℃,有“邯郸后花园”“清凉夏都”之美誉。景区开发于2000年3月,2018年底,由河北东山集团收购,对景区进行提升改造,展现“古、武、文、奇、凉”特性和“道、养、乐”个性。其独特的山林地貌,造就云境、谷境、水境、乡境四境融合的仙境胜景。景区打造“生态古武当”“仙境古武当”“养生古武当”“快乐古武当”“文化古武当”五大旅游业态产品,将古武当山景区建设成为以道家修身养性文化体验为特色,以康养度假休闲为核心功能的国内知名的太行山生态康养旅游景区。道教文化是景区一大文化特色,峰顶有始建于隋唐时期的真武大帝庙(老爷庙),是北方著名道教圣地。2022年接待游客3.98万人,营业收入430.3万元。

武安市东太行景区山顶美景　　（市委宣传部　供图）

【东太行景区】 国家AAAA级旅游景区,位于武安市活水乡境内,中景信集团投资开发。景区属丹霞地貌,总面积26平方千米,主峰海拔1428米。是集雄、奇、险、峻于一体的山岳型自然景区。抗日战争时期,八路军129师官兵和许多老一辈革命家都曾在这里战斗、生活。主要景点有观光索道、悬崖电梯、太行天瀑、天镜湖、天脊长城等。观光索道全长1998米,60个吊箱,以每秒6米的速度循环往复运行于上、下站之间,运力2400人/小时,单程仅需6分钟,是国内速度最快、运力最大脱挂式吊箱索道。彩虹玻璃栈道,海拔1180米,采用30毫米厚度钢化夹层玻璃和钢架结构打造,全长266米,宽约2米,呈U字形悬于龙头崖上,每平方米可承重350千克,同时设有一个眺望观景台,是国内最惊险、最刺激的U字形夜景亮化悬空玻璃栈道。悬崖电梯是国内最惊险刺激的高山悬崖电梯。天脊长城、天脊美食街,蜿蜒曲折于海拔千米山顶之上,沿着云端栈道前行,气势雄伟,犹如山体脊梁,站在烽火台上将东太行美景尽收眼底。2022年接待游客7.54万人,营业收入652.37万元。

【天慈峰林景区】 国家AAA级旅游景区,位于武安市西北25千米处的贺进镇道沟村,开发于2003年,面积15.33平方千米,主峰海拔1390米。景区属洺河源国家森林地质公园中心地带,被誉为“国家地质公园的风冠”“邯郸市最大的后花园”,获河北省环保教育基地、全民健身户外活动基地称号。景区空气纯净,空气中负氧离子是城市一般公共场所的10多倍,暑期温度比邯郸市内低5℃以上。空气达到国家一级标准,地表水达到国家一类水域标准。养生谷、滴水岩、玉莲池、千年古井、天慈巨石、怪坡、情侣石、神龟探海、鲲鹏展翅、凤鸣天慈、天慈仙洞、寿星洞、连理树、开心农场、天慈茶院、红叶林、回音壁等众多自然景观与人文景观分布景区内,具有优美的自然风光和深厚的文化底蕴。景区分为生态养殖区、生态农业观赏区、养生休闲旅游度假区、生态牧园区。2022年接待游客12万人，营业收入3万元。

【聚龙山莲花洞景区】 国家AAA级旅游景区，位于武安市活水乡井峪村南，面积10平方千米，是一处以自然景观为主，集吃、住、行、游、购、娱为一体的综合性旅游胜地。景区山清水秀，化石满山，属国家级森林公园、国家级地质公园。盛产核桃、柿子、大枣、黑枣、酸枣、山楂、花椒、黄栌、连翘，植被覆盖率96%以上。主要景观有太行之魂聚龙山、华北奇观莲花洞、北方石林石海奇观、古人类居住遗址、心理行为拓展实训基地、聚龙潭、响水溪、生态林果种植园、乡野度假村等180余处。莲花洞系天然溶洞，形成于5亿年前。洞长3000米，已开发800多米。莲花洞分水、旱两洞。水洞称圣水神洞，旱洞钟乳石姿态万千，主要有二龙戏珠、莲花宝塔、夜明宝珠、黑白宝石、玉柱擎天、仙女梳妆台等近百处景点。2022年接待游客1.3万人，营业收入30万元。

【十六沟景区】 国家AA级旅游景区，位于武安市活水乡境内。白云、常社、门道三道川在此交会，因域内分布着大小十六条沟壑得名，面积0.03平方千米。十六沟属嶂石岩地质结构，悬崖峭壁广布，十六条沟壑，沟沟相通，其中主沟深约5千米。主峰白云山上有明代碧霞元君庙遗址，山下有盘龙潭、伴月桥、云芝峰、紫光岩、三清观、天池等景点和长约2.5千米的玉龙栈道。景区有山泉人家、仙姑庙等五大景区、86个景点。山泉人家景区建有八座石楼石屋，建筑面积约5000平方米，设200多个床位，能容纳上千人餐饮。是集吃、住、娱、钓、浴、游、购为一体的多功能的服务景区。仙姑庙景区有藏书洞、山神岩、莲花峰、双寿山、龟灵湖、双佛山等景点。2022年接待游客4.75万人，营业收入76.58万元。

（刘　伟）

旅游业态

【京娘湖康养产业集团】 2022年，京娘湖康养产业集团通过多元化旅游模式，加大旅游产品销售力度，提高服务水平，增加经济收入。集团经营管理京娘湖景区、京娘湖康养小镇、王坡民宿、松林山庄民宿、地博园酒店等，打造“非遗+旅游”“体育+旅游”“康养+旅游”模式，发展乡村露营产业，开展“植物研学季”“民谣歌会，温泉体验”“金秋登山节”“山地苹果品鉴大赛”“武安平调落子演出”等活动。至年底，集团总资产3亿元，全年完成产值3000万元。获“邯郸市放心消费创建示范单位”“邯郸市农业产业化重点龙头企业”“文明诚信经营示范企业”“乡村文化和旅游带头人支持项目”等10项称号。

【乡村旅游】 2022年，武安市推进乡村旅游提档升级，活水乡、伯延村分别被评为省级乡村旅游重点乡、村，王坡民宿、石八酒民宿被河北省文旅厅评为“河北省十佳创意设计乡村民宿”，王坡民宿入选河北省第一批文化产业赋能乡村振兴“五个100”典型案例。活水乡被河北省文旅厅评为“河北省十佳乡村精品民宿集聚区”。京娘湖康养小镇创建国家农村产业融合示范园，文旅产业赋能乡村振兴经验被省文化和旅游厅刊发。

2022年2月，记录文化根脉　共筑民族未来——武安市图书馆灯谜活动进景区举办

（市文广旅局　供图）

【文化旅游】 2022年，武安市推动文化旅游消费提质扩容，培育消费新业态新模式，鼓励构建多样化的夜间文旅消费场景，突出“冬、夏”两季，打造实景演出、野奢露营、水幕电影、3D灯光秀、奇幻夜漂流等特色旅游产品。举办七步沟拜月大典、京娘湖爱情文化节、古武当山桃花节等地方民俗活动，植入非遗演艺、非遗美食等展览展示和体验活动，打造更具体验性、互动性、参与性的文化旅游体验，增加旅游文化内涵，提升乡村旅游吸引力。

【红色旅游】 2022年，晋冀鲁豫边区革命纪念馆进行景区化改造提升，晋冀鲁豫中央局机关大院、老一辈革命家旧居、窑洞等一批红色文物建筑更新展陈并对外开放，围绕“刘邓千里跃进大别山75周年”为主题展开一系列活动。在河西村、什里店村修缮开放人民日报社旧址展览馆、柯鲁克夫妇旧居展览馆等一批红色旅游景点，与七步沟八路军野战医院旧址、抗日烈士纪念碑广场、周恩来纪念馆、高树勋起义纪念馆、梁沟兵工厂旧址等红色旅游景点共同形成红色教育旅游带。

（刘　伟）

旅游开发与推介

【概况】 2022年，武安市推出“古武当山桃花节”等营销活动品牌。指导景区创新组织节会活动，构思文创产品。组织景区、武安旅游商品企业参加旅游产业博览会，推动武安特色产品走出武安。全市发布文旅专题报道200余篇，被中央、省级媒体发布报道320余篇。制作中国旅游日宣传片，推出节假日旅游攻略；开通云游景区、云游博物馆；在新华网等媒体推出文化引领乡村振兴、一揽子政策落实、露营产业等专题系列报道；在新华社、央视频等媒体发表《千里跃进 地图先行》《南征会议 跃进号角》《土地改革 胜利之本》《河北武安：太行美景如画》《河北赵窑遗址新发现：商代就有火炕了》等专题报道；参加河北电视台《冀有好物》武安乡村振兴专场旅游推介；通过中央广播电视总台中国交通广播政务访谈节目《央广会客厅》走进河北武安栏目，推介武安乡村旅游；推出《美丽河北》慢直播系列报道。

【旅游商品开发】 2022年，武安市以地方特色为资源，挖掘六大文化脉系，开发注册“武安游礼”IP，以IP为品牌，聘请专家研究开发“武安游礼”系列文化旅游商品；加快非物质文化遗产文创产品开发；推动“乡村＋文创”“农业＋文创”，加快土特产品和乡村工艺品文创化。文创商品有8类：地方特色农产品类、旅游特色茶品类、旅游特色酒类、文化文物类、工艺美术类、文化非遗类、生活创意类、民俗艺术类。全市景区文创商品购物店6家，展出并售卖文创产品，带动景区产业链发展。

【文创展售厅】 文创展售厅位于磁山文化博物馆内，面积220平方米。展厅以“创意产品开发，艺术交流展览”为主题，展有餐具、茶具、文具以及小米、米醋等260件文创产品，促进文物保护利用和文化传承发展，营造有体验感文化创意产品展售空间。2022年，磁山文化博物馆以磁山文化资源为依托，开发冰箱贴、

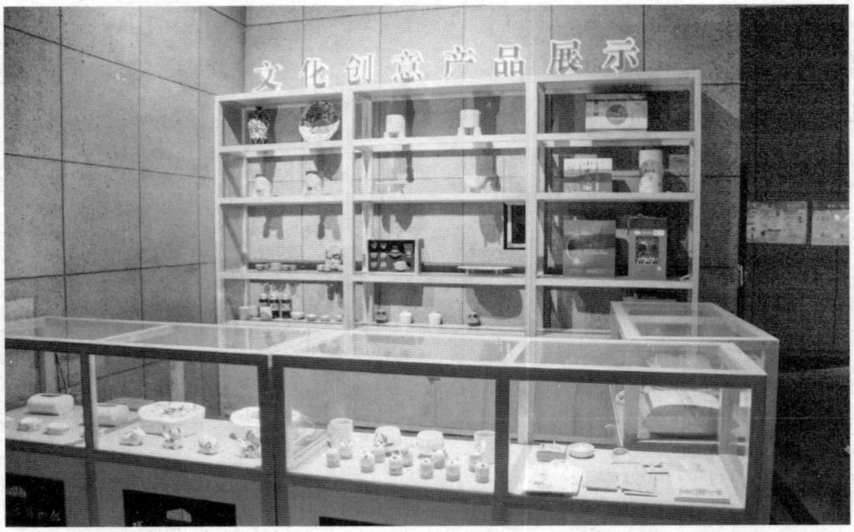

武安市文创展售厅　　（磁山文化博物馆　供图）

书签、核桃产品等文创商品21种，参与河北省文化创意产品开发试点单位评选。

【“武安游礼”文创产品展】 2022年，“武安游礼”文化旅游创意产品展采取“线上+线下”展出形式，展出文化旅游创意产品100余件，以武安文物、非遗、乡村民俗等为创作题材。线下在磁山文化博物馆展出，线上在市文化广电和旅游局、文化馆、磁山文化博物馆等微信公众号平台推出。

（刘　伟）

旅游景区建设

【旅游基础设施建设】 2022年，武安市完成太行山风景道旅游标识系统、13座旅游厕所建设任务。接入或修复国家AAAA旅游景区视频监控，为景区（点）免费安装摄像头、闸机。

【景区提档升级】 2022年，武安市系统指导景区提升产品品质，京娘湖景区获省级文明旅游示范单位、省级诚信文明示范景区。指导京娘湖康养小镇创建国家农村产业融合示范园，指导古武当山景区国家AAAA级旅游景区、白沙村国家AAA级旅游景区创建工作。指导景区推出冰雪乐园、冰雪漂流、雪地摩托等冰雪项目及地方民俗活动，以及东山灯火里、璀璨七步沟、极光之夜田鑫小镇等夜游项目。

【文旅项目建设】 2022年，武安市文旅项目10个，项目总投资64.5亿元。其中，续建项目2个，京娘湖康养小镇和古武当山提升改造。新开工项目3个，桃花湾康养度假区旅游、太行武安城、田鑫小镇旅游开发有限公司中小学生研学实践教育基地。储备项目5个，昆仑峪康养休闲度假区、太行红色新闻文化村落、武安市桃源旅游开发有限公司定晋岩文化旅游度假区滑雪场、华侨城九龙山文旅、长寿村景区改造提升。武安市文旅康养产业链建设九个重点项目，投资4.81亿元。建立“主管局长、业务科长、企业负责人”三级分包机制，对项目按照任务时限进行跟踪督导。

【旅游专线开通】 2022年4月25日，在邯郸大剧院举办“幸福邯郸一卡通 小卡片保障大民生”暨“惠民旅游专线”开通仪式，邯郸市至武安市京娘湖景区的旅游直通车正式运行，邯郸市民可以优惠购票乘坐旅游直通车到京娘湖景区游玩。4月28日，京津冀旅游环线北京至涉县京津冀旅游环线K5207次列车首发，该列车6时13分从北京西站始发，13时02分到达邯郸涉县，途经武安市。

（刘　伟）

旅游监督管理

【旅游从业人员培训】 2022年，武安市采取集中培训、学习观摩、分级培训、以会代训等方式，开展文旅企业管理人员和从业人员大培训，推动文旅行业高质量、高标准发展。全年举办培训班26期，涉及景区（点）和旅行社管理、行业安全管理、安全急救实训等内容，培训1200余人次。

【旅游市场监管】 2022年，武安市建立旅游市场信用监管工作综合协调机制，完善旅游市场信用管理制度。根据市场主体违法违规失信性质和社会影响程度，实施分级分类监管。开展跨部门联合执法，依法查处侵权假冒旅游服务品牌违法行为，打击不合理低价游、未经许可经营旅行社业务等违法违规行为。全年组织检查900余人次，检查500余家次。

【旅游安全监管】 2022年，武安市组织召开文旅行业安全教育培训和工作部署会议，安排部署重点时段文旅行业安全生产、森林防灭火、汛期安全、应急演练、自建房隐患排查、燃气隐患排查、文旅经营单位消防安全以及清单制管理等工作，与各文旅企事业单位签订责任状，加强安全工作监管力度。全年组织检查850人次，检查点位490家次，查出安全隐患423处，其中，当场整改405处，限期整改18处。

【景区道路环境整治】 2022年，武安市东太行旅游区管理委员会同市场监管局、公安旅游安保大队组成综合执法队，通过发放告知书、逐户检查、执法车辆巡查等方式，现场清理道路两侧私设乱建、随意摆放广告牌等违规经营行为，保障景区健康发展。

（刘 伟）

民 宿

武安市石八酒民宿 （市委宣传部 供图）

【概况】 2022年，武安市西部景区建有主题鲜明的高中档康养民宿集群，主要有：王坡民宿、石八酒民宿、松林山庄、古武当山山居民宿，楼上村和白王庄村村内民宿等。武安市石八酒民宿、王坡民宿被河北省文化和旅游厅评为“河北省十佳创意设计乡村民宿”，入选河北省百佳特色精品民宿培育单位。王坡民宿入选河北省第一批文化产业赋能乡村振兴“五个100”典型案例。活水乡被河北省文化和旅游厅评为“河北省十佳乡村精品民宿集聚区”。漫宁民宿、柒园民宿等乡村民宿建设中。

【王坡民宿】 王坡民宿位于活水乡口上村，总投资3500万元，占地面积3300平方米，由武安市岳溪旅游开发有限公司投资建设，依托原有村庄，采用原石原木，融入慢生活和悦自然生活理念，打造京津冀地区特色民宿，带动武安西部山区乡村旅游发展，构建乡村旅游目的地品牌形象。2022年，接待游客4068人次。

【石八酒民宿】 石八酒民宿位于活水乡楼上村，总投资9000万元，占地面积1.28万平方米。该民宿由地脑村落原址改建而成，建筑外围承袭升华了地脑村原建筑风格，以太行山石、原木为主体，建成八栋风格独立的民宿院落。2022年，入选“河北省十佳乡村精品民宿”，接待游客3459人次。

【京娘湖康养小镇】 京娘湖康养小镇由东板山生态旅游开发有限公司投资建设，位于活水乡庙上村，总投资12.6亿元，占地1.58平方千米，有康谷乐园、庙上村乡村振兴、东板山乡村俱乐部、李家沟艺术民宿四大板块，建成开业后预计年接待游客60万人次，直接或间接解决1000余个就业岗位，年收入1.2亿元。2022年，完成投资4.05亿元。

【漫宁民宿】 漫宁民宿由武安市漫宁民宿管理有限公司投资建设，该民宿位于武安市活水乡后渠村，占地面积6900平方米。建有7个院落，9栋楼，43间客房，可容纳160位客人入住。民宿为当地石板房，现代化内装，设有无边泳池、全屋智能系统、入户温泉、陶艺体验工坊、西点制作体验等。通过向当地村民租赁房屋，将废弃村落改造成高端民宿，民宿从业人员90%以上为当地村民。2022年，接待游客1500人次。

（刘 伟）

（责任编辑：骈玲玲 韩俊霞）

水利

水利资源管理

【概况】 2022年，武安市制定《玉带河综合整治规划》，列入国家第二批EOD项目库。南水北调引江入武工程开工建设，总投资5.6亿元。实施南部钢铁企业供水、城北供水管道水毁修复、城西供水管道水毁修复、四里岩水库至土山大桥引水管道防护等4项供水工程建设。全市5条供水管线总长由115千米增加到225千米。河湖长制考核连续5年名列邯郸市优秀等次，移交采砂案件68起，比上年下降50%。实施河道水库水毁修复、人饮水毁修复、马会河综合治理、洺河及长寿村河道治理、水库移民后期扶持、万谷城小流域综合治理、农村饮水设施维修养护、口上灌区节水配套、北洺河苏庄村跨河桥梁9个民生水利工程。争取上级资金实施3个小型水库项目建设。加强工程质量现场监管，检查重大工程40余次。

【水资源监控】 2022年，武安市远程监控计量设施保有量为85家企业195套，其中2022年更新安装3套。市水利局组织水资办、灌排总站、水政监察各中队检查辖区各企业，每周2次，查看排水口、水表、生产用水消耗等多项数据，实时动态监控企业用水。查处非法打井、无证取水、不安装取水计量设施、毁坏供水设施等涉水违规行为。全年无违法用水。

【河湖长制建设】 2022年，武安市开展河湖长制工作落实排查整治专项行动、河湖排污问题集中排查整治专项行动，建立台账督促完成整改。开展河流健康评价，编制《武安市南洺河健康评价报告》，制定《武安市2022年度河湖长制工作考核评分细则》《武安市校园河长工作实施方案》，建立“校园河长”管理模式；制定《河湖长+警长+检察长+法院院长工作协作机制实施方案》，建立“河湖长+警长+检察长+法院院长”工作协作机制。维修更新河长制公示牌48块，新安装河长信息公示牌40块。市、乡、村三级河长巡河3.18万次，巡河率100%。开展河

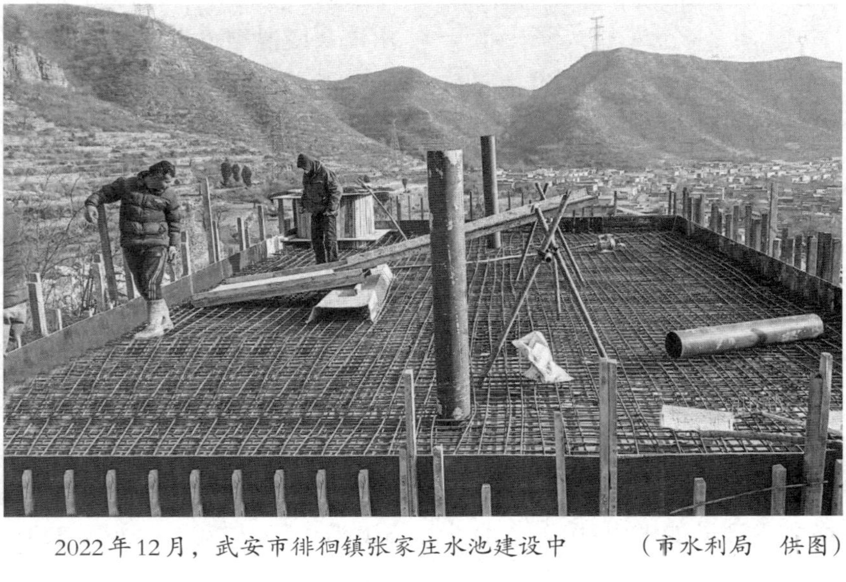

2022年12月，武安市徘徊镇张家庄水池建设中　　（市水利局　供图）

湖“清四乱”（乱占、乱采、乱堆、乱建）整治工作，查处问题90处。

【节水型社会建设】 2022年，武安市成立创建河北省节水型城市领导小组，市政府主要领导任组长。根据《河北省水利厅关于印发〈河北省县域节水型社会达标建设实施办法〉的通知》《邯郸市水利局关于〈推进“十四五”期间县域节水型社会达标建设工作〉的通知》精神，武安市制定《武安市创建河北省节水型城市实施方案》，通过广播、电视、报刊、网络等新闻媒体，开展节水宣传，发动全社会参与省级节水型城市创建工作，引导市民自觉树立节水理念，参与节水活动。将创建节水型城市经费列入市政府年度财政预算，加大对节水型设施建设、改造等专项经费投入。

（王海芳）

河道整治建设

【水利综合执法】 2022年，武安市制定《巡查打击河道非法采砂联动工作机制》，成立武安市巡查打击河道非法采砂联动机制工作领导小组。制定多部门联席会议机制、建立非法采砂案件移送机制。开展“世界水日”“中国水周”宣传活动。开展水利综合执法检查，向综合行政执法局移交各类水事违法案件线索68件，移交非法采砂机械101辆，比上年下降35%。市水利局持执法证人员参加“2022年度武安市行政执法年检培训”，培训率和考试合格率100%。

【马会河河道治理工程】 2022年，武安市治理马会河河道20千米，重点对险工河段及河滩地有规划用途河段进行岸坡护砌，采用混凝土防洪墙、混凝土护坡、格宾石笼护坡（护脚）三种结构。完成混凝土防洪墙0.36千米，混凝土护坡0.54千米，格宾石笼护坡16.29千米，格宾石笼水平护脚0.51千米，生态堰1.48千米。

【洺河安乐至出境口河道治理工程】 2022年，武安市实施洺河安乐至出境口河道治理工程，该工程包括整治北洺河长寿村段4.67千米，洺河安乐至出境口段整治河段2.8千米。河道综合治理7.46千米、河槽防护6.36千米。其中，北洺河长寿村段浆砌石岸坡防护1.45千米，格宾石笼岸坡防护0.34千米；洺河安乐至出境口段混凝土岸坡防护1.16千米，格宾石笼岸坡防护3.41千米。北洺河长寿村段新建生产桥1座。

【水库水毁修复工程】 2022年，武安市修复大洺远水库、车谷水库、马会水库、车谷小水库、店头水库、北峭河水库、河峪水库、沙洺水库、四里岩水库9座水库损毁设施，修复重建挡土墙310米、路面220米，清淤820立方米，更换闸门橡胶68米，坝基铺设戗台600米；引漳入洺管道修复，重建值班房1间，更换混凝土管道515米，修复8座检修井，管道清淤整治1千米。

【水库维修养护工程】 2022年，武安市维修养护26座小型水库，清理库区杂草灌木，维修养护机电设备。将原西竹昌小水库降等为塘坝，降低大坝正常蓄水高程至178.80米，减小水库总库容至9.44万立方米，保障水库安全运行。完成坝体砌石整修养护242.4立方米，溢洪道清淤外运105立方米，坝坡维修养护339.3立方米，浆砌石勾缝400平方米，防汛路硬化582平方米，坝顶路平整867平方米，公示牌更新26个，管理房维修养护5处，安装设置警示标志牌3个。

【水土保持重点工程】 2022年，武安市水土保持重点工程万谷城小流域综合治理工程批复投资448.45万元，综合治理水土流失面积1000公顷。主要建设内容包括：栽植水保林12.95公顷，树种均为侧柏；栽植经济林37.50公顷，其中，栽植苹果30.27公顷、连翘7.23公顷；补植经济林100.98公顷，补植苹果13.93公顷、樱桃38公顷、连翘41.75公顷；封育治理848.57公顷，封禁标志（石垛子）60个；修建200方蓄水池3座，田间混凝土路500米，标志碑4座。

（王海芳）

防汛抗旱

【概况】 2022年，武安市建立防汛抗旱责任体系行政负责制，实施防汛包联工作机制，落实防汛职责，涉及防洪工程、山洪灾害、地质灾害、城市排水防涝、旅游景区、尾矿库、重要基础设施、涉水工程以及人员密集场所等领域，确保汛期安全。

【防洪排险】 2022年，武安市修订完善《武安市防汛抗旱应急预案》《武安市城市超标准洪水防御预案》《武安市中型水库防洪抢险应急预案》《武安市小型水库防洪抢险应急预案》《武安市主要河道防洪抢险应急预案》等防汛预案，以及22个乡镇、1个工业园区502个村山洪灾害防御预案。汛期前，检测4部超短波电台、山洪灾害监测预警平台、预警广播站、雨量站、水库预警设施。印发《关于开展防汛风险隐患排查整治的通知》，各成员单位、各乡镇开展防汛风险隐患排查整治工作，重点检查在建工程、水库、塘坝、发电站、河道等险工隐患地段和防汛薄弱环节，排查整治防汛隐患44处，全部整改到位。

【山洪灾害防治宣传】 2022年，武安市通过微信公众号、视频等形式，以城乡社区、机关企事业单位、厂矿企业等为重点，宣传普及灾害风险基本知识，提高防范应对技能。开展“5·12全国防灾减灾日”知识专题讲座，直播授课开展防灾减灾知识普及，5000余人收看收听。制作雷电、暴雨、泥石流防灾减灾系列宣传片，防灾减灾科普短视频5期。在各社区、小区宣传栏或醒目位置悬挂防灾减灾条幅标语500余条，张贴《河北省家庭应急物资储备建议清单》海报100余份，提升家庭应急处置能力。

（王海芳）

农村供水

【概况】 2022年，武安市农村供水村庄492个（主城区10个村：一至六街、庄子营、高坡、三小河、宋二庄纳入城市供水管网），农村户籍人口73.78万人，常住人口51.02万人，农村集中供水率100%，自来水普及率90%。

【自来水入户】 2022年，武安市自来水入户390个村47.28万人，分布在上团城镇、伯延镇、北安乐乡、淑村镇、西土山镇、康二城镇、大同镇、北安庄乡、午汲镇、武安镇、活水乡、磁山镇、邑城镇、石洞乡、矿山镇15个乡镇和工业园区。

【集中供水点】 2022年，武安市集中供水点供水102个村3.74万人，分布在马家庄乡、贺进镇、阳邑镇、西寺庄乡、管陶乡、徘徊镇、冶陶镇7个乡镇。

【开采地下水】 2022年，武安市开采地下水350个村40.42万人，分布在武安镇、伯延镇、淑村镇、北安庄乡、午汲镇、康二城镇、北安乐乡、大同镇、邑城镇、矿山镇、西土山镇、马家庄乡、徘徊镇、冶陶镇、磁山镇、石洞乡16个乡镇和1个工业园区。

【蓄引地表水】 2022年，武安市蓄引地表水142个村10.6万人。分为水库供水和引泉水，其中，引水库水解决饮水83个村9.01万人，分布在上团城镇、阳邑镇、贺进镇、西寺庄乡4个乡镇；引泉水解决饮水59个村1.59万人，分布在管陶乡、活水乡2个乡镇。

【农村饮水安全工程】 2022年，武安市投资1998万元，实施人饮水毁恢复重建工程，涉及19个乡镇99个村13万人，修复29座蓄水池，修复供水管道115千米、机井24眼、引水渠道2处。申请中央资金81万元实施2022年农村饮水设施维修养护工程，维修养护20个村68处饮水设施。投资2796.13万元实施四里岩水库至土山大桥引水管道防护工程，铺设格宾石笼网，防护处理城西供水管道16.84千米。检测全市村庄饮用水源492个水样，化验结果达标。分类抽检化验全市农村饮用水源35个水样，符合饮用标准。

（王海芳）

（责任编辑：骈玲玲　韩俊霞）

城市建设与管理

公共设施

【新增道路】 2022年，武安市新建新兴大街（中兴路—北环路段）1条城市道路，位于市第一人民医院东侧，南起矿建路、北至北环路，全长1117米，红线宽50米，绿线10×2米，总宽70米，双向四车道，地下铺设有给水、雨水、污水、通讯、路灯等市政管线，是连通西苑新区南北向城市主干道。

【公共娱乐设施】 2022年，武安市启动中兴广场建设，占地面积3300平方米，概算投资3000万元。建设内容包括广场铺装、喷泉水景、城市驿站、景观墙、装饰飘带等工程。该广场是武安市西苑新区首个集娱乐休闲、运动健身为一体的公益性、开放式活动场所。

【排水设施】 2022年，武安市建设污水处理厂配套排水管网项目，沿南洺河、玉带河新建排水管网约15千米，是城区及周边农村污水处理厂配套工程，总投资0.62亿元。年内完成南洺河沿线约11千米排水管道建设。

【道路照明设施】 2022年，市区道路照明实现99%以上LED节能型光源，完成城区LED合同能源管理项目节能改造。将夜景亮化提升作为美丽宜居城市建设重要内容，路灯管理所对中山大街、向阳桥亮化进行提升，安装灯具6742盏、电缆24.70千米、护栏2.10千米，更新2150平方米桥体油漆。

（侯亚涛　魏玉龙　袁　洲　安静梅）

市政公用事业

【供水】 2022年，武安市城市供水总量2038.86万立方米，比上年增长0.09%，其中公共供水总量占城市供水总量80.37%，自建设施供水总量占城市供水总量19.63%；城市供水管道长度578.8千米，比上年增长0.57%；全年回收水量1063万立方米。投资372.50万元完成7条道路4.1千米供水老旧管网更新改造。推动智能水务建设，升级拓展网上收费渠道。年底，武安市被河北省住建厅、省发展和改革委员会授予“河北省节水型城市”称号。

【供电】 2022年，武安市境内500千伏变电站1座、220千伏变电站7座、110千伏变电站38座、35千伏变电站78座，电网规模在河北南网保持第一。国网武安市供电公司担负全市34.13万户供用电管理工作。全年发展总投入1.35亿元，全社会用电量122.53亿千瓦时，比上年减少12.6%，业绩考核在邯郸16个县公司中位列第一。优化15座变电站基础设施，完成3轮次228条10千伏线路集中巡视，处理缺陷1.2万处。修订应急总体预案、事故处置预案，需求响应能力34.88万千瓦。新建改造10千伏及以下线路280.80千米，提升电网供电能力。落实阶段性电价优惠政策，优惠电费684.12万元，惠及3.03万户。

2022年武安市全社会用电分类情况一览表

表11

行业名称	用电量累计(万千瓦时)	用电量上年累计(万千瓦时)	累计同比(%)
全社会用电总计	1225326.05	1402027.57	-12.6
A. 全行业用电合计	1164483.71	1351338.48	-13.83
第一产业	3386.69	6057.08	-44.09
第二产业	1114345.83	1304074.65	-14.55
第三产业	46751.18	41206.74	+13.46
B. 城乡居民生活用电合计	60842.34	50689.09	+20.03
城镇居民	25286.47	21459.87	+17.83
乡村居民	35555.87	29229.23	+21.64

【供气】 2022年，武安市城市天然气供气总量3532万立方米，比上年增长4%；燃气用户约11万户，比上年增长10%；液化石油气供气总量500吨，比上年减少4.21%；燃气普及率为100%。更换燃气管网42.49千米。市城市管理局组织召开13次专项调度会，制订专项整治方案，对燃气经营、储存、使用（含农村燃气）及燃气工程、燃气具等实施全链条全过程安全风险监管，对5个重点环节、5个重点场所、6种重点设施开展排查整治。组织22个乡镇、1个工业园区各自成立检查组，落实属地责任，开展自查自改。成立联合督导检查组，督导排查整改主城区餐饮业。城区排查整改问题隐患2800处，各乡镇排查整改隐患3500处。成立6个市级燃气安全专项督导组，对22个乡镇、1个工业园区联查互查，进店入户督导检查燃气安全，促进问题隐患整改。

【供热】 2022年，武安市城市集中供热能力0.07万兆瓦，城市集中供热面积1459万平方米，比上年增长2%。用户5.75万户，比上年增长9.6%。投资3700万元，对中兴路、桥南街等城区老旧热网维修改造，洺湖新区集中供热扩网，更换改造、扩容扩建热力管线12.90千米，改造换热站10座。年内，对顶峰热电实施10项技改大修和450项定检维护项目，保障热源稳定。对城区热网开展维护，维修跑、冒、滴、漏现象1.2万处，提升城区热网安全运行水平。

【废物处理】 2022年，武安市主城区建有垃圾中转站43座，设置分类垃圾桶2700余个，配置垃圾收运车53辆。全年生活垃圾总量为7.1万吨，比上年减少6%。创立“农户分类—乡村收集—统一转运—集中处理—循环利用”的

武安市明星天然气有限公司供气管道　　（明星天然气　供图）

生活垃圾城乡一体化处理新模式，覆盖全域，使武安城乡生活垃圾和市政污泥100%实现“减量化、资源化、无害化”处置。

【污水处理】 2022年，武安市处理生活污水1386.13万立方米。COD（化学需氧量）消减量5435.72立方米，氨氮消减量469.62立方米，总磷消减量45.88立方米，总氮消减量971.68立方米，污泥产生量9319.92立方米。污水处理费共收取614万元。由于污水处理厂原设计出水标准低，设备老化严重，部分储水池沉降变形、泥沙淤积、池容减小，提标改造不能满足城市发展要求，异地新建代替提标改造，出水经水利局中水回用管网，实现全部回用。

（魏玉龙　侯亚涛　张佳川）

园林绿化

【概况】 2022年，武安市以“便民、利民、惠民”为城市绿化工作目标，种植、补植各类乔灌树木近130万株，补植草坪、麦冬、草花组合等地被植物1.36万平方米，对城区主次干道行道树登记挂牌1.2万余棵。打造文明实践、文明健康、国防、普法、健康、禁毒等9个主题公园；完成七星园等四个游园、双马北园等七个“口袋公园”改造提升。至年底，全市创建河北省级园林式单位（居住区）45个，邯郸市级园林式单位（居住区）34个；省级园林式街道11个，邯郸市级园林式街道4个；河北省五星级公园2座，三星级公园3座。

【公园建设管理】 2022年，武安市完成西岭湖公园、武安广场4座公厕改造工程。设置无障碍设施，保障志愿服务站设施齐全。加强白鹤公园、西苑森林公园、东山森林公园及北岗林地防火安全工作，悬挂安全条幅60余条。对东山森林公园、保税物流等地，利用旋耕机、割灌机等加大杂草清理力度，清理140公顷，清运120余车次。

【城市绿化管护】 2022年，武安市完成地被植物、绿篱修剪6.4公顷，修剪公园绿地内乔木及行道树1.3万余棵。完成地块治理30余处，水车浇水500余车。制作防虫“毒环”1.1万余个，防治行道树蚧壳虫。更新宣传栏110余块，增设大型公益广告3处，引进花球、花柱4处。

（袁　洲　安静梅）

城市管理

【城市综合执法】 2022年，武安市采取服务式管理，清理占道经营行为，营造良好街面秩序。采取重点部位专人盯守、重点时段错时执法、定人定岗与机动巡查相结合方式，对占道经营、店外经营行为进行规范引导。统一管理标准，规范店外经营行为1.40万起、流动摊点9200起。开展非机动车集中整治行动，规范车辆停放秩序。重新施划1200处非机动车位，整治停车障碍物360处，规范城区主次干道沿线两侧非机动车摆放5700起。

【城市更新改造】 2022年，武安市围绕城市发展中遗留历史问题，谋划更新市政设施及老旧街巷提升建设项目。研究制订排水防涝治理、道路功能提升、街巷建设提升、桥梁维护、垃圾处理建设、公厕建设六大类45小项提升建设项目。完成市政道路及老

改造后的武安市白鹤观公园一角　（市委宣传部　供图）

旧街巷提升17项工程。对西苑、南关、向阳等城区10所小学周边完成便道改造6860平方米，道牙降高1160延米，提升学校周边上下学高峰期间交通能力。公园东街、静苑街、日照街等街巷铺设沥青路面5.2万平方米，便道渗透改造3.80万平方米。完成神钲大道、磁山大街等新建道路8座公厕建设。

【市容市貌整治】 2022年，武安市整治存量违法建设、私搭乱建、不规范围墙围挡、闲散空地、危陋建筑。全市拆除小区、空地破旧围墙围挡4812.60米，拆后高标提升4232.60米；拆除整治私搭乱建107.80万平方米，提升老旧建筑外立面1772平方米，解决历史遗留占压燃气管道问题40处，更换破旧广告牌为公益广告牌380块；拆除违法建筑面积3.50万平方米。强化背街小巷环境综合治理，加强门头牌匾管理，开展街景秩序整治。设置10处便民市场，规范非机动车1500辆，清除违规小广告900处。

【环卫设施建设】 2022年，武安市有43个居民小区完成生活垃圾分类设施全覆盖。布设分类投放点2200个，配备四分类垃圾容器1.45万个，配套分类运输车36辆。按照每300—400户居民至少配备1名指导员的标准，配备并全面培训286名垃圾分类指导员。市区建成1个示范小区（幸福城）、1个示范公共机构（武安广场）、1个示范学校（富强小学）。

（侯亚涛）

城市建设项目

【西苑新区建设项目】 2022年，武安市启动西苑新区建设，项目总占地面积约960平方千米，预估投资71亿元。3月，武安市城镇建设发展集团获得授权，成为该项目实施主体。项目开发分两期进行，启动西苑新区一期项目建设，占地约4平方千米，估算投资51.6亿元。至年底，完成征地拆迁工作，回迁安置房建设、市政重点道路项目有序推进。

【玉带河综合整治】 2022年，武安市启动玉带河流域综合整治项目，玉带河发源于上团城镇小北庄村，至五湖村汇入南洺河段，长度24.30千米。项目主要包括水利工程、种植绿化、市政道路及配套、区片开发、相关产业开发等。项目完成立项及小北庄至五一水库段、五一水库节点、城区三千米段初步设计与概算。

【南水北调引水项目】 2022年，武安市启动南水北调引水项目。由市水利局牵头负责，投资估算5.60亿元。其中输水管线约29千米，地上建筑占地1.22万平方米，项目采用特许经营模式实施，邯郸市水利投资建设集团有限公司作为社会方特许经营中标单位，武安市城镇建设发展集团作为政府方出资代表，双方8月25日成立项目公司，负责项目投资、融资、设计、建设、运营、维护等，项目公司与市水利局签订特许经营协议。项目完成立项，12月13日完成监理招标，12月14日完成EPC招标，结合市自

武安市洺湖新区　　（市委宣传部　供图）

然资源和规划局、水利局及沿线涉及乡镇开展沿线征地拆迁，完成地上附着物补偿工作。

【教育产业项目】 2022年，武安市完成教育产业设施一、三期项目建设，投资2.68亿元，9月1日，洺湖、安瑞两所小学5000名学生正常开学。

【磁山看守所代建项目】 2022年，武安市建设磁山看守所，项目总占地面积约5.30万平方米，总建筑面积1.90万平方米，项目建设投资0.67亿元。至年底，项目整体进度完成75%。

（魏玉龙）

建筑业管理

【概况】 2022年，武安市有建筑资质企业33家。其中，专业承包资质企业14家，总承包资质企业19家，包含一级资质一家、二级资质3家、三级资质15家。全年建筑业产值16.6亿元。

【建筑市场监管】 2022年，武安市在建项目30个（办理施工许可为准），其中，2个政府投资项目（老旧小区改造项目、武安二中综合楼项目）；2个国有企业投资项目（安瑞小学项目、洺湖小学项目）；26个房地产开发项目，建筑业务工人员2146人。市住建局对在建项目转包、挂靠、违法分包及未办理施工许可证擅自开工建设等问题进行不定期检查。劳务用工实名制管理，从源头上杜绝拖欠工资问题。推广装配式建筑，全市装配式建筑面积占建筑总面积25%，达到邯郸市要求。

【建筑安全监管】 2022年，武安市监督建设工程25个，监督面积181万平方米，城区建设工程安全监督覆盖率100%。办理建筑起重机械备案和使用登记46台。文明施工措施费缴纳4780万元，拨付1430万元。申报省级文明工地4家、市级文明工地6家。开展“安全生产月”系列活动，悬挂宣传标语100条。邀请专家开展安全宣传教育活动，参加线上线下安全培训1200人次。年内，全市建筑施工安全生产形势平稳，受监建设工程未发生安全生产事故，安全生产职责范围内未发生重大非法违法行为。

【工程质量监管】 2022年，武安市监测在建项目15个，单位工程62个，建筑面积52.26万平方米。监督竣工验收单位工程13个，竣工验收建筑面积24.19万平方米。开展70次专项检查，抽检原材料及砼试件60组，现场砼实体强度抽检30组，整改处理不合格部位、不合格材料，复测全部达到要求。全年没有发生较大及以上质量事故，全市在建工程质量均处受控状态。

【建筑节能监管】 2022年，武安市对在建工程建设、施工、监理单位加大监督管理力度，规范建筑市场各责任主体建筑节能意识、行为。年内，全市竣工节能建筑、绿色建筑比例100%。推进超低能耗建筑发展，全年完成建设被动式超低能耗任务1万平方米。

【物业管理服务】 2022年，武安市归集维修资金3000万元，审批43个维修项目，拨付维修资金380万元。每月召开物业管理工作例会，协调解决问题。完成物业招投标指导监督5次，整治消防通道12处，消防安全演练7次，增加雷锋志愿者服务处9处。治理中国人民银行家属院、华建公寓等10个小区缆线通信线路，对45个小区开展二次生活饮用供水排查。

（魏玉龙）

（责任编辑：骈玲玲　韩俊霞）

乡村振兴

综　述

【村级集体“三资”管理】 2022年，武安市加强村级集体“三资”管理，实行村财乡管制度，促进农村集体经济和各项社会事业稳定发展。加强农村财务管理，指导乡镇开展村级清产核资工作，摸清村集体“三资”底数。至年底，武安市村集体资产总计102.56亿元，负债总计31.03亿元，所有者权益总计71.53亿元。完善“三资”管理监督机制，组织培训乡镇村级财务管理人员，培训内容为《武安市村级集体资金、资产、资源管理制度》、新常态下农村财务管理。开展农村会计人员培训，乡镇、村相关人员1100人参加，内容为会计员报账业务知识、财务电算化。围绕农村财务审计，完善农经综合平台，利用“云平台”实时监督村集体财务记账情况，指导纠正使用平台不规范村级、乡镇助理会计。开展线下农村财务审计，审计完成 8个乡镇30个村，对村级财务存在问题提出改进意见80余条。

【脱贫攻坚成果巩固拓展】 2022年，武安市统筹资金3941万元，用于稳定脱贫人口收入，巩固脱贫攻坚成果和支持联农带农产业发展，补齐农村人居环境整治和小型公益性基础设施建设短板三个方面。巩固脱贫人口到户补贴项目，雨露计划补贴82.05万元，村庄公益岗补贴408.95万元。完善防止返贫动态监测和帮扶机制，巩固提升脱贫地区特色产业，推动脱贫劳动力就业增收，全市脱贫人口就业3019人，完成邯郸市下达的3017人稳岗就业任务。

（刘国桢）

乡村治理

【党建引领乡村振兴】 2022年，武安市制定“抓党建促乡村振兴100条措施”任务清单、工作台账，建立工作群，印发《关于建立抓党建促乡村振兴工作月通报制度的通知》，将100条措施分解到各乡镇、市直各相关部门，抓细各项措施落地落实。强化乡村振兴驻村工作队日常管理，印发《武安市乡村振兴驻村工作队管理制度》《关于加强驻村工作一把手到村调研的通知》，开展“乡村振兴驻村工作队工作实绩比比看”等活动。定期召开学习交流会，使用智慧党建查岗、实地督导等方式，压实责任，明确任务，营造比学赶超氛围，激发驻村干部干劲。年内，举办2次集中学习交流观摩会，派出单位一把手50多次到一线调研，帮扶出资300余万元，协调帮扶物资价值100余万元，解决群众急难愁盼问题160余件。

【数字化管理】 2022年，武安市发挥“智慧党建”平台作用和数字赋能功效，嵌入房屋建筑、户情信息、党员管理、网格员信息和集体“三资”（资金、资产、资源）管理等模块，收录全市502个行政村各类信息，完成市、乡、村三级互联信息系统，实现各类数据分模块展示、分类别分析，实现“发现—处置—反馈—监督”闭环管理，构建“一站式综合服务”平台框架，为工作提供数据支撑和决策参考。

【农村党组织分档管理】 2022年，武安市委组织部推行村党组织分档管理，围绕“加强自身建设、落实中心任务、发展集体经济、领导乡村治理、联系服务群众”5个方面工作，结合各乡镇党委意见，分析研判各村级班子运行情况，对全市502个村党组织进行档次评定。评定结果：A档99个村、B档283个村、C档69个村、D档51个村。强化分档结果运用，将档次评定结果与村党组织、村干部评先评优、奖励惩罚挂钩，提高村党组织管理科学化、精细化水平。

【“平安乡村”建设】 2022年，武安市深化“平安乡村”创建，在22个乡镇、1个工业园区和502个行政村制定乡规民约和村规民约，张贴在乡政府和村委会告示栏。深化社会治安综合治理，打击违法犯罪，健全矛盾纠纷排查化解制度，开展平安乡村创建活动。以提高群众安全感和满意度为出发点。形成“积小安为大安，以基层平安保全市平安”局面，筑牢维护社会和谐稳定群众基层和社会基础。

【文明实践阵地建设】 2022年，武安市建成1个市文明实践中心、23个文明实践所、513个文明实践站，覆盖率100%；村党组织体系建成率100%。全市近14万名注册志愿者中70%以上来自乡土文化人才、农村能人等。开展志愿服务活动，其中，线上科普宣传50场，线下全民阅读10场，惠民实践下乡文艺汇演200场，艺术展览10场。依托新时代文明实践中心（所、站）组织开展“情满武安 暖心地摊”民生服务、“移风易俗 破除陈规陋习”“绿色出行 文明家园”等160个特色品牌活动，2300余场次，受益群众30余万人。通过广播播放文明知识，利用LED大屏和公益宣传栏，表彰文明先进个人，曝光不讲道德个人。印发“致市民朋友的倡议书”1万余份，组织文明家庭宣讲200余场。

【文明乡村创建】 2022年，武安市各行政村组建红白理事会，深化精神文明“五大创建”（文明城市、文明村镇、文明单位、文明家庭、文明校园）。至年底，全市创建全国文明乡镇1个、省级文明乡镇1个、市级文明乡镇23个；全国文明村2个、省级文明村2个、邯郸市级文明村15个。

（刘国桢）

乡村产业

【概况】 2022年，武安市有国家级生猪标准化示范场5家、省级生猪产业化龙头企业2家、万头以上生猪规模场21家。生猪出栏和猪肉产量全省第一，能繁母猪新增0.78万头，比上年增长15.6%，获“全国生猪调出大县”称号。连翘种植面积10万亩，是河北省连翘生产重点县。打造60亩酸枣特色种植示范基地，总面积达1000亩以上。建成4个省级中药材示范园和县级中药材质量追溯体系平台。7月，武安市被第六届京津冀中药材产业发展大会组委会授予“十大冀药——连翘产业大县”称号。

【连翘高值化研发项目】 2022年，武安市建设“南山沟特色种植产业带”百亩连翘育苗基地和茶口村连翘茶园基地、马家庄乡8万亩连翘标准化基地、磁山镇500亩连翘茶园、北安庄乡100亩连

2022年8月，农业技术专家在武安市同会村现代农业园区优质谷子示范基地查看谷子病虫害情况

（连启超　摄）

翘种苗繁育实验基地、3000平方米智能温室等。研发出连翘速溶茶、连翘酒2个终端产品。在研项目有：连翘牙膏、连翘漱口水、连翘内衣皂、连翘洗发水、连翘沐浴露、连翘面膜和连翘饲料添加剂等。连翘高值化研发项目是武安市人民政府确定的2022年农业标杆项目。

【武安小米品牌建设】 2022年，武安市打造省农产品区域公用品牌“武安小米”，北安庄乡被农业农村部认定为第一批全国种植业“三品一标”基地。谷子种植面积28.15万亩，总产量6.52万吨，产值8亿元。“米乡乐”“磁山粟”获农产品“河北省十大区域公用品牌”“河北十大优质品牌小米”称号。“武安小米”被农业农村部录入名特优新农产品目录。2010年，国家质检总局批准对“武安小米”实施地理标志产品保护。4月，武安市获中国作物学会粟类作物专业委员会“世界粟之源”称号。中央电视台农业频道《千载传承食在武安》《粟稷中国》《粟说一粒小米的故事》等专题片向全国推广武安小米产业。

【农机服务新模式】 2022年，武安市发展“全程机械化+综合农事”等农机服务新模式，创建农业生产全程机械化示范乡镇18个、智慧农场10个，农作物耕种综合机械化水平达到87%。农业大招商签约引资完成1.87亿元；第一产业固定资产完成9.35亿元，比上年6863万元增长13倍。第一产业增加值完成8.7亿元，比上年增长6%。

【休闲农业】 2022年，武安市有休闲农业经营主体39家，其中，农家乐20家，休闲农园8个，乡村民宿6处，夜间经营项目5个类型。夜间经营项目主要涉及夜食、夜游、夜娱、夜购、夜宿等。白沙村被农业农村部认定为“中国美丽休闲乡村”。年内，白沙村休闲农业总投资2.50亿元，年接待游客10万人次，年经营收入3500万元。

【乡村文旅融合】 2022年，武安市打造田鑫度假小镇、朝阳沟知青小镇、白沙红色党建培训基地、沙洺美食广场等乡村文旅融合新业态产品。根据乡村资源禀赋，健全政府引导、市场运作模式，形成楼上村“非遗+乡村”、白沙村“党建+乡村”、王坡村“民宿+乡村”、口上村“景区+乡村”等乡村文旅融合典型案例。12月，武安市获“河北省文化产业赋能乡村振兴试点县”称号。

（刘国桢）

和美乡村建设

【概况】 2022年，武安市出台《武安市农村人居环境整治提升五年行动计划》，推进100个村人居环境整治提升，确定19个美丽乡村创建村庄，完成修复提升街道7.40万平方米；安装太阳能路灯171盏，临街墙体整治2600平方米，铺设下水道2300米，绿化提升7.70万平方米，筹建产业项目4个。武安市获评河北省农村人居环境整治工作先进县、河北省村庄清洁行动先进县。东太行和美乡村示范区被确定为省级和美乡村示范区。

【农村改厕】 2022年，武安市落实问题厕所摸排整改工作经费

2022年6月，武安市大同镇马会村夏收场景　　（刘国桢　摄）

230万元，全市排查499个村17.98万户，其中，未改厕6.49万户，改厕11.48万户，问题厕所2.04万户，完成整改。排查公厕510座，85座问题公厕完成整改。

【农村生活污水治理】 2022年，武安市成立农村生活污水治理领导小组，制定印发《2022年武安市农村生活污水治理实施方案》和年度推进计划，落实土地、资金等相关政策，开展督查调度、技术指导等工作，推动全市农村生活污水治理工作开展。至年底，3个乡镇购置污水收集桶向村民配发，38个村连片建设粪污处理中心，完成161个行政村农村生活污水治理任务。

【农村人居环境整治】 2022年，武安市实施农村人居环境整治提升五年行动。开展村庄清洁和绿化美化。实施三大工程，包括“九改五清”工程（改路、改水、改气、改厕、改线、改危房、改入村口、改照明、改保洁方式；清垃圾、清杂物、清残垣断壁、清庭院、清违建）、“1+1+N”工程（打造一个公共停车场、一个小游园或文化广场、3个至5个小菜园、小果园）和村庄绿化工程。创建省级美丽乡村19个、省级森林乡村2个。整治提升100个村人居环境，创建美丽庭院1.2万户，新建、改建公厕72座。摸排梳理现有通信线、广播电视线搭挂电力杆塔，涉及线路113条次，区间617处；建立完善农村厕所常态化服务体系被收录进《河北省农村厕所粪污处理和运维管护长效机制建设典型范例》。

武安市午汲镇下白石村空闲地整治提升为街心公园 （韦 刚 摄）

【农村垃圾分类管理】 2022年，武安市建成“农户分类、乡村收集、公司转运、集中处理、循环利用”的农村垃圾城乡一体化处理机制，被新华社称为农村环境卫生整治的“武安样本”。推进农村环卫保洁一体化，建立“垃圾不落地”运转体系，推行分类投放、分类收集、分类运输、分类处理和定时上门、定人收集、定车清运、定位处置的“四分四定”模式，实现垃圾减量化、资源化、无害化分类处理。

【农村危房改造】 2022年，武安市开展农村危房改造和抗震改造，全年排查30.12万栋，其中经营性自建房6837栋，对需要整改房屋制定一房一策，消除安全隐患。

（刘国桢）

（责任编辑：骈玲玲 韩俊霞）

生态环境保护

环境质量

【空气环境质量】 2022年，武安市空气质量综合指数为5.35，PM_{10}（可吸入颗粒物）浓度为86微克/立方米，$PM_{2.5}$（细颗粒物）浓度为43微克/立方米，SO_2（二氧化硫）浓度为17微克/立方米，NO_2（二氧化氮）浓度为34微克/立方米，CO（一氧化碳）浓度为2.5毫克/立方米，O_3（臭氧）浓度为183微克/立方米，优良天数237天，重污染天数9天。

【水环境质量】 2022年，武安市洺河近古断面水质1—12月达标，断面5月水质达到Ⅱ类，6月地表水环境质量达标排名全市第一位，水体优良比例为100%。牤牛河西佛店断面和沁河东高河断面处于断流状态，视为达标。

【声环境质量】 2022年10月，武安市按照邯郸市生态环境局关于武安市声环境质量监测点位布设方案的批复，开展噪声监测工作。第四季度，武安市环境噪声声级值低于55分贝标准；交通噪声、功能区噪声昼间达标率100%。

【土壤环境质量】 2022年，武安市开展耕地周边重金属污染源头排查整治，改善耕地土壤环境质量，掌握重点监管企业土壤环境质量。建设用地安全利用率实现100%。将武安市土地性质拟变更为“一住两公”（住宅、公共管理、公共服务用地）的地块录入全国污染地块土壤环境管理系统，开展土壤污染状况调查，通过专家评审。

（温　茂）

污染防治

【大气污染防治】 2022年，武安市制定一氧化碳巩固提升专项行动方案，下达重点企业411项治理任务。完成13家企业32台烧结机富氧点火治理改造及烧结机料面喷蒸汽治理，每年可减少一氧化碳排放量约2500万千克、二氧化硫排放量约13万千克。新兴铸管股份有限公司建成一氧化碳智能管控平台。开展烧结富氧点火、料面喷蒸汽改造，高炉热风炉、轧钢加热炉脱硫改造等一系列治理工程。全市完成3家焦化企业焦炉烟气备用脱硫脱硝治理设施建设任务、4家焦化企业每季度LDAR检测与修复、VOCs液体储罐专项检测修复工作。开展重点企业厂容厂貌治理，建立水洗机扫机制，建成微雾抑尘设施1020个。落实邯郸市2022年大气污染综合治理精准管控措施、强化NOX夜间减排和不利气象条件下精准管控措施要求。

【水污染防治】 2022年，武安市加强饮用水水源地安全管理，优先保障饮用水安全。每季度对四里岩水库饮用水水源地进行常规指标监测，水质达到地表水Ⅱ类标准；每半年对杜家庄鼓山井群饮用水水源地进行常规性监测，水质达到地下水Ⅲ类标准。2处集中式饮用水水源地水质常年稳定达标，达标率100%。印发《关于加强全市入河排污口排查整治和长效监管的实施意见》，

武安市新金钢铁有限公司打造的绿色厂区　　（李树锋　摄）

严格入河排污口规范建设，对非法入河排污口坚决做到取缔封堵，确保整改成效。对14家重点涉水单位开展监督检查，现场摸排污水处理工艺、是否添加药剂、污水处理设施运行是否正常，确保污水处理设施正常运行，达标排放。监督检查武安市第一人民医院、隔离医学观察场所、污水处理厂，现场帮扶指导污水处理设施运行、消毒、加密自行监测等工作。

【土壤污染防治】 2022年，武安市印发《关于做好2022年度土壤污染重点监管单位管理工作的通知》，向24家土壤重点监管企业下达土壤自行监测任务，24家企业自行监测报告均通过专家评审，进行年度备案。市生态环境分局编制《隐患排查报告》《土壤和地下水自行监测报告》向邯郸市生态环境局备案，动态更新疑似污染地块名录，纳入正常监管。

【危废物污染防治】 2022年，武安市开展固体废物污规范化管理工作，5家公司取得危险废物经营许可证。对涉危企业规范化管理，将问题整改列入评估指标，助力企业提高环境管理水平。对小微企业危险废物规范化管理，发挥收集试点单位“集中收集、批量转运”优势，解决小微企业危险废物收集转移难的问题，实现全市小微企业危险废物收集、转移全覆盖。开展工业固体废物登统工作，全市产废企业、利用处置企业在省固体废物动态信息平台上注册、备案，实现固废可追踪、可查询。完成29家3000千克以上产废企业与省、市联网的智能化环境监管系统，全过程监督管理重点产废企业，规范化管理危险废物。落实邯郸市“无废城市”实施方案，推进固体废物源头减量和资源化利用，提高固体废物综合利用率。

【辐射污染防治】 2022年，武安市加强医疗机构辐射安全许可证管理工作，排查整改工业企业、医疗机构辐射源、射线装置。开展辐射应急演练，包括事故响应流程、模拟事故后环境恢复和公众沟通等关键环节，提升应急响应能力。召开全市废旧金属辐射检测培训会，推进废旧金属辐射检测，保障废旧金属安全回收利用，预防辐射污染发生。

（温　茂）

环境监管

【环境监测】 2022年，武安市监测8个功能区噪声、23个交通噪声及119个区域环境噪声。每周巡查省控环境空气质量自动监测站，关注数据变化，推送日报、周报、专报。全年获得环境质量监测数据15.7万个，形成空气质量日报365份、环境质量月度分析12份。开展饮用水和14个入河排污口监测。完成重点排污单位监督性监测21家次，涉重企业监督性监测13家次，涉水企业监督性监测1家次，涉挥发性有机物企业监督性监测7家次。开展专项监测3项，包括挥发性有机物重点排放企业监测、环境应急监测等。

【环境影响评价】 2022年，武安市开展环评百日攻坚行动，采取“线上+线下”工作模式，跟踪指导帮扶。邀请省生态环境厅环评处相关专家到工业园区、重点建设项目现场或视频连接线上帮扶指导。实时解答难题，推进项目环境影响评价编制工作。武安市玉带河综合治理项目列入国家第二批生态环境导向（EOD模式）试点，南洺河、青龙山工业园区规划环境影响评价通过邯郸市生态环境局审查，太行钢铁二期项目、普阳钢铁整合重组项目、冀南钢铁二期项目环境影响评价通过省生态环境厅审批。

【环境监管执法】 2022年，武安市联合中科灏业和中旭环保专家团队，开展专项执法帮扶行动，帮助企业查找问题隐患，检查327套在线设施，制定整改措施完成整改，提升企业环境管理和治理水平。建立24小时值守机制，动态掌握企业生产状况、治理设施、污染物排放等情况。

【环保问题督察整改】 2022年，武安市建立交办、督办、验收、销号、后督查闭环整改机制，提高企业环境治理水平。年内，省大气污染防治专项督察组到武安市督导检查，交办环保问题30项，全部整改到位。

（温　茂）

河北青崖寨国家级自然保护区

【概况】 河北青崖寨国家级自然保护区位于河北省武安市西北部的太行深山区，地理位置介于东经113°45′16″至113°54′01″、北纬36°50′30″至37°01′05″之间，主峰海拔1898.7米，保护区总面积1.52万公顷。保护区东界以省道平涉线西部农田与林地的接壤处为界，南界以苍洞沟南分水岭为界，西界沿河北与山西省界至里伏西分水岭为界，北界以武安市与邢台县、沙河市县界为界。

【地形地貌】 河北青崖寨国家级自然保护区内存有大量珍贵的、不可再生的地质遗迹资源，有说明太行山南段的重大地质历史事件的吕梁、天津蓟州区、怀远三大不整合面，即中太古界变质岩与中元古界石英砂岩的角度不整合面，元古界长城系串岭沟组页岩与古生界寒武系馒头组页岩的平行不整合面，中奥陶系与石炭系中统不整合面；有长城石英砂岩形成的嶂石岩地貌；长城系石英砂岩层面形成的波痕、泥裂、交错层构造遗迹等。这些地质遗迹有深厚的地质内涵，具有重要的保护价值。

【保护目标】 河北青崖寨国家级自然保护区内生态环境复杂，植被类型多样，保存有太行山中段较为完整的森林生态系统，其中大面积的天然落叶阔叶林和温性针叶林具有典型的代表性，区内植被共有6个植被型，26个群系。据初步调查统计，保护区有野生维管植物105科，417属，892种。其中，蕨类植物12科，17属，30种；裸子植物3科，4属，5种；被子植物90科，396属，857种；有野生脊椎动物201种。其中，水生脊椎动物鱼类14种，隶属于4目6科14属；陆生脊椎动物187种，隶属于4纲23目61科116属。此外，保护区内昆虫种类也很丰富，类型繁多，共调查记录716种，隶属于11目95科。

保护区不仅生物种类繁多，而且还蕴藏着一定量的珍稀濒危生物和特有生物。分布有多种濒危、渐危及具有较高保护价值的野生植物，其中，国家二级重点保护植物5种，即缘毛太行花、野大豆、胡桃楸、黄檗和紫椴；另外领春木和青檀等植物均具有较高保护价值。在青崖寨保护区分布的24种哺乳动物中，属于国家一级保护动物1种，即豹；国家“三有”保护动物有刺猬、草兔、岩松鼠、黄鼬、野猪等13种，河北省重点保护动物有赤狐、花面狸等8种。

（温　茂）

【生物多样性科普中心建设】 2022年2月22日，河北青崖寨国家级自然保护区生物多样性科普中心揭牌。该科普中心是2020—2021年设计，按照国家、省林业和草原主管部门关于自然保护区工作要求，利用中央财政项目资金建设。该中心旨在提升河北青崖寨国家级自然保护区科普宣教能力，提高公众自然保护意识，建设成太行山区域集多功能于一体的生物多样性保护及自然保护区建设管理的综合示范基地。科普中心由“生物多样性保护与发展”“河北青崖寨国家级自然保护区”“河北青崖寨国家级自然保护区植物多样性”及河北青崖寨国家级自然保护区“古树名木、乡土树种、藤本植物、野生观赏植物、药用植物、珍稀濒危物种”和“河北青崖寨国家级自然保护区动物多样性”“鸟类多样性”、昆虫标本展示等部分组成。保护区的地质地貌、植被季相景观以及社会人文及科研成果，展示保护区的生物多样性及地理生态环境情况。河北青崖寨国家级自然保护区生物多样性研究室和河北青崖寨国家级自然保护区生物多样性标本室，有1.2万份保护区动植物标本。该科普中心是武安市保护区建设史上第一个生物多样性、野生动植物保护科普中心，第一个以此为主题的宣教基地。

（“新武安”微信公众号载于2022年2月25日）

节能减排

【清洁生产审核】 2022年，武安市有24家企业纳入年度清洁生产审核工作。至年底，15家企业通过清洁生产验收。武安市鑫发煤业有限公司等9家企业停产，无法开展清洁生产，延期至2024年验收。

【排污许可登记】 2022年，武安市按照《邯郸市环评与排污许可监管行动计划（2021—2023年）》，加强执法监管，构建“源头把控、过程管理、事后监管”的全流程管理模式，提高证后监管效率，发挥排污许可“一证式”管理。年内，武安市持排污许可证排污单位387家，其中，重点管理54家，简化管理333家。排污登记企业1059家。

【节能降耗】 2022年，武安市规模以上工业能源消费量1821.7万吨，比上年下降3.3%；规模以上工业煤炭消费量1190万吨，比上年同期削减100万吨。单位GDP能耗比上年下降3.7%。金鼎重工有限公司采用“高炉冲渣水余热回收工艺+蒸汽增温”工艺进行市政供暖。武安市新峰水泥有限责任公司利用水泥熟料生产线余热资源，建成余热电站，并入国家电网，年发电量约1.4亿千瓦时；采用“高温电除尘器+SCR脱硝一体化技术”，建成SCR烟气脱硝超低排放环保示范项目；利用水泥窑协同处置固体废弃物，以工业固废替代部分天然原料。在交通运输中推广电力、氢燃料、液化天然气动力重型货运车辆。河北新金钢铁有限公司投资4500万元进行污水深度处理，建设处理规模8400立方米/日的综合污水处理中心，对全厂内生活污水、生产废水进行综合处理回用，实现零排放，节约补新鲜水和排污所需费用6.2元/吨，年回收废水500万立方米。金鼎重工有限公司引进新工艺，全年节水量达到150万吨，吨钢取水量降低0.5立方米/吨，水重复利用率提升至98.62%。

【公共机构节能】 2022年，武安市推动绿色低碳引领行动与示范单位创建融合，市公安局、市住房和城乡建设局、市商务局等60家单位创建节约型机关，创建率100%，武安市检察院被评为省级节约型机关示范案例；市委办公室、市政府办公室、市水利局等61家单位创建节水型机关，创建率100%。因地制宜对既有建筑进行绿色化改造，优化能源结构，推广清洁能源使用。推进公共机构食堂反食品浪费工作，开展制止餐饮浪费宣传活动。全国节能宣传周期间，组织111个公共机构节能单位参加线上和线下节能培训。通过PC端、手机端同步直播2022年全国公共机构节能宣传周启动仪式，线上进行习近平生态文明思想网络课堂宣讲和优秀地方公共机构节能降碳纪实展播。全市各单位开展多种形式节能宣传活动，700多所中小学校开展形式多样“绿色低碳，节能先行”生活研学教育活动。

（温　茂）

（责任编辑：骈玲玲　韩俊霞）

科　技

综　述

【科技创新发展战略规划】 2022年，武安市编制《武安市科技创新“十四五”规划》《关于深入实施创新驱动发展战略着力建设现代产业体系的实施方案》和《武安市落实邯郸市区域科技创新中心建设工作实施方案》《武安市科技领军企业培育实施方案》等纲领性文件，为全市科技创新工作提供基本遵循；编制《关于科技支持全市经济平稳发展的五条政策措施》《关于进一步推进全市招商引资工作的实施意见》《武安市科工局支持青年创新创业的实施意见》《全市推进经济总量“十四五”期间超千亿2022年专项考核办法（试行）》《武安市加强“双招双引”工作行动方案（试行）》等政策文件，强化企业科技创新主体地位，培育创新主体。

【科技人才队伍建设】 2022年，武安市入选人才强冀工程项目1个：建设铁基新材料研发生产基地高端人才支撑项目（河北龙凤山铸业有限公司），人才兴邯项目1个：建设氢能人才高地，赋能氢能源创新链产业链重点人才项目（河北华丰能源科技发展有限公司）。7月17日至18日，组织12家民营企业召开博硕人才工作现场招聘会。8月16日，召开高层次人才进企业座谈观摩会，帮助企业引进高层次人才，优化武安市民营企业人才队伍。9月18日，武安市举行全职引进教授董瀚（河北省纯铁材料及应用产业技术研究院院长）签约仪式，助推武安人才中心和创新建设。

（段江华）

科技创新

【概况】 2022年，武安市调整科技创新工作领导小组，推动培育创新主体、建设创新平台、开展科技成果转化、推进京津冀协作等工作，加强对科技创新工作的指导和支持。建立政策宣传、联合调研、对接高校和工作督导四项工作机制，定期召开科技创新专题会议，研究实现科技创新引领，促进产业结构转型升级，对照河北省县域科技创新能力监测评价报告结果，谋划推动县域科技创新能力跃升工作措施。完成认定国家级高新技术企业20家、国家级科技型中小企业53家、省级科技型中小企业454家。申报省、市级科技计划重点项目14个。完成2021年全社会研发投入统计57亿元。河北福隆智能装备制造有限公司被认定为B级研发机构，全市获得省级研发机构企业25家，邯郸市级企业8家。武安市新增省级专精特新中小企业16家，新增邯郸市专精特新企业19家；共赢装备制造有限公司、河北龙凤山铸业有限公司入围国家级“小巨人”企业；河北新兴铸管有限公司等6家企业成为全省首批县域特色产业集群领先企业。县域特色产业振兴工作位列全省第二名，武安市裕华钢铁有限公司等3家民营企业和4位民营企业家获省政府表彰。

【科技创新平台建设】 2022年，武安市推进中国科学院过程研究所科技成果转化平台项目，探索研究院所与地方协同创新模式，依托中国科学院过程工程研究所，共同成立“武安中科低碳技术与能源材料中心”。规模以上工业企业中有78家建有研发机构，研发机构覆盖率达51.8%。全市新增3家市级研发平台：邯郸市连翘产业技术研究院、邯郸市高强度球墨铸铁技术创新中心、邯郸市装配式建筑结构用钢技术创新中心。全市有国家级企业技术中心2家；省级研发平台13家，其中，省级技术创新中心5家，省级企业技术中心5家，省级产业技术研究院1家，省级工程实验室（工程研究中心）2家；邯郸市级研发平台10家，其中，市级技术研究中心4家，市级产业技术研究院1家，市级企业技术中心5家。武安市实施科技特派员制度，建成省级科技特派员工作站2家，组建科技特派团2家（河北龙凤山铸业有限公司、共赢装备制造有限公司）；开展各种技术培训65次，培训5000余人次。

【科技创新能力提升】 2022年，武安市创新主体发展壮大，打造“科技型中小企业—高新技术企业—科技领军企业”全链条培育模式，提升全市科技创新供给能力，河北普阳钢铁有限公司、武安市起昌铸造有限公司、武安市洺岸农业科技有限公司等10家企业申报省、市级科技计划重点项目14个，其中河北普阳钢铁有限公司、金鼎重工有限公司、武安市起昌铸造有限公司、河北兆宏机械泵业有限公司列为2022年度市级科技专项计划支持重点项目，争取资金90万元。开展严格“两高”（高耗能、高排放）项目管理、创A创B、专项提升整治、精准化调控、巡查监管综合治理，管理水平整体提升。全市认定省级引领性企业1家、正面清单企业5家、B级企业10家。

【创新发展重点项目】 2022年，武安市建设5G基站511个，基本实现主城区覆盖；完成80家企业上云。2个项目入选工信部2022年新一代信息技术与制造业融合发展试点：中联钢信工业互联网平台项目（河北中联钢信电子商务有限公司）、轧钢产品全生产周期精细化管控能力项目（河北普阳钢铁有限公司）。3家企业列入河北省工业互联网创新发展试点：河北新兴铸管有限公司（数字化生产管控系统）、河北新金万利新材料科技有限公司（新金万利冷轧数字工厂一期项目）、金鼎重工有限公司（工业互联网数字化平台一期项目）。4个项目列入2022年省创新发展重点项目库：网络基础设施一体化建设项目、水泥生产MES系统项目（武安市新峰水泥有限责任公司），工业互联网数智化平台二期项目（金鼎重工有限公司），智能生产管控中心项目（河北普阳钢铁有限公司）。

【科技成果】 2022年，武安市获国家级单项冠军产品1项：河北新兴铸管有限公司离心球墨铸铁管。省级单项冠军企业5个：河北龙凤山铸业有限公司、宏泰机械泵业有限公司、河北兆宏机械泵业有限公司、河北普阳钢铁有限公司、共赢装备制造有限公司；省级单项冠军产品2个：共赢装备制造有限公司齿轮箱铸件、河北普阳钢铁有限公司风电塔筒用钢。邯郸云驾岭矿冀中能源股份有限公司邯郸郭二庄煤矿的“高应力松软地层巷道灾变失

2022年7月，河北太行钢铁集团有限公司智慧管控大厅

（市科工局　供图）

稳机理及防控关键技术研究”，被河北省科技厅评定为科技进步奖三等奖。

（段江华）

科研活动

【概况】 2022年，武安市以科普宣传、科技服务为主体开展系列活动，组织企业、高校院所、博物馆等，开展科技交流与合作，举办关键技术与发展趋势专题讲座，组织科普宣传30场次，科技服务活动16场次，发放宣传资料3000余册，惠及群众3万人。

【铁基新材料品质提升项目研发】 2022年，河北龙凤山铸业有限公司联合上海大学、冶金工业经济发展研究中心等单位实施产学研用模式，成立上海大学·龙凤山铁基新材料产业技术研究院，开展铁基新材料品质提升项目（简称“PI项目”）研发攻关。

【“900—1300MPa高强韧防爆钢板研制”项目合作】 2022年，河北普阳钢铁有限公司与上海大学合作“900—1300MPa高强韧防爆钢板研制”项目，调整产品结构、延伸产业链条、增加高端供给，促进钢铁产业创新驱动、绿色发展。

【优质农产品创新发展研讨会】 2022年9月26日，武安市召开优质农产品创新发展研讨会，涉及小米、连翘、花椒、山羊等行业，20余位代表分享各领域先进生产技术、研究成果和推广经验，探讨农产品质量提升、农产品加工与品牌建设、农产品销售与市场拓展、农业产业融合与发展等方面的内容。来自全市农产品种植户和技术员200余人参加研讨会。

（郭华杰）

科普活动

【磁山文化科普】 2022年，武安市开展磁山文化科普活动。磁山文化博物馆开展志愿讲解服务，推出网上VR全景展厅，智能语音讲解，线下参观和“云端”游览相结合。展示史前文明，科普农耕文化，让观众了解8000多年前磁山先民生活状况，学习他们勤劳智慧、敢为人先的精神。发放宣传资料2万余份，5000余人参与活动。

【现代农业科学技术宣传】 2022年，武安市在白沙村现代科技农业园区举办现代农业科学技术宣传活动。园区专业技术人员讲解展示防虫网、黄板、膜下暗灌、微滴灌、生物肥药等十余项绿色蔬菜生产技术，现场展出园区生产的绿色蔬菜。900余人参与活动。

【科普节目制作】 2022年7月，武安市与相关媒体合作，在武安科技频道开播《科技大讲堂》栏目，节目内容以“走近科学大师、感触科技前沿、弘扬科学精神、普及科技知识”为主题，从科技政策、实用技术、潮流科技等多角度带领观众一起走近科技前沿，欣赏科学之美，提升观众的科技创新意识和创新能力。全年播出节目5000小时，制作完成视频节目2000小时。

（郭华杰）

2022年6月29日，武安市科学技术协会在武安广场开展科普宣传活动

（市科协 供图）

气象预测

【概况】 2022年，武安市气象局（简称市气象局）按照“跳出小气象、做出大气象”工作思路推动武安气象发展。全年发布灾害性天气预警 25次，启动全市应急响应5次。市气象局获评2022年度河北省文明单位。七步沟气象科普教育基地被中国科协评为2021—2025年全国科普教育基地。中国气象学会授予市气象局职工马云飞“2022年全国优秀校园气象科技辅导员”称号。

【气象服务】 2022年，市气象局制作发布气象服务材料864期。其中，《重要气象专报》30期，《森林草原防灭火气象服务专报》2期，《夏收夏种、秋收秋种气象服务专报》14期，《环境预报》674期。发送灾害天气预警信号191次，提供气象短信456次。发布气象实况及预报预警信息130条、“三夏生产”（夏收、夏种、夏管）服务信息85条。开展10次雾霾天气、3次沙尘天气气象预报服务工作。通过电话、传真等渠道，将服务材料及时报送地方党委、政府及相关部门；通过短信、微信、电视天气预报、移动公共交通等多种方式向社会公众传播，359.3万人次接收。为春运、中考、高考等开展气象保障服务。

【气象灾害综合风险普查】 2022年，武安市按照《第一次全国自然灾害综合风险普查“一省一市”灾害风险评估与区划工作方案》，完成2022年度气象灾害综合风险普查工作任务，整理气象灾害风险普查数据2.98万条，制作暴雨、干旱、台风、高温、低温、大风、冰雹、雪灾和雷电9个灾种致灾危险性等级图（包括经济、人口、水稻、小麦等承载体风险等级区划图以及经济、人口、小麦等承载体暴露度等级图）。编制完成《武安市气象灾害致灾危险性评估报告》和《武安市气象灾害风险评估与区划报告》。

【人工影响天气】 武安市落实2022年人工影响天气作业计划，完成人影作业设备年检，对作业人员开展安全培训；完成苏庄作业点和作业人员公安部门备案。全年开展人工增雨（雪）防雹作业15次。

【气象科普宣传】 2022年，市气象局利用“3·23世界气象日”“5·12防灾减灾日”以及全国科普日、科普宣传周等时机，开展进机关、进社区、进农村、进企业、进学校气象科普宣传活动。举办线下科普讲座5场，发放宣传资料2000余份，赠送农业气象资料300 余份。线上科普讲座3场，观看5000余人次。在国家级媒体刊发信息6篇，河北省气象局政务信息网刊发信息100余篇。

（张　宣）

（责任编辑：骈玲玲　韩俊霞）

教　育

综　述

【教育基本结构】　2022年，武安市有各级各类中小学407所，其中，小学213所，教学点157所，完全中学2所，九年一贯制学校4所，初中22所，普通高中2所，职教中心、特教学校、教师发展中心（教师进修学校）、体育运动学校各1所，民办学校3所。幼儿园418所，其中公办园357所，民办园61所。在校生18.45万人，教职工1.1万人，其中专任教师1.04万人。武安市教育体育局（简称市教体局）被评为全省教育系统“争创人民满意的公务员集体”十佳集体。

【教育经费投入】　2022年，武安市加大教育经费投入，足额安排教育费附加、土地出让金、城市维护建设税等政策资金列入预算，保障教育发展所需。2022年一般公共预算教育支出18.60亿元；生均一般公共预算教育支出各阶段分别为：小学9739元，初中14282元，高中12463元，职业高中14422元，足额落实各类学校生均财政拨款标准和生均公用经费标准。

【教育信息化建设】　2022年，武安市教育信息化总投入3861万元。11月，在邯郸市示范学校验收中，武安市一次性通过30所，创建数量位列全邯郸第一。全市进行网络教学改革，以山区活水中心学校为试点，创新实施“网络＋走教”教学改革，破解困扰武安教育多年“农村山区学校（特别是深山区教学点）开不全课程、开不足课时”教育发展难题。新冠疫情防控期间，搭建线上教学平台，开发线上优质课5818节，满足停课不停学需求；暑期开设“名师有约”等直播课，日在线3万人次。全市城乡学校教师在线互动，实时观课、议课，协同备课，实现城乡学校网络“研课”常态化。普及创客教育，在全市小学三年级以上班级开设编程课，排进课表，两周一节。开展视频联网工作，全市中小学校园视频监控与公安、教育视频监控系统完成对接联网。实施中小学教师信息技术2.0能力提升工程，在职教师全员参训

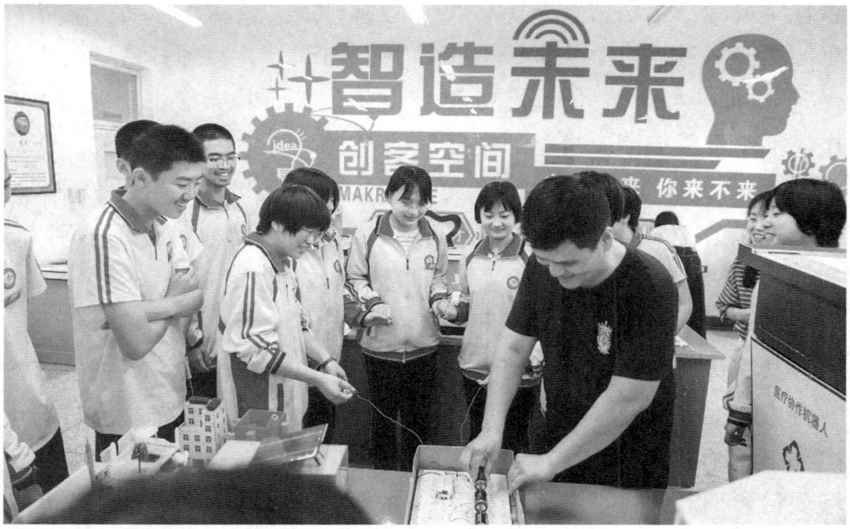

2022年6月，武安市第一中学开展科学普及活动　（市第一中学　供图）

参考，全部达标。武安市教师信息技术2.0考核培训案例入选全省“亮点工作”。100余名教师在各级信息技术与课程整合优质课大赛上获奖，200名学生在全国、省、市各类比赛中获奖。

【集团化办学】 2022年，武安市有教育集团18个，涵盖中小学397所，集团化率100%。其中，高中教育集团2个，初中教育集团5个，小学教育共同体11个。4月，召开全市集团化办学教科研工作现场会，解读《武安市教体局集团化办学工作最新评估办法》，实行“名校+”“网络+”模式，推进城乡教育一体化发展。创新并实施城区名校托管农村薄弱校办法，推动城乡优质教育资源均衡发展，市第三中学对四中实行托管，招生人数从200人增加到900人，阳邑镇和管陶乡孩子实现就近上学。

【教育交流与合作】 2022年，武安市教师发展中心与河北省创新教育学会合作，邀请石家庄、北京等地专家进行中小学学科素养提升培训；与科大讯飞公司合作，推进智慧校园、智慧课堂建设和应用，数字赋能高质量发展；邀请北京以及省内外名师，到武安开展高考、中考备考指导；利用“北京正确云教育”平台，共享优质教育资源；与中国教育电视台、高等教育出版社、中小学继续教育网联合，组织国培项目参训教师跨区域教研，开展国培、省培项目网络研修活动；邀请北京师范大学教授为暑期教育干部培训授课。中山小学、西岭湖中学、武安市第一中学等中小学与京津沪江浙学校和机构开展教学、教研联盟活动。

（吴　博　刘万兵　姬江红　张顺伟）

教育管理

【概况】 2022年，武安市加强学校教育教学常规管理，开展常规调研，指导听课100余次，专题调研20余次，质量评估检查38次；组织开展第二届校（园）长业务大比武活动，督促校长业务引领能力提升。教研员驻校包联，督查学校开全课程。开展小学科教学研讨会、送课下乡、优课展示等活动10余次，促进提升课堂教学质量。召开3次现场会，组织开展10余次作业设计培训和研讨会。邀请全国名师专家开展“双提”（提业务能力、提课堂效率）培训64场，组织初中、小学教师开展“新课程标准”学习32场。组织幼儿教师开展“幼教大讲堂”研训20余次，开展高中新课程、新教材培训12场。全年省、市、县级课题结题分别为4项、15项和39项，立项分别为5项、14项和41项。

【学籍管理】 2022年，武安市按时间节点在学籍系统中完成新生注册工作。实施中小学新生学籍班级公示制度，新生学籍学生信息报主管部门备案，将拟注册学籍学生信息在班级予以公示。开展秋季学籍管理专项督查，对违规建立学籍、空挂学籍、人籍分离、以虚假信息建立学籍等违规行为进行重点查处，规范学籍管理工作。

【学校收费管理】 2022年，武安市印发《关于教育收费等事项申报制度的通知》《关于进一步规范教育收费工作的通知》《关于进一步开展教育乱收费专项治理工作的通知》，从机制上规范教育收费工作。学校在每学期收费前，将学校所有收费按照规定模板（收费项目、收费标准、收费依据、征收方式等十项内容）一次性公示，随后将收费申报表、收费依据文件、收费事项一览表上报市教体局备案后，方可收费。市教体局执行“收支两条线”和财政收入收缴管理规定，全年教育系统下属39个执收单位上缴收费管理局幼儿园保育费875万元，高中学费、住宿费2861万元，职教中心住宿费112.7万元，市自学考试办公室、武安市开放大学、市教师进修学校行政性收费580万元，捐赠收入100万元，教育设施配建建设资金1222.7万元，计5751.4万元。

【校园安全管理】 2022年，武安市依托“河北省学校安全隐患网格化管理平台”，实施学校安全网格化管理。全市学校划分网格1.47万个，落实网格责任人7888人，录入电子台账。自查自改隐患1.05万处，排查整改隐患214

处。市教体局组织开展安全专项检查，下发整改通知书68份，印发通报5期，发现并整改隐患322处。市委办公室、政府办公室印发《关于进一步做好中小学生防溺水工作的通知》，组织学校与家长签订承诺书，印发16万份《致家长一封信》，联合蓝天救援队、武安红十字会开展防溺水安全演练。市教体局与各学校签订学校安全工作责任状，修订《学校安全工作"一岗双责"实施方案》，印发《全市中小学幼儿园安全工作岗位责任制通知》《武安市学校安全工作标准》，明确安全责任和工作标准。安全教育课"五落实"（计划、教材、师资、备课、作业）；开展学校安全教育日、周、月专题教育活动，开展宣传教育和应急演练；组织师生开展防溺水微视频、漫画评比，向邯郸市推荐作品55件，多项获奖。监督校车公司对20辆校车进行检修。全市学校排查燃气液化石油气安全，取缔不达标使用单位15家。核查入统533所学校自然灾害风险普查。校园周边治安综合治理做到"四个100%"（一键报警和视频监控、封闭管理、学校保安、校园护学岗）。投资3000余万元，全市学校一键报警装置与公安部门联网，安装监控探头3000多个，接入监控平台；全市学校设置校园警卫室，投入1050万元，140所学校配备专职保安350名，安防器械按要求配备到位；建立三位一体护学岗，设置"护学岗公示牌"，明确责任民警、校长、教师、志愿者，公示人员和联系方式；市教体局联合市场监管、行政执法、城管等部门，开展校园周边环境专项整治，清除各类隐患174个。

【教育督导】 2022年，武安市人民政府教育督导委员会成员单位由原来10个，增加到24个，委员会办公室设在市教体局，为市教体局内设机构。委员会办公室印发《武安市落实〈河北省深化新时代教育评价改革实施方案〉工作清单》。9月15日，河北省教育督导委员会办公室督导组到武安市第一中学、实验小学、洺湖小学、安瑞小学、第九幼儿园5所学校，督导履行教育职责评价工作反馈问题整改情况。

【校园艺术教育】 2022年，武安市组织全市中小学专兼职舞蹈、音乐教师参加教育部线上课程培训。邯郸市教育系统第二届教职工合唱比赛，市教体局合唱队获一等奖。全市推进中小学生艺术素质测评工作，399所学校完成上报，完成率100%；小学1—6年级、初中7—8年级、高中1年级12.24万名学生成绩上传，完成率100%。市教体局与市融媒体中心合作，完成"学习强国"平台"我的大熊猫故事"主题绘画作品，县级平台发表18篇，省级平台发表13篇。

【健康教育】 2022年，武安市把健康教育理念渗透在学科教学当中。在"全国学生营养日""世界防治结核病日""全国爱眼日"等节点，线上线下发放健康宣传资料，开展健康教育宣传，创建"健康学校"。在"全国爱眼日"和"近视防控宣传教育月"期间，成立近视防控工作专家宣讲团，对学生开展用眼卫生、视力保护等知识宣传教育，组织全市师生和家长收听收看"河北省儿童青少年近视防控家校课堂"；向学生、教师、家长普及近视防控知识，倡导师生和家长共同参与到学生近视防控工作中。制定

2022年9月，武安市中山小学课本剧展演　（市教体局　供图）

下发《武安市关于加强学校心理健康教育的实施方案》，明确未成年人心理健康辅导站和学校心理辅导室建设标准。推荐邯郸市专职心理健康教师“心理微课”和“心理健康讲座”，帮助学生摆脱考试前后焦虑等心理困扰，提高学习效率。至年底，全市建有心理辅导室学校38所，取得心理咨询师资质教师136名。

【学生资助】 2022年，武安市发放、减免资助金2340.81万元，惠及35482人次，其中学前减免3607人次，减免金额125.74万；义务教育寄宿生资助1.69万人次，资助金额1027.69万元；非寄宿生资助人数3539人次，资助金额90.33万元；普通高中国家助学金资助7521人次，资助金额752.18万元；“三免”（国家对义务教育阶段学生免除学杂费、免费提供教科书、免费提供作业本）资助1475人，免除金额123.47万元；职教中心国家助学金资助2153人，资助金额215.3万元；“两免”（对在城乡义务教育学校就读学生免除学杂费、免费提供教科书）资助244人，金额6.1万元。暑假期间为贫困大学生办理助学贷款2546次2658.7万余元。

（吴　博　刘万兵　姬江红　张顺伟）

教师队伍建设

【教师招聘】 2022年7月29日，武安市人民政府网发布教师招聘公告，网上注册报名11005人。经过笔试、面试、体检等环节，最终确定拟聘用人员288人。

【教师职称评聘】 2022年8月，武安市召开职称工作会，安排部署高级、中级、初级职称评审、认定工作，印发评审条件和申报岗位指标，下发小学、幼儿园申报副高级职称特别优秀教师破格条件。全年通过评审高级职称教师226名，中级职称教师314名，初级职称认定101名。

【师德师风培育】 2022年，武安市开展优秀班主任、师德标兵评选表彰活动，评选出优秀班主任100名，师德标兵200名。在全市各级学校进行宣传报道，营造尊师重教氛围。市教体局还成立“治理教师有偿家教工作领导小组”，将有偿家教治理纳入学校年终考核指标。各学校成立师德考核组织机构，对教师师德师风进行考核。

（吴　博　刘万兵　姬江红　张顺伟）

基础教育

【概况】 2022年，武安市有基础教育学校402所，在校生13.29万人，义务教育巩固率100%。公办教职工1.07万人，其中专任教师1.02万人。全市中小学学校占地面积314.12万平方米，其中，中学93.64万平方米，小学220.48万平方米；校舍建筑面积130.03万平方米，其中，中学51.87万平方米，小学78.16万平方米；图书藏量484.18万册，其中，中学176.27万册，小学307.91万册；固定资产总值13.61亿元，其中，中学5.76亿元，小学7.84亿元。武安市接受国家义务教育质量监测中心对全

2022年4月，武安市中山小学图书超市一角　　（市委宣传部　供图）

市四、八年级德育和科学学科监测，相关科目学生学业水平达到Ⅲ级以上。

【办学条件改善】　2022年，武安市投资2.68亿元，建设安瑞、洺湖2所小学。投资10亿元，建成邯郸幼儿师范高等专科学校，将原校址置换，改建为西岭湖中学。规划投资12亿元，新建市综合职业技术教育中心新校区，完成规划设计、项目选址，国家发改委、财政部审核，获得1.8亿专项债额度批复。全年投资7418万元，完成全市中小学基础建设项目46个（改造提升项目40个，改扩建项目6个），新增建筑面积7302平方米，新增学位1860个，全部完工；改扩建2所幼儿园，维修改造15所幼儿园，回收6所小区幼儿园，24所小区配套幼儿园签订协议。

【学前教育】　2022年，武安市普惠性幼儿园入园率92.3%。公办园在园幼儿占在园幼儿总数64.20%。全市学前三年毛入园率95%以上。市教体局开展专家讲座、网络培训学习、园长大比武、教师基本功测试、优质课比赛、强弱园帮扶等活动，发挥专家引领和指导作用，以强园带弱园。落实幼儿园课程游戏化和评估指南。优化办园条件，提升全市优质园占比。创建市级示范园 5所，其中，邯郸市农村示范园3所，城市一类园2所。全市160所幼儿园参与幼儿园办园行为督导评估，参评比例100%。

2022年4月23日，武安市洺湖小学阅读展演课堂　（市委宣传部　供图）

【优质教育资源均衡配置】　2022年，武安市改造提升5所农村薄弱校，完成17所农村幼儿园扩容提质。全市加强教育信息化建设，洺湖小学、安瑞小学配备创客教室、VR虚拟探究实验室、电子班牌、电子手环等。至年底，全市教育信息化总资产3亿元，中小学计算机装机2.74万余台，电子白板、互动一体机等多媒体教室4621套，互动录播教室130个，智慧教室430套，创客教室39套，237所学校升级“云图书”管理系统。全市改扩建72所学校多功能教室、书法教室、特色劳技教室（陶艺、版画等）59个。

【“双减”工作】　2022年，武安市制定“双减”工作方案，结合相关文件形成文件汇编。3月，在武安实验小学召开“双减”工作现场会，经验在全市推广。全市开展校内课后服务，实现“有需求的学生全覆盖、城乡全覆盖、学校全覆盖”目标，探索落实“1+X”服务模式，“1”即利用课后服务时间指导学生完成作业，对学习有困难的学生补习辅导与答疑，为学有余力的学生拓展学习空间，确保在校内学足学好；“X”指围绕帮助学生培养兴趣、发展特长、开拓视野、增强实践，开展科普、文体、艺术、劳动、阅读兴趣小组及社团活动，满足学生多样化需求。

【武安市第二中学】　武安市第二中学（简称市二中）始建于1983年，占地面积5.16万平方米，总建筑面积2.63万平方米。2022年，学校有44个教学班，在校学生2864人，教职工224人，专任教师210人，高级职称教师56人，中级职称教师110人，骨干教师38人，专任教师学历达标率为100%。市二中配有多媒体教室、实验室、仪器室等，图书馆藏书10.76万册。全年选树师德楷模50名，实施“青蓝工程”，培训青年教师和新入职教师12人。全校教师完成信息技术2.0提升工程培训考核，教育现代化水平显著提升。市二中注重创新教研，培养各学科带头人12名，25名教师在武安及邯郸市级技能比赛中取得优异成绩。市二中提升课堂教学水平，拓宽课后服务资源渠道，丰富学生校园生活。在邯郸市第三十二届艺术节中，学校选送舞蹈《花开新时代》、合唱《把你追随》《送你一朵小红花》获评二等奖。

（吴　博　刘万兵　姬江红　张顺伟）

特殊教育

【概况】 2022年，武安市应安置适龄残疾儿童总人数647人，实际义务教育安置随班就读384人，市特殊教育学校124人，送教上门130人，义务教育阶段残疾儿童入学率99%。武安市特殊教育学校现有教职工45人，其中，专任教师41人，管理1人，工勤3人。教师队伍中本科学历40人，高级职称教师12人，初步形成特殊教育覆盖模式。

【残疾学生“送教上门”及随班就读】 2022年，武安市残疾学生“送教上门”实行备案制，根据服务对象残障类型、需求及实际情况，落实残疾儿童档案管理和评价工作。科学评估残疾儿童入学安置，定期考核，将“送教上门”对象列入学校学籍管理，学期末进行目标管理考核，做到送教学生个别化教育教学工作和发展过程评价。提高随班就读学校资源教室建设标准，建设7所资源教室，通过邯郸市评估验收。

【景泰蓝艺术工作坊】 2022年，武安市特殊教育学校加大投入，加强师资培训，开设适合学生特点艺术课程，促进学生发展。学校在听障学生中开设景泰蓝工艺画制作课程。该课程借鉴部分传统景泰蓝制作工艺，保留景泰蓝掐丝技艺，不用烧蓝而是以快干胶等固定掐丝及珐琅釉料，金属丝、彩石合成一体，具有鲜明艺术特色。工作坊组织学生开展活动，激发学生创意，提高动手实践能力。市特殊教育学校“景泰蓝艺术工作坊”作为河北省唯一代表，获全国第七届中小学文化艺术节一等奖。

（吴　博　刘万兵　姬江红　张顺伟）

普通高中教育

【概况】 2022年，武安市有普通高中4所，均是省示范性高中。设398个班，在校生2.11万人。全年招生7069人，毕业6473人，高中阶段毛入学率94.8%。年内，全市在校生参加国家学生体质健康标准测试，及格率100%。普通高中有教职工1690人，专任教师1606人，专任教师中女性1049人。学历构成：研究生毕业256人，本科毕业1349人，专科毕业1人，学历达标率99.94%。职称构成：正高级6人，副高级382人，中级768人，助理级402人，员级29人，未定职称19人。县级以上骨干教师360人。

【武安市第一中学】 武安市第一中学（简称市一中）始建于1951年8月，是河北省首批办好24所重点中学之一，是河北省示范性高中。学校占地面积28.67万平

2022年6月，武安市第一中学举行高考壮行大会　（赵旭渤　摄）

方米，建筑面积18万平方米。校园有实验楼、教学楼、体艺楼、学生食堂、学生公寓等。2022年，学校有126个教学班，7739名在校生，667名教职工，其中专任教师587人。正高级职称教师4名，副高级职称教师159人，省市级骨干教师90人，研究生学历教师139人。2022年高考本科上线2471人，强基上线1836人，400余名同学被双一流大学录取，艺术类双上线96%，4名同学被北京体育大学录取，2名同学被录取为空军飞行学员，市一中被邯郸市教育局授予“高中教育教学质量提升优秀单位”称号。第三十六届河北省青少年科技创新大赛中，《“震耳不聋”反射弧演示仪》等8个项目获一等奖，《关于农村废弃宅基地的调查研究》等40个项目获二、三等奖。教师安艳《含硫化合物的性质》一课在2022年苏教版高中化学教材全国优质课评比中获一等奖，2022年河北省学生信息素养提升实践活动中，教师胡鑫指导参赛队伍获高中组二等奖。靳运红《侵权责任与权利边界》一课获评“基础教育河北省级精品课”，齐朝辉、高再锋等获“邯郸市优秀团干部”“邯郸市优秀班主任”等称号。在北师大“高中数学建模应用能力展示”活动中，许朋朋等被授予优秀指导教师奖，30多名学生获奖。审定校本课题47项，省教育规划课题1项立项，2项省级、3项市级教育规划课题完成中期评估。

【武安市第三中学】 武安市第三中学（简称市三中）创建于1998年5月，占地面积14万平方米，总建筑面积6.6万平方米。2002年7月，市三中被评为河北省示范性高中。2022年，学校有教职工475人，其中专职教师427人，114个教学班，6680名在校生。学校所有教室均配备有空调、智慧黑板、投影仪，教师每人一台笔记本电脑，实现无纸化办公。图书馆现有纸质图书9.8万册、电子图书12万册。2022年高考，市三中纯文理“强基”上线604人，比上年净增161人；本科上线1644人，上线率93.2%，比上年增长2.9%；特长生双上线率97.1%，各项指标均创新高。9月，市三中被邯郸市教育局评为“教学质量提高先进单位”“推进率优秀单位”。市三中被邯郸市教育局评为体育工作先进单位、新冠疫情防控工作先进单位。

【武安市第十中学】 武安市第十中学（简称市十中）创建于2006年，占地面积6.31万平方米，校舍面积5.05万平方米，是河北省示范性高中。2022年，学校有教职工327人，在校生5883名。学校实验楼按省重点中学双I类标准配备，有物理、化学、生物实验室及相关专用教室30个，心理咨询室、音乐室、美术室、书法教室、舞蹈室、琴房等专用教室16个，图书馆有高中类图书30.62万册。2022年高考，市十中文化生“强基”上线33人。艺体生高考本科双上线924人。2022年中考，市十中初中部连续6年取得同系列第一。年内，市十中获“邯郸市高中教育教学质量提升先进单位”“邯郸市高中教育教学质量提升推进率优秀单位”等称号。组织教师到河南中牟一高等学校学习课改，与江苏锡山中学等国内名校建立联系。

2022年9月，武安市第十中学邀请奥运健儿武中伟、车行到校作励志报告，图为武中伟为同学们签名留念

（赵旭潋　摄）

两项省级课题结题。

【武安市综合职业技术教育中心】 武安市综合职业技术教育中心（简称市职教中心）有南北两个校区，设有农林、财会、计算机、机电等8个教学部，开设23个全日制专业，有3个省级骨干专业（汽车运用与维修、电气运行与控制、会计电算化），2个省级特色专业（电子商务、智能设备运行与维护）。2022年，在校生8000余人。教职工702人，其中专任教师552人，“双师型”教师占比专业教师86%，268名教师为省、市、县各级中心教研组成员、骨干教师和学科带头人。学校对口高考本科上线成绩连续22年为河北省第一名，毕业生就业率连续多年保持在98%以上。邯郸市教育局授予学校“2022年职业教育高考质量提升先进单位”。学校位列河北省120工程名牌校第一档18位，比上年前进11个位次。市职教中心与河北华丰能源科技发展有限公司、河北鼎润智能装备制造有限公司、武安京娘湖旅游发展有限公司等25家企业建立校企合作关系。办学经验被《中国教育报》《河北经济日报》等媒体宣传，获“全国职业教育先进单位”“全国教育系统先进集体”“全国中等职业教育德育工作先进学校”“首批邯郸市中等职业教育特色学校”“邯郸市智慧校园”“邯郸市级职业院校教师教学创新团队立项建设单位”等称号。

（吴 博 刘万兵 姬江红 张顺伟）

普通高等教育

【邯郸幼儿师范高等专科学校】 邯郸幼儿师范高等专科学校是一所公办全日制普通高等专科学校，2020年2月经河北省人民政府批准成立，学校一校两区办学，主校区位于武安市洺湖南岸高教园区，总规划占地面积69万平方米，一期占地面积33.93万平方米，建筑面积18.3万平方米。学校建有教学科研楼、艺术实训楼、演艺中心、计算机中心等现代化教学设施，纸质藏书56万册。2022年，该校举办第一届教师教学能力比赛。组织教师培训4期，275人次参加，其中，国家级培训3期，市级培训1期。组织开展2022年河北省高校教师岗前培训工作，参加培训65人；完成高等学校教师资格认定工作，56人通过认定取得高校教师资格证书。制定《外聘兼职教师管理办法（试行）》和《“双师型”教师认定实施细则（试行）》，加强兼职教师选聘和管理，完成学校第一批“双师型”教师认定工作。完成2022年专任教师公开招聘网上报名和资格初审。2名教师获评邯郸市文化名家暨“四个一批”人才称号，3名教师获评邯郸市优秀教师、1名教师获评邯郸市优秀教育工作者。表彰30名校级优秀教师、10名校级优秀教育工作者。

【武安开放大学】 2022年8月16日，武安开放大学举行揭牌仪式，河北广播电视大学武安市工作站更名为武安开放大学。全年招生919人，春季招生482人，秋季招生437人。河北省开放大学授予武安开放大学“开放教育招生优秀集体”称号。武安开放大学举办全市农村“两委”干部专科学历教育提升班，为有发展潜力、有责任担当、有为民情怀，年龄在18周岁至50周岁农村“两委”干部或农村后备干部提供学习平台。

（吴 博 刘万兵 姬江红 张顺伟）

招生考试

【中考招生考试】 2022年，全市中考考生1.15万人，设5个考点（一中、三中、五中、十中、职教中心），385个考场（一中考点133个考场、三中考点69个考场、五中考点38个考场、十中考点78个考场、职教中心考点67个考场）。实验中学是备用考点。6月21—22日，全市统一组织进行中考。全市中考560分以上888人，比上年增长22倍；在邯郸市前10名中，武安市有2人。市教体局获评邯郸市中考质量提升优秀单位。

【高考招生考试】 2022年，武安市高考实际参考7890人，其中普通类考生6011人，对口类考生1879人。按照省考试院要求，设4个考点（一中、三中、职教中心、十中），270个考场（一中考点135个考场、三中考点67个考场、职教中心考点61个考场、十中考点7个考场）。五中是高考备用考点，设置40个备用考场。6月7—9日，全市统一组织进行高考。全市高考本科上线6147人，比上年增加500人，其中普通类本科上线5361人，比上年增加467人；“强基计划”上线2474人，比上年增加446人；职教对口本科上线786人，比上年增加33人，连续22年位居河北省第一位。市教育体育局获评邯郸市高考质量提升优秀单位。

【自学考试】 2022年，武安市自学考试上半年报考人数63人，报考科次总数为109科次；下半年报考人数344人，报考科次总数为1131科次。自学考试考区为邯郸考区，武安不设考点。

【成人考试】 2022年，邯郸市教育考试院为武安教育考试中心分配1500名考生进行审核。成人高考考区为邯郸市考区，由于报考人数过多，市内考点紧张，特增设武安市第一中学和第三中学承担3800名考生专升本考试。

（吴　博　刘万兵　姬江红　张顺伟）

民办教育

【概况】 2022年，武安市经批准设立民办学校193所，其中，民办幼儿园114所，在园幼儿15943人，幼儿教师2060人，保育员766人；培训机构76所，教职员工304人，年培训11534人次；民办中小学3所，在校学生6000余人，教职员工410人。

【民办学校管理】 2022年，武安市根据河北省教育厅等9部门《关于开展无证幼儿园专项治理工作方案》通知要求，按照“准入一批、整改一批、整合一批、取缔一批”思路，对符合基本办园标准的37所园办理准入手续，化解和防范民办教育风险。7月28日，武安市代表邯郸市接受教育部督导调研，查看青少年素质教育学校、睿源培训学校、韵之水培训学校3所学校，评价全市校外培训机构规范管理。完成76所校外培训机构、76所民办幼儿园、3所民办中小学年检工作，其中，合格118所，基本合格32所，不合格5所。

【校外培训机构管理】 2022年，武安市76所校外培训机构全部纳入教育部校外培训监管平台管理，完成预收费和风险保证金银行监管。建立问题清单，对摸排出问题逐一制订整改方案，落实人员责任制，实施销号管理，确保整改工作有措施、有台账、有过程、有结果，实现整改问题清零目标。实施网格治理，以乡镇中心校、城区直属公办小学为单位，成立民办教育巡查组，巡查各自招生区域内民办学校、幼儿园、校外培训机构规范办学行为，发现问题即刻上报。协调市综合行政执法局、市场监督管理局、公安局等职能部门，开展联合执法。

（吴　博　刘万兵　姬江红　张顺伟）

（责任编辑：骈玲玲　韩俊霞）

文化

综述

【文化活动】 2022年，武安市举办摄影、戏曲等主题活动10期；创建文化名家工作室，开展“名师大讲堂”，推进美术、书法、摄影、民间手工艺等公益艺术培训活动12次。武安市文化广电和旅游局（简称市文广旅局）开展“迎庆二十大”主题宣传活动，推出主题宣讲、作品展示、赛事评比、经典阅读四个类别16项文化活动，采取线上线下相结合方式，举办各类活动1379场，345名文艺爱好者参与，观众639.52万人次。

【文艺创作】 2022年，武安市编排少儿《端花》武安落子经典曲目，获“第二十六届中国少儿戏曲小梅花”奖。于冰、李红兵、高夫昌等美术作品参加第四届中国画双年展；李红兵美术作品中国画《圆梦》入选“魅力冬奥会 文艺铸辉煌”河北省主题美术作品展，获优秀奖，中国画《建设者》入选“启航新征程 放歌新时代”雄安新区建设发展成就书法美术摄影展；野丽君美术作品油画《借我一束光》入选“2022年叩击灵魂——中国当代艺术作品展”，摄影《幸福》入选“喜迎二十大 礼赞新时代 奋进新征程”河北群文系统优秀美术书法摄影展，获优秀奖。推出《武安是个好地方》《逛新城》《讴歌党的新篇章》等文艺作品。

（刘　伟）

2022年11月，武安市文化馆到淑村镇开展群众文化辅导活动

（市文广旅局　供图）

公共文化

【概况】 2022年，武安市继续巩固河北省公共文化服务体系示范区创建成果，丰富文化产品供给，保障基本公共服务，努力提升公共文化场馆服务水平，推动现代公共文化服务体系提档升级。提升改造乡镇综合文化站点和村级综合文化服务中心60个；投资25万元，完成县级图书馆总分馆制建设。全市有公共文化馆1个、公共图书馆1个、文博展馆3个（武安博物馆、磁山文化博物馆、晋冀鲁豫边区革命纪念馆）、乡镇综合文化站22个、村

民综合文化活动中心502个，常年实行免费开放；建有群众文化广场 470个，组建各类群众性文艺团队751支。年内，武安市获“河北省民间文化艺术之乡”“河北省文化产业赋能乡村振兴试点县”等称号。

【武安市图书馆】 2022年，武安市图书馆接待读者13.4万人次，借阅图书10.7万册次。开展线上数字阅读服务，通过微信小程序推出线上“云阅读”贝贝国学、澳通乐儿、丁博士、超星读书4个读书园地，微信服务号读者关注3753人，订阅号读者关注2710人，全年阅读量2.75万人次。

【武安市文化馆】 2022年，武安市文化馆创作诗朗诵《抗疫颜色赞》、快板《核酸检测暖民心》《共创文明武安城》、武安平调《全员核酸战疫情》、武安落子戏歌《武安是个好地方》《我家住在武安城》等作品在市级以上媒体展播，“学习强国”学习平台推送作品5个，河北冀云平台推送作品8个。开展线上防疫抗疫主题作品展播十期，点击量1.2万人次。选送短视频获“喜迎二十大 奋进新征程”2022年邯郸市大家拍摄影短视频比赛优秀组织奖。微信公众号开设武安文艺志愿者文艺作品线上展播25期，点击率1.5万余人次。

【武安博物馆】 2022年，武安博物馆接待游客7万人次，承办3场书画展，参观人员1.35万人次；开展“文化进校园 传承我先行”活动3场，参与人员3000余人次；开展寒暑期“小小志愿讲解员”活动85场。

【磁山文化博物馆】 2022年，磁山文化博物馆接待游客1.8万余人次。更新VR全景线上展览内容。年内，被河北省科学技术协会命名“2021年度河北省科普教育基地”，被邯郸市委、市政府评为2020—2021年度“邯郸市文明单位”。

武安市磁山文化博物馆线上展览　　（磁山文化博物馆　供图）

【晋冀鲁豫边区革命纪念馆】 2022年，晋冀鲁豫边区革命纪念馆接待游客7万人次。微信公众号推出纪念“刘邓大军千里跃进大别山75周年”专题红色故事展播35期；微信视频号“冶陶纪念馆”推出“刘邓大军千里跃进大别山75周年”专题红色故事展播14期；举办“刘邓大军千里跃进大别山75周年”书法作品展，收到来自全国各地书法作品530余件；与市第十六中学、冶陶镇中心小学、固镇中心小学等学校联合教学，开展“红色文化进校园”活动。拍摄《千里跃进　地图先行》《南征会议　跃进号角》两部短纪录片，在冀云武安、“新武安”微信公众号和“学习强国”学习平台上播出。年内，被武安市科学技术协会命名为“先进科普教育基地”称号，被武安国家安全办命名为“国家安全教育展馆”，被中国人民银行武安市支行命名为“存款保险宣传示范基地”。

【公共文化服务】 2022年，武安市推动公共文化服务重心下移，提升公共文化服务水平和质量，丰富群众文化生活。市图书馆、文化馆、博物馆等公共文化设施免费开放，基本服务项目健全，各文化场馆全年服务300万人次。开展“我们的中国梦”文艺下基层志愿服务50场次，举办“喜迎二十大·戏曲进景区”2场次，创作原创曲目10余首，服务群众10万余人次。送戏下乡惠民演出40余场，举办送讲座、展览进基层16场，“送书下乡”5680册。面向全市城乡居民发放文化惠民卡（券）2.2万张，其中，发放“阳光娱乐”文化惠民卡1048张，发放“阳光娱乐”文化惠民券2.1万张。

（刘　伟）

2022年11月，武安市文化馆走进兰村小学开展戏曲艺术进校园活动

（市文广旅局　供图）

群众文化

【概况】 2022年，武安市组织策划“磅礴力量·奋进武安”文艺作品主题展，线上线下相结合，收到美术、书法、摄影作品350余幅，遴选精品230余幅。举办清明朗诵诗会、七夕诗会、中秋诗会、纪念武鸿凤诞辰90周年等主题活动12场。举办“喜迎二十大 奔跑向未来”“欢乐城乡”群众文化大舞台等活动10场。组织“文化七进”（文化进机关、进军营、进学校、进企业、进社区、进乡村、进景区）系列活动367场。

【纪念刘邓大军千里跃进大别山75周年书法展】 2022年9月7日，纪念刘邓大军千里跃进大别山75周年书法展在武安博物馆三楼展厅开幕。活动由中共武安市委宣传部、河北省红色旅游协会主办，武安市文广旅局承办，共征集来自全国各地书法作品530余件。通过专家评审，选出100余幅高质量书法作品进行展览，并评出一等奖一名、二等奖两名、三等奖六名和优秀奖40名。

【京剧票友演唱会】 2022年9月11日，在武安市十六沟景区举行京剧票友演唱会。来自邯郸市、邢台市、磁县及武安市京剧票友和戏曲爱好者表演《锁麟囊》《太真外传》《贵妃醉酒》《红灯记》《穆桂英挂帅》等20余个经典京剧名段。

【“文化进校园”活动】 2022年6月29日，在西岭湖中学举行“文化进校园”活动，主题是“喜迎二十大　奋进新征程”。文化馆教师介绍武安平调、武安落子两个剧种的历史起源、文化背景，示范戏曲角色和唱腔动作，现场表演武安落子《借髢髢》、武安平调《江姐》等剧目精彩唱段。书法教师讲解书法艺术五种字体的特点和代表性人物，分析名家作品创作背景和风格。博物馆讲解员分享武安六大文化脉系历史渊源和发展状况。

【“非遗进乡村”活动】 2022年7月16日，在工业园区泉上村举行“非遗进乡村”活动。非遗传承人表演武安傩戏《吊掠马》《大头和尚戏柳翠》、武安平调落子《盘坡》《对绣鞋》《桃花庵》等传统戏曲经典剧目。志愿者为村民发放武安非遗文化宣传单200余份。

（刘　伟）

文化遗产保护

【概况】 2022年，武安市有可移动文物3334件（套）、不可移动文物2021处。国家级重点文物保护单位8处：磁山文化遗址、晋冀鲁豫中央局和军区旧址、天青寺大殿、法华洞石窟、九江圣母庙、固镇古城遗址、禅果寺遗址、舍利塔，省级文物保护单位44处，文物总量占邯郸市46%。全市现有非物质文化遗产保护项目111项，武安傩戏、赛戏、武安平调落子3项是国家级非物质文化遗产保护项目：伯延民间建筑艺术、琅矿活帷子、土山诚会、黄

2022年10月，武安广场非遗项目武安傩戏展演　（市文广旅局　供图）

河灯阵、薛氏火罐疗法5项是省级非物质文化遗产保护项目。全市编辑出版文化遗产专著5部。

【文物保护】 2022年，组建武安市文物保护中心。赵窑遗址考古发掘被列入“考古中国·中原地区文明化进程研究”重大项目，2021—2022年赵窑遗址考古发掘成果通过验收；中共晋冀鲁豫中央局及军区旧址、城隍庙、伯延房家庄园等修缮工程通过河北省文物局验收；紫罗古墓群安防工程获省文物局批准；检查重点不可移动文物230余处，发现隐患整改到位。文物普法宣传，推出“保护红色文物、宣讲红色故事”和珍贵文物“线上云展”。

【非物质文化遗产保护和传承】 2022年，武安市推出“百年传承 匠心守艺——非物质文化遗产代表性传承人记录工作成果展”系列活动，通过影像向公众展现非遗传承人生活环境、成长经历和技艺习得、教学、传承的历程。排演展播大型原创红色题材武安平调剧《贺进》，申报河北省舞台艺术精品工程。开展“冬奥有我　一起向未来”剪纸活动；在大同镇东通乐村、贺进镇梁市村举行非遗项目赛戏展演；开展2022年“文化和自然遗产日”非遗宣传展示系列活动，线上非遗展览设“云展示”“云竞赛”“云演出”“云购物”“云展览”“云绘画”等版块；国家级非遗传承人王新荣入选中国非物质文化遗产保护2022“中国非遗传承年度人物榜”十佳年度人物。武安非遗传习所学员获中国少儿戏曲“小梅花”奖，完成第六批国家级非物质文化遗产代表性传承人申报工作、全市非遗项目及非遗传承人普查工作。

（刘　伟）

档案管理

【概况】 2022年，武安市档案馆围绕市委、市政府中心工作，落实省、市档案馆工作部署，学习贯彻新的《中华人民共和国档案法》，推动档案事业发展。开展“武安向千亿奋进，档案为项目服务”活动，《在改革强档中奋发有为，在服务发展中体现价值——武安市做好新时代档案工作的实践与探索》长篇工作经验被省委办公厅（省档案局）印发全省学习借鉴。

【档案宣传教育】 2022年，武安市档案馆报送《武安市加快推进脱贫攻坚档案进馆》《武安市发挥党管档案优势依法推进移交进馆工作》被《河北档案工作信息》采用。实施“555”红色档案宣传教育工程（伟大建党精神、抗战精神、西柏坡精神、脱贫攻坚精神、塞罕坝精神“5大系列档案”，省市县各级档案部门每年至少组织举办一次红色档案展览、制作一部红色档案微视频或纪录片、举办一场红色档案主题讲座、发表一篇红色档案文章、编研一本红色档案读物“5个一”任务落实，每年在全省范围内组织评选十个精品红色档案展览、十部精品红色档案微视频或纪录片、十场精品红色档案专题讲座、十篇精品红色档案文章、十本精品红色档案读物“5个十”档案宣传精品），向《邯郸档案》提供“刘邓大军千里跃进大别山75周年”红色故事10篇。

【档案接收】 2022年，武安市档案馆起草《市档案馆各全宗单位档案移交进馆工作的通知》，明确各单位档案人员备案信息，健全档案工作队伍。对各全宗单位开展培训和指导，88家单位完成档案移交任务，移交档案5.02万件。落实《关于加强重大活动和重特大事件档案工作的实施意见》，推动公安、民政、交通运输、卫生健康、应急管理等重特大事件应对处置主管部门档案收集、整理和移交工作，取得成效。

【档案利用】 2022年，武安市档案馆为新华社《瞭望东方周刊》记者提供傩文化档案记录。4月，市档案馆为武安市优质农产品协会提供核桃、苹果等种植资料，鸡、猪养殖资料，办理国家地理标志和商标品牌。全年接待档案查询利用2500人次，查阅土地确权档案、婚姻登记档案等8000余件，为人民群众办理社保医保、工龄认定、房产土地维权、解决经济纠纷等提供档案证明。

（邵慧敏）

地方志工作

【《武安年鉴（2022）》编纂】 2022年，武安市地方志编纂研究中心向各市直单位、乡镇、企业印发《关于做好〈武安年鉴2022〉资料征集工作的通知》，明确资料征集时限、范围、要求，优化《武安年鉴（2022）》篇目设计。在上年基础上，为突出武安特色，增加年鉴可读性，增加武安钢铁企业、旅游景区、民主党派等内容。至年底，完成初稿编纂，成书约80万字。

【"方志武安"微信公众号】 2022年，武安市地方志编纂研究中心安排专人，负责"方志武安"微信公众号日常运行和维护，不定时发送关于名胜古迹、古韵遗风、民风民俗、武安商帮等文章，宣传方志文化、历史文化、武安形象，全年发送各类文章100期，阅读量3000余人次。

【《武安古塔》编纂】 2022年，武安市地方志编纂研究中心挖掘武安历史文化，编纂完成《武安古塔》，记录武安境内现存古塔，为武安古塔保护提供资料。

（李子强）

融媒体

【概况】 2022年，武安市融媒体中心在国家级媒体发稿103条，省级媒体40条，邯郸市级媒体127条。《新武安》报发布101期。冀云武安宣传全年发布各类新闻、公告等5700余条。抖音短视频账号"武安融媒""新武安""武安吃喝玩乐"全年发布短视频1200余条，公益宣传片50余条。开创直播带货业务新领域，带动特色农产品销售。

【电视宣传】 2022年，武安市融媒体中心制作《武安新闻》360余期，该栏目完成全市两会报道、乡村振兴、党的二十大等宣传报道工作，开设"总量超千亿，我们怎么干？一把手访谈""乡村振兴进行时""我为群众办实事"等数十个专栏。全年完成各类时政、社会、民生等电视新闻稿件2000余篇。《河北：传承红色基因　弘扬"赶考"精神》《屏对屏、线连线，直播带"岗"促就业》《河北武安：破解钢铁围城　重现绿水青山》等在中央广播电视总台新闻频道播发。完成30余部专项工作专题汇报片撰稿、拍摄和制作。与市委政法委联合开办电视专题栏目《法治武安》，制作播出40余期。

【新闻出版】 2022年，《新武安》报围绕中心工作，开设多个专版专栏，发布社评10余篇。组织"林茂杯·讴歌新时代　喜迎二十大"文学作品有奖征文。全年《新武安》报发布101期。

【新媒体建设】 2022年，"新武安""武安观察""武安融媒综合广播"3个微信公众号粉丝数近60万，平均阅读量1.5万次。其中，"新武安"微信公众号全年微信传播指数居邯郸市（县市区）政务微信传播指数第一。全年新闻发布4000余条。冀云武安推出《我们的节日——春节》《创建全国文明城市》等专题。直播全市重要会议，完成"磅礴力量·奔跑向未来——武安市深入推进'双争'活动暨转提比作典型工作报告会”云发布等直播。全年发布新闻、公告等5700余条。“武安融媒”“新武安”“武安吃喝玩乐”3个抖音短视频账号粉丝数近20万。全年发布短视频1200余条，其中150余条短视频登上邯郸同城榜、社会榜和抖音热榜。《毕业不散场》等短视频浏览量超200万次。

【广播电台】 2022年，武安广播电台FM93.4邯郸地区收听10万余人次，蜻蜓FM网络收听15万余人次，邯郸电台网络收听排名第三。该广播电台组织“315消费维权知识网上有奖问答”活动、第十一季“童”在阳光下爱心助学活动，为18名儿童助力助学；举办公益“小小报时员”活动。

【直播带货】 2022年，武安市融媒体中心举办第一届新年福利购物节直播带货，推广武安地方名优特色产品和文化礼品。全年完成125场直播，20余万人次观看，销售额20余万元。10月，案例《乡村振兴出把力 媒体增收农民喜》在中国广告协会“2022第六届广播超级碗”活动中，获优秀活动案例。

（野晓华）

武安历史文化展馆

【概况】 2022年，武安市较大规模历史文化展馆有武安博物馆、磁山文化博物馆、晋冀鲁豫边区革命纪念馆3个，磁山二街、伯延、泉上、大洺远、西河下、白王庄、西井7个村史馆，小型历史文化展览馆20多个。

【磁山二街村史馆】 磁山二街村史馆位于村内党群服务中心，2011年11月建，投资80万元，面积150平方米。展陈内容：创业史、新民居建设、人居环境、集体经济、领导关怀、二街建设规划沙盘等。2022年接待游客532人次。

【伯延村史馆】 伯延村史馆位于伯延古镇古民居街区房家庄园文化楼，2015年由伯延镇政府投资建设，面积150余平方米。该展馆有两个展室，一层介绍伯延村基本沿革；工业、农业、商业发展情况，二层介绍伯延村教育、文化、卫生建设。2022年接待游客825人次。

【泉上村史馆】 泉上村史馆位于村内老街北头剧场附近，建于2017年8月，投资80万元，面积150平方米。展陈内容分展厅和陈列馆两部分，展厅内容为泉上村概况介绍、历任村干部简介、乡村建设新旧对比、农贸市场、社区建设情况、历史人物等；陈列馆展示农耕文化和曹植文化。2022年接待游客332人次。

【大洺远村史馆】 大洺远村史馆位于村内党群服务中心，大洺远村委会投资20万元，于2018年3月开工建设，10月开馆，面积50平方米。展陈内容：大洺远村介绍、新旧对比、历届村干部简介、洺远村商帮文化、红色文化、村优秀人才等。2022年接待游客345人次。

【西河下村史馆】 西河下村史馆位于西河下村委会大院东侧，西河下村委会投资23万元，2018年10月开工，2019年7月开馆，面积60平方米。展陈内容：商帮荣耀、红色热土、村容村貌、核心引领。2022年接待游客300人次。

【白王庄村史馆】 白王庄村史馆位于村东长寿桥北，面积170平方米。市政府投资200万元，2019年8月建成。展陈内容：概述、颐养小镇、古今人物、红色记忆、山乡巨变、共谋发展。2022年接待游客652人次。

【西井村史馆】 西井村史馆位于阳邑镇北西井学校东围墙外，面积60平方米。南西井、北西井村委会共同投资30余万元，2020年8月20日开工，12月1日建成。展陈内容：千年古村、文物古迹、红色沃土、美丽乡村、乡贤名士。2022年接待游客222人次。

【武安市陵园烈士纪念馆】 武安市陵园烈士纪念馆位于市陵园塔亭后西侧，1986年8月开工，1987年4月建成，面积195平方米，分上下两层，上层为骨灰堂，下层为革命烈士纪念馆，馆内陈列38位烈士的生平事迹，展出图片114幅、馆藏文物45件。

2006年10月，武安市投资20余万元，修缮并重新布置革命烈士纪念馆，增加女烈士鲍玉珍和“黄继光”式英雄郭会谈（武安籍）烈士生平事迹。2007年1月，投资12万元，纪念馆前左右两侧建起两组塑像，一组为八路军荷枪实弹奋战在战场上的战斗英姿；一组为解放区后方民兵、儿童团手持红缨枪站岗放哨保卫革命根据地情形。2022年接待游客632人次。

【东山文化博艺园展馆】 东山文化博艺园展馆由武安文史馆、武安近代史馆、武安三君馆、武安市方志馆四个展馆组成。武安文史馆2003年10月1日建成开馆，是一处仿武安传统民居式建筑，展陈内容为古代史、戏剧艺术、传说故事、佛教文化、武安老照片、传统民居等，展示武安人文历史、戏曲艺术以及民间文化艺术等。展览以图文为主，并附部分实物。武安近代史馆于2004年5月1日建成开馆，该馆反映武安人民在中国共产党领导下，走过的波澜壮阔的革命历程。该馆展示中共晋冀鲁豫中央局、晋冀鲁豫军区和晋冀鲁豫边区政府部分机关在武安的革命斗争历史，为革命传统教育和爱国主义教育基地。武安三君馆于2004年秋建成开馆，以雕塑和油画等形式，表现战国时期苏秦、李牧、白起三位历史人物业绩。三人均曾因功被封为“武安君”。武安方志馆于2018年4月建成，当月开馆，面积80余平方米，馆藏图书四大类，三百余套，由武安市市志办公室主办，东山文化博艺园无偿提供场地并代为管理。2022年接待游客1500人次。

【伯延镇展馆】 伯延镇展馆由周恩来纪念馆、武安商帮故事馆、武安古民居展馆、徐福厚美术馆四个展馆组成。周恩来纪念馆位于伯延古镇商帮文化街区北入口西侧，为一座四合院，占地约400平方米，展室面积约280平方米，2019年由市政府投资建设，展示1961年5月3日至6日周恩来总理在伯延调研场景。院内立有周总理汉白玉雕像，正屋两侧植有两棵罗汉松。院内南屋、西屋、北屋内部互通，为凹字型展室，分为四个展厅，布展形式为图板、文字、影像和实物，展示周恩来总理到伯延进行四天调研历史，内容包括周总理生平、时代背景、红色伯延简介、周总理在伯延的四个昼夜、调研成果等。设有影片放映室播放《周恩来的四个昼夜》。周恩来纪念馆是武安市“不忘初心、牢记使命”主题教育“初心课堂”、武安市共青团青少年爱国主义教育基地、伯延镇党员干部培训基地。武安商帮故事馆位于伯延古镇商帮文化街区北入口东侧，2019年由市政府投资建设，面积500平方米，以故事形式展现武安商帮的历史进程。武安古民居展馆位于伯延古镇商帮文化街区，2019年由市政府投资建设，面积160平方米，展示以伯延民居建筑为代表的武安各类古民居建筑特色。徐福厚美术馆位于伯延古镇商帮文化街区，面积160平方米，2019年由市政府投资建设，展出徐福厚画作。2022年举办活动12场次，接待游客1628人次。

【邵庄村展馆】 邵庄村展馆由邵庄村书法活动中心和邵庄小学校史馆组成。邵庄村书法活动中心2017年2月开馆，占用邵庄村村民邵秋枝个人房屋950平方米，内有两个展室和一个书法教室。

武安近代史馆　（东山文化博艺园　供图）

展有邵氏书法创始人邵富训生前作品10幅，邵氏书法传承人、各界书法爱好者作品200余幅。书法活动中心由邵庄村委会主办，2016年武安市美丽乡村办公室出资60余万元修建。2018年，河北省书法家协会授予邵庄村“河北省书法村”称号。邵庄小学校史馆由邵庄小学投资10万元修建，2010年2月开工，10月开馆。占地80平方米，展陈内容为领导关怀、校舍变迁、邵氏书法传承、相聚母校、致青春、家乡的骄傲六个部分。2022年接待游客867人次。

【杨兰春陈列馆】 杨兰春陈列馆位于朝阳沟景区内。豫剧《朝阳沟》作者杨兰春是朝阳沟村人。该馆陈列杨兰春生活、工作有关实物及照片等。2022年接待游客465人次。

【武安市平调落子博物馆】 武安市平调落子博物馆位于活水乡楼上村，面积1180平方米，建于2016年，投资400多万元。设起源与发展、鼎盛与辉煌、传承与保护三个展厅。2022年接待游客278人次。

【白沙村党建室】 白沙村党建室位于村内党群服务中心二楼，白沙村投资建设，2020年7月开馆，展陈内容为村庄概况介绍、红色党建史、改革开放以来村庄发展史。2022年接待游客500人次。

【河西人民日报社旧址】 河西人民日报社旧址位于武安市石洞乡河西村，面积1000余平方米。该建筑始建于民国初期，原为该村张瑞芝、张万生、张锡林所建，均为砖、石、木结构，硬山顶、平顶混合搭配，四合院布局民式建筑。1946年6月，人民日报社、新华通讯社晋冀鲁豫总分社机关等部门随晋冀鲁豫边区政府迁到河西村办公。该旧址共有三个院落，分别为人民日报社旧址（1号院）、张磐石办公旧址（2号院）、安岗办公旧址（3号院）。《人民日报》的前身——《晋冀鲁豫人民日报》从1946年5月15日创刊到1948年6月14日停刊，在邯郸两年零一个月，出版746期，在武安出版702期，其中667期是在河西出版。2019年，武安市政府投资对旧址进行修缮，部分房屋布展。旧址1号院前院分“峥嵘岁月”“河西岁月”“保持党中央的声音不中断”3个主题展览。旧址2号院设“铅火青春——红色新闻人在武安”“新闻夫妻在武安”两个展厅。旧址3号院为《红色印记》主题展厅。2022年接待游客617人次。

【柯鲁克夫妇旧居】 柯鲁克夫妇旧居位于为石洞乡什里店村内，为邯郸市级文物保护单位。1947至1948年，国际友人柯鲁克、伊莎白夫妇在正房东侧居住近1年，现保存完整。该建筑坐北朝南，由正房和东、西厢房组成。展厅面积136平方米，设“红星照耀十里情长——柯鲁克夫妇在什里店”主题展览和多媒体视频《一对外国夫妇一个中国村庄》展厅。展示柯鲁克夫妇在什里店工作和生活经历，以及他们与什里店人民的深厚情谊。2019年，武安市政府投资对柯鲁克夫妇旧居进行修缮。2022年接待游客732人次。

【宏泰厂史馆】 宏泰厂史馆全称为宏泰公司陈列馆，位于武安市曹公泉工业园区1585号（宏泰公司内），武安市宏泰机械泵业有限公司建设，建于2009年，当年开馆，面积180平方米。展陈内容为宏泰公司自1946年建厂以来，各个发展阶段的厂址、产品和历任党政工领导介绍以及获得的国家、省市称号。2022年接待游客245人次。

【武安工业产品展示中心】 武安工业产品展示中心位于邯武快速路北，工业园区管委会办公楼以东，新能源产业园以西。2014年开馆，总面积5288平方米，该馆介绍武安优秀企业产品，由河北武安工业园区管委会主管。展馆分两层，一层展示武安市城乡总体规划图、东部产业新城区、武安部分工业产品以及新能源电池、汽车等产品分布；二层展示武安33家企业及其产品。2022年接待游客1098人次。

【河北宋祖酒文化博物馆】 河北宋祖酒文化博物馆位于贺进镇沙洺村，面积1200平方米。展陈内容为源远流长的武安酿酒（古猿饮酒图）、酒帜招展的沙洺古邑

(汉代酿酒图)、百盏争辉的北宋风情(大宋人物图)、巨贾辈出的商帮故里(古代酿酒图)、烽火岁月的红色冶陶(近代造酒图)、巧夺天工的酿造技艺(陶坛贮酒图)、继往开来的宋祖酒业(金觞古爵图)、产品展示(公司不同时期生产的产品展示)8个单元。2022年接待游客182人次。

【山美术馆】 山美术馆位于活水乡楼上西城子沟村东北，由郭彦强创建。2015年底开工，2017年10月1日开馆。占地面积2000余平方米，一楼、二楼均为开放展厅，三楼是会客休息区域，有七个艺术家工作室。开馆以来，举办法国画家伯恩个展、西城子沟艺术展、东太行艺术·第一季等大型展览。2022年举办活动3场，接待游客252人次。

【武安市第一人民医院中医药博物馆】 武安市第一人民医院中医药博物馆于2016年5月开始筹建，2016年7月1日建成。该馆建筑面积286平方米，共两层，一楼为中药标本馆，布展中药标本400种，其中，饮片标本200余种，药材标本200余种。展柜5组，展示武安等地药材资源。二楼为中医文化馆，展板30余块，有十大名医介绍、中医发展史、武安名中医、中医基础理论、中医整体理念、四季养生等。2022年接待游客200人次。

【明峪村农业学大寨展览馆】 明峪村农业学大寨展览馆由磁山镇明峪村投资建设，建于2016年12月1日，面积150平方米，投资35万元。该馆展陈内容为农业学大寨时期发扬大寨精神，先治坡，后致富，建设新农村一不怕苦二不怕死的劈山造田、创高产的事迹。明峪村曾是学大寨先进村。2022年接待游客198人次。

【大贺庄村商帮文化展馆】 大贺庄村商帮文化展馆利用村内老宅，由大贺庄村委会投资兴建，2018年建成。展陈内容为大贺庄村商帮起源、各商号名称、创建人、创建地址、经营品种、规模，以及使用过的钱币、生活用品等。2022年接待游客158人次。

【十六沟赏石文化走廊】 赏石文化走廊位于十六沟景区，建于2007年，投资500余万元。有10余个展馆，展陈洺河石、沙河石、漳河石、紫山石等2000余块奇石，梅花根雕作品近百件。2022年接待游客600人次。

【武序增个人红色收藏馆】 武序增个人红色收藏馆位于武安市区车站西街玉泉胡同南5号四合院。该馆设红色收藏展室、戏曲图片展室、小朋友图片展室。展品有伟人像、图书、报刊、年画、照片、文献、资料、契约、史志、证件等100余种5000余件（张）。其中巨幅伟人毛泽东像高2.5米、宽2米，为镇馆之宝。该馆现为武安民间文艺家协会活动基地。2022年举办活动3场，接待游客200人次。

2022年武安历史文化展馆一览表

表12

展馆名称	位置	性质
磁山二街村史馆	村内党群服务中心	综合性
伯延村史馆	房家庄园文化楼	综合性
泉上村史馆	村内老街北头剧场附近	综合性
大洺远村史馆	村内党群服务中心	综合性
西河下村史馆	西河下村委会大院东侧	综合性
白王庄村史馆	村东长寿桥北	综合性
西井村史馆	北西井学校东围墙外	综合性
武安市陵园烈士纪念馆	市陵园塔亭后西侧	专业性

续表

展馆名称	位置	性质
东山文化博艺园展馆	东山文化博艺园内	专业性
伯延镇展馆	商帮文化街区	专业性
邵庄村展馆	邵庄村	综合性
杨兰春陈列馆	朝阳沟景区	专业性
武安市平调落子博物馆	活水乡楼上村	专业性
白沙村党建室	村内党群服务中心二楼	专业性
河西人民日报社旧址	石洞乡河西村	专业性
柯鲁克夫妇旧居	石洞乡什里店村	专业性
宏泰厂史馆	曹公泉工业园区1585号(宏泰公司内)	专业性
武安工业产品展示中心	邯武快速路北	专业性
河北宋祖酒文化博物馆	贺进镇沙洺村	专业性
山美术馆	活水乡楼上西城子沟村东北	专业性
武安市第一人民医院中医药博物馆	武安市第一人民医院	专业性
明峪村农业学大寨展览馆	明峪村	专业性
大贺庄村商帮文化展馆	大贺庄村	专业性
十六沟赏石文化走廊	十六沟景区	专业性
武序增个人红色收藏馆	市区车站西街玉泉胡同南5号	专业性

（市文广旅局）

文化组织

【武安市作家协会】 2022年，武安市作家协会会员150名，其中，省级协会会员15名，邯郸市级协会会员25名。该协会到响堂山景区、东山文化博艺园、邵庄小学、南山沟、长亭村等地采风创作。在十六沟景区、七步沟景区成立文学创作基地。编印《洺河源》杂志2期。《丰碑——父亲的峥嵘岁月》《胡祗遹为政思想探秘》出版发行。

【武安市音乐舞蹈家协会】 2022年，武安市音乐舞蹈家协会会员42名。该协会举办庆国庆暨秋之韵女子合唱团建团5周年联欢会、“欢度国庆节，喜迎二十大”文艺展演、“久久重阳，菊花飘香”文艺演出。组织参加洺湖演艺园元旦庆祝联欢会、洺湖庆“八一”文艺演出、文化馆中秋节原创作品晚会、“喜迎二十大 奋进新征程”文艺晚会。

【武安市戏剧曲艺家协会】 2022年，武安市戏剧曲艺家协会会员96名，其中，国家级协会会员2人，省级协会会员9人，邯郸市级协会会员5人。该协会举办“纪念戏曲大师李魁元逝世一周年李派艺术演唱会”“喜迎二十大 戏曲进景区”“盛世梨园大家唱”等活动，创作《逛武安》

《戏曲小镇等你来》等文艺作品，在抖音、快手上展播。

【武安市书法家协会】 2022年，武安市书法家协会会员300人，其中，中国书法家协会会员3人、省书法家协会会员30人、邯郸市书法家协会会员60人，6名书法专业大学生。该协会设分会5个，分别设在阳邑村、矿山村、伯延村、邵庄村、红山寺村。创作基地5个，分别为花溪谷景区、七步沟景区、十六沟景区、磁山翰墨苑、市第六中学。省级书法村1个，邵庄村。该协会开展书法普及交流和线上书法作品展览活动。举办“迎八一”书法作品展、翟五元个人书画展、“礼赞二十大”书法作品展。武安市“磅礴力量·奋进武安”书法、美术、摄影主题作品展中，征集书法作品320幅，展出98幅。

【武安文化学会】 2022年，武安文化学会会员150人，下设8个分会（磁山文化分会、方言文化分会、饮食文化分会、群众文化分会、民俗文化分会、网络文化分会、道学文化分会、地名文化分会）。该学会编纂完成武安文化系列丛书，计570万字；编写完成《花富村志》《交通志》初稿；编辑出版《武安文化》杂志2期20万字；召开《二十四式简化太极拳动势详解》《乡音》《心语》新书发布会。

【武安市摄影家协会】 2022年，武安市摄影家协会会员100余人，其中，中国摄影家协会会员2人，中国民俗摄影家协会会员35人，中国艺术摄影学会会员8人，河北省摄影家协会会员35人，邯郸市摄影家协会会员40人。该协会举办“创森杯”书法摄影展暨颁奖仪式，展出摄影作品458张；举办河北古武当山第二届金秋摄影大赛和第三届京娘湖秋季摄影大赛，收到摄影作品1700多幅。9月，第二十六届河北省摄影艺术展览，该协会选送纪实专题《聚泉岭》获专题系列银质收藏，摄影作品《植树节，让春天靓起来》获记录文献（单幅）铜质收藏，摄影作品《“英雄村”的传承》获记录文献（单幅）优秀奖。

【武安市影视行业协会】 2022年9月，武安市影视行业协会成立，会员68人。设有影视化妆、编剧、拍摄、武术指导、录音5个团队，集编辑、拍摄、剪辑、后期、化妆、制景于一体。该协会举办武安市第一届青少年传统战鼓大赛、武安市第一届民俗拜月大典等活动。10月，邀请导演郭会中到武安指导。

【武安市民间文艺家协会】 2022年，武安市民间文艺家协会会员300人，办有会刊《武安民间文化》。年内，该协会成立金石文化委员会、旗袍文化委员会、收藏文化委员会。举办文化惠民送春联、张小成冰糕棍工艺美术研讨会、赵斌洲绘画研讨会等活动。

【武安市灯谜诗词楹联协会】 2022年，武安市灯谜诗词楹联协会会员85名，其中，1人为中国灯谜学术委员会委员，2人为中国灯谜学会会员，6人为中国诗词协会会员，2人为中国楹联协会会员。该协会连续12年举办“武安市元宵节灯谜一条街”活动，成为武安年节文化品牌节目。“武安灯谜”微信公众号推送专题谜材60期，专题谜擂12期。举办迎新春灯谜竞猜活动、周末休闲谜会、武安灯谜微谜会等活动。

（史贺伟）

（责任编辑：骈玲玲　韩俊霞）

卫生健康

综　述

【乡镇医疗机构人员管理】 2022年，武安市对乡村医生聘用加强管理，新聘乡村医生4名，解聘3名到龄乡村医生。对村卫生室统一财务管理，把村卫生室日常运行经费302万元（每村6000元）列入预算，下拨乡镇卫生院。统一村卫生室乡村医生养老保险待遇，对纳入一体化乡村医生按照灵活就业缴纳养老保险，财政承担40%费用，全年补助642人300万元。按照《乡村医生从业管理条例》和《乡村医生考核办法》，市卫生健康局组织测评医德医风，各乡镇卫生院负责医疗文书达标、基本医疗技术操作、基本公共卫生服务和基本医疗服务等工作。

【健康服务体系建设】 2022年，武安市印发《武安市市域内医疗共同体建设方案》，第一人民医院、市中医院同22个乡镇、1个工业园区卫生院及1家社区卫生服务中心签订对口支援协议书，选派136名技术骨干开展业务指导和帮扶。市第一人民医院与15家乡镇卫生院组成紧密型医共体，市第一人民医院远程心电中心连接15个成员单位和53个村卫生室，为8万余人次免费提供诊断服务，300余例急性心肌梗死患者得到救治，服务人群1.4万余人次。市中医院与8家乡镇卫生院和1家社区卫生服务中心组成紧密型医共体。6月10日，市中医院医共体信息平台会诊中心投入使用，开展远程心电监护208例、远程影像533例、远程会诊6例。

【疾控应急】 2022年，武安市制定应急预案体系，健全完善应急机制。加强市乡村三级防护疾控机构疫情网络建设，形成市、乡、村三级卫生信息网络报告体系。调整组建5支卫生应急消杀队。采购储备应急物资，增强卫生应急后勤保障能力。

（蔡志强）

【三级乙等综合医院创建】 2022年，经河北省卫生健康委员会专家评审组对全省23家医院严格评审，市第一人民医院内部管理、医疗质量的18项核心制度和645项条款全部通过评审。5月，省卫生健康委员会发文正式公布评审结果，市第一人民医院晋级全省唯一一家三级乙等综合医院。

（孙冬辉）

疾病预防控制

【免疫预防接种】 2022年，武安市疫苗接种儿童18.05万人次，建卡5212人，建证5212人，建卡率、建证率均为100%，基础免疫达标。全市开展4次流动儿童摸底调查和查漏补种工作。报告疑似预防接种异常反应99例，及时报告率100%。

【传染病防治】 2022年，武安市开展布鲁氏菌病（简称布病）调查，将42例布病病例录入Epi-Data数据库，上报邯郸市疾控中心。阳邑镇完成2022年布病重点人群血样采集及布病知识知晓问卷调查工作，采集血样52份，检出阳性3例。疟原虫监测，完成发热病人镜检50人份，复检50人份，结果均为阴性，从中抽检3%疟原虫血片送省级复核。霍乱及肠道传染病防控，5月1日启动肠道门诊，储备消杀药品，加强肠道传染病应急演练。全年完成水体检测20份，海水产品检测19份，市售食品检测51份，实验室检测结果均为阴性，数据上报邯郸市疾控中心。

【慢特病患者管理】 2022年，武安市建立慢特病患者电子健康档案79.24万份，电子档案建档率97.6%。管理高血压患者6.36万人，高血压管理任务完成率100%，规范管理4.34万人，规范管理率68.2%；管理糖尿病患者2.15万人，糖尿病任务完成率100%，规范管理1.43万人，规范管理率66.5%；管理65岁及以上老年人9.1万人，体检老年人6.25万人，老年人健康管理率68.7%；管理严重精神障碍患者3688人，规范管理人数3264人，规范管理率88.5%；老年人中医药管理6.48万人，管理率71.2%。

【疫情服务】 2022年，武安市建设44个小区卫生站，招聘88名医护人员，参与社区工作。抽调1073名人员组建351支家庭巡诊小分队，为11.17万人次提供电话咨询、上门巡诊、送药治疗服务。向市第一人民医院医共体、中医院医共体各拨付新冠疫情救治周转金200万元。

（蔡志强）

基层医疗卫生

【概况】 2022年，武安市推进“优质服务基层行”活动，全市22个乡镇、1个工业园区卫生院和1家社区卫生服务中心，按照国家卫生健康委《乡镇卫生院服务能力标准（2022版）》要求，24个基层医疗机构全部达到“基本标准”，达标率100%，其中7个基层医疗机构达到“推荐标准”，占比29.16%，远超国家12%的标准。建成社区医院4个、省级特色科室2个。出台基本公共卫生系列指导性文件，开展基本公共卫生项目绩效评价，居民健康档案建档率96.98%。

2022年1月，武安市第一人民医院患者慢特病申报

（市第一人民医院 供图）

【家庭医生签约】 2022年，武安市优化调整家庭医生服务团队564个，有家庭医生1045名，覆盖全市502个行政村。至年底，武安市辖区居民81.46万人中，签约人口60.62万人，全人群签约74.4%。辖区重点人群23.24万人中，签约重点人群18.77万人，重点人群签约率80.78%。

【居民健康档案管理】 2022年，武安市通过患者就诊、健康体检、入户调查、家庭医生签约、下沉村开展健康教育和义诊咨询，建立居民电子健康档案。至年底，全市建立居民电子健康档案79万份，目标人群建档率96.98%。落实辖区居民健康档案梳理维护制度，定期核查居民健康档案。

（蔡志强）

妇幼保健

【妇女健康管理】 2022年，武安市健全出生缺陷防治体系，推进婚姻登记、婚前医学检查与孕前优生健康检查“三位一体”（结婚登记、婚检、孕前优生三项内容一站式服务）服务模式，全年婚检3824人，婚检率97.8%；孕前优生5838人，完成率97.3%。成立“两癌”筛查专家下乡团队，到乡镇组织农村适龄妇女开展线下免费筛查，全年乳腺筛查1.27万人，宫颈筛查1.66万人。

【幼儿保健】 2022年，武安市儿童入托体检5703人，儿童视网膜视力筛查5703人，其中，散光560人，近视156人，远视83人，屈光参差75人，凝视30人。龋齿预防体检5703人，其中患龋齿3092人。托幼机构工作人员健康体检740人。

【儿童系统管理】 2022年，武安市新生儿访视人数4655人，新生儿访视率91.62%；0—3岁儿童总数2.39万人，0—3岁儿童系统管理人数2.33万人，0—3岁儿童系统管理率97.36%；0—6岁儿童总数5.56万人，0—6岁儿童系统管理人数5.27万人，0—6岁儿童系统管理率94.84%；0—6岁儿童健康管理5.32万人，0—6岁健康管理率95.07%。新生儿童死亡5人，新生儿死亡率0.98‰。新生儿疾病筛查6044人，筛查率96.8%；听力筛查检测5936人，筛查率95%；先心病筛查4442人，筛查率83.46%。

【出生医学证明管理】 2022年，武安市申领出生医学证明空白证5000张，签发5463张，其中，首次签发5277张，机构外35张，换发22张，补发124张，废证5张。

（杨　然）

中医药事业

【概况】 2022年，武安市开展中医药适宜技术培训，22个乡镇、1个工业园区卫生院中医药工作人员和乡村医生参加，计1450人。22个乡镇、1个工业园区卫生院和1个社区卫生服务中心均能开展相应中医药诊疗服务。市第一人民医院、中医院分别设有中医门诊、理疗科、康复科、中药房和中医病房；市妇幼保健院设置有中医妇科、中医儿科和国医堂。全市中医类别医师621人，其中，执业医师448人，助理医师173人。

【中医国医堂建设】 2022年，武安市按照省、市要求，建设8个标准化国医堂（马家庄乡卫生院、北安庄乡卫生院、北安乐乡卫生院、贺进镇中心卫生院、上团城镇卫生院、活水乡卫生院、管陶乡卫生院、武安市区社区卫生服务中心），年内全部建成并投入使用。

【中医药服务】 2022年，武安市下发《2022年基层卫生人员进行中医药适宜技术培训的通知》，建立起基层中医药技术规范化推广体系，提高全市乡村医生中医药技术水平，发挥乡村医生作用，让广大人民群众享受到“简、便、验、廉、效”的中医药技术服务。全市502个村卫生室，均能为当地群众提供中医药诊疗服务。

【中医药人才培养】 2022年，武安市按照《邯郸市名中医师带徒工作实施方案》要求，9月，武安市举办邯郸市名中医师带徒活动，市中医院10名临床年轻骨干师承四名高年资指导老师。传承和发展中医药事业，培养中医专

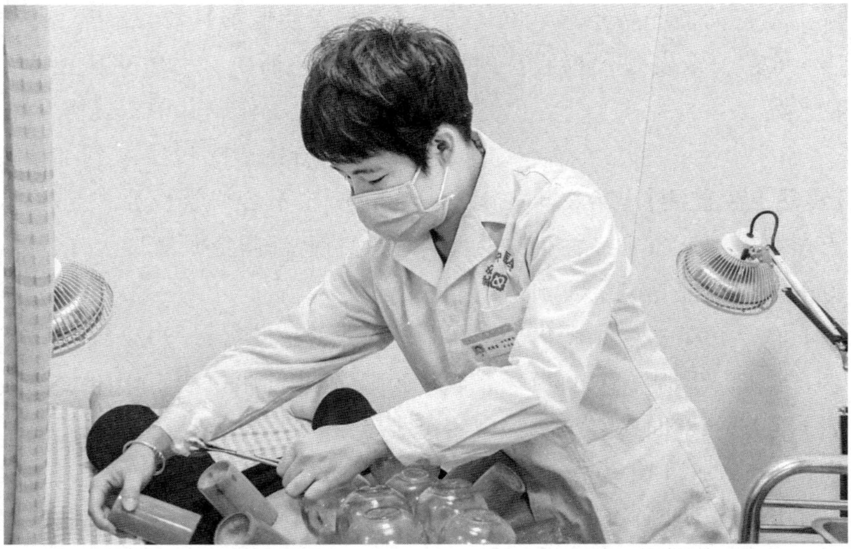

2022年，武安市中医院医生利用中医疗法——拔罐为患者治未病

（市中医院　供图）

业技术人才，提升全市中医药服务能力。

【社会办中医】 2022年，武安市根据《中华人民共和国中医药法》《医疗机构管理条例》《河北省中医药条例》以及《中医诊所备案管理暂行办法》等法律法规，开展中医诊所备案工作。至年底，全市有社会办中医诊所30家，备案中医诊所15家；中西医结合诊所13家，备案中西医结合诊所6家。

（蔡志强）

卫生监督

【概况】 2022年，武安市推动基层执法体系建设和规范化建设，提升卫生健康综合监督执法水平，做好日常行政执法工作。监督检查医疗机构和公共场所2200余家次，其中，责令整改468家，停业整顿47家，行政处罚223家。检查消毒产品经营单位（药店）6家，未发现侵权假冒的消毒产品。

【食品卫生监测】 2022年，武安市按照《河北省食品污染物监测方案》以及邯郸市疾病预防控制中心食品污染物样品采集分配要求，分别于网店、农贸市场、商店采集蔬菜、面粉、水果、肉与肉制品样品13种26份，送交邯郸市疾病预防控制中心理化检验科。食品微生物及致病因子监测，采集送检12份，未检出致病菌。全市8家监测点医院通过“食源性疾病监测报告系统”上报病例133例，无可疑聚集性病例。

【公共场所卫生监督】 2022年，武安市对3家游泳场所开展相关指标监督检测工作，监督完成率100%；对44家公共场所进行“双随机”抽检，行政处罚4件，罚款金额0.75万元；对152家住宿、沐浴、美容美发、商场、影剧院等9类公共场所场所的顾客用品用具和空气质量进行采样检测，合格152家，合格率100%。

【传染病防治监督】 2022年，武安市对4家发热门诊（含1家定点救治医院）、5家核酸检测机构开展多轮专项监督检查，确保规范处置新冠医疗废物。全年全市监督检查336家次，立案查处131件，罚款 35.71万元。

【学校卫生监督】 2022年，武安市完成78所中、小学校卫生综合监督评价工作，其中，优秀学校25所，合格学校49所，不合格学校4所。不合格学校通报至辖区教育行政部门督促整改。

【职业卫生监督】 2022年，武安市把职业健康执法工作作为实施职业健康保护行动的一项主要工作，到煤矿、非煤矿山、建材、冶金等重点行业，开展企业职业卫生监督执法，减少职业病危害。全年全市检查企业 357家，立案7家，罚款7家，处罚款 31万元。

【医疗机构监督】 2022年，武安市开展医疗卫生行业专项检查。医疗美容机构专项检查，检查医疗美容机构、含医疗美容科的综合医院2家；预防接种门诊专项检查，检查辖区内25个预防接种单位；助产机构胎盘处置专项检查，检查助产技术服务机构6家。

【饮用水卫生监测】 2022年，武安市根据《2022年邯郸市生活饮用水监测工作方案》，对城乡饮用水监测，采用分层随机方式，确定59个监测点，其中，城市6个，乡镇53个，分别于枯水期和丰水期各监测1次；6个城市监测点每季度监测1次。所有监测点水样检测结果均符合国家标准，水质达标率为100%。按照《河北省水污染防治工作方案》要求，通过武安市人民政府信息公开网站每季度一次公示，饮用水水质检测数据通过“全国饮用水水质卫生监测信息系统”上报至中国疾病预防控制中心。

（蔡志强）

医政药政管理

【药品管理】 2022年，武安市强化国家基本药物制度综合试点工作管理，建立长效机制，开展基本药物制度宣传，进行非基本药物管控。完善信息化平台建设，做好上下级医疗机构用药衔接，保障临床用药需求。加强基本药物配备使用，加强药品使用监测，开展药品使用目录遴选综合评价。

【医护人员聘用】 2022年，武安市招录各类卫生人才39人，均为人事代理手续。针对基层岗位职责和队伍现状，放宽基层医疗机构卫技人员晋升社区卫生高级职称条件和年限要求，超岗位的高级职称人员全部聘任到位。

【医学教育】 2022年，武安市贯彻落实《“健康中国2030”规划纲要》，执行《抗菌药物临床应用管理办法》，加强抗微生物（抗菌）药物临床应用与规范化管理，提高全市医务人员抗菌药物使用水平，武安市组织开展医疗机构抗微生物（抗菌）药物临床应用与规范化管理培训，培训人员600余人。全市参加河北省继续医学教育卫生技术人员4433人，全市医务人员继续教育参加率94.2%，达标率87.5%，按要求完成继续医学教育工作。

【全科医生转岗培训】 2022年，武安市按照邯郸市卫健委《关于开展全科医生转岗培训工作的通知》，46名学员参加全科医生转岗培训，其中，2021级29人，2022级17人。按照河北省全科医生转岗培训大纲要求，2021级学员完成理论线上学习和临床轮转培训，2022级学员进入临床规范化培训。

（蔡志强）

医疗单位简介

【武安市第一人民医院】 2022年，武安市第一人民医院门急诊87.77万人次，住院 3.67万人次，平均住院日8.3天，病床使用率90.2%；开展手术1.4万台次，其中，住院手术1万台次，门诊手术 4045 台次。患者满意度98.78%。医疗服务性收入占比全省位列第十三位，邯郸市位列第三位。医院位列中国县级医院百强榜第七十三位，产科位列中国县级医院30强第二十二位。

重症医学科成为全国首批重症超声研究组成员单位，神经内科成为国家区域医疗中心神经疾病专科联盟成员单位，神经外科入选国家级神经外科建设中心。市第一人民医院开展新技术、新项目39项。申报邯郸市级继续医学教育项目8项，河北省继续医学教育项目6项，河北省科研课题2项，邯郸市科技局科研课题4项，发表医学论文101篇（核心期刊11篇），完成医学著作7部，获河北省医学科技三等奖1项，实用型专利8项。

市第一人民医院新增设备1196台件，价值6146万元。启用床旁结算系统，门诊实行无卡就诊模式，开发医保刷脸支付模块，实现高清可视化远程会诊功能，关联40余家全国知名医院，与252名专家签订服务协议。成立武安市慢特病管理和服务中心，为全市3.6万名慢特病患者开展申报、鉴定、开药、报销、取药服务。引进智能自助服务一体机，设置共享报告打印机。陪检中心爱心直通岗开展急诊患者接待服务1.37万人次，陪检服务2.74万人次，运送住院服务6846人次。推行人事制度改革，心内一科护士长、行政后勤科室公开竞聘。开设骨四、骨五两个病区。医院接收各专业医学实习生213

2022年10月，武安市第一人民医院在远程会诊中心会诊

（市第一人民医院　供图）

人，助理全科医生15人。外出进修护士5人、医生20人，涉及肾病风湿科、心血管内科、泌尿外科、重症医学科等专业。引进19名应届大学毕业生、学科带头人和技术骨干，派94人外出学习。

（孙冬辉　庞文博）

【武安市中医院】 2022年，武安市中医院门急诊人次、出院人数、手术量分别为17万人次、9908人次和2605台次。全年总收入1.5亿元，医疗业务收入1.27亿元，中医药综合收入2800万元，分别比上年增长22.3%、23.4%和177.9%，全年总结余1275万元，比上年增长252.8%。市中医院康复科被评为省级重点专科，脑病科、骨伤科被评为省级重点中医专科建设单位，肛肠科被评为邯郸市重点中医专科，国医堂、眼科、皮肤科、针灸科、治未病科被评为邯郸市中医药特色重点科室。设立北京中医药大学针灸专家郭玉峰工作室、陕西太和医室武安工作站、全国名老中医刘玉洁教授传承工作室。市中医院定期邀请北京中医药大学、陕西太和医室、慈方中医馆等名医专家到院坐诊、讲学、查房。开展新技术、新项目32项，其中，心内科开展体外反搏104例，脑内科开展眩晕诊断治疗技术48例，内分泌科开展糖尿病足中医药疗法160例，骨伤科开展糖尿病足骨搬移技术应用2例。推出“掌上医院”系统，建立远程心电、影像、会诊、教育“四位一体”医疗协作平台，为基层卫生院提供远程影像诊断1400人次，远程心电诊断800余例。开展城区代煎中药免费送药上门服务，免费送药6500 余副。4人被评为邯郸市名中医和邯郸市基层名中医，18人入选河北中医学院“扁鹊计划”师承导师，3名骨干医生入选为河北省第五批优秀中医人才研修项目培养对象。面向社会公开招聘高学历人才19人，实现专业人才梯队发展。

（赵　涛）

【武安市妇幼保健院】 2022年，武安市妇幼保健院（武安市第三人民医院）提升武安市妇幼健康服务能力，强化孕妇手册运用和管理，开展妊娠风险筛查、评估及高危孕产妇管理、跟踪和随访工作；推行住院分娩，降低孕产妇死亡率，降低出生缺陷，提升妇幼健康服务能力。全市结婚人数3950人，婚检3824人，婚检率97.8%，收入分发叶酸片4.31万瓶。年度目标人群新增服用人数7507人，新增服用率98.99%；依从人数7381人，依从率98.32%；调查人数8665人，知晓人数8604人，知晓率99.30%。孕前优生5838人，目标人群覆盖率97.3%。辖区内孕妇建册5585人，产后建档144人，产前无创DNA筛查4539人，耳聋基因筛查4144人，孕产期接受艾滋病、梅毒和乙肝检测人数5290人，住院分娩检测率100%。全市产妇5390人，住院分娩活产数5322人。孕产妇年度出院患者1993人，回访率96.55%，满意度调查满意率97.50%。抽调14名医疗技术骨干组成“两癌”下乡专家小组，到全市22个乡镇，1个工业园区对35—64周岁妇女开展免费“两癌”筛查活动，宫颈筛查1.66万人，乳腺彩超筛查1.27万人。

（杨　然）

（责任编辑：骈玲玲　韩俊霞）

体　育

体育设施

【概况】 2022年，武安市502个行政村建有村民健身广场和棋牌室。年内，武安市投资45万元，为50个村配备广场健身器材；投资24万元，为50个村维修健身器材502件；投资40万元，建设城区足球场2个；投资51万元，建设公园、社区多功能运动场3个和健身步道6千米；投资27万元，维修洺湖公园健身步道4500米；建设南洺河生态走廊、洺湖健身公园、白云大道、盘龙大道等旅游休闲景点健身步道、骑行道、登山步道16千米；建设午汲村篮球场、羽毛球场、乒乓球场，怡祥苑乒乓球场，科苑小区乒乓球场各1个；建设白鹤公园和司南广场健身步道2条，改建白鹤公园和西岭湖南园体育主题公园；更新和维修102个行政村、社区体育健身设施102处；建设九龙山冰雪轮滑、山地马拉松、山地自行车、野外露营4个山地特色体育运动基地。至年底，全市有全民健身场地936个、健身路径702套、健身步道81千米、体育公园2个、大型体育场1个、游泳馆4个、足球场38个、篮球场（馆）93个、乒乓球场（馆）165个、登山步道9条、骑行道53千米，体育场地面积211.9万平方米，人均健身场地2.61平方米，实现市、乡镇、行政村（社区）三级公共建设设施和社区“15分钟健身圈”覆盖。

【文化体育中心】 武安市文化体育中心占地面积13.6万平方米，建筑面积8.8万平方米，是武安市规模最大、标准最高的体育场馆。中心为“一场两馆”布局（“一场”即1.7万人规模的标准体育场，建筑面积3.7万平方米；“两馆”为4300座的综合性体育馆及1250座的游泳馆，建筑面积2万平方米），既可满足全民健身需求，又可承办篮球、体操、游泳等地区性单项室内比赛及大型公益活动。2022年，在河北省全民健身“5个100”最美系列展示活动评选中，获“最美活力体育场地”。

（姬江红　张顺伟）

全民健身

【概况】 2022年，武安市有体育协会12个，会员2779名；有各

武安市文化体育中心　　（市文体中心　供图）

级社会体育指导员2063名，其中国家级2人，一级32人，二级146人，三级1883人。年内，36万余人参加群众体育锻炼，占全市总人口的44%。11月，中央农业广播学校、中国农业体育协会组织的全国农民体育健身基地评选表彰中，白沙村获“第二批全国农民体育健身活动基地”称号。

【社区运动】 2022年6月至8月，武安市举办以“健康中国 活力武安 幸福社区”为主题的2022年武安市社区运动会，组织象棋、国际象棋、围棋、乒乓球、太极拳等赛事100余场，健身气功、越野比赛、冰雪轮滑等活动33场。7月12日，市老年协会在西岭湖公园、白鹤公园举办太极拳、健身气功表演，市太极拳协会成员100余人参加。8月8日，市业余体育运动学校举办社区象棋、乒乓球比赛，全市各街道、社区480余人参加。

【群众性马拉松活动】 2022年6月23日，武安市马拉松协会在洺湖公园举行“传递微火之光 一起跑向未来”10千米环湖长跑活动，全市长跑爱好者参加该活动。7月3日，特跑族邯郸分会、市马拉松协会在洺湖公园举办2022年特跑族全国10K排位赛邯郸分会预选赛，200余人参赛。评选出男子前十名，女子前十名。

【冰雪“三进”活动】 2022年，武安市开展以学校、企业和机关单位为重点，建立巩固提升冰雪运动普及成果长效机制的冰雪“三进”（进校园、进企业、进机关）活动。市冰雪轮滑运动协会为冰雪运动“三进”培训技术骨干560名，开展冰雪进校园活动15场次，培养培训青少年冰雪爱好者2190名。进企业、机关、社区和乡村举办冰雪培训、体验和赛事96场，组织指导青少年和社会冰雪爱好者参加各级各类冰雪赛事60次，获省级证书和奖牌130个、邯郸市级奖牌和证书361个。全市中小学举办校园冰雪运动会，开设冰雪运动实践课程。阳邑小学、活水乡马店头小学获“冰雪运动特色学校”称号。16家大型企业商家和12个机关单位购置冰雪装备器材，建立冰雪健身活动场所。武安市新世纪商业广场五楼、西岭湖公园、武安人民广场设置冰雪体验区。全市11个社区、武安市文体中心、大羽羽毛球馆、丰尚健身俱乐部、米高轮滑俱乐部、移动公司设置冰雪运动示范点。市教体局与3家旅游企业嬉雪场合作，发放6000份冰雪消费券，鼓励中小学生、机关和企事业单位职工利用假期体验冰雪乐趣。

【广播体操普及推广】 2022年5月9日，中国体育报以《服务社区健身 贵在特色创新——河北省武安市全部乡镇打卡AI广播体操》为题，报道武安市全部乡镇打卡AI广播体操。6月13日，《河北日报》以《广播体操热武安》为题，宣传报道武安市普及推广广播体操和工间操经验。8月8日上午10点，获得全民健身线上运动会全国智慧社区AI广播体操冠军的武安市西关街代表队，与央视新闻客户端直播连线，全国四省市群众同屏齐做广播体操。

【白沙村第一届村民运动会】 2022年2月5—15日，白沙村举办“健康新生活　奋进新时代”

2022年2月5—15日，武安市淑村镇白沙村举办第一届村民运动会。图为羽毛球比赛现场 （白沙村　供图）

第一届村民运动会。运动会设篮球、羽毛球、乒乓球、台球和游泳5项赛事。199名参赛选手，五项赛事均决出冠亚季军。

【体育社团管理】 2022年，武安市深化体教融合，市体校、体育总会、冰雪轮滑协会、老年协会等开展传统体育进校园、冰雪运动校园普及、“三棋”进校园活动，为中小学组织课外体育活动38次，为社区群众举办科学健身指导21次，参与人数5万余人。在河北省全民健身“5个100”最美系列展示活动评选中，市马拉松协会获“最美社会体育组织”称号，市武术协会会长徐科慧获“最美社会体育指导员”称号，市马拉松协会王二的获“最美健身达人”称号。

（吴　博　刘万兵　姬江红　张顺伟）

竞技体育

【概况】 2022年，武安市组队参加国家和省市比赛获奖32项。国际象棋、武术、乒乓球、冰雪等项目，11次参加邯郸市级以上比赛，获得66枚奖牌，其中，金牌11枚，银牌10枚，铜牌9枚，其他奖项36枚。全民健身线上运动会2022年李成智杯全国国际象棋少数民族网络友谊赛，市体校代表队获铜牌1枚。全国小学生国际象棋锦标赛，市体校代表队获银牌2枚。河北省国际象棋网络个人赛、网络公开赛和网络团体赛，市体校代表队获金牌3枚、银牌4枚、铜牌4枚。河北省青少年国际象棋锦标赛暨河北省第十六届运动会青少年组国际象棋预赛，市体校代表队获金牌3枚、铜牌2枚。河北省青少年武术套路锦标赛，市体校代表队获金牌1枚、铜牌1枚。邯郸市国际象棋网络等级赛，市体校代表队获金牌3枚、银牌3枚、铜牌1枚。2022年邯郸市青少年乒乓球比赛，市体校代表队获金牌1枚。2022年邯郸市第四届冰雪运动会，市体校代表队获银牌1枚。武安市举办乒乓球、国际象棋等体育比赛。全市有10名教练员，800余名注册运动员。2月，淑村镇白沙村党委书记侯二河在张家口德胜村作为2022年北京冬奥会第十六棒火炬手参加火炬传递。

【参加2022年北京冬残奥会】 2022年3月，武安籍运动员武中伟获2022年北京冬季残疾人奥林匹克运动会单板滑雪男子坡面回环LL1级金牌和残奥单板滑雪男子障碍追逐LL1级铜牌。武安籍运动员车行所在的中国队在2022年北京冬季残疾人奥林匹克运动会冰球比赛中获季军。

【体育人才选拔培养】 2022年，武安市完善人才培养训练体系，做好参赛保障和备战工作。在20余所学校开展体育后备人才选拔，参与学生2850余人，选拔135名运动员。向市级体校输送优秀运动员10余人，其中输送自行车、皮划艇、射箭等项目试训队员5人。在上级训练单位集训18人。全年注册运动员312人。

（吴　博　刘万兵）

（责任编辑：骈玲玲　韩俊霞）

社会生活

人口家庭

【概况】 2022年，武安市户籍总户数223598户，总人口854236人。其中，城镇人口355992人，乡村人口498244人；男性435987人，女性418249人。出生总人口4844人，其中，一孩1858人，二孩1969人，三孩及以上1017人。死亡1007人。登记暂住人口1071人，流动人口信息390条。人口出生率5.67‰，死亡率2.92‰，自然增长率2.75‰。

【婚姻登记】 2022年，武安市办理结婚登记2698对，离婚登记687对，补领婚姻登记证1222对，婚姻登记合格率100%，档案归档率100%。婚姻登记处采取政府购买服务方式，通过第三方将现存18万卷婚姻纸质档案全部扫描形成电子档案，录入全国婚姻登记系统。1月1日实现邯郸市内结婚登记全市通办，6月1日实现邯郸市内离婚、补领婚姻登记证全市通办，10月1日实现全省婚姻登记省内通办。为50余对异地当事人办理婚姻登记。

【计划生育家庭奖励政策申报兑现工作】 2022年，武安市新增农村计划生育奖励扶助对象237人，累计3077万人，发放奖扶金293.328万元。新增计划生育特别扶助对象5人，累计99人，发放特扶金69.906万元。建立亲情关爱档案69份。帮助贫困家庭免费体检，解决生产、生活等方面困难，建立就医绿色通道，在挂号、取药、住院等环节提供优先便利服务。为97人购买城乡居民基本医疗保险每人320元，计3.1万元；购买护工保险每人200元，计1.94万元。

【生育服务宣传】 2022年，武安市开展“倡新型婚育文化 促人口均衡发展——喜迎党的二十大”为主题宣传服务活动。在人流量较大场所、公开栏等张贴“适龄婚育优生优育”等新型婚育文化宣传海报1280余份。利用临街电子屏幕滚动宣传三孩政策、新型婚育文化、健康生活方式。

【流动人口管理】 2022年，武安市制定《武安市流动人口和出租房屋“二十大”安保专项行动实施方案》《武安市公安局“风雷行动”流动人口出租房屋专项行动实施方案》。利用“邯郸户政”微信小程序暂住人口登记办理功能，在主城区派出所进行流动人口自助登记试点工作。登记暂住人口1071人、出租房屋6518间。通过“互联网+自助登记”平台，自主登记流动人口信息390条、居住证申请申报58条、居住证绿色通道申请申报79条、出租房屋自主申报85条。

【出入境管理】 2022年，武安市受理公民因私出境证件602人次，其中，受理护照282人次，往来港澳通行证206人次，往来港澳通行证办理签注113人次，往来台湾通行证办理签注1人。发出函调信息146份，回复函调信息245份，核实境外人员临时住宿登记信息43人次，法定不准出境人员398人，涉澳不受理1人。

【殡葬管理服务】 2022年，武安市重点推进城乡公益性墓地建设。全年死亡火化4367人，遗体火化率100%。落实殡葬惠民政策，基本免费火化补偿金350万元。推进殡葬领域改革，印制《殡葬服务指南》，通过街道、村（社区）及各类活动向群众宣传节地生态安葬方式，发放倡议书、绿色殡葬公告等宣传资料8000份；媒体宣传报道绿色生态殡葬、推进移风易俗2篇（条）。殡仪馆完成4座火化炉升级改造，全市建成农村公益性骨灰堂（公墓）41个。

（张明霞　贾　宇）

劳动就业

【概况】 2022年，武安市实施人才强市战略，市就业服务中心在全市推广促进高质量就业，扩大“互联网 +”应用，设计服务高校毕业生求职小程序，推出“直播带岗”“线上招聘会”等一系列“云就业”服务。武安市城镇新增就业8104人，城镇失业人员再就业1860人，就业困难人员就业778人。就业补助资金支出1704.26万元，入驻创业孵化基地157人。

【高校毕业生就业】 2022年，武安市举办“线上招聘会”21场，通过省智慧就业云平台及“武安人才网”微信公众号组织招聘会。其中，“职引未来，筑梦青春”主题招聘活动15场。组织市内300家重点用工企业，在邯郸幼儿师范高等专科学校和武安市向阳路小学举办高校毕业生招聘会，提供岗位1.5万个。组织重点企业到燕山大学举行现场招聘会，达成就业意向83人。全年大学生就业1834人，大学生创业1人，引进企业人才582名，其中硕士研究生17名。招聘教师288名，医护人员40名，司法辅助人员35名，社区工作者30名。博硕引才，选聘教师25名，市城镇建设发展有限公司5名。

2022年8月15日，武安市教师资格考试考生入场　（市人社局　供图）

【困难群体就业】 2022年，武安市开展就业困难群体尤其是失业人员信息摸排，为就业困难群体人员举办招聘会30场（线上21场、线下9场），参会企业1821家，提供岗位3万个，达成就业意向1.71万人，城镇失业人员再就业1860人。组织以“春风送真情　援助暖民心”为主题的“春风行动暨就业援助月”专项活动14场，困难人员就业778人。组织招聘150名公益性岗位人员，用于安置退城企业失业职工、“4050”（劳动年龄段中女40岁以上、男50岁以上）人员、残疾人、就业困难大学生。

【职业技能培训】 2022年，武安市组织普阳钢铁集团有限公司、金鼎钢铁集团有限公司、河北华丰能源科技有限公司与冀南技师学院签订校企合作协议，在高技能人才培训、人才实训基地建设等方面加强合作。开展“展翅行动”技能培训班，11家企业3800人参加培训；完成社会性培训7553人。

【创业扶持】 2022年，武安市鼓励和扶持自主创业，创新创业和腾宇两家创业孵化基地孵化初创企业225户。支持就业补助资金1704.26万元，扩大担保贷款发放范围，发放创业贷款174人3364万元。

【劳动者权益保障】 2022年，武安市为4300名农民工追讨工资5100余万元，对12起涉嫌拒不支付劳动报酬犯罪案件移送公安。劳动争议调解仲裁院于3月建成使用，实现接待、立案、审理信息一体化，开庭审理案件由每天2件增加到每天6件。

（韩　靖）

社会保险

【概况】 2022年，武安市居民基本养老保险应参保人数为36.90万人，实参保人数为36.74万人，参保率99.54%；征缴基金0.50亿元，新增扩面5730人，11.04万名待遇领取人员发放养老金1.75亿元，基金滚存结余5.47亿元。企业养老保险覆盖人数15.90万人，企业养老保险征缴10.46亿元；机关事业参保人数3.06万人，机关事业养老保险征缴4.20亿元。失业保险覆盖人数10.05万人，失业保险基金征缴4770万元。工伤保险覆盖人数10.88万人，居民参加工伤保险10.87万人，工伤保险基金征缴0.71亿元。

【基本养老保险】 2022年，武安市有15.90万人参加企业职工养老保险，3.06万人参加机关事业养老保险，36.74万人参加城乡居民养老保险。年内办理城镇职工养老保险到龄正常退休待遇核算手续1335人（含机关事业），为14.02万人（含企业职工基本养老保险、机关事业单位养老保险、城乡居民基本养老保险）支付待遇12.97亿元。完成退休人员养老金“调待”工作，实现自2005年武安市退休人员养老金“18次连涨”。

【基本医疗保险】 2022年，武安市城乡居民基本医疗保险参保70.32万人，实际基金到位6.04亿元，支出5.49亿元。职工基本医疗保险参保6.03万人，基金收入3.20亿元，支出1.79亿元。城乡居民大病保险赔付5.52万件，金额0.39亿元，5.4万件享受到“一站式”报销结算服务。城镇职工大额医疗保险报销693人次，支付金额400.11万元。

【工伤保险】 2022年，武安市城乡工伤保险覆盖人数10.88万人。职工因工受伤办理工伤保险待遇人员1773人，发放工伤保险金9637万元。定期核查工伤定点医院，扣除不合理用药606万元，占总费用32%。

【失业保险】 2022年，武安市城乡居民参加失业保险10.05万人，实施失业保险费降费政策，为企事业单位减负4362.45万元，为352家企业缓缴社保费1712.83万元，为738家企事业单位发放稳岗返还资金2145万元，为818家企业发放留工补助3747万元。失业职工享受待遇人数1316人，发放失业金8532万元。

【生育保险】 2022年，武安市职工生育医疗费用实行定额包干，顺产和剖宫产定额为4000元；居民生育医疗费用定额，顺产为1200元，剖宫产为2500元，定点医疗机构全部实现出院即报。城镇职工生育医疗费支出97万元，生育津贴支出463万元，城乡居民生育支出638万元。

【社保基金监管】 2022年，武安市开展社会保险基金监管提升年活动，推进社保基金监管一体化平台运行，组织开展社会保险基金安全评估，加强对社保经办机构内控专项检查。市人力资源和社会保障局制定《关于社会保险基金问题调研检查发现问题整改工作方案》《关于在全市建立信息共享机制加强社保基金监管的意见》，从源头上防范基金流失。基金实行收支两条线，纳入财政专户，单独记账，独立核算运营，实行社会化管理，有专门基金管理监督组织和内外审计制度。

【医保经办服务】 2022年，武安市医保对外窗口业务全部到市行政服务中心一楼办理，成立窗口受理科，负责医保对外业务，实现手工报销、参保服务、慢特病等对外业务“一窗受理、内部流转、一厅对外”。设立“办不成事”窗口，接受办事群众监督和投诉。在城区开通3家门诊慢性病零差率惠民药房，在市第一人民医院成立市慢特病服务中心，为慢特病患者提供药品订购、处方流转、购药即报、药品配送等一站式服务。争取省医疗保障局授权的“刷脸”设备，在邯郸市率先实现“刷脸”支付医保业务。武安市医保局经办服务典型经验做法，被国家医疗保障局《中国医疗保险》杂志刊登，向全国推广。

（韩　婧）

医疗保障

【医保便民服务】 2022年，武安市推进慢特病申报、参保人员新增登记、异地就医备案及基本医保信息查询等业务线上服务，达到线上线下均可畅通办理。全年办理城乡居民报销手续2783人次，职工报销手续1426人次；线上线下申请办理慢性病证2659人、特殊病证1515人。在城区3家医院（安康医院、仁慈医院和社区服务中心）开通门诊慢性病零差率惠民药房，惠及4034人次，报销230万元。加强因病致贫监测预警，实行“基本医保＋大病保险＋医疗救助”三重保障线一站式结算，受理低保对象、特困人员和因大病重病造成生活困难人员医疗救助1461人次，支付救助金额509.19万元；补偿脱贫人口各类门诊和住院费用2.32万人次，金额1928.47万元，比普通居民提高343.64万元。

【医保政策宣传】 2022年，武安市拍制参保宣传小视频《全家动员交医保》和《说唱医保》，被河北省医保局公众号作为医保科普视频在官方微信公众号刊发。市医保局在国家级、省级、邯郸市级媒体以及“学习强国”学习平台刊登工作亮点做法分别为7篇、15篇、10篇、4篇。市医保局开通官方微信视频号和官方抖音号，组织工作人员自编自导自演，制作《医保那点儿事》《医保基金人人护》《医保小剧场》等医保宣传小视频，微信公众号发布信息160篇，粉丝量9万余人，点击量破百万；视频号发布视频45个，点击量破30万，其中《2023年武安市城乡居民医保缴费开始啦》阅读量超过10万人次。

2022年5月，群众在武安市行政服务中心一楼医保窗口办理业务

（市医保局　供图）

【信息化建设】 2022年9月6日，武安市向邯郸市、省医保局申请开通医保移动支付功能，成立医保移动支付推进工作专班，与邯郸市和省医保局、市第一人民医院、银行等部门组织专项协调。11月2日通过河北省医疗保障信息平台验收，11月4日通过国家医保局审核，在全省实现医保移动支付功能。医保电子凭证激活人数52.68万人，激活率70.6%。

【打击欺诈骗保】 2022年，武安市专项督查欺诈骗保，市医保局现场稽核，突击夜查，回访病人，结合网络监管、查处投诉举报案件，核实疑点信息。定点医药机构监督检查全覆盖。追回违规资金868.2万元，行政处罚201.65万元，向市卫健局移交处理38件，向市公安局移送处理21件。

（房海杰　张志磊）

社会救助

【概况】 2022年，武安市农村低保7303户1.25万人，累计发放低保资金4293.69万元，做到“应保尽保”；临时救助困难群众921人，发放临时救助金220万元；

为1243名特困对象累计发放特困资金1103.54万元。新增城乡低保515人，新增特困人员86人。落实“四类人员”相关政策，其中，“单人保”828人，“刚性支出扣除”504人，“就业成本扣除”391人，“渐退期”52人。

【最低生活保障】 2022年，武安市依托社会救助信息管理系统、民政防致贫信息系统，建立包括农村低保对象、农村特困人员以及其他农村低收入家庭成员在内农村低收入人口动态监测信息库，1.48万人纳入低收入动态监测，预警存在致贫返贫风险农村低收入人口。按照低保对象每人每月120元，特困人员每人每月200元标准，为全市低保对象、特困人员增发一次性生活补贴，发放救助资金180.68万元。

【流浪乞讨人员救助】 2022年，武安市健全生活无着的流浪乞讨人员救助管理服务体系，开展管理服务质量大提升专项行动。全年流浪乞讨人员救助管理机构救助126人次，其中，在站救助123人次（女性65人次，未成年人89人次，老年人6人次），站外救助3人次。

【特困人员供养】 2022年，武安市农村特困人员标准提高到683元/月/人，比上年增长23.06%。全市有特困人员1243人，其中，政府集中供养138人，分散供养1105人。全年新批符合条件的特困人员88人，退出不符合条件的109人。全年发放特困供养生活救助金1103.47万元。

【受灾人员救助】 2022年，武安市将上级冬春救助资金67万元，按照救助程序完成涉及11个乡镇708户1472人冬春期间生活救助工作。市民政局分别与中国人民财产保险股份有限公司和中国太平洋保险（集团）股份有限公司完成政策性农房续保工作，投保502个行政村1.66万户。

【教育救助】 2022年，武安市开展“喜迎二十大 同心护未来”活动，走访慰问北安乐乡三个村留守儿童。市福彩中心组织开展第二十一届福彩助学活动，资助学生89人，发放资助金44.5万元；组织6个家访小组，结合市融媒体中心、河北海汇金典文化传媒有限公司等，入户走访优秀学子，拍摄6部福彩资助寒门学子励志宣传片。

【住房救助】 2022年，武安市推广实行公租房申请、受理、审核、分配等全流程网上办理，出台《关于加快发展保障性租赁住房的实施办法》。市住建局提供第十四批经济适用住房为安泰小区215套房源，电脑随机摇号排序方式确定205个经济适用住房保障家庭。分配公租房180余套，优先配租给低保、低收入住房困难家庭。按季度完成发放600户保障房租赁补贴43.2万元。启动2023年筹集保租房200套任务。

【临时救助】 2022年，武安市对遭遇突发事件、意外伤害、重大疾病或其他特殊原因导致基本生活陷入困境，其他社会救助制度暂时无法覆盖或救助之后，基本生活暂时仍有严重困难的家庭或个人给予应急性、临时性救助。全年救助921人次，发放救助资金220万元。

（张明霞）

社会福利

【儿童福利】 2022年，武安市保障散居孤儿和事实无人抚养儿童2093人次，发放生活补助金223.26万元。散居孤儿和事实无人抚养儿童165名，按照每人每月1300元标准，足额发放到位。按照《中华人民共和国民法典》等法律法规办理儿童收养登记2件。市社会福利院养育孤残儿童71名，每人每月按照1750元标准发放生活费，保障基本生活及就医等需求。市第一人民医院、中医院开辟儿童就医绿色通道，与北京春晖基金会签订就医协议，确保重大疾病需要外出就医儿童能得到及时、有效治疗。患病儿童到市（县）级医院住院治疗18人次，门诊检查25次；邯郸医院治疗2次，门诊检查6次；赴北京春晖基金会就医4次。适龄儿童现上小学26人，特教6人，初中1人，职业中学1人，大学1人；小学生与特校生配备专人每天辅导作业，专车接送上下学；市教育部门为14名因生活不能自理儿童

"送教上门"，保障中重度残疾儿童受教育权益。

【老年人福利】 2022年，武安市完成127户"适老化改造"，新增护理床位60张，培训养老院院长4人（次），护理人员60人（次）。新改扩建农村幸福院5家，完成5家敬老院改造提升。全市共有4家350张以上床位的市级养老机构（3家三星级、1家四星级养老机构，其中3家"医养结合型"养老机构），入住率达85%以上。在全市形成"一刻钟"养老服务圈。全市乡镇级养老院有4家，床位总计260张，主要针对特困人员，为其提供有保障的晚年生活。为高龄、生活不便居家养老的特困老年人，按照个性化需求建立"一档一册"，对其家中进行地面、如厕洗浴设备、老年人用品配置等7个方面改造，使居家养老的特殊困难老人，生活更舒适，行动更方便。

【残疾人福利】 2022年，武安市制定《困难残疾人生活补贴和重度残疾人护理补贴制度》，将符合条件残疾人及时纳入保障范围，建立政策告知书制度，市残疾人联合会对在册对象进行半年审核和随机抽查，做到应补尽补，应退尽退，动态受理。为1.04万名残疾人发放"两补"资金789.27万元，其中，享受重度残疾人护理补贴6342人，发放资金463.2万元；困难残疾人生活补贴4043人，发放资金326万元。

【福彩公益】 2022年，武安市销售福利彩票5000余万元，其中，电脑彩票销售4618余万元，刮刮乐销售500余万元。市福彩中心针对城乡低保家庭学生，建档立卡脱贫户（享受政策）、防止返贫监测对象家庭学生，以及其他困难家庭学生，如父母双方或一方身故、残疾、患重病（白血病、尿毒症等）需长期治疗，或因遭遇重大突发事件、家庭所在地区发生重大自然灾害（如火灾、洪灾、地震等）致使生活困难无力支付学费的家庭发放福彩助学金 19.50万元。

（张明霞）

住房保障

【概况】 2022年，武安市通过集中新建、市场购买、普通商品房配建保障性住房等多种方式筹集公租房1600余套。市区东部有同安花园小区、盛世国际花园小区、向阳公寓、玉景嘉苑小区；南部有盛世国际城小区；西部有光明书香苑小区；北部有怡祥苑小区、永丰嘉苑二期；中部有永丰嘉苑、城市佳园小区。落实英才服务卡持卡人申请公租房相关服务，对符合条件的申请人，直接作为轮候批进行配租。

【住房公积金管理】 2022年，邯郸市住房公积金管理中心武安市管理部归集住房公积金约5.86亿元，比上年减少6.68%；新增缴存单位50家，比上年增长13.64%，其中5人以上单位23家，比上年增长56.52%。至年底，全市实缴单位512家，实缴职工51566人；提取住房公积金约3.36亿元；发放住房公积金贷款194笔，9638万元，下降12.38%。

【房屋维修资金管理】 2022年，武安市归集维修资金 5.91亿元。在维修资金使用上，全年维修324个物业项目，审核拨付专项住宅维修资金2736余万元。有28个物业维修项目申请使用专项住宅维修资金，申请使用金额 260余万元。

【房屋安全管理】 2022年，武安市开展自建房安全专项整治。召开全市自建房安全专项整治工作会议，部署自建房安全隐患排查工作。评定筛选十家专业鉴定机构，提供技术支持。全年录入自建房信息63.3万余栋，其中经营性自建房1.04万栋。启动对所有经营性自建房开展安全鉴定，抽查核验290余栋经营性自建房。经营性自建房发现存在一般安全隐患3栋，完成整治销号3栋。

【公共租赁住房建设管理】 2022年，武安市通过实物配租和发放租赁补贴的保障方式，解决5000余户城镇低保（特困）家庭、城镇中低收入家庭、新就业无房职工、稳定就业外来务工人员的住房困难。培育武安市首个公租房智能化管理小区，建成可视梯控、高空抛物监测、电动车智能充电桩、巡逻机器人等智能化设施。

(魏玉龙)

基层治理

【概况】 2022年，武安市有11个社区居委会、29个业主委员会。紫光社区成立由瑞祥物业、慧成物业、瑞峰物业三家物业公司组成的红色物业服务联盟，实现党管物业，小区管理更加科学、规范。长春社区组建红色物业联盟党支部3个，志愿者服务队伍37人，发挥党建引领作用，为社区居民提供服务。

【社区优化调整】 2022年，武安市通过《关于理顺社区管理机制、优化城市基层治理的建议方案》，将原属于社区改革管理中心的11个社区分别划归武安镇、西土山镇、午汲镇三个镇管辖。4月，成立社区改革管理中心，归口市委组织部领导，将11个社区由武安镇划归社区改革管理中心直接管辖。

【社工队伍建设】 2022年，武安市面向社会公开招聘社区工作者30名，打造专业化的社区工作者队伍。举办社区居委会主任培训班，鼓励社区专职工作者参加全国社会工作者职业水平考试，24人通过，在邯郸市排名前列。

【精品社区创建】 2022年，武安市加强精细化管理，投资124万元为各社区配置空调74台，电脑99台，远程教育系统11套，各类办公桌椅408套，其他配套办公用品及娱乐设施。在社区设立党员活动室、读书（阅览）室、儿童之家、舞蹈室、书画室、民调室等功能活动室。洺湖社区、星城社区、向阳社区3个社区被评为邯郸市精品社区建设示范点。

(黄小磊)

2022年10月，武安市向阳社区党群服务中心举办“红色电影进社区 爱国教育润童心”活动。图为社区居民观看红色电影 (市向阳社区 供图)

老龄事务

【概况】 2022年，武安市有社区居家养老服务中心11个，其中三级以上3个，床位130张。有养老机构18家，床位1330张，其中，社会办养老机构3家，公建民营养老机构1家，乡镇敬老院14家。具有医疗资质养老机构3家，2家办理医保定点，床位120张，护理型床位占80%。全市养老机构从业人员310余人，其中医护人员35人。落实老龄津贴政策，提升高龄津贴发放工作，确保80岁以上老人高龄津贴按时、足额发放到位。至年底，为武安市1.09万名老人发放高龄津贴515.70万元。

【“敬老月”活动开展】 2022年，武安市为4名百岁老人发放慰问金8000元；为庆裕老年综合医养中心、康颐园老年医养中心和北辰医养院、贺进医养结合服务中心4所医养结合机构送去米面油等慰问品。市老龄事业发展中心在重阳节前夕，慰问百岁老人和困难老人。

【医养结合服务】 2022年，武安市探索“以医助养、医养结合”新模式。整合优化卫生健康和养老服务资源，推动养老设施与基层医疗卫生机构深度合作、一体联建。投入1300余万元，2家乡镇中心卫生院通过实施改造提升工程，打造成为规模化“医养结合”服务中心，形成“前院就医、后院养老、两院一体”的融合发展服务模式。全市有3家星级养老院实行“医养结合”管理模式，总床位960张。在主城区11个社区成立11家日间照料服务站，在全市社区形成“卫生健康管理服务+康复理疗护理服务+日间照料钟点服务”多功能、多方位养老服务模式。组建142支县乡村“1+1+1”家庭医生服务团队，形成“多点支撑、辐射周边、全面覆盖”空间布局。武安市被评为“河北省医养结合示范县”。

（张明霞）

退役军人事务

【退役军人安置】 2022年，武安市为退役军人提供11个乡镇全额事业单位岗位、17个自收自支事业单位岗位和9个中央企业岗位。市退役军人事务局组织符合政府安排工作条件退役士兵，按照得分高低依次公开选岗。

【就业创业】 2022年，武安市按照邯郸市有关规定确定培训承训机构，以订单式、定向式、定岗式形式，开展年度退役军人适应性培训和技能培训，拓宽退役军人就业渠道。河北省退役军人网上招聘平台单位注册数54家，岗位数1950个，面试195人次。

【优抚褒扬】 2022年，武安市出台现役军人家属医疗陪伴服务办法，为优抚对象提供优先优惠就医政策，对一至六级伤残军人实行出门即报政策。走访慰问边海防官兵家庭、尊崇功臣，帮助解决实际困难。在全市各交通主干道醒目位置设置双拥标志牌，在公交车上设置残疾军人和现役军人免费乘坐标志，在旅游景区和卫生医疗机构窗口设置“军人优先”指示牌，在11家民营旅游景区为现役和退役军人提供免门票优惠优待服务。武安市爱国拥军联合会拥军志愿服务单位139家、个人198人，涵盖多个行业；帮助退役军人子女办理入学，组织军人未就业家属招聘会，举办退役军人返乡欢迎仪式。市退役军人事务局与市武装部签订结对共建协议，在冶陶镇建设双拥书屋、双拥广场，硬化爱民路。按照相关政策，对符合条件随军家属落实安置政策。建立健全悬挂光荣牌、送喜报工作制度，为1名二等功士兵家属送去牌匾、喜报和6000元奖励金，为38名三等功士兵家属发放三等功奖励金11.4万元，为102名优秀士兵家属发放奖励金15.3万元。

（康　超）

民族宗教事务

【民族宗教管理】 2022年，武安市推进宗教工作规范化建设，创建标准化团体、标准化场所。召开民族宗教界人大代表、政协委员座谈会，加强与代表、委员的沟通联系。举办统战系统专题培训班，以“民族宗教工作面临的形势和对策”为课题，分析国际、国内以及武安民族宗教现状和形势，结合当前全市宗教工作重点，分析正确把握做好宗教工作的方法策略。成立5个市级督导组，对宗教活动场所开展陈列物排查，查处宗教非法活动和私设活动点，开展违规建设宗教活动场所和乱塑造像、佛教道教商业化等工作，巡查监管私设聚会点和家庭聚会点。排查化解非法宗教活动、信访矛盾等风险隐患，建立非法宗教活动举报制度。建立宗教事务综合执法联席会议机制，下设综合执法专班，各乡镇、工业园区建立相应机制。组织执法培训600余人次，开展联合巡察20余次，查办案件2起，教育训诫3人次。组织14个基层治理工作队学习，集中观摩，座谈交流。

【民族团结进步活动】 2022年，武安市申请拨付基层治理工作重点村经费80万元，申请基层治理工作经费112万元。开展民族团结进步创建进机关、进企业、进社区、进乡镇、进学校、进宗教场所、进连队“七进”活动，开展民族团结进步创建“五个一”活动，即建设一个教育基地（东山文博“同心园”）、一个主题公园（九龙山主题公园）、一条文化长廊（大同村手绘文化长廊）、一个主题广场（淑村主题广场）、开展一系列宣传教育活动。

【宗教活动场所管理】 2022年，武安市开展《宗教活动场所管理办法》专题培训，解读颁布施行重要意义、主要内容和贯彻建议，帮助基层工作人员掌握要点，明确管理职责，提高依法管理宗教活动场所能力，提升宗教活动场所管理的制度化、规范化水平。落实宗教活动场所指导员制度、旁听制度、公示制度。在宗教活动场所显著位置设置联络公示牌，标明包联县、乡级干部和联络人员信息，提高场所管理规范化水平，维护全市宗教领域和谐稳定。

（高明恒）

精神文明建设

【思想阵地建设】 2022年，武安市搭建“三级架构、两级延伸”文明实践矩阵，对武安市3000多处资源进行整合，1个市新时代文明实践中心、23个文明实践所、513个文明实践站实现全覆盖；打造3个分中心、9个主题公园、28个文明实践点。搭建信息网络平台，建立“文明实践”APP、小程序、网站，户外电子屏、“大喇叭”村村通广播等信息发布系统。建立点单、派单、接单、评单“4单”机制，以中心和所站为依托，用好文明实践APP，充实武安市志愿服务队伍，形成品牌+专业、党员+群众、小手+大手大网格态势，1700多支志愿服务队、14万名志愿者参与创建文明城市和文明实践志愿服务。9月，邯郸市宣传工作调度会暨新时代文明实践中心（武安）观摩会召开，与会人员实地观摩武安市新时代文明实践中心、所、站建设工作。

【社会风尚引导】 2022年，武安市围绕文明出行、文明餐桌、文明健康、文明有礼、文明旅游，开展文明立德、文明家风、文明选树、文明上网、文明诚信等十二项工作开展活动。全市机关企事业单位打造书香型机关、文明号企业、学习型队伍。市文明办推进文明单位、文明村镇、文明校园、文明家庭创建；组织开展“磅礴力量 最美人物”系列评选活动，挖掘一批群众身边好人好事、先进典型，武安市9人被评为“邯郸好人”，2人被评为“河北好人”。

【文明城市创建】 2022年，武安市出台《2022年创城工作推进实施方案》等6个文件，重点对文明小区、市容市貌等10项进行治理。市创建全国文明城市办公室对照文明城市创建测评体系，对715个固定创建点位建立动态管理台账。在城市主要节点安装景观小品40多处，在小区、道路安装公益广告3000多块，自制100多个公益短视频，在媒体开设“创建进行时”“创城大家拍红黑榜”等栏目。组织93个单位3000多名志愿者，开展城市容貌整治提升志愿服务活动。

（杨亦鑫）

（责任编辑：骈玲玲　韩俊霞）

应急管理

安全生产监督管理

【概况】 2022年，武安市制定印发《关于进一步明确市领导安全生产包联责任制的通知》《关于进一步明确乡镇及市直单位安全生产工作职责的通知》《武安市重点企业安全生产量化考评暂行办法》《武安市安全生产领域举报奖励办法》等文件，明确责任，构建安全生产责任体系。全市安全生产形势总体稳定，工矿商贸行业领域无生产安全事故发生；生产经营性道路发生交通事故16起，死亡12人，受伤6人；发生火灾事故271起，无人员伤亡；事故总起数比上年下降30.4%，死亡总人数比上年下降47.8%。

【规范化建设】 2022年，武安市制定印发《关于进一步推进乡镇应急管理办公室规范化建设的实施意见》《关于进一步规范乡镇应急管理日常检查和执法办案工作的实施意见》《武安市乡镇应急管理办公室规范化建设推进方案》等文件，归纳形成“45699”工作思路，四个定：定编制、定职责、定岗位、定人员；五个账：乡镇应急办人员信息台账、应急救援队伍人员信息台账、应急物资装备台账、安全生产监管台账、辖区内生产经营单位信息台账；六个有：有办公场所、有现代化办公设备、有应急车辆、有录音摄像等取证设备、有必需的现场检验检测装备、有必要的个人防护装备；九个一：一个应急管理领导机构、一支应急救援队伍、一支应急管理信息员队伍、一支安全生产志愿者宣传队伍、一个应急物资仓库、一套完善应急预案、一套基层应急管理制度、一套应急管理基本情况数据库、一部向社会公开监督举报和应急救援电话；九上墙：组织机构、规章制度、人员职责、辖区灾害风险分布图、重点企业分布图、应急管理网格化、隐患排查整治流程图、突发事件信息处置流程图、较大以上自然灾害和事故灾难应急处置流程图全部上墙。制定“五化”（硬件建设标准化、制度台账系统化、监管执法规范化、监管责任网格化、应急管理科学化）建设标准，健全完善应急管理各项规章制度和体制机制。加强乡镇应急管理机构和应急队伍建设。推出午汲镇、磁山镇两个示范点，组织召开现场观摩会。

【冶金危化领域监管】 2022年，武安市围绕冶金危化、非煤矿山等重点行业领域，聘请国家级专家对全市重点企业全面剖析，消除深层次安全隐患。全年检查巡查企业8484家次，查改各类问题隐患1.07万处，重大隐患动态清零。

【安全监管】 2022年，武安市推进安全生产领域信息化建设，运用人工智能、物联网等现代信息技术实现远程视频监管；建成市应急管理指挥中心，推进全市工矿商贸行业领域作业场所视频监控全覆盖，全年完成入统企业1037家，完成视频监控点位数8447个。制定出台《武安市重点企业安全生产量化考评暂行办法》，重点围绕企业安全生产责任制、安全生产标准化、安全生产规章制度和操作规程、安全生产教育培训、安全文化建设、安全生产费用投入及使用等方面，对重点行业企业安全生产量的考评。

【安全警示教育】 2022年，武安市开展安全生产执法典型案例、特种作业等违法违规行为警示教育。运用“线上＋线下”“传统媒体＋新兴媒体”形式，组织开展安全生产月“四级”安全培训、应急救援演练等系列活动，增强全民安全意识，提升公众安全素质。全年举办各类培训班402期，培训各类人员7万余人，开展各类应急演练1670次，参与应急安全网络竞赛活动200万人次。

（宋国梁）

应急救援

【地震灾害防御】 2022年，武安市制定完善地震应急处置流程，明确和进一步规范地震灾害发生后抗震救灾指挥部组织指挥系统、分级响应与指挥协调应急处置具体流程、应急处置任务分工。市应急管理局完成工业园区区域性地震安全性评价工作；联合市教体局组织全市中小学生收听收看防震减灾知识线上直播讲座，召开防震减灾安全教育主题班会，开展地震应急疏散演练560场次，参与师生12万人次。指导帮扶市园林局完成武安广场地震应急避难场所功能完善工作，涉及应急供水、供电、垃圾储运等设施。巡查两个地震前兆监测台站（管陶乡渠沟村、大同镇罗义东庄村）和两个地震预警接收终端（武安市第一中学、实验小学），保障地震监测台站安全运行。

【防火工作】 2022年，武安市修订完善《武安市森林草原火灾应急预案》，全市22个乡镇、1个工业园区签订目标管理责任书。在元旦、春节、清明节、中元节、寒衣节等关键时期，市应急管理局牵头组织全市万名干部驻村防火，开展“四不”（不烧纸、不焚香、不点鞭炮、不野外用火）活动。市应急管理局与市林业部门开展联合督导，促进落实防灭火措施。

【防灾信息建设】 2022年，武安市建立1054人覆盖“市—乡—村”三级灾害信息员队伍，组织3次培训。完成全国第一次自然灾害综合风险普查数据调查，修改应急系统调查数据231条，其中，历史灾害数据189条，政府减灾能力数据12条，承灾体数据30条。盘点、分类、整理应急救援物资，将现有物资种类、数量录入河北省救灾物资系统，实现省、市、县物资储备共享、衔接，并制定物资补充计划。

【防汛】 2022年，武安市按照上下衔接、左右贯通、完整配套原则，组织市应急管理局、市水利局、市城市管理综合行政执法

2022年6月25日，“邯郸·武安防汛抢险应急救援演练”在武安市洺湖公园举行　　（市应急管理局　供图）

局、市自然资源和规划局等部门共同修订完善6个市级预案，22个乡镇、1个工业园预案和202个山洪村预案。全年组织各乡镇、有关成员单位完成防汛演练246场次，6000余人次。由市消防大队、森林消防、曙光救援队、蓝天救援队等人员组成专业应急救援抢险队，做好抢险备汛工作力量储备。汛期对在建工程以及水库、塘坝、河道等险工隐患地段和薄弱环节开展隐患排查，整改隐患42处。市应急管理局联合市水利局，时刻关注天气变化，及时发布预警。

（宋国梁）

消防救援

【概况】 2022年，武安市开展火灾隐患排查整治，进行消防宣传教育，防范化解重大消防安全风险，加强城乡公共消防设施和消防队伍建设，提升社会防范火灾能力，全市年内未发生重特大火灾事故。市消防救援大队被省消防救援总队评为“先进基层单位”，被应急管理部消防救援局记集体三等功。

【消防检查】 2022年，武安市针对重大节日和重要节点，组织联合检查15次，下发提示函10次；推动全市105家重点单位落实“三自主两公开一承诺”（三自主：自主评估风险、自主检查安全、自主整改隐患；两公开：向社会公开消防安全责任人、管理人；一承诺：承诺本场所不存在突出风险或者已落实防范措施），实行消防安全标准化管理；依托应急管理部门，推动乡镇建立健全消防组织机构，将消防安全纳入基层政权建设和社区治理工作，消防网格化覆盖22个乡镇和1个工业园区。

【公共消防基础建设】 2022年，武安市建设完成应急消防科普教育馆，配备VR火场逃生设备、MR模拟灭火设备等；协调相关部门保养市政消火栓223座，新建市政消火栓20座、消防水鹤1座，实现主城区域市政消火栓管网全覆盖。市消防救援大队配备SG80水罐消防车、PM80泡沫消防车、PM230泡沫消防车、PM4.0泡沫消防车、JIY100抢险救援消防车，购置一批水域救援装备。

【消防治理】 2022年，武安市对高层建筑、大型综合体、医院、养老院、寄宿制学校、文物建筑等场所，开展燃气安全等专项治理。市消防救援大队联合其他部门开展执法活动15次，推动火灾防控各项工作落实；联合应急、住建、发改、公安等相关部门对重点项目进行消防安全监管和服务指导，组织指导重点项目建设（施工）企业开展消防培训和演练；整治占用消防车通道行为，规范车站、医院、公交站点、小区等公共场所，杜绝损坏消防设施、占用和堵塞消防通道、电动车违规充电等现象。年内，推动全市68个小区、13个公共建筑完成消防车通道画线451处，设置警示标志260个。市消防救援大队与市公安局、法院、检察院建立火灾调查和监督执法工作协作机制，强化执法力度，化解消防安全风险。

【宣传教育】 2022年，武安市建成应急消防科普教育基地、消防主题公园、消防体验中心、校园消防科普宣传教育点，2处消防安全示范村。对企事业单位开展消防宣传105次，发放、张贴消防宣传资料2万余份；通过微信、电视、LED屏播送消防安全提示2500余次；借助微信、短信等平台推送火灾案例视频和消防安全常识3000余条。乡镇（村）利用农村大喇叭播报消防安全提示3000余次；消防宣传工作动态在新华网、《人民日报》、河北网络广播电视台《河北新闻联播》栏目等国家级和省级媒体报道27条次，市、县级媒体257条次。开设消防专栏3个，“冀云武安”APP《应急》栏目、“武安应急”微信公众平台发布消防宣传提示等146条次。

（孙　杰）

（责任编辑：骈玲玲　韩俊霞）

乡 镇

武安镇

【概况】 武安镇位于武安市中部偏东，东与康二城镇为邻，南接北安庄乡，西邻午汲镇，北连西土山镇，镇政府位于武安市中兴路1531号。2022年辖14个街（村），总户数1.13万户，户籍人口4.46万人，全镇面积32.1平方千米，耕地面积136.53公顷。全镇有民营企业8262家（包含规模以上工业企业2家，规模以上限额以上企业17家），从业人员4.64万人。全镇社会总收入296.90亿元，其中，入统工业企业产值为148.70亿元，限额以上销售收入5.54亿元。

【社会治理】 2022年，武安镇开展“迎冬奥、防风险、除隐患、保安全”安全生产专项行动，推进安全生产风险隐患排查整治，安全生产大检查、大排查大整治和打非治违等行动，全年检查企业470家次，整改隐患298处。推进信访隐患、信访积案化解，全镇化解率保持在90%，比上年下降28%。

【项目建设】 2022年，武安镇培育“四上企业”。开展招商引资工作，组织街村支部书记先后到河南内黄、郑州、许昌，湖北武汉考察取经，学习先进地区发展经验，解放思想、转变思路、更新理念。全镇有钢铁企业1家，限额以上企业15家。年内，工业上报完成122.51亿元，固定资产投资完成5.94亿元。围绕武安市“十四五”期间经济总量超千亿总目标，武安镇做大传统优势产业，推动太行武安城落地落实，推动明芳北部新城建设，推进河北玉洲煤化工业股份有限公司、河北新武安钢铁集团文安钢铁有限公司退城进园。做强现代服务业，构建内联外通、拉动全市现代服务业新格局。以保税物流为核心，以现代化物流为目标，完善物流服务体系，打造城区物流集散中心。优化建材大世界、迎宾商贸城等市场，按照现代化标准、商超化模式提档升级。打造服务全市农商贸一体化服务平台，以南关商业步行街为中心，优化金都、亚兴亚、明珠等商场经营模式，打造新商贸综合体。以武安古镇项目为核心，依托舍利塔、城隍庙、北城门等历史文化资源，促进文旅融合发展。支持发展特色农业，环绕城区建设优质高效特色农业嵌入式体验服务中心，构建市民亲近现代农业新格局。

【生态环境治理】 2022年，武安镇坚持精准施策，加大环保工作力度。加强黑臭水体和“散乱污”排查，开展三年专项整治行动，加强一中示范区整治和钢铁焦化企业监管；加强施工扬尘治理，排查自建房131处，封堵门洞、窗口1500余处，完成裸土落地苫盖3万余平方米。组织镇村干部到街村排查收缴散煤，实现散煤清零。

【民生保障】 2022年，武安镇优化服务流程，引进智能化系统，方便群众办理各类证件，提高群众办事效率。年内全镇综合行政服务大厅办理事项6918项。其中，办理小餐饮、小作坊登记419件；营业执照新设立、变更、注销4048项；生育服务361项；

公共卫生许可证新办、变更、注销137个；兵役登记11个；医疗救助48个；就业困难人员认定91个；养老业务1803个。全镇提升基层政务服务便利化水平，14个街村全部建成村（社区）综合服务站，实现网上业务办理。

【拆除违建】 2022年，武安镇推进“三拆”攻坚行动，打击违法建设，根治游览路、北关街、四龙庙街、社中街等街道违建、临建。全镇拆除违法建筑300余处600余个点位，出动人员1400人次，出动机械300辆次，拆除面积7000余平方米。

（张　晶）

康二城镇

【概况】 康二城镇位于武安市东部，东与邯郸接壤，南与淑村镇相连，西接武安市，北隔北洺河与大同镇、安乐乡相望，是武安东大门，镇政府驻地康西村距市区10千米。2022年辖9个行政村，户籍总人口1.52万人，耕地面积1133.33公顷。全镇大部分属丘陵地带，海拔最高为境内紫金山498米。南、北洺河流经境内3个村，在紫泉村交汇。

【基础设施建设】 2022年，康二城镇完成硬化主街道6800平方米，小街巷5000平方米，邯武快速路两侧绿化113.20公顷；永峰线两侧绿化40.66公顷；309国道两侧绿化11.61公顷；九龙山绿化317.60公顷；退耕还林自查验收完成12.49公顷；生态林纳入森林抚育27.43公顷。完成村庄绿化5.43公顷，荒山绿化67.67公顷。

【社会治理】 2022年，康二城镇落实“党政同责、一岗双责、齐抓共管、失责追责”和“管行业必须管安全，管业务必须管安全，管生产经营必须管安全”要求，镇党委、政府履行领导责任，结合全镇25家企业实际，研究制定安全生产检查内容清单，在全镇大会上学习。全年组织检查企业320余次，查找、补齐短板和漏洞，确保全镇安全生产形势平稳运行。推进燃气安全风险隐患大排查、大整治、大化解，构建包含57名责任人员在内网格化安全责任体系，对全镇159家经营门店和作坊摊点开展燃气安全检查，发现问题90起，逐个挂账督办，全部整改到位。对辖区内3座小水库进行汛前安全检查，清除坝坡杂草，培训水库负责人，确保水库安全运行。镇、村结合实际完善应急预案，对5个山洪灾害村20户危险户37人明确转移路线，设置5个安置点。成立30人镇级应急抢险队伍，各村按要求成立15—25人防汛应急分队。镇、村腾出专门仓库储备沙袋、手电筒、绳子等防汛物资。6月9日，在五个山洪灾害村组织防汛应急演练，提高抗洪实战能力。

【项目建设】 2022年，康二城镇聚焦产业、夯实基础，经济发展提质增效。开展招商引资，推动项目建设，发展集体经济。全年完成投资2.60亿元，其中，工业固定投资完成1.21亿元，工业技改投资完成6900万元。规模以下企业转规模以上企业培育完成2个。新开工亿元以上项目2个（金都物流一期1.70亿元，鑫力矿渣粉1.06亿元），招商引资企业2个。

【生态环境治理】 2022年，康二城镇优化环境、保护生态，坚持绿色发展。实施网格化监管全镇25家工业企业，镇领导班子成员每周至少进入企业检查1次，镇环保所、执法队开展巡查，确保管控措施落实到位。同时，加强“散乱污”巡查，实现“动态清零”。严控建筑施工扬尘，全镇建筑工地实现“六个百分百”“两个全覆盖”方可开工建设。严控裸土裸地扬尘，加强对公共区域、临时闲置建设用地、道路两侧等裸露土地硬化和绿化，苫盖裸土裸地7万余平方米，硬化3万余平方米，绿化10万余平方米。严控道路扬尘，邯武快速路、永峰公路等主要干道，机械化保洁作业，严查渣土车、散料货物运输车辆遗撒，加大企业厂区洒水频次。建立秸秆禁烧长效机制。在紫山和寺山设立2个瞭望哨，配备14名护林员，设立22个防火点位，配备22名防火员，不间断巡查；在康西和紫泉高空信号塔上铺设2台高空扩音喇叭，早中晚3次宣传防火禁烧，打击焚烧秸秆、垃圾、树叶、杂草等露天焚烧行为。开展劣质散煤清缴专项行动，排查饭店、商超、房前屋后，发挥卡口作用，严防散煤进村入户，供应洁净煤2826.37吨。

【民生保障】 2022年，康二城镇9个村建立警务工作室并配备1名辅警，为居民安全保驾护航。全镇9个村各配备1名法律顾问，为群众提供法律咨询服务。全镇反诈APP完成安装5033人，完成率80%。全年办理营业执照89个，生育服务证一孩39个，二孩37个，三孩3个；独生子女证13个；办理养老保险5860人。深化“开门一件事”和“我为群众办实事”活动，推动解决群众急难愁盼问题89件。

（孙晓钰）

伯延镇

【概况】 伯延镇位于武安市南部，东与淑村镇相邻，南与邯郸市峰峰矿区接壤，西与磁山镇交界，北与午汲镇、北安庄乡相连，镇政府驻地伯延村距市区10千米距。2022年辖15个行政村（街），户籍总人口2.30万人，全镇面积43平方千米。伯延镇是中国历史文化名镇、全国重点镇。11月，伯延村被河北省文化和旅游厅评为第四批省级乡村旅游重点村镇。

【社会治理】 2022年，伯延镇排查710余次，发现隐患168处，采取现场盯办、现场交办和限期整改方式，消除隐患，整改率100%。打击安全生产违法行为，强化“四个一律”和突击检查等。组织600余人次开展排查，消除老旧房屋、水毁路段、危墙、穿河路段等风险隐患13处，对5个山洪山险村76名群众，建档立卡，明晰责任。组织5个山洪山险村120余人，开展防汛应急救援演练，提高应急救援能力。

【产业振兴】 2022年，伯延镇种植小麦、玉米、谷子、豆类、蔬菜等农作物。发展特色农业，伯延镇罗峪村投资建设金银花种植基地，产出优质干花近1万千克，增加村集体经济收入，为村民提供200余个就业岗位。

【项目建设】 2022年，伯延镇与投资商完成初步洽谈24个项目，全镇总投资约3.43亿元，涉及15个村。其中，杨二庄村4座猪舍大棚全部建成；胜利街签订土地合同，种植芍药13.3公顷。

【生态环境治理】 2022年，伯延镇排查环境问题43处，全部整改到位。加强各类巡查监管，组织1150余人次，针对工矿企业、“散乱污”摊点、裸土落地、黑臭水体、小餐饮小作坊等开展日查夜巡，动态清零“散乱污”摊点4起，处置违法违规行为11起，整治各类环保问题28起。综合行政执法部门全年处置案件11起，罚款16.35万元。组织260余人次执法力量，配合“散乱污”治理、疫情防控、门店管理等中心工作，打造公平正义社会环境。

【民生保障】 2022年，伯延镇办理低保18户，特困对象4人，完成伯延镇敬老院集中供养人员移交。落实低保兜底工作和临时救助工作，实现应保尽保。全镇50户110人实现脱贫，完成“两不

2022年10月，武安市伯延镇杨二庄村王杰家庭农场谷子机收

（刘国桢 摄）

愁三保障”排查整改。

【红色文化】 抗日英雄武伦佩家乡、高树勋起义部队整编地、周恩来总理调研地、129师驻扎地、晋冀鲁豫边区领导人旧居、南文章村人民日报旧址等构成红色文化主要内涵。周恩来纪念馆建成后，对社会免费开放，被邯郸市纪委命名为邯郸市廉政教育基地，被武安市委命名为青少年教育基地，申报河北省中共党史教育基地。

（张凯旋）

北安庄乡

【概况】 北安庄乡位于武安市东南部，东连康二城镇，南与淑村镇相连，西北、西南与午汲镇、伯延镇接壤，北接武安市区，乡政府驻地北安庄村距市区8公里。2022年辖12个行政村，户籍总人口1.85万人，耕地面积1666.66公顷。北邻洺湖，南靠鼓山，309国道和206县道穿乡而过，交通便利。辖区地下水资源丰富，工业以白灰、水泥等建材类企业为主。土地肥沃，主要种植小麦、玉米。

【基础设施建设】 2022年，东大河、西大河两个村被武安市确定为省级美丽乡村创建村，西大河投资50万元对村北沟东坡水泥浇筑硬化，东大河投资10万元对进村口拓宽硬化，垒砌挡水槽，修复亲子乐园。同会村南通山道路投资10万余元钢渣垫路，东周庄村、西周庄村投资对田间道路进行整修。

【社会治理】 2022年，北安庄乡排查企业25家180余次，排查安全隐患58处，全部整改到位。出动5辆宣传车宣传安全生产知识，悬挂条幅、公告200余条，发放宣传资料300余份，80余人参加安全生产月警示教育巡展。完成视频监控工程维修，村民矛盾纠纷调处，保持“一委三中心”（群众工作委员会、群众工作中心、矛盾纠纷排查调解中心、社会治安综合治理中心）有效运转，新建3处乡村心理健康服务平台。12个村建成标准化农村行政服务站，涉农服务实行一站式服务。加大农村技防投入力度，12个村安装使用287个摄像头。防火工作。成立工作专班，通过车辆分组巡查（环保车+警车）重点区域、“两委”干部及村级防火员全员上岗、包村领导干部进村督导、设立举报野外点火放炮行为电话以及报告邻近乡镇火情等途径，确保全年全域防火到位。加强防汛工作，成立防汛防旱应急指挥部，全乡防汛防旱统一指挥协调，组建不少于30人乡级防汛救灾队伍和不少于20人村级防汛救灾队伍。

【产业振兴】 2022年，北安庄乡以项目建设为抓手发展特色种植养殖，推动全乡现代农业产业示范区项目，整合利用乡村振兴资金建设西周庄香菇大棚和冷库项目、魏粟山农业示范园区项目，依托同会农业园区发展旱作谷子333.33公顷。农业支持性保护补贴面积1088.62公顷，涉及农户3979户。对农民进行技术培训2000人次，申报东周庄、西周庄2个村120公顷高标准农田整理项目。

【项目建设】 2022年，北安庄乡新上项目4个，完成固定投资3.60亿元，规模以上企业工业总产值10亿元。推行“三变三化”试点工作，盘活集体资产，助力集体增收。3月，启动全乡清理农村集体资产资源攻坚行动，清理规范12个村集体资产，盘活集体资产17处，清理不规范合同44份，通过开发利用、重新发包、规范合同等途径，增加集体收入668.5万元，村均55.7万元。

【生态环境治理】 2022年，北安庄乡在春节、元宵节、清明节、国庆节重点时段全年禁燃禁放禁烧管控到位，开展不间断禁烧巡查。二环路内企业洒水抑尘到位，原大野线（安庄段）建立长效洒水清扫制度。清理道路两旁倾倒建筑垃圾1500余立方米，治理裸土裸地4处800平方米。投资30余万元迁建一座乡空气质量站点。整治司会至武安城南水源地沿线两侧和粟山—杜家庄—水源地沿线两侧环境卫生，清理出空闲地栽植柏树等进行绿化，解决空白地乱堆乱放秸秆等问题。

（王小航）

午汲镇

【概况】 午汲镇位于武安市西南，东接武安市区，南邻磁山镇，西临徘徊镇，北与上团城镇接壤，镇政府驻地午汲村距市区5千米。2022年辖28个行政村，户籍总人口4.33万人，全镇面积72平方千米，耕地面积2200公顷。全镇有中小企业108家，其中规模以上企业20家。

【社会治理】 2022年，午汲镇巩固提升安全生产专项整治三年行动成果，年内检查企业671家次，发现问题隐患238项，均按要求整改到位，无重大安全隐患。组织开展燃气安全整治“百日行动”和液化石油气领域专项整治攻坚行动，镇、村出动检查人员200余人次，排查问题隐患262处。年内，接待群众来信来访126批次243人次，办结案件20余起，调解息诉率90%。国家和省重复访治理任务案件完成100%，回流案件完成80%。推行网上办理案件，受理率完成100%，按期答复率完成100%。邯郸市和武安市领导包联案件全部化解完成并上报。全镇信访总量比上年下降65%，调解结案成功率比上年上升25%，全镇信访形势实现好转。全镇设28个116人禁烧小分队，分队按照值班排班情况，24小时不间断巡查，平均月消除隐患10余起，常态化防火取得成果。午汲镇各村开阔思路，用科技为工作赋能，其中北白石村投资12万元，在村内山坡制高点安装高清摄像头，全方位、全时段、无死角进行监控录像，覆盖方圆8千米范围；均河村采用无人机巡查。

【产业振兴】2022年，午汲镇发展西张璨村谷子、温村“温之薯”等特色农业产业，以农助农，带动村集体经济发展。抓西苑新区开发、玉带河综合治理机遇，发展第三产业。

【项目建设】 2022年，午汲镇围绕武安市“十四五”经济总量超千亿目标，立足城郊接合部，发挥工业强镇重镇优势；围绕9大产业链，服务企业谋划推进项目11个，总投资235.35亿元，其中当年实施项目5个，总投资48.97亿元。为新峰环保生态墙地砖等重点项目提供要素保障，支持2672物流园建设。

【人居环境整治】 2022年，午汲镇拆除西环路格村北岗片违建、玉昌源七层未封顶楼、贾庄村夜生活啤酒城、光明街70号二层楼等多处违建，共拆除违建楼房70余栋3万余平方米。通过拆违治乱改变村庄面貌，改善群众居住环境。成立改厕工作小组，排查10227户，其中，常住户数9403户，改厕户数8060户（财政补贴6461座，非财政补贴1599座），建造公厕37个，排查问题厕所537座，全部完成整改。午汲文明广场和东广村广场建成使用，上泉“便民饮水站”进村、大贺庄村干道安装路灯亮化，温村进村路重新铺装，西张璨村道路硬化，全镇人居环境提升改善。

【生态环境治理】 2022年，午汲镇成立大气污染防治工作专班，出动273人次，52车次，实现“散乱污”动态清零。采取“白加黑”和监管片区互换等工作机制，打击“散乱污”企业，全镇空气质量排名上升两个名次。

【民生保障】 2022年，午汲镇与辖区企业沟通对接，南马庄、店头、城二庄、东河下、玉泉岭、东西张璨、小贺庄等村利用企业余热，完成集中供暖。午汲镇利用鑫汇、新峰、龙凤山、矩兴、格力等周边企业多优势，建立物流园，带动午汲镇城二庄、南马庄、店头、南白石、北白石、圆柏树、籍柏树等村乡村经济发展。

（王 栋）

磁山镇

【概况】 磁山镇位于太行山东麓红山脚下，东临伯延镇，南与峰峰矿区和村镇接壤，西接徘徊镇，北与午汲镇毗连，镇政府驻地磁山二街村距市区17千米。2022年辖23个行政村，户籍总人口29996人，其中农业人口2.64万人，全镇面积68平方千米，耕地面积1780公顷。邢合邢界公路、邢都公路贯穿全镇。磁山镇是全国文明镇、全国千强镇、全国重点镇、中国文化名镇、中国魅力名镇、河北省十强镇、河北省扩权镇。全镇有新兴铸管等7家省部属企业。10月1日，国家卫生健康委、全国老龄办授予武安市磁山镇磁山二街国家级全国示范性老年友好型社区称号；10月15日，河北省爱卫会授予磁山镇省级卫生乡镇称号；磁山镇二街、刘庄村、岩山村获得省级卫生村称号；明峪村被评为第五批历史文化名村；南岗村、明峪村被评为第六批中国传统村落。

【基础设施建设】 2022年，磁山镇对接市交通运输局，投资1028万元，完成6.3千米村庄沥青连接路；完成村内街巷硬化3万余平方米，安装太阳能路灯1000余盏，绿化美化5000余平方米，建设小游园10余个；建设公厕4座，排查户厕7521座，发现问题厕所户数821户，全部整改到位；9个供暖村中4个村实现供暖、5个村暖气管道安装基本完工；投资800万元建设2座幼儿园、2座幸福苑投入使用，磁山一街新民居3号楼开工建设；完成2座污水处理站、9座化粪池提标改造，覆盖23个村，受益农户3万余人；清理各类垃圾杂物10万余处，对沿路100余处门店进行专项整治，建立路域环境整治长效联动机制；2座蓄水池完工，柴天井等6个“天井”村饮水工程贯通，薄弱村庄饮水得到保障。

【社会治理】 2022年，磁山镇领导带队进入企业检查78家次，组织各类整治行动20余次排查企业390家次，查出各类隐患124处，全部整改到位；对全镇各类门、摊点等进行隐患风险排查500余处次，发现隐患22处，全部整改到位；对28家重点企业开展联合执法队行动，查出问题隐患立案查处，处罚金13.3万元；排查199户经营性自建房、6233户非经营性自建房，无C级D级危房；排查餐饮饭店209家，督促使用液化石油气89家全部安装报警器和自动切断阀，全年无燃气安全事故，实现企业平稳有序发展。每天对全镇321个重点场所10万余平方米进行消毒消杀，推动防疫工作有序实行“乙类乙管”。落实河长制工作要求，完成日常巡河工作，清理整治“四乱”问题110余处。成立应急分队24个，安排专人做好11个穿河路口值班值守，对靠近南洺河7个隐患村、19个企业以及镇区内15座塘坝等防汛重点部位隐患进行排查，开展镇、村、企业防汛演练50余次。建立领导约访、村干部接访、法律顾问把关、前置处置等各项制度，全年接待群众185批120余人次。全镇排查各类矛盾纠纷150起，调解成功率100%。以化解积案为重点，开通信访绿色通道。全年受理上级来信来访件转交办件115件，受理信访及时率100%，回复率100%，参评率99.12%，满意率87%。实现磁山镇“无访年”，成为邯郸市市域社会治理现代化唯一乡镇试点。

【产业增收】 2022年，磁山镇发挥磁山二街“全国基层党组织一面旗帜”辐射带动作用，整合“强村”资源，帮助周边乡镇、村发展产业，在磁山及周边乡镇建设蘑菇大棚分厂3家，服装厂分厂8家，惠及11个村庄，带动就业500余人；岩山连翘产业辐射周边4个乡镇、60余个行政村，带动3000户农民增收；磁山二街集体企业、刘庄养殖业、牛洼堡辣椒种植、吕天井法系大白猪等项目产业发展良好。截至年底，磁山镇有6个村年收入超100万元、6个村超30万元、11个村超10万元。

【项目建设】 2022年，磁山镇企业增加值完成423亿元，入统总产值490.3亿元，社会总收入18.7亿元。工业总产值497亿元，比上年增长19%；农业总产值2.3亿元，比上年增长10%；实现税收17.78亿元，比上年增长6.7%；固定资产投资任务为40亿元，完成47亿元，完成总任务118%，农民人均纯收入3.67万元。63家重点工贸企业平稳运行，政企关系不断优化。全年经济工作考核指标综合排位第二，完成华丰焦炉煤气制氢LNG工程、华丰清洁能源有限公司加氢综合能源服务区、华丰清洁能源有限公司氢燃料电池系统、太行钢铁重组搬迁改造、武洲新材料科技有限公司高质量家电民生板材、武安市金石环保科技股份有限公司脱硫剂加工等15个重点项目落地投产。总投资130亿元太行钢铁退城进园为邯郸市竣工体量最大项目；新金万利高端家电用板项目是邯郸市质量最优、强链延链高端项目。磁山镇代表武安市接受邯郸市上半年重点项目观摩，下半年项目观摩在磁山镇武洲新材料科技有限公司举行。6月24日邯郸市高质量发展突出贡献表彰大会上，磁山镇获“招商引资与项目建设先进集体”称号。

【生态环境治理】 2022年，磁山镇出动200余人次开展“散乱污”联合大检查60余次，巡查取缔“散乱污”企业40余家次；每月摸排30余处水体；24小时对空气质量监测点进行常态化值守巡查，对反映高值问题反馈原因并消除高值。全年完成3842户在村过冬常住户、1765吨洁净颗粒型煤和2526吨洁净型蜂窝煤保供，常住户覆盖率100%，减少二氧化硫排放，改善空气质量。悬挂防火条幅2500余条，由22名专职护林员监管全镇13个村、1200公顷山场，230名防火人员进入田间地头巡查宣传和严防死守。在防火隐患清理行动中，出动1150余人次，隔离带清理500米，杂草清理6500余米，拘留处罚4人。

【民生保障】 2022年，磁山镇规范农村集体“三资”管理，梳理各类集体经济合同及项目招投标，完成全年8000万元产权交易任务。新增低保户9户20人，发放临时救助21户2.67万元，对86户脱贫户实现动态监测。新办理残疾证4人、换证50人，发放护理补贴286人，发放生活补贴205人，发放辅助工具34件，巩固脱贫攻坚工作成果。创建省级美丽乡村1个，获省级卫生镇、省级卫生村称号5个，已申报国家卫生镇。

【乡风文明建设】 2022年，磁山镇依托磁山二街党群服务中心高标准建成磁山镇新时代文明实践所、23处村级新时代文明实践站，武安市文明实践站现场会、邯郸市文明实践站现场会均在磁山镇召开，发布市级以上报道500余篇；组织评选邯郸市“三好一佳”典型8人、“文明家庭”5户，武安市“文明家庭”69户、“武安市巾帼建功标兵”2人、“最美青春榜样标兵”1人、“最美青春榜样”1人；举办首届磁山镇“传承文明·德润磁山”评选活动，选出“磁山好人”10名。市美丽庭院现场会在磁山镇召开，刘庄村成为廉政文化典型示范村。

（杜　雪）

淑村镇

【概况】 淑村镇位于武安市东南鼓山脚下，东与邯郸市复兴区康庄乡接壤，南与峰峰矿区大社镇毗邻，西与伯延镇和北安庄乡相邻，北与康二城镇相邻，镇政府驻地淑村距市区17千米。2022年辖21个行政村，户籍总人口2.70万人，全镇面积62平方千米，耕地面积2137公顷。镇域属半山区、半丘陵地带。4月，淑村镇被河北省人民政府评为第五批历史文化名镇；10月，淑村镇白马寺村、白沙村被河北省爱国卫生运动委员会评为省级卫生村。

【基础设施建设】 2022年，淑村镇投资7万余元，永峰路段安装太阳能路灯38盏，完成“交通安全畅通工程”路灯安装任务，保障国省干道过村路段交通安全。白沙“迎宾大道”被命名为“省美丽乡村精品示范路”。

武安市淑村镇白沙村党群服务中心　　（刘国桢　摄）

【社会治理】 2022年，淑村镇安全生产态势稳定向好，全年未发生事故。2座铁矿、1家铝矾土矿处于长期停产状态。采石厂3家，1家按要求实施生产，其他两家停产。开展消防安全大检查大整改，开展重点场所治理，完成重大消防安全风险管控、老旧消防设施改造、企业消防力量建设任务。对域内338家门店燃进行排查整改，其中使用燃气150家，排查燃气安全隐患400余处，全部整改到位。加大洁净煤安全宣传和教育培训力度，落实入户排查，推广使用一氧化碳浓度报警等安全装置，防止中毒事故发生。组建360余人防汛应急队伍，准备防汛应急物资350余套，排查牤牛河、沁河河道及山洪灾害重点防御9个村。设置两个瞭望哨对全镇范围监控火情，全年未发生火情。

【产业振兴】 2022年，淑村镇贯彻新发展理念，构建新发展格局。白沙村26万头基础母猪智能养殖项目投资3.59亿元，完成两栋5层母猪舍楼、育肥楼建设。武安市火焰山工业有限公司纳米钙生产加工项目投资2亿元，投资额完成。采用“种植大户＋公司”形式开展土地流转、优化种植结构，流转土地333.33公顷建设高标准农田。粮食种植面积2105.40公顷，小麦产量880吨，玉米产量1.01万吨；蔬菜产量3400吨；生猪出栏3.9万头，肉鸡出栏4万只。

【项目建设】 2022年，淑村镇入统工业企业9家，经济指标超上年同期指标，完成工业产值6.12亿元，比上年增长55%；完成固定资产投资4.87亿元。新增入统住宿餐饮规模以上企业一家，实现第三产业入统突破。

【生态环境治理】 2022年，淑村镇强化扬尘整治攻坚，建立网格化巡查台账，强化生态环境网格监管责任落实。所有企业厂区保持常态化洒水抑尘作业，实行“一企一档”台账式管理。加大“散乱污”巡查监管力度，取缔“散乱污”摊点无反弹，未发现新增“散乱污”企业摊点。全镇3331户购买使用洁净煤2752.82吨，全部配送到位。空气综合指数比上年明显下降，其中PM_{10}指数113，比2021年指数130下降13个百分点，其余空气指标均有下降。

（徐世豪）

武安市淑村镇白沙村绿色田园有机蔬菜生产基地　　（刘国桢　摄）

上团城镇

【概况】 上团城镇位于武安市西部，东与西土山镇相邻，西与西寺庄乡相邻，西南与石洞乡相邻，东南与午汲镇相邻，乡域系城乡结合部丘陵地带，乡政府驻地上团城三街村距市区1千米。2022年辖18个行政村，总户数9078户，户籍总人口3.57万人，全乡面积71平方千米，耕地面积1950公顷。有规模以上企业23家。

【基础设施建设】 2022年，上团城镇各村街通过打造文化街、绘制文化墙、完善公共照明等措施，村容村貌得以明显改善。上团城三街投资400余万元，完成街巷硬化、下水管网铺设、多功能广场、老年活动中心等工程。南营井村对全村进行墙体美化、街道亮化、水体净化，重点打造主街道4条，新建小广场3个。

【项目建设】 2022年，上团城镇完成规模以上工业产值651.91亿元，比上年增长11.7%；完成固定资产投资68.33亿元，比上年增长14.5%。全镇新增入库工业项目2个：冀南钢铁集团有限公司135MW超超临界煤气发电技改工程项目，冀南钢铁集团有限公司2×135MW超超临界煤气发电技改工程项目。申报规模以上企业4家：河北厚耀环保科技有限公司、武安市天尔工贸有限公司、武安市众达工贸有限公司、邯郸市胜凯环保科技有限公司。年内，裕华钢铁有限公司铁路专用线及沙午线（沙河市—午汲镇）配套改造项目建成投用。总投资288亿元冀南钢铁集团有限公司钢铁产能减量置换升级改造二期项目和总投资31亿元金鼎重工装配式建筑高强度H型钢生产线项目，按照预期目标推进。

【人居环境整治】 2022年，上团城镇开展重点企业及周边路域环境整治工作，成立推进专班。根据工作实际确定裕华钢铁、金鼎钢铁、龙凤山铸业3家钢铁企业为第一批整治企业。将企业环境由厂区内扩展到厂区外。3家企业周边新建、改造道路5条，总长9.193千米，分别是：团结路全长1.71千米，路面宽16米；幸福路全长1.35千米，路面宽12米；金鼎大街全长3.93千米，路面宽12米；金龙大街东段全长约0.80千米，路面宽12米；金龙大街西段全长约1.41千米，路面宽22米。道路设置有机动车道、分隔带、非机动车道等。5条道路建成通车，道路两侧绿化带基本完成。

【生态环境治理】 2022年，上团城镇构建乡村两级网格化环境监管体系，对辖区内企业实行管理。取缔非法摊点4处。对辖区内4家钢铁企业落实高炉、烧结机停限产措施。对其他涉气中小企业，执行生产调控措施，不达标企业停产整顿。全年检查企业650家次，发现问题156处，全部整改到位。年内，对辖区主要道路、企业周边道路明确管理单位，每天洒水清扫，减少扬尘污染。对上级交办扬尘问题整改到位。

【民生保障】 2022年，上团城镇完善低保、五保政策落实，对于符合救助条件特困户给予帮助。全年为172户、349名农村低保对象发放低保资金113.3万元；为22名农村特困人员发放特困救助金20.9万元；为1名孤儿发放救助金1.4万元；为27户32名困难群众发放临时救助金3.2万元；为235名重度残疾人发放护理补贴16.9万元；为106名残疾人发放生活补贴8.4万元，保障困难群体基本生活。

【清理违规用地】 2022年，上团城镇摸清全乡清理规范整治任务。明确整改时限，压实整改责任。市下达上团城镇图斑任务483个，全部完成调查，涉及项目607个，拆除3个违法项目。上团城镇18个村街开展拆违拆乱攻坚行动，拆除1200余处违法建筑。

（李晓静）

大同镇

【概况】 大同镇位于武安市城北，东临永峰线，西连西土山镇南与武安工业园区毗邻，北与冀中能源郭二庄煤矿相接，镇政府驻地大同村距市区8千米。2022年辖21个行政村，总户数11810户，户籍总人口4.92万人，全镇面积74平方千米，耕地面积3583

2022年，武安市大同镇大同村金银花种植基地金银花晾晒 （刘国桢 摄）

公顷，镇域主要以丘陵和旱地为主。

【社会治理】 2022年，大同镇聚焦冶金工贸、燃气、消防等重点行业领域，开展安全生产问题隐患排查整治，发现并督促整改问题和隐患580余个。开展燃气、消防安全隐患排查整治，发现并督促整改各类隐患50余处。设立镇信访接待室，按照领导带班，具体工作人员值班制度，畅通信访诉求渠道，全年接访约访下访112人次，处理上级移交信访案件37件，信访形势好转。

【产业振兴】 2022年，大同镇发挥农业大镇优势，以11个村为试点单位，建设1333.33余公顷高标准农田，实现耕地高效利用。发展乡村特色产业。马项、罗义片区万亩山场引进果树、中药材进行套种；通乐、沙沟片区培育引导红薯、榛子、林果采摘、林下养殖等综合性农村经济体。扶持金鹏牧业、兴通养殖、鹏博农业等养殖企业。

【项目建设】 2022年，大同镇财政总收入1139.5万元，规模以上企业工业产值8.80亿元，固定资产投资2亿元。全镇17家铸造企业向精密性铸造生产加工转型，其中起昌铸造率先完成生产链条延伸，实现生产、加工、销售一体化。推动东马项鸿鹰铸造与新加坡私人五金公司3000万投资项目落成。

武安市大同镇马会村高标准农田 （刘匡桢 摄）

【人居环境整治】 2022年，大同镇对大矿线通乐段2千米路面进行翻修铺油；在大同村中心打造文化广场2处，修建小游园1处；全镇粉刷墙体2100余平方米，绘制党建标语和传统美德故事墙绘40余处，手绘民族文化长廊200米，打造文化墙25处。采取组收集、村运转、集中处理模式，加大农村生活垃圾治理力度。排查户厕1.08万户，整改问题厕所2605个，排查公厕33个，对9个问题公厕进行整改，新建公厕2处。开展“党建引领人居环境整治”活动，对全镇21个村进行环境卫生问题自查，发现问题46处，全部清理到位。开展环境集中清理行动3次，出动200余人清理武邑路两侧白色垃圾。开展人居环境“随手拍”活动，群众反映垃圾38处，全部清理到位。

【生态环境治理】 2022年，大同镇落实大气污染防治，做好企业管控、“散乱污”摊点排查整治、扬尘治理、劣质散煤管控，发现并督促整改问题320余个，取缔4处“散乱污”工厂。对上级推送的高值问题进行排查反馈。采用网格化包保制度，强化防火工作宣传、巡查和值班值守，加强野外火源管控、防火应急队伍建设和防火物资储备，对重点时间和重点地块增强值守力量，防火态势整体平稳。

【民生保障】 2022年，大同镇协调完成南冯昌变电站项目启用，提升全镇供电可靠性，解决企业错峰用电和周边村民电压不稳定问题，保障全镇生产生活用电。

（王鹏浩）

北安乐乡

【概况】 北安乐乡位于武安市北部，东与邯郸市复兴区交界，西南与大同镇毗邻，西北与邑城镇相接，南连邯郸市丛台区，东北与永年区接壤，乡政府驻地北安乐村距市区20千米。2022年辖11个行政村，总户数7868户，户籍总人口3.52万人，全乡面积43.9平方千米，耕地面积2039公顷。省道永峰线、刘西线分别从东西部穿过镇域。南、北洺河与马会河在此汇流。

【社会治理】 2022年，北安乐乡坚持依法行政，营造平安社会。组织退休老干部、老支部书记成立信访办，建立健全信访机制。各村成立“说事室”，完善信访制度，全年化解案件36起；开展信访隐患排查和积案化解，一月一排查，发现问题及时解决，化旧防新。开展扫黑除恶工作，公布邮箱、电话等举报方式。开展村内黑恶势力线索摸排，派出所全年刑事立案11起，破案10起，刑事拘留5人，取保候审9人，监视居住5人，行政拘留30人，维护社会稳定。意识形态工作常抓不懈。建立责任体系，成立各村支部书记负总责，主管村干部主抓，其他村干部包队包片网格化责任体系，做好宗教统战工作。开展“4・15”全民国家安全教育日，提升干部群众国家安全意识。建立北安乐乡国家安全管理体制。加强天网雪亮专网管理，通过责任明确到人、张贴提示标识、签订保密人员承诺书等措施严防泄密事件发生。坚持齐抓共管，实现安全生产。召开安全生产专题会议，安排专业人员对特种作业人员、应急演练、特种设备、双控机制建设等进行培训讲解和考试测评，增强企业安全意识。加大排查，整治安全隐患。出动车辆200余台次，700余人次，排查经营主体250家次，排查整治隐患181处。对105家经营门店、单位等经营场所开展燃气安全隐患排查，发现问题56处，全部整治到位。开展“打非治违”专项行动，打击非正常生产经营、非法施工。建立企业备案机制，将企业安全生产责任明确到人，压实压细。建立乡—村—企三级安全生产动态台账，各村安排安全监督员到企业走访监督。打击非法盗采。联合综合行政执法局、水利局、公安局、供电公司、交警大队等部门，开展打击非法砂石收卖点专项行动。年内出动巡查人员、综合执法人员、公安干警240余人次，依法打掉盗采团队3个，查扣车辆26辆，拘留9人，罚款8万元。北安乐乡以建材铸造、危化经营、消防安全等为重点，组织乡执法队、自然资源和规划所、派出所等部门和有关村，出动车辆200余台次，人员600余人次，排查经营主体250家次，整治隐患181处。燃气安全排查经营门店105家次，整改问题56处。北安乐乡在清明节、中元节等重要时间节点，通过大喇叭广播，发放宣传册，悬挂横幅等手段推动移风易俗。与各村签订禁燃禁放责任书，责任划分到村、压实到人。乡村两级防火队伍根据网格划分蹲守禁燃禁烧片区。执法队、派出所等组成动态巡查队伍，全域巡查做好防火禁烧工作。

【产业振兴】 2022年，北安乐乡围绕“加快打造现代化农业大乡”定位，确定以党建为统领，抓好“特色种养、品牌种植、旅游＋农业”发展思路，打造北安乐乡现代高效农业产业园。北安乐村在12公顷老砖厂废弃土地上，引进多种果树，发展集生态示范、休闲度假、生产创收于一体采摘园。北安乐观光采摘园投资100万完成一阶段建设，铺设田间灌溉管道3000余米，支管道2810米，修建蓄水池1座，安装水泵1台，架设供电线500余米，安装配电箱1套，硬化混凝土道路1880余米，修建80米水井1口。迁城村与河北省先优种业集团签订合同，建设优质谷种繁种基地，采取“党支部＋农户＋企业”管理种植模式，即“先优种业集团”免费提供种子，村委负责统一种植、管理、收割，农户直接享受收益。集体托管土地40公顷，购置拖拉机、旋耕机、施肥机、收割机、选种机等种植加工机械设备，硬化谷子仓储基地道路。豚之源屠宰有限公司重点发展农业深加工，引进国内先进全自动生产流水线，生猪年屠宰量100万头，延伸全乡生猪产业链条，增加农民收入。

【项目建设】 2022年，北安乐乡新增入库项目14个，完成投资2.50亿元，比上年增长332.89%。引进投产项目5个，总投资5.02亿元，分别是日耀、鑫畅、鑫凯、宏鑫等公司8.8级高强度标准件加工项目、卫斌新型墙体材料水泥免烧砖建设项目。保事达水泥厂、紫金山水泥厂完成水泥粉磨技改提升工作。推动豚之源屠宰公司与北京二商大红门、天津二商迎宾肉类食品、北京千喜鹤冷鲜肉、天津众品等公司签订肉源采购合同，畅通企业销路。

【人居环境整治】 2022年，北安乐乡排查厕改总户数7200户，其中常住户数6473户，未改厕户1868户，改厕户5332户，问题厕所户数1235户，排查整改公厕数量9座，全部改造到位。年内全乡铺设沥青道路4.92万平方米，其中康宿村1.62万平方米，南田村2.3万平方米，迁城村1万平方米，另有1.10万平方米道路正在施工中。贾家庄村建成1200余平方米文化便民广场。

【生态环境治理】 2022年，北安乐乡坚持多措并举，守护环保底线。昼巡夜查维护河道生态，乡级河湖长巡河12人次，巡河率100%；村级河长巡河120人次，巡河率100%。多部门联合打击盗采行为，乡安办结合国土所、派出所，对洺河、马会河私挖乱采进行打击，依法查扣盗采车辆26辆，拘留9人，罚款8万元。马会河迁城村—赵窑村12.50千米河段完成河道治理工作，确保河道行洪顺畅。监管促进企业环保，严控当地涉VOC污染物排放，对违法企业处罚。对“散乱污”可疑点位采取不定时、不定点巡查，清理取缔“散乱污”企业摊点5处。加大监测站高值削减力度。协调7.50万元资金对监测站西路硬化，铺设500米下水管道。采取24小时值守，5千米范围内洒水降尘等措施促进监测站高值削减。利用无人机、入户排查等人技结合方式排查劣质散煤，确保群众清洁取暖。北安乐乡成立重污染天气应急管理组织，制订制度，明确职责，强化措施，加强环境保护三级网格化监管体系，实行定区域、定人员、定职责、定任务、定奖惩“五定”原则。整治全乡空气监测站周围5千米范围内，调用洒水车进行24小时洒水降尘，协调机扫车清扫路面，整顿监测站周边5家企业环保。以疏堵结合方式做好劣质散煤管控，建立乡、村网格化监控、排查、清理体系，开展互查、排查等四次大规模清理活动。全乡清理散煤80余吨，无标记煤球3.80万余块，查处非法存煤点1处，查扣散煤200余吨。推进“打非治违”，全年打击取缔非法摊点5处，对35个违法图斑进行逐个分析，推进卫片图斑整改落实到位。开展禁燃禁放宣传活动，全年全区域禁止燃放烟花爆竹，打击非法存储、销售、燃放烟花爆竹行为，行政拘留非法储存、销售烟花爆竹2人。

【民生保障】 2022年，北安乐乡做好巩固脱贫攻坚成果同乡村振兴有效衔接，为5名脱贫群众安排公益性岗位就业，4户整户无劳动能力脱贫户实施资产收益产业项目，巩固提升脱贫人口后续收入。建立健全防贫动态监测帮扶机制，确保不出现返贫现象发生。新办理低保户2人。城乡居民养老保险全乡参保率97.3%，城乡居民医疗保险全乡参保率96.93%。

（庞建东）

阳邑镇

【概况】 阳邑镇位于武安西部山区，位于两省（河北省、山西省）和三县（武安、涉县、左权）交界处，东与贺进镇相邻，南与冶陶镇、石洞乡相连，西与涉县马布乡、木井乡交界，北与管陶乡接壤，镇政府驻地阳邑东街距市区35千米。2022年辖24个行政村，总户数1.31万户，户籍总人口5.03万人，全镇面积107平方千米，耕地面积4300公顷，山场面积5200公顷。234国道、314省道邯长（邯郸—长治）铁路过境，交通便捷。阳邑镇是武安西部经济、商贸、文化中心，域内分布普阳、南阳、智寿源等企业。

【基础设施建设】 2022年，阳邑镇按照“环境整洁、村貌美化、设施配套”总目标，实施村庄绿化等工程，强化组织领导和督导，以南西井、北西井、龙务、柳河4个重点村人居环境为抓手，在全镇推进环境整治，村容村貌实现提高。在全镇开展以绿化、硬化、美化、亮化为主基础项目攻坚行动。全镇种植树木3.8万余棵，硬化路面4.2万余平方米，墙体美化5000余平方米，新增或改建路灯1078盏。13个村根据群众需要和自身实际，自发投资700余万元对污水管道、饮水池进行修复、新建小游园。

【社会治理】 2022年，阳邑镇抓牢安全生产，召开专题会议，分析出现问题，与各村和企业签订安全生产责任状78份，排查企业286家次，查处隐患183处，整改到位165处，限期整改18处，督促企业投入整改资金10余万元。做好燃气安全排查整治工作，全镇工矿商贸企业未发生一起安全生产事故。落实护林防火和秸秆禁烧各项措施，加强防火禁烧巡查力度，杜绝野外用火，组织各村开展秸秆还田、综合利用等隐患排查工作，减少可燃物，降低野外用火不安全因素。

【项目建设】 2022年，阳邑镇规模以上企业总产值完成546.32亿元，固定资产投资完成53亿元，招商引资376.16亿元，税收22亿元，经济工作考核、招商引资绩效考核获全市第一。全镇商铺1200余家，物流服务行业500余家，普阳、南阳等企业吸纳周边1万余人就业，带动群众增收。推进普阳钢铁整合重组升级改造项目，新征土地10公顷，为群众和村集体增加收入。智寿源建设有年出栏10万头生猪养殖项目，种植优质薄皮清香核桃640公顷，推动农业产业化进程。

【生态环境治理】 2022年，阳邑镇开展大气污染防治工作，对空气质量检测站周边加大管控力度；加大道路扬尘治理，增加洒水（雾炮除尘）频次，做好大型柴油货车、烟花爆竹和燃煤散烧管控；紧盯“散乱污”容易反弹摊点或企业，确保企业取缔到位；组织5个监管组对全镇施工工地、企业厂区进厂道路、露天矿山等易产生扬尘部位进行监管。

【民生保障】 2022年，阳邑镇落实动态防贫监测机制，扩大城乡居民养老保险、医疗保险覆盖面，做好退役军人就业创业、优抚帮扶、权益保障等社会保障工作。落实地质灾害防御、武装征兵、志愿服务等工作。走访调研群众，推进“我为群众办实事”活动，解决群众急难愁盼问题400余件。

（李　阳）

矿山镇

【概况】 矿山镇位于武安市北部，东邻大同镇和邑城镇，南邻西土山镇和寺庄乡，西与贺进镇毗邻，北与邢台沙河市册井乡接壤，镇政府驻地矿山村距市区15千米。2022年辖30个行政村，总户数1.1万户，总人口4.74万人，全镇面积99.5平方千米，耕地面积2133.33公顷。“褡午铁路”贯穿镇域东西，省级“邢峰公路”纵贯南北。矿山镇因矿而兴，矿山开采业和冶炼业历史悠久，矿山村内保留有距今800余年宋代炼铁炉，周恩来总理曾视察矿山村铁矿。

【基础设施建设】 2022年，矿山镇投资3900万元，修复硬化道路40余千米。其中，矿宋线（矿山村—宋家井）矿山段大修工程，重新铺设沥青，全部完工；大矿线（大同村—矿山村）张二庄村至邢峰线（邢台—峰峰）段全部长2.90千米，双层水稳＋9厘米沥青，工程总造价400余万元，全部建成通车；矿山村投资30万元，修复道路4800平方米；洪山村投资约90万元，沥青硬化村南路4000平方米；李石门村修通通往白府村道路2000米。河道修缮方面，修缮重建水毁大堰、疏通清理河道、重建护村坝。其中焦寺二街筹备资金120万元，修缮河道490米，两侧护河堤坝980米，建成后泄洪流量20立方米/秒，比提升前增加一倍，彻底排除汛期泄洪能力不足隐患，确保沿河两侧61户居民和42个商业门市人身财产安全。各村集体对饮水管路进行维修和维护，安装水泵、净水机等设备，为村民免费供水，解决吃水难、用水难问题。洪山村安装2台离心泵，投资5万余元免费给村民供水3万余立方米，投资1万余元维修机井管路、电缆电柜配套设施。矿山村饮用水井投入6万元，水厂免费供水投入5万元。尖山村投资4万元，更换地下水主管路。

【社会治理】 2022年，矿山镇全年接待信访群众160批次300余人次。全年排查企业477家次，查出安全隐患305处，全部整改到位，全年未发生安全事故。开展打击盗采专项行动，制定《矿山镇2022年打击非法采矿专项行动方案》，悬挂宣传条幅100余条，巡查停产企业953家次、巡查重点区域1710处，发现并取缔非法摊点14处，查扣铲车2台、电瓶2块。成立两个燃气隐患排查整治工作组，对辖区内128个经营性门店、449家农户和7个部门燃气使用不达标等隐患问题，全部建立台账，由镇执法队、市场监管分局专项整改组盯住整改，全部整改到位。开展安全生产咨询日活动，村企悬挂安全生产条幅300余条，发放安全知识宣传单、宣传册200余份，组织生产经营企业开展灭火、防汛等应急救援演练和安全生产知识竞赛答题。

【产业振兴】 2022年，矿山镇结合发展实际，推动产业发展，形成"一带三园三区三点"农业产业思路，惠兰村惠鑫农业合作社药材基地，探索与村集体合作，开发移交18公顷集体土地。利用张二庄村北岭18.67公顷荒废土地和山坡，打造集旅游、观光、采摘、大棚蔬菜、养殖为一体循环发展农业科技园区。张二庄村种植4公顷元宝枫和连翘，修复村南山环境，砌墙4道1000余立方米，换土8000余平方米，建设农业园区，修建2000米围栏、1500米灌溉管道，硬化主要道路，种植油葵2公顷、油菜1.33公顷。令公村投资300万建联办猪场一个，存栏800余头。焦寺五街村集体与外商合作，建设服装加工厂1家。李石门村建立李石门服装厂，购置500台机器，解决700余个周边乡民就业问题。焦寺四街流转土地1公顷，建设村集体菊花种植园。西石门村引进烟台富士苹果等品种，林果种植面积6.67公顷。

【项目建设】 2022年，矿山镇新增建设项目11个，完成固定资产投资3.20亿元，比上年增长1.5%；规模以上企业3家，产值10.60亿元，比上年增长27%；新增入统工业企业2家；完成工业固定资产投资2.10亿元，比上年增长1.6%；工业技改投资2.10亿元；完成中小型科技企业申报15家。年内上报9个项目，项目报送数量位居全市第五位。全年接待客商14次，外出招商2次，安阳客商豆制品深加工项目洽谈中。

【人居环境整治】 2022年，矿山镇种植树木1.3万余棵，包含国槐、木棉树、松树、柏树等品种。其中史石门村投资10万元，对村北荒山进行绿化，购买种植柏树苗2500余棵，铺设浇水管道1500余米；崔石门村种植柏树、花树3500余棵；洪山村投资5万元，种植白蜡树、梧桐树、白松、海棠树2680余棵。整治上焦寺五道街垃圾乱堆问题。推进农村改厕，开展问题厕所整改。对辖区30个村进行入户排查，排查1.03万户，发现问题户厕1936户；排查公厕27座，发现问题公厕4座，全部整改到位。自主设计《矿山镇问题厕所整改审核验收表》，确保整改工作全程留痕。镇村两级建立"一图二表三册"及问题厕所摸排和整改台账，完善问题厕所整改工作档案，建立厕所改造工作长效机制。各村开展新农村亮化工程，安装维修路灯409余盏。其中，矿山村亮化东台公园景观，投资16万元；南盆水村自筹资金4万元，安装太阳能路灯105盏；郭二庄村更换临街路灯107盏；尖山村投资2万余元，安装红福字灯笼路灯65盏。

【生态环境治理】 2022年，矿山镇对辖区内企业在线检测，每日查看登记企业内物料苫盖、洒水及运输车辆防尘等措施落实情况，压实企业主体责任，明确镇应急办监管责任。防范"散乱污"反弹，发挥群众举报、车辆跟踪等作用，利用无人机、电子监控等科技，核查取证，依法处置。全年依法清理散煤厂1个、取石渣点2处。开展扬尘治理，对辖区内大货车通行道路，落实企业负责每天清扫、洒水规定，村庄生活垃圾实行专人当日清理。苫盖石渣、土堆等28处，绿化路边裸土裸地9000余平方米。

（李　宁）

西土山镇

【概况】 西土山镇位于武安市区北，东接大同镇，南邻武安镇，西连上团城镇和西寺庄乡，北部毗邻矿山镇，乡政府驻地西土山西街村（中兴路151号）距市区3千米。2022年辖19个行政村，总户数1.41万户，户籍总人口5.93万人，全乡面积74平方千米，邯沙（邯郸—沙洺村）公路、邢峰（邢台—峰峰）公路过境，北洺河自西而东穿越全境。具有区位、交通、资源三大优势。12月，西土山卫生院武安市社区卫生服务中心被河北省卫生健康委评为河北省基层医疗卫生机构特色专科。

【社会治理】 2022年，西土山镇落实“党政同责、一岗双责”责任制，乡党委、政府把安全生产工作纳入乡政府重要工作部署。年内排查企业327余家（次），排查隐患96处，立即整改隐患93处，限期整改3处，全部责任到人，整改到位。加强云驾岭煤矿停产期间监督管理，落实巡查检查和驻矿盯守各项要求，严防云驾岭煤矿违规生产建设，规范和限制下井人数，单班入井30人以上降到30人以下，其他地下矿山单班入井不得超过9人。停产企业实行按片区分组监管，责任到人，使用无人机对停产和存在问题隐患企业进行实时关注，将“厂中厂”“散乱污”等非法生产经营活动消灭在萌芽状态。抓全乡防汛工作，成立乡、村两级防汛应急队伍，储备防汛物料，彻底清除河道内垃圾，设立警示牌，24小时值班值守，落实河长制要求，确保群众安全度汛。规范信访工作秩序，完善接访制度，保证群众来信来访件件有登记、件件有接待、件件有答复、件件有回访。压实乡村干部责任，加大接访和化解力度。学习“枫桥经验”，加大初访化解力度，化解初访案件40件。增强老访攻坚力度，春季攻坚行动10件、百日攻坚行动20件信访案件全部化解，重复访37件全部办结，化解老访户问题。办理网上信访573件，受理率和答复率均为100%。

2022年7月，武安市西土山镇开展农村财会人员培训　　（李绍立　摄）

【产业发展】 2022年，西土山镇发挥集体经济带动发展作用，通过整合土地资源、发展现代农业、推动产业项目，19个村基本完成集体经济目标任务，其中收入超1000万元村1个，超600万元村2个，超100万元村2个，超50万元村3个。助力农企发展，走访辖区内25家养殖种植企业，了解各农业企业发展需求，提供精准服务。开展农产品安全培训3次，加强农业安全管理，确保农企健康稳定发展。

【项目建设】 2022年，西土山镇有12家规模以上工业企业，工业产值约95亿元。河北新金钢铁剪切配送、2×200平方米烧结机余热利用发电工程、智能化综合料场，武安市佳耐达洁净型煤迁建四个项目，完成固定投资5.7亿元。鑫泽康养老服务、通宝新能源有机肥、东马庄商业街等3个招商引资项目签约14亿元。年内销售额约20.20亿元。培育规模以上工业企业：佳耐达洁净型煤有限公司。完成商业入统申氏会馆、鑫柯商贸有限公司2家企业。认定科技型中小企业40家，高新技术企业2家。新项目储备上用力，与华诚博远范博士对接，完成东马庄建材市提升改造、洺岸农业科技园区规划、河北恒通阀门产品升级。谋划跟进华瑞小米深加工、云驾岭村养殖场、东寨子村农业科技园、冀中能源云驾岭矿业安全改造、武安市振鑫农业有限公司农业开发项目、富远耐火材料安全改造提升6个项目，确保全乡经济发展有后劲。

【人居环境整治】 2022年，西土山镇围绕城郊村拆违、空闲地整治改造、垃圾治理等工作，开展6个环境整治项目，年内，5个项目完工，东马庄空闲地整治改造正在施工。全乡投资100余万元，以河渠、郭家岭、东马庄、杜庄、西马庄等村为重点，绿化面积约6万平方米，带动全域环境水平提升。铺设饮水管道5000米，硬化街巷556条33万余平方米，完成文化墙建设2万余平方米，新建或重建小公园35个。推进改厕任务，完善入户摸排台账、改厕台账、问题台账和整改台账，成立乡村两级改厕服务中心，建立五项工作机制，配备10辆拉粪车，全乡投资20余万元，对摸排234个问题厕所完成整改。

【生态环境治理】 2022年，西土山镇突出扬尘污染治理管控，以白鹤观空气质量示范区为重点，通过清扫、洒水、硬化、苫盖、绿化、利用等措施，降低扬尘污染。花费50余万元清理周边杂草33.33公顷、建筑垃圾1075立方米，整治废品收购站等摊点5个，硬化周边裸露土地近6000平方米。加强监管执法力度，与市冶金局联合清理取缔浮达货场非法加工设备“厂中厂”行为。加大对停车场、修理厂路面扬尘管控力度，查封2家扬尘较重停车场，苫盖各类院落地面30处。强化辖区内劣质散煤管控，打击“散乱污”企业，强化企业环保工作常态化检查。做好秸秆禁烧工作，按照全年防火工作要求，组织专门队伍，实行领导干部包片，一般干部包村，村干部包户、包地块，层层签订责任状，责任到人。

【民生保障】 2022年，西土山镇以办好民生大事、村居要事、治理难事为重点，收集民生实事80余项，为村民调解路段归属问题纠纷、整修硬化坑洼路面、安装140盏太阳能路灯、修缮田间路。

【云驾岭村搬迁】 2022年，西土山镇通过“边摇边拆，以拆促摇”，坚持摇号、拆迁齐头并进，稳妥做好云驾岭整村搬迁安置工作。计划拆迁70户、1.90万平方米，涉及拆迁资金1200万元左右。签订拆迁协议205户，拆除191户、4.50万平方米左右，约是原计划的3倍，占全村拆迁总任务的三分之一。

（李思远）

西寺庄乡

【概况】 西寺庄乡位于武安市西北，属半丘陵地区，东与上团城镇、西土山镇接壤，西邻贺进镇、阳邑镇，西南与石洞乡为邻，北接矿山镇，乡政府驻地西寺庄村距市区14.30千米。2022年辖21个行政村，户籍总人口4.60万人，乡域面积66.50平方千米，耕地面积2333.33公顷。太行高速公路（涿鹿县—涉县）、邯沙（邯郸—沙洺村）公路、旅游专线（武安东二环—沙洺村）、矿宋（矿山村—宋家井村）公路贯穿乡域，交通便利，区位优势明显。

【社会治理】 2022年，西寺庄乡以“压事故、减伤亡、保平安”为目标，强化“政府监督、企业主体”两个责任，开展安全生产隐患大排查、大整治、“护航二十大”等专项行动，对3家供电抽水铁矿、9家“双停”铁矿落实包保责任，全年检查企业434家次，发现问题隐患34处，全部整改到位。加强公众聚集场所消防安全管理，开展燃气安全专项整治行动，对辖区内114家饭店、小吃店等餐饮场所开展“拉网式”排查整改。完善防汛预案，组织开展防洪隐患排查、汛期前安全大检查和汛期前防汛演练，确保安全度汛。全年办理网上信访案件57件，自行排查矛盾纠纷29件，调解成功13件。春季攻坚涉及西寺庄乡案件4件，领导包联涉及西寺庄乡案件3件，全部化解。开展“六五”普法活动，打击各类违法犯罪，推进扫黑除恶专项斗争向纵深发展，“平安寺庄”创建工作成效显著。

【项目建设】 2022年，西寺庄乡加强抓招商引资项目，优化企业营商环境，与山西宝山矿业有限公司达成投资意向，振跃物流项目落地小汪村，完成项目立项，征地工作有序进行中。引进紫通农业开发有限公司连翘种植项目，落地东万安村，承包种植连翘面积20公顷。全年新增入统工业企业2家，完成固定资产和技改投资33765.28万元，经济形势平稳向好。推进产业转型发展，推动金泉农林牧业有限公司重点发展林下养殖产业，试点培育鹅养殖带动农户模式。引进灵芝菇种植项目，在东寺庄村开展一期灵芝菇种植试验。推动千亩连翘种植基地、谋划发展万乐生态园区采摘观光产业。

【人居环境整治】 2022年，西寺庄乡清理农村生活垃圾和积存杂物7600立方米、垃圾死角163处、村内外塘沟18处，创建美丽庭院195户、精品庭院85户。西寺庄村争取上级革命老区项目资金，铺设下水管网、硬化街道5500余平方米。东万安、南高壁村争取上级扶贫项目资金130余万元，硬化道路、铺设沥青1.8万余平方米。北高壁村筹措资金40万元修建广场、花园。常寨村投资20万元修复水毁路段、硬化街巷1.5万余平方米。井沟村投资10万元硬化道路3560平方米。东寺庄、东梁庄、北梁庄等村利用空闲地块打造文化广场、小游园等。通过乡镇互查、市直部门查、乡镇自查、村级自查，全乡排查出问题厕所2993个，全部整改到位。

【生态环境治理】 2022年，西寺庄乡打非治违，巡查“散乱污”企业摊点224家次，无人机飞检80余处，确保“动态清零”。加强劣质散煤排查管控，建立奖励举报制度，全年接到群众举报3起，查获散煤13.92吨。做好洁净煤保供工作，确保群众温暖清洁安全过冬。开展防火禁烧工作，加强值班值守和巡查监管力度，密织防火禁烧“管护网”。抓好空气质量“削高值”工作，成立环保专班，做好全天24小时监控，加强周边区域动态巡查监管和应急管控，定期洒水抑尘。

【民生保障】 2022年，西寺庄乡“两不愁三保障”（“两不愁”即不愁吃、不愁穿，“三保障”即义务教育、基本医疗、住房安全有保障不具体）落实到位，做好入股产业扶贫项目和企业公益性岗位等政策兜底保障。抓实退役军人服务保障，为全乡退役军人办理建档立卡和优待证，做好“八一”、春节走访慰问。抓好农业生产工作，加强粮食作物投保宣传，做好“三夏”和“三秋”保障工作，定期开展农产品企业、粮食经营主体和“大棚房”排查，保障粮食安全。加强行政综合服务中心建设，为群众提供“一站式服务”，受理、办结事项1356次，办理个体工商户登记96家。开展各类综合执法，日常巡查100余次，直接交办整改12件，拆除清理违建、占道经营15处。

（赵佳敏）

徘徊镇

【概况】 徘徊镇位于武安市西南部，东与午汲镇接壤，东南与磁山镇、马家庄乡为邻，西连冶陶镇，北与石洞乡相连，属武安市山区乡镇，镇政府驻地徘徊村距市区18.5千米。2022年辖29个行政村，户籍总人口3.20万人，全镇面积106平方千米，山场面积8000公顷，耕地面积2800公顷。青兰高速、309国道、磁阳公路、邯长铁路横穿东西，县道矿宋线纵贯南北。4月，西河下村被河北省人民政府评为第五批历史文化名村。11月，徘徊供销社被河北省供销合作总社评为河北省供销合作社系统基层社示范社。

【社会治理】 2022年，徘徊镇制定《防火禁烧工作管理办法》，通过压责任、传压力，确保29个行政村91个防火网格56名护林员发挥作用，加强非法野外用火巡查和打击惩治力度。镇政府重点聚焦传统祭祀日，倡导文明祭祀新风尚。全镇层层落实防汛责任制，完善提升基层防汛体系，减少洪涝灾害损失，保障镇村两级平安度汛。全年化解信访积案5起，解决初访矛盾10起。

【产业发展】 2022年，徘徊镇以建设南山沟特色种植产业带为契机，规划建设连翘种植“百、千、万”工程（连翘产业百亩育苗、千亩茶园、万亩种植基地），跟进后续管理，完善基础设施建设。铺上村初步建成3.33公顷辣椒种植基地，与农产品公司签订产供销合同，为广大农户增收致富开拓新途径。通过线上线下发力，拓宽花椒、连翘、朝天椒等特色农产品增收渠道，助推产业发展壮大，打响南山沟特色种植金字招牌。

【项目建设】 2022年，徘徊镇树立“项目为王”发展理念，优化营商环境，加大招商引资力度，推进项目签约落地。引进中镈能源有限公司开发物流产业充电桩配套设施建设、综合性商业酒店建设，莱沃养殖有限公司建设现代化、规模化蛋鸡养殖场，邯郸市源保再生资源有限公司实现固废资源再生循环利用等项目，以产业项目建设为全镇经济社会发展提供支撑。

【人居环境整治】 2022年，徘徊镇把人居环境整治工作作为提升群众幸福指数抓手，在优化村庄环境，方便群众出行方面下功夫。投资90余万元实施东河口道路改造工程，解决道路安全问题。以保供群众洁净煤取暖为基本目标，除新安村采用集中供暖外，其余28个行政村实现洁净煤全覆盖。成立专项督查组，对劣质散煤严密排查，严格管控，严防劣质散煤输入。年内，改造提升镇政府机关，整修屋顶、修缮会议室、配备投影仪，提升书屋、食堂、厕所、洗浴间、活动室等基础设施。

【特色农产品推广】 2022年，徘徊镇引导农产品公司与武安供销合作社、邯郸供销合作社、武安市融媒体带货大厅、博阳超市等线下实体开展购销合作，同多家超市合作设立产品专柜，与邯郸、安阳、郑州等多个农贸市场建立合作关系；与京东旗舰供应商、问岫农产品销售平台对接，实现山货上网。扶持企业开通抖音店铺，售卖徘徊花椒等山货。12月，岭上香公司参加“邮储银行杯”2022电商赋能乡村振兴比赛，通过直播带货销售额超6万元，获大赛一等奖，岭上香公司获评河北省人社厅“最佳网络创业机构”。线下开拓渠道、线上推介品牌、电商网络带货，跨境电商把深山沟花椒销售到欧盟，全年销售花椒2.5万余千克。全镇脱贫监测户实现增收10余万元，户均增收4000余元。

【文旅产业发展】 2022年，徘徊镇围绕“文旅产业融合，赋能乡村振兴”为课题，以前李甲村冰臼溶蚀大峡谷为重点，借助其网红效应，因势利导启动实施“徘徊镇南山沟一村一品生态乡村游”发展规划，引进中国地质科学院岩溶地质研究所、人民众网电视有限公司、河北秦河善谷集团、武安市城发集团等专家学者、高端媒体、开发公司到镇实地考察调研，指导科学规划发展路径，挖掘发展潜力，为全镇特色文旅产业起步奠定良好开局。

（任海强）

马家庄乡

【概况】 马家庄乡位于武安市西南部山区，东与磁山镇相邻，南与磁县相连，西与涉县接壤，北与徘徊镇相接，乡政府驻地宋家井村距市区28.8千米。2022年辖28个行政村，总户数6369户，户籍总人口2.15万人，全乡面积83.40平方千米，耕地1910.80公顷。全乡以农业生产为主，盛产花椒、柿子、小米等优质土特产品，在市场上享有盛誉。山场面积广阔，有石灰石和黄连木资源，具有发展林业、养殖业、石材等自然优势。马家庄乡坚持发展，突出山区特色，南山沟特色种植田园综合体初见成效。

【社会治理】 2022年，马家庄乡加大案件化解力度，重点案件实行“五包一”制度，化解积难案件3起；排查矛盾纠纷20起，化解20起。开展安全生产风险隐患排查整治，检查企业160余次，发现并督促整改隐患10余处，安全生产平稳运行。散乱污摊点无反弹，无新增，确保动态归零。抓劣质散煤管控工作。全年开展防火宣传，防火禁烧常抓不懈，悬挂条幅160条，固定标准56条，张贴公告200余份，巡察发现火情包括过火痕迹16起，追查到点火人，通过森林公安、乡派出所、乡综合行政执法大队处理到位。

【项目建设】 2022年，马家庄乡建设南山沟特色产业四大片区，注册“南山沟科然农业”商标，与高校签订技术支撑合作协议、联合建立“教学科研实习基地”，完成武安市科然农业入驻河北省“绿谷”中药材质量追溯平台工作。引进武玉翠、李炎两位教授级科技特派员，助力南山沟特色产业技术指导和产业发展。种植连翘73.33公顷，元宝枫、连翘种植总面积1066.67公顷；种植酸枣7.33公顷，培育酸枣树苗4万棵；建成8公顷酸枣密植园。

【人居环境整治】 2022年，宋家井村完成省级美丽乡村创建，马家庄村等五个村进行人居环境整治提升，新建小广场，墙体美化1000余平方米。动员村民党员干部650人次对全乡街道、路边、房前屋后进行环境卫生大整治，清理清运各种垃圾1500余立方米。清理国、省干道及乡村道路两侧杂草2000余平方米。投入20余万元完成问题厕所摸排整改工作，完成6座公厕建造。

【生态环境治理】 2022年，马家庄乡坚持“既要金山银山，又要绿水青山”理念，推动依法治污，加大监督力度，增强监督实效，创新执法检查工作机制，指导宝川白云石厂和鼎立建材有限公司整改并通过验收。开展日常巡查、执法检查、专项督查，严查“散乱污”摊点；落实重污染天气应急响应措施，企业停电停产、料场苫盖、道路洒水降尘、秸秆禁烧等措施执行到位，生态环境指数改善。

【民生保障】 2022年，马家庄乡完成建档立卡脱贫人口197户472人，脱贫人口中，享受低保133户285人，享受特困救助7人。引导劳动力当地就业58余人，外省就业33人。为防范脱贫户返贫，边缘户致贫，定期对脱贫户和监测户开展排查工作，坚持做到村不漏户、户不漏人、人不漏项。年内，通过宣传、细化任务、压实责任、每日通报调度等措施，完成农合征缴目标，全乡参保人员1.61万人，完成率97.10%。推进农业生产保障机制建设工作，农业政策性保险实现村居全覆盖，棉花投保3733.33公顷、玉米投保893.33公顷，农业生产抗灾能力提升。全乡农业种植享受各种补贴202.88万元。

（刘晓雨）

冶陶镇

【概况】 冶陶镇位于武安市西南部，东与徘徊镇接壤，南与徘徊镇为邻，西与涉县龙虎乡接壤，北与石洞乡相邻，镇政府驻地冶陶村距市区25千米。2022年辖21个行政村，户籍总人口2.56万人，全镇面积70平方千米。东半部属丘陵地带，西半部群山环绕，海拔700余米。邯长（邯郸—长治）铁路、309国道、青兰高速公路等交通干线过境，交通便捷。

【社会治理】 2022年，冶陶镇推进常态化扫黑除恶工作。立治安案件28起，比上年下降49%，治安处罚16人；立刑事案件10起，刑事拘留8人，逮捕3人；对缠访、闹访、无理访人员训诫10人，刑拘6人，批捕3人，维护辖区秩序，改善信访环境。依法化解信访矛盾9件，受理率和答复率为100%，满意率96.15%，参评率100%，信访“四率”在全市名列前茅。抓实企业安全生产，落实安全生产责任制，督促企业开展自查自纠，专家检查，逐岗位、逐环节排查，日常落实“一网双查”工作机制，全年开展巡查40余次，排查安全隐患434处，全部整改到位。开展消防安全及燃气安全排查整改行动，全镇排查各类经营门店103家，餐饮门店55家（使用液化石油气34家、管道煤气18家、植物油2家、电力1家）；注册企业29家，实际经营场所23家，其中使用液化石油气6家，排查燃气安全隐患33处、消防安全隐患302处，全部整改到位。在309国道事故多发路段两侧安装太阳能路灯80余盏，督促周边企业落实交通安全防护措施，防事故、保安全，全镇安全生产实现“零死亡”“零事故”。

【产业振兴】 2022年，冶陶镇实施乡村振兴战略，推进南山沟特色种植“三大特色产业带”发展，即安子岭沟“千亩连翘元宝枫”中草药产业带、七水岭“千亩梅花椒”改良升级产业带、琅矿沟“千亩玉露香梨”鲜果产业带。

【项目建设】 2022年，冶陶镇坚持“项目为王”、深化“双招双引”，瞄准产业龙头和行业领军，加大招商引资力度，成立工作专班，提高项目“对接—引进—签约—建设—投产”全流程服务水平，完成河北能兆智能装备制造有限公司投资14.6亿元智能装备制造和河北能兆智能装备制造有限公司投资55亿元高压油气管线用球墨铸铁等两个项目签约。6月，后山村征地66.67公顷，为文安钢铁有限公司特种合金带钢项目落户提供保障。

【人居环境整治】2011年，冶陶镇改厕户数3275户，982个问题厕所完成整改。投资400万元对马村、偏亮、安子岭、琅矿4个村人居环境、产业配套基础设施等进行提档升级，修建混凝土道路3200平方米，道路硬化1.55万平方米，新建200立方米蓄水池7座，铺设灌溉系统PE管3000米，田间灌溉管网4310米，安装水泵3台。架设供电线路2200米，安装配电箱3套，安装沿线观光路灯150余盏，夯实乡村振兴基础工程。

【生态环境治理】 2022年，冶陶镇以绿色发展为导向，精准治污，改善生态环境。狠抓“散乱污”动态治理，做到“两断三清”，强化动态管理。加强对辖区内国省干道路域环境整治，与200余家商户签订“门前三包”管理责任书。加强重点领域综合执法，查办河道倾倒渣土垃圾案件4件，拆除河道违建4处，对历史采石点、高速公路施工痕迹等进行定位拍照，建立网格化台账，开展常态化执法巡查。加强劣质散煤管控，抓好洁净煤保供，确保群众温暖清洁过冬。打击露天焚烧、野外用火行为，全镇全年零火情。环境空气常规六参数比上年月均下降42%，空气质量得到改善。

【民生保障】 2022年，冶陶镇对全镇建档立卡脱贫户68户158人巩固脱贫攻坚成果，防返贫机制常态化落实到位。保障困难群众生活，新增低保12户21人，新增低保边缘13户47人，为21个残疾人办理护理和生活补贴，办理特困对象6个，救助对象8人。医疗保险参保人数1.99万人，参保率90.43%。养老保险参保人数6677人，享受养老保险金待遇人员5300人，完成2022年养老保险征缴工作。协调水利、电力等相关部门，启用太行高速水井并铺设配套管道，对山区人饮工程8个村饮水设施管道进行修整，更改优化偏亮村通水管道；协调交通部门硬化乡村道路2.40万平方米。协调政府在309国道两侧安装太阳能路灯80盏。

【文旅产业发展】2022年，冶陶镇推动农文旅融合发展，整合千年古县、红色革命老区优势文旅资源，发挥品牌和历史文化底蕴深厚优势，编制《武安市冶陶镇乡村旅游和产业发展总体规划》《传统村落保护发展规划》《推动红色村组织振兴建设红色美丽村庄工作实施方案》等整体发展规划。

（崔　帅）

贺进镇

【概况】 贺进镇地处武安市西部山区，东与西寺庄乡为邻，西与活水乡接壤，北与沙河市交界，南与阳邑镇毗连，镇政府驻地贺进北街距市区20千米。2022年辖32个行政村，总户数9188户，户籍总人口2.91万人，全镇面积120平方千米，耕地面积1153.33公顷，山场面积9217.33公顷。镇域大部分为山区，北洺河自西向东流经境内。

【社会治理】 2022年，贺进镇在处理信访积案过程中引导信访群众走司法程序，将涉法涉诉信访案件纳入法治轨道。做好信访积案化解，全镇未发生重大个人或群体性信访案件，其他信访案件全部化解。通过省、市信访督查、考核。案件办理无超期情况发生，案件办理率、满意率均为100%，各项信访指标全部达标。贺进镇推进“三年行动”，组织开展安全生产月活动，推进大排查大整治攻坚行动，打非治违常态化开展，悬挂宣传条幅150余条，发放宣传资料500余份。进行大排查、大整治活动151次，企业隐患排查339次，查出隐患10处，全部整改到位。全年保持安全事故零记录。发放悬挂防火条幅，各村安排专人对护林防火进行“一日三广播”，逐户与群众签订保证书，发放明白纸，设立防火检查站。全天候全地域巡查，落实网格化管理。

【项目建设】 2022年，贺进镇推进武安市千弘度假村项目，计划总投资5亿元，以英脑村旧村落为依托，建造近百间亲近自然原生态酒店建筑群体，总建筑面积约3万平方米，完成项目签约、备案、登记注册、土地流转等工作。推进定晋岩文化旅游度假区滑雪场项目，项目占地20公顷，造雪面积约11万平方米，服务配套建设用地3000平方米，预计投资5000万元。推进武安市奥隆溪旅游开发有限公司投资民宿以及游乐场项目，总投资30亿元，建设期为24个月。项目总用地面积133.33公顷，总建筑面积2.50万平方米。主要建设度假民宿、康养医疗、侏罗纪漂流水世界、景观星空房、主题儿童乐园、商业水街、游客中心等设施，计划建成集民宿、休闲娱乐、特色餐饮为一体旅游综合体。都喜温泉度假小镇项目完成项目签约、备案、登记注册等工作。

【人居环境整治】 2022年，贺进镇沙洺村投资200万元完成永安桥南侧永安南路改造提升；豹子峪村投资120万余元在中心区域新建2600平方米文化广场；翟家庄村投资120万元新建标准化幼儿园；寺西村完成游园建设和河道治理；西街村街巷硬化项目完工。全镇亮化改造路灯300余盏，硬化路面1万余平方米。全镇投资2万余元增设40余个垃圾箱，理顺垃圾收集清运。完成北街、水沟等7个村公厕改造，修建化粪池建2座，完成改厕“一村一档”建立，指导各村完成对前期改厕工作回头看，分类建档立卡上墙。抽调人员进行旅游环线征地拆迁，结合市交通运输局踏勘评审全镇水毁道路、乡村破损道路、石井沟通用飞机场道路、岳家庄三门扇景区道路，优化镇域路网环境。

【民生保障】 2022年，贺进镇新申请低保户27户56人，为符合办理条件15户34人办理低保。年内，救助因病、因灾造成生活困难家庭26户，救助金3.65万元。新建幸福院2处（道沟、贺进南街），改建1处（沙洺），解决农村留守老人生活困境，提升农村老人幸福指数。

（张　洋）

活水乡

【概况】 活水乡位于武安市区西北深山区，由白云川、门道川、常社川三道山川组成，三道山川汇合于活水村东，为北洺河源头，与山西省左权县、河北省邢台县接壤，乡政府驻地活水村距市区26.50千米。2022年辖36个行政村，114个自然村，户籍总人口2.80万人，全乡面积224平方千米，宜林荒山面积1.47万公顷，耕地面积946.53公顷。境内公路四通八达，平安大道、白云大道、武当大道贯穿全乡。境内旅游资源丰富，特产有活水醋、连翘茶、山韭花、野生蜜等。4月，活水乡楼上村被河北省人民政府评为第五批历史文化名村；11月，活水乡被河北省文化和旅游厅评为第四批省级乡村旅游重点村镇，入围河北省十佳乡村精品民宿聚集区。

【基础设施建设】 2022年，活水乡门王庄、上店等15个村完成街巷硬化和群众种地路修建11.20千米，4.36万平方米；完成平安大道与七步沟景区平交道口提升改造工程宅基地征迁4处，土地0.45公顷，顺利通车；完成17个村水毁重建工程修复，武当大道征地完成。

【社会治理】 2022年，活水乡树立“活水最大的安全就是防火”理念，为8141户发放“上坟告知书”和“森林防火明白纸”，清理山场13.38万米林边、7.71万米路边，消除森林防火隐患。146个进山口，205名护林员全部分包，4部巡查车，每天24小时巡查，森林防火保持高压态势，全年没有发生火情。活水乡21个山洪灾害村、1个地质灾害村完成2轮演练。1个后仙灵小水库明确“三级责任人”制度，全乡90户危险区户和308口危险区人口全部明确承包责任人，安置点和转移路线标识全部张贴到位。全乡储备编织袋2000个，雨靴、雨衣等150套，对讲机50部，铁锹100把、铁丝、救援绳、锣鼓等。排查整治妨碍河道行洪隐患53处，结合市水利局修复河道护堤1500余米，护坡300余米，修复穿河路段11条；清理常王庄、常杨庄、马店头堵塞河道砂石三处。成立36个工作队专门对村上所有厕所进行摸排，排查总户数6387户，常住户数4962户，未改厕户数1726户，改厕户数4661户，问题厕所户数1402户，全部完成整改。乡镇自查、互查、帮查清理劣质散煤0.615吨，完成2全乡1879户清洁煤取暖确村确户系统录入，1873.8吨洁净型煤保供到位。

【产业增收】 2022年，活水乡坚持产业振兴，依托活水乡特有风景旅游资源，拓展“旅游+”产业链。在井峪村、大会庄村、贺家村、楼上村等8个村流转土地1800公顷，栽种各类果树、树苗2.60万余棵，年产各类农产品210万余斤，增加集体收入130余万元，带动村民就业326人。打造白王庄村一站式康养服务产业，带动就业40余人，增加集体收入6万余元。建设长寿村、上店村、前柏山村、后柏山村等周边15个村庄特色民宿，拉动乡村就业1000人以上，村民由原来人均收入不足1000元，到人均收入突破1万元。壮大农村集体经济，将基层党建融入“发展全域旅游”全过程。前渠、后渠2个村采摘园完成项目建设，村集体年增收10万元；白王庄村采取“支部+公司”模式建设完成采摘园，占地4.13公顷，年收益12万元；大会庄、口上等6个村集体经济收入超过50万元；井峪等26个村收入超过10万元；其余4个村收入超5万元。

武安市京娘湖隧道　　　　　　　　（市委宣传部　供图）

【项目建设】 2022年，活水乡完成固定资产投资6.22亿元，3个邯郸市重点项目完成入统，超额完成全年任务2187万元。其中，古武当山景区改造提升项目完成投资2.23亿元，田鑫研学教育基地项目完成投资6860万元，京娘湖康养小镇投资2.66亿元，太行漫宁民宿投资6438万元。完成中药种植2007.60公顷，3家企业纳入规模以上工业企业培育库，武安市紫晟山庄完成入统，田鑫研学教育基地项目完成招商引资，漫宁太行民宿项目落地投产。年内，晨曦酒店营业收入1755.90万元，地博园营业收入201.40万元。

【人居环境整治】 2022年，活水乡开展白云、平安、盘龙、武当4条大道全线全域整治，可视范围内垃圾杂物、秸秆杂草、广告牌匾全部纳入整治范围。全年出动车辆设备530余次、人员3000余人，清理道路两侧1.50万余米，清理垃圾杂物9万余立方米，安装统一立标7个。白云川6个村墙体粉刷1万余平方米，硬化平交道口9处，绿化1处。

【民生保障】 2022年，活水乡贯彻落实党中央、国务院决策部署，学习新冠疫情防控《第九版防控方案》和《进一步优化防控工作的二十条措施》。统筹做好消毒消杀等，新冠疫情防控工作转入“保健康、防重症”以来，组织家庭巡诊小分队，为居家群众、重点人群提供健康咨询、诊疗服务，《邯郸武安：家庭巡诊守护群众健康》在“央视频”APP播出。

【文旅产业发展】 2022年，活水乡坚持“以文塑旅、以旅彰文，丰富载体、扩大影响”，做深做精文旅融合产业。挖掘当地红色文化、戏曲文化、道教文化、奇闻轶事、神话传说等，丰富旅游文化内涵。扩大楼上村戏曲文化、白王庄村红色文化、武当山道家文化影响力，推进宅清沟画家村、长寿村“寿”文化、李家庄传统村落、后仙灵水文化建设。在传统山水游基础上，结合传统时节，打造京娘湖七夕、七步沟拜月、古武当山太极等文艺演出，让游客实现从“看景”到“入景”沉浸式转变，丰富游客体验。开启全景模式，用动态眼光和全方位视角，推进全季、全时旅游。提升古武当山、七步沟、田鑫小镇各景区滑雪项目知名度，升级水幕电影、极光之夜、奇幻漂流、灯光秀，搞活“游、食、宿、演、景”夜经济。坚持“紧盯市场、聚焦潮流，分层打造、智慧服务”，让旅客感受山水、记住乡愁。优化王坡、地垴民宿，推进漫宁二期、三期，引领民宿集群建设，提供“管家式服务”，满足游客日益增长旅居需求。升级特色民宿，对全乡农家乐进行包装升级，借助长寿村康养小镇建设，打造石板房、小木屋，开发“银发经济”“情侣院落”“亲子农居”，推进平民式、多层次消费。创新智慧旅居，以数字旅居为场景，以智慧活水为抓手，构建数据智能应用平台，提供“一键式”旅游咨询、旅游策划、产品展示、订票、订房、旅游自助、承办会议系列服务，实现从传统向便捷、旅游向“居家”转变。

（郝晓方）

邑城镇

【概况】 邑城镇位于武安市东北部，素有“武安北大门”之称，是武安八大古镇之一，东与永年区交界，南与北安乐乡为邻，西与矿山镇、大同镇相接，北与沙河市接壤，镇政府驻地邑城三街距武安市区23千米。2022年辖25个行政村，户籍总人口4.60万人，全镇面积67平方千米，耕地面积3666.66公顷。4月，邑城镇白府村被河北省人民政府评为第五批历史文化名村。

【基础设施建设】 2022年，邑城镇投资4000余万元修建高标准田间路30余千米、铺设引水管道32万米，方便全镇25个村2666公顷良田灌溉。争取革命老区建设资金、农村公路畅通工程专项资金3600余万元，修整辖区内道路。

【社会治理】 2022年，邑城镇加强村级综治工作站建设，对各村综治工作成员建立档案、明确责任，落实监控、监管和“五包一”工作措施。全年办理信访积案、新案、网上案12件，办理市长公开电话办交办案件116件。开展“迎冬奥、防风险、除隐患、保安全”安全生产行动，巡查企业162家次，发现并督促整改一般隐患19处。开展燃气行业整治，排查餐饮单位100余家。开展安全生产大检查，巡查企业88家次，发现并督促整改一般隐患25处，消除重点领域安全隐患。

【项目建设】 2022年，邑城镇完成规模以上工业产值4380.78万元，工业固定资产投资1.73亿元。全镇有企业15家（当前生产企业3家），其中入统企业2家。年内，投资9092万元推进工业技改项目，入库工业技改项目2个（武安市高优标准件加工有限公司高强度标准件加工项目、武安市铭凯弹簧加工有限公司年产6000吨弹簧及弹簧配件加工项目）。

【人居环境整治】2022年，邑城镇推动农村人居环境整治，得义村投资30余万元对村南及村东出村路进行重新硬化、美化。白府村投资50万元修复加固村东出村桥，硬化背街小巷3000余平方米，申报河北省历史文化名村。全镇新建提升休闲广场35处，安装太阳能路灯1672盏，铺设污水管网6800余米，种植各类绿化树木2600余株，农村环境面貌得到改善。完成全镇25个村9913户

（常住户8674户、改厕户5615户、享受财政补贴5421户、非财政补贴户194户）改厕任务，以及3个村3座公厕，通过验收。

【生态环境治理】 2022年，邑城镇做好“散乱污”动态清零，每天排查复查，发现有新增迹象，提前介入查处。精细化管控空气质量，全年空气质量同期比较稳中有进，在邯郸市乡镇环境空气质量考核排名中保持在中游水平。增强洁净煤取暖和劣质散煤管控工作，做到提前谋划、准确摸底、健全组织、及时保供。落实防灭火、秸秆禁烧工作，加强禁烧工作宣传力度、加强禁烧巡查力度、加强警示教育，通过通报典型案例，在群众中进行防火禁烧警示教育宣传。加强野外火源管控、防火应急队伍建设和防火物资储备，对重点时间和重点地块增强值守力量。

（贾 鹏）

石洞乡

【概况】 石洞乡位于武安市西部，东与午汲镇搭界，南与冶陶镇、徘徊镇相连，西与阳邑镇接壤，北与西寺庄乡和上团城镇毗邻，乡政府驻地石洞村距市区约25千米。2022年辖15个行政村，总户数6954户，户籍总人口2.57万人，全乡面积72平方千米，耕地面积2651.60公顷。磁左公路、邯长铁路穿越乡境。11月，石洞乡河西村被住建部评为第六批中国传统村落。

【社会治理】 2022年，石洞乡破解发展遗留问题3件，推动完成重点工作任务54个，化解信访疑难案件28件，解决群众反映强烈民生事项78件，走访慰问建档立卡贫困户和一般贫困户100余户次。开展“扫黄打非”、学校周边环境治理、宗教活动场所管理等工作，加强意识形态阵地建设；以乡村文明建设为重点，各村成立红白理事会、道德评议会、志愿者服务队等组织机构，制订村规民约，提升自我教育、自我管理水平，村风民风好转。

【产业振兴】 2022年，石洞乡推进村企合作型项目，青烟寺村采用“党支部＋合作社＋农户＋公司”模式，党支部依托合作社为主体，流转农户零散闲置土地，以土地资源入股康之健农业开发有限公司，由康之健公司负责日常生产、加工、销售，形成“区域化布局、标准化生产、规模化经营”合作模式，实现企业有利润、群众得实惠、村集体增收益“三赢”局面。全年谷子产量70余万斤，生产优质小米50余万斤。曹子港村流转土地6.67公顷，种植“太行红”单生朝天椒，与涉县“红之源”农业开发公司签订合作协议，实行“订单式”种植销售，产品为中国著名品牌“老干妈”提供原料。南河底村注册成立服装加工公司，盘活利用原村办水泥厂1000余平方米旧厂房，以合股形式与唐山市某服装加工企业合作，投资建设来料加工式服装厂，解决周边村150人就业，年增加集体收入10万元。狠抓农旅融合型项目，赵庄村围绕俊迪、恒裕两个规模化种植园，青烟寺村依托远近闻名中国第一杏“水晶八特杏”产品（色艳、皮薄、个大、甘甜、肉鲜、汁多、味醇、核香），打造集生态观光、果品采摘、农事体验、休闲度假为一体“农业采摘特色游园”。年内，举办赵庄村“国庆苹果采摘节”、青烟寺村“三月杏花节”和“六月杏果采摘节”。

【项目建设】 2022年，石洞乡完成规模以上企业生产值15.06亿元，新增规模以下转规模以上企业2家，完成固定资产投资4300万元，新增6家科技型中小企业。推进招商引资工作，与20家企业签订投资意向书，13家企业相继落地、投产。

【人居环境整治】 2022年，石洞乡推进农村改厕工作，全乡常住户5373户，改造达标卫生厕所3838座，摸排问题厕所1110座，全部整改到位。河业峧村新建公厕一座，百官村整治提升公厕一座。推进美丽乡村建设，青烟寺村申报2023年省级美丽乡村，提升计划列入乡村重点工作日程，硬化街巷3万余平方米。组织各村队伍，对村内墙体小广告，乱涂乱画等进行清理，磁左线及什里店村安装路灯180余盏。各村保洁公司清理空闲宅基地、村庄周边、道路沿线等重点区域生活垃圾及废弃物，强化日常管护和各项工作机制。乡政府督促各村加强对公共场所进行消毒杀菌，开展相关消杀人员技术培训。

【生态环境治理】 2022年，石洞乡落实上级差别化管控措施，实施棚化整改和道路硬化、洒水等抑尘措施，开展环境污染巡查、夜查，清理取缔“小散乱污”企业。开展森林防灭火和秸秆禁烧工作，落实乡村干部和防灭火员网格化管理责任，对非法野外用火行为依法进行打击，受理非法野外用火案件4起，罚款4人。采暖期前制订各村洁净煤保供方案，采购生活取暖用煤，减少污染排放，改善空气质量。

【民生保障】 2022年，石洞乡新医保参保率96%以上，实现基本医疗保险全覆盖。推进民主政治建设，规范村民会议、村民代表会议、村务公开、财务公开等各项制度，全乡15个村均能按照民主管理新体制进行运转。贯彻落实中央惠农政策，各项惠农资金公开公示、公平公正。加大食品市场监管监控力度，全年未发生食品安全事故。

（连家骏）

管陶乡

【概况】 管陶乡位于河北省武安市西部深山区，两省（河北、山西）三县（武安、涉县、左权）交界处，南与阳邑镇为邻，西邻涉县，西北接山西省左权县，东北与活水乡接壤，乡政府驻地管陶村距武安市区50千米。2022年辖38个行政村，总户数5877户，户籍总人口2.12万人，全乡面积188平方千米，耕地面积933.33公顷，山场面积1.58万公顷，林地面积1.75万公顷。境内有冀南最高峰青崖寨，海拔1898.7米。

【社会治理】 2022年，管陶乡落实安全生产属地责任和监管责任，组成10个专班，常态化进行巡查检查。全年检查生产经营场所56次、重点村8个，排查出门店燃气安全隐患21处，企业一般隐患4处，全部整改完成。采取悬挂标语、条幅、发放宣传单等方式加大宣传力度，接待群众咨询30余人次，举办安全生产培训班4期，安全演练3次，参训人员100余人次。主汛期村“两委”干部落实24小时值班值守制度。3个涉小水库村庄，安排专人24小时不间断巡查，密切关注水库水位、山体情况，确保出现突发情况第一时间转移。为应对连日强降雨，完成6个地质灾害村54户179人避险转移任务。全乡4处危险路段设置警示标志安排专人值守，确保群众生命财产安全。全乡划分为“四个战区”，38个网格，确保全乡区域无死角责任到人。建设森林防火站，整修房屋6间，配备背负式风力灭火器22台，高压细水雾4台，2号工具200个，水壶2000个，物资储备充足。卡口管理创新模式，进山人员管理实行“自主登记＋持卡拍照”。做好“六清”工作，隔离带、林边、地边等重点部位清理杂草29千米、600余吨；秸秆处理疏堵结合，严禁露天焚烧秸秆，引导村集体购买秸秆粉碎还田机2台，秸秆粉碎打包机2台，秸秆压榨机1台，促进秸秆综合利用。严管一切野外火源，发现游客有登山、野炊等行为进行规劝。通过实地调研确定10个高地平台瞭望哨安排专人值守，配备望远镜、无人机，实现立体式全天候预警监测。打造全省精品防火站，建设防火作战指挥室，筑牢“人防、技防、物防”三道防线，抓好护林防火工作。

【产业增收】 2022年，管陶乡以种养殖业为基础，强化基础设施、农资保障和技术服务，推动全乡农业产业结构调整，做大做强现代农业。马渠水村利用当地土壤优势，流转农户土地13.3公顷，按照“村集体＋农户”发展模式，建设蔬菜大棚11个，错季种植有机蔬菜，每年为村集体增收7万元以上。引进万寿菊，提取叶黄素，可增收5万余元。车谷村转变传统种植结构，发展特色采摘和休闲旅游产业，建立“果然鲜采摘园”，种植樱桃、苹果、油桃、玉露香早熟红梨等十余种果蔬，为村集体增收6万余元，带动村内20余人就业，人均增收1万余元，实现村级集体经济和村民收入“双增收”。

【产业示范区建设】 2022年，管陶乡立足全乡独特资源、区位和生态环境优势，壮大集体经济，发展4大产业示范区。中药材种植区。从荒庄至朝阳沟段，对丰富野生中药材资源进行科学开发利用，加大连翘、苍术等中药材培育、管护、种植规模，连点成线、整村推进，将连翘种植从山坡延伸至地面，打造万亩中药材种植、加工基地。红色文化传承区。围绕朝阳沟知青文化，挖掘梁沟村、脑沟村、坟峧村兵工厂抗战精神内涵，依托大水峧村太行山英雄故里以及柏草坪村武安第一农村党支部等红色资源，打造爱国主义教育基地。打造精品康养民宿区，依托自然优势，在岩角、杜家村、寺峪沟、龙井等8个村发展特色山区民宿，打造集摘果赏花、户外露营、特色民宿为一体康养旅游基地。高效农业示范区。发展马渠水村大棚蔬菜及万寿菊种植，小店村香椿、香菇、土豆、水果等特色农产品；发展管陶村养牛业、小店村养羊业、下站村养猪业等养殖业。

【项目建设】2022年，管陶乡完成固定资产投资3.56亿元，完成率为102%。隶属管陶乡2家企业入统，实现“社消零”企业从无到有。对接有投资意向企业，引进华能电厂抽水蓄能项目，项目总投资近80亿元，将成立专班完成项目审批签约，落地投产。

【人居环境整治】 2022年，管陶乡推进美丽乡村建设，农村生活垃圾“村收、乡运、市处理”一体化处理体系运转良好，整治街巷环境4000平方米，粉刷墙体1万平方米，整理杂物60余处，乡村面貌提升。完成农村问题厕所摸排整改，对全乡4649农户摸排，摸排出问题厕所394户，排查公厕34座，问题公厕20座，全部整改完成，建立长效管护机制。年内，对28个村100余处水毁路段50余千米完成修复，硬化路面25千米，新铺设自来水管道8千米，更换太阳能路灯200余个，新建跨河桥2座。

【民生保障】 2022年，管陶乡对农户进行拉网式排查，排查出低收入户全部办理低保，做到应保尽保。年内纳入1户防贫监测户，办理2户低保，1户五保，调整4户低保保障标准。

【文旅产业发展】 2022年，管陶乡利用荒坡、空闲宅基地等闲置废弃资源，对村庄进行整体规划。依托自然优势，融合多种康养元素，打造独具特色民宿康养度假旅游胜地。改造提升杜家村3处闲置宅基地、坍塌房屋，打造半山居民宿25间，床位20个。建岩角村石屋民宿，集户外露营、特色民宿、休闲旅游为一体。

（冯梦亚）

（责任编辑：张文庆　张冠华）

人物·荣誉

“全国五一劳动奖章”获得者

付中原 男，汉族，中共党员，1988年5月生，大学本科学历，工程师，2011年6月毕业于东北大学材料成型及控制工程专业，次月入职河北普阳钢铁有限公司，现任公司技术部副部长，长期从事产品研发及中厚板技术创新工作，先后获河北省金属学会“科学技术奖”一等奖1项，邯郸市科技进步奖二等奖1项，河北省科学技术成果4项，授权国家发明专利1项，发表论文6篇。2022年4月获“全国五一劳动奖章”称号。近年来，由付中原主持和重点参与的钢种研发超100个，应用于内蒙古、华北、华中等数十个风电场的建设风塔板超20万吨，创收近5亿元。2016年付中原创新工作室成立，自成立以来，团队在产品研发和技术创新方面取得多项成果。至2021年，团队共取得6项河北省科技成果，授权国家发明专利3项，实用新型专利20项。

（市总工会）

河北好人

赵冬志 男，1951年出生，武安市矿山镇张二庄村民。2021年5月21日下午4点左右，赵冬志在回家的路上，看见邻居家冒起了黑烟，便马上赶到现场。此时院内火光冲天，被困人员根本无法自救出来，赵冬志不顾个人安危，赶紧找来铁锹冲进熊熊大火中，由于院落长期无人居住，杂草丛生，火势一度包围赵冬志，情况非常危险，但他始终没有放弃救人的信念。经过半个多小时扑救，被困人员被成功救出，随后赶来的群众也把余火全部扑灭。这时大家才注意到赵冬志身上都已被大面积烧伤。在医院抢救后，他肚子、腿、胳膊、脸多处被烧伤，三个月浑身又疼又痒，无法正常生活，靠家人照顾，虽然生命脱离了危险，但是身上留下的伤疤依然触目惊心。被救人赵玲云事发当天正在整理老房院子，她也不知什么缘由院子里起了火，门口被堵，被困在大火之中。被救后她说道：“要不是冬志，我还不知道咋样呢。”在如此紧急情况，没人会想到一个70岁老人会做出如此伟大的举动，村民都为赵冬志的事迹感动不已。2022年2月，入选“河北好人”。

（“文明河北”微信公众号载于2022年3月16日）

连军强 男，1979年出生，中共党员，武安市第十中学党总支书记。连军强扎根教育23年，始终坚守自己的教育初心，践行为党育人为国育才的教育使命，至诚履职尽责，至真关爱学生，更是追求“办幸福的教育，培养幸福的人”的教育理念，围绕“立德树人”这一核心，走出一条独具特色的“培根铸魂、启智润心”之路，先后带领两所学校取得了突出成绩和长足进步，展现了良好的职业道德和无私的奉献精神，受到师生爱戴，赢得社会尊重。先后荣获“河北省师德标兵”“河北省优秀乡村教育工作者”“河北省教育工作先进个人”“邯郸市十大杰出青年岗位能手”“武安市第八批优秀专业技术人才”和“武安市名校长”等称号，教育教学改革事迹被新华社、《光明日报》、“学习强国”学习平台等专题报道。2022年8月入选“河北好人榜”。

（市第十中学）

河北省优秀退役军人

李晓升 男，汉族，1990年6月出生，中共党员，河北省武安市上团城镇上团城三街村民，现任上团城三街支部委员。多年来，李晓升在工作中用实际行动发挥党员先锋模范作用，始终坚持退伍军人服从命令，听从指挥，团结同志，积极工作的优良传统。李晓升始终坚持为群众利益谋幸福，登门入户查实情，管道施工铺设，水表安装试运到后期维护，有时候一天走几十户去协调处理。禁烧防火时，他顾不得吃饭，雨季防汛不分昼夜，奔波在一线，半夜都能看到他在街道上巡逻执勤。兼任村委会治保、民调主任时，他负责维护村上治安稳定，民事调解等工作。他在调解工作中坚持做到“小事不出门，大事不出村”，将矛盾化解在萌芽阶段。他时刻牢记自己曾经在党旗和军旗下以生命宣誓过的忠诚，将在部队服役时的好思想、好作风和好传统充分体现在工作岗位上，退役不退志，退伍不褪色，保持军人情怀，全心全意为人民服务。

胡同学 男，1977年7月出生，中共党员，2018年3月任北果村党支部书记兼村委会主任。全村共有贫困户12户、贫困人口25人，胡同学坚持每月走访一遍所有贫困家庭、了解他们的困难所需、积极帮助他们解决生活中所遇到的各类难处，实现不落一户、不漏一人。为了发展集体经济、带领全体村民致富增收，北果村村委会集体流转村民耕地面积360亩，注册资金200万元，创办了一家集农业开发、果蔬采摘、农家餐饮、观光游览等功能于一体的村办集体企业。通过挖掘保存本土适生品种，从国内科研院所引进各类果树，采取自然农法，生产真正的绿色、有机农产品，注册自主品牌“北果甜心”。经过三年时间，果树已进入结果期。大力提倡村民土地入股、劳力入股、院落入股，共同开发建设，村委会将在原有的基础上再发展精品果园150亩，种植连翘2000亩，这样可使集体经济增收30万元，提供就业岗位150余个，村民人均增收1300元左右。

黄　龙 男，汉族，1972年9月生，中共党员，河北省武安市公安局特巡警大队主要负责人、特警队队长。2004年10月，他从中国人民解放军某部炮兵旅转业到武安市公安局工作，继续传承了军人的睿智、气质、胆魄和血性。他立足本职，忠诚为民，始终以优秀人民警察的标准要求自己，在平凡的岗位上演绎着非凡人生。工作中，黄龙不论大事小情还是分内分外，只要事关群众安危，他都会挺身而出化解险情，用实际行动演绎着警民鱼水之情。他经常说“保护人民群众的生命财产安全是自己最大的责任，在群众面对危险的时候，必须以最快的方式消除危险因素。”2016年8月的一天，一个手持尖刀的歹徒在武安双马广场连伤两人后，又沿中兴路向西跑去。为防止其继续行凶，黄龙带领巡防队员迅速围追堵截，一个人徒手夺刀将其摁倒在地。2017年1月16日，一名自称“身缠炸药”的男子，手持菜刀走进居民区威胁要引燃炸药，小区群众惊慌失措纷纷躲避。接到指令后，黄龙和特警队员急速赶赴现场，一边疏散群众，一边寻踪追击，将该男子逼进一单元楼内，以迅雷不及掩耳之势用盾牌将其卡在地上，缴获了所带凶器。这样的危急警情，他处置过很多很多，用他自己的话说，“既然选择了巡警，就已经做出了时刻接受生死的准备”。“平时多流汗，战时才能少流血。”这是黄龙常挂在嘴边的一句话。多年来，黄龙作为省公安厅、邯郸市公安局和武安市公安局的三级警察教官，十分注重战术训练，他带头示范，严格要求，使特警队员人人都有一身“特别”技能，随时能够应对各种“特殊”情况。2017年6月，以黄龙为总教官的600余名警力演练的“人装结合驱散对抗演练”科目，在全省公安机关警务实战化训练成果汇报中拔得头筹，赢得了中央和省、市领导的高度评价，黄龙本人也受到中央和省领导的亲切接见。

王小富 男，汉族，1975年4月生，中共党员，武安市徘徊镇桃花村党支部书记、村委会主任。王小富坚持为民办实事。为方便群众用水，王小富积极与水利部门协调，于2017年新钻机井，并筹资实施了机井配套工程，铺设饮水管道2000米，建立一座200立方米水塔。在他的努力下，桃花村新建了标准卫生室，硬化街道，修整过村道路、水池、村民活动中心、综合服务站和党建阵地，加固过村河道，绿化荒山，安装太阳能路灯，街道实现了美化、净化、绿化、亮化，村民的人居环境得到了明显的改善，精神文化生活得到了极大的满足。脱下戎装，军魂犹在。几年来，王小富干在实处，走在前列，以突出的业绩彰显了退役军人的本色，以服务群众为根本出发点和落脚点，使全村旧貌换新颜，经济和社会事业得到全面发展，各项工作都有了新的突破，人民生活有明显改善。

魏延兵 男，汉族，1973年5月出生，中共党员，武安市磁山镇退役军人服务站站长。作为一名河北大学武装学院专班大学生，2010年底到磁山镇负责武装工作以来，磁山镇武装部多次被武安市武装部评为先进征兵单位。2013年4月和2016年3月两次在邯郸军分区组织的全市专武部长能力集训中荣获邯郸军分区级先进个人和优秀学员奖励；2019年11月在邯郸军分区组织的全市专武部长能力考核中荣获邯郸市第九名，武安市第一名的好成绩，同时被武安市武装部评为先进个人。2018年，他开始负责磁山镇退役军人服务站工作，他时刻想退役军人之所想，急退役军人之所急。2020年，磁山镇退役军人服务站被退役军人事务部评为全国标杆型退役军人服务站和全国示范型退役军人服务站，2021年，被退役军人事务部评为先进退役军人服务站，退役军人事务部多次组织各地到磁山退役军人服务站观摩学习。

周国权 男，汉族，中共党员，坦岭村党支部书记兼村委会主任。作为班子成员，周国权始终以一个共产党员，一个军人的标准处处严格要求自己，不论是事大事小，做到耐心解答、真心解决。经过3年的努力，2018年以来，村上基本趋于稳定。有了稳定的环境，周国权开始谋划坦岭村的发展，硬化主街道2万平方米，粉刷美化墙壁2万余平方米，垒花池1万余平方米，打井投资130多万元，铺设引水管道2万多米，把水管安装到每户家门口。2021年，坦岭村村委员会进行了办公楼整体装修，并安装太阳能路灯100盏。在他的带领下，村委会回收一百多亩集体土地，一部分计划种植中药材，另一部分发展优质谷子基地，引领村民搞特色种植业，走共同致富之路。2021年7月22日，村上下暴雨，村里孤寡老人的情况一直牵动着周国权的心，他来到独居91岁腿脚不便老人温存廷的家门口，发现墙塌了，碎砖头堵在了老人的家门口，周国权毫不犹豫蹲下身子，将老人稳稳地背在身上，安全地将老人转移到其儿子家，周国权顾不上休息，再次冒着雨投入到全村排查抢险救灾工作中。他时刻牢记习近平总书记提出的“不忘初心、牢记使命”，他以自己的能力之所及，为家乡的发展振兴助力！

（“新武安”微信公众号载于2022年1月21日）

先进集体名录

2022年度武安市获省部级及以上表彰（集体）一览表

表13

序号	名称	级别	时间	来源	被授予单位
1	全国生猪调出大县	国家级	2022年1月	农业农村部	武安市
2	全国“四好农村路”示范县	国家级	2022年1月	交通运输部、财政部、农业农村部、国家乡村振兴局	武安市

续表13

序号	名称	级别	时间	来源	被授予单位
3	第二批生态环境导向的开发（EOD）模式试点项目	国家级	2022年4月	生态环境部办公厅、发展改革委办公厅、国家开发银行办公室	武安市人民政府、武安市城镇建设发展集团有限公司
4	世界粟之源	国家级	2022年4月	中国作物学会粟类作物专业委员会	武安市
5	全国流通网络强县培育国家级试点	国家级	2022年5月	中华全国供销合作总社	武安市供销合作社
6	2021年度“全国五四红旗团委”	国家级	2022年5月	共青团中央	武安一中团委
7	第四届全国县域旅游综合实力百强县	国家级	2022年6月	全国县域旅游研究课题组	武安市
8	十大冀药——连翘产业大县	国家级	2022年7月	第六届京津冀中药材产业发展大会组委会	武安市
9	第20届全国青年文明号	国家级	2022年7月	共青团中央	武安市蓝天宾馆餐饮部
10	第五次全国经济普查投入产出调查试点县	国家级	2022年8月	国家统计局	武安市统计局
11	国家知识产权强县建设试点县	国家级	2022年8月	国家知识产权局	武安市
12	全国示范性老年友好型社区	国家级	2022年10月	国家卫健委，全国老龄办	武安市磁山镇磁山二街
13	节约型机关	国家级	2022年10月	国家机关事务管理局	武安市市场监督管理局、武安市应急管理局
14	第六批中国传统村落名录	国家级	2022年11月	住建部	徘徊镇西河下村、磁山镇南岗村、明峪村、石洞乡河西村
15	集体三等功	部级	2022年5月	应急管理部消防救援局	武安市消防救援大队
16	应急管理部优秀执法案例	部级	2022年6月	应急管理部消防救援局	武安市应急管理局
17	2021年度河北省非遗旅游融合发展类优秀实践案例	省级	2022年1月	河北省非物质文化遗产保护中心	武安市
18	先进消防救援大队	省级	2022年1月	河北省消防救援总队	武安市消防救援大队
19	中华骨髓库造血干细胞志愿者“保留项目”试点工作	省级	2022年2月	河北省红十字会	武安市红十字会
20	省级卫生城市	省级	2022年3月	河北省爱卫会	武安市
21	第五批历史文化名镇	省级	2022年4月	河北省人民政府	淑村镇
22	第五批历史文化名村	省级	2022年4月	河北省人民政府	徘徊镇西河下村、活水乡楼上村、磁山镇明峪村、邑城镇白府村
23	全省工业和信息化系统先进集体	省级	2022年5月	河北人力资源和社会保障厅、河北省工业和信息化厅	武安市科技和工业信息化局
24	“争创人民满意的公务员集体”十佳集体	省级	2022年6月	河北省教育厅	武安市教育体育局

续表13

序号	名称	级别	时间	来源	被授予单位
25	河北省人民防空系统先进集体	省级	2022 年 7 月	河北省人力资源和社会保障厅、河北省人民防空办公室	武安市民防空办公室
26	2021 年度河北省县域特色产业考核第 2 名优秀等次	省级	2022 年 7 月	河北省民营经济工作领导小组	武安市人民政府
27	2021 年度医改工作先进县	省级	2022 年 8 月	河北省人民政府	武安市
28	2021 年度全省综合考核先进经济开发区	省级	2022 年 8 月	河北省商务厅	武安工业园区
29	全省抓投资上项目提能级先进示范经济开发区	省级	2022 年 8 月	河北省商务厅	武安工业园区
30	食品安全工作先进集体	省级	2022 年 9 月	河北省人民政府食品安全委员会办公室	武安市市场监督管理局
31	省级卫生乡镇	省级	2022 年 10 月	河北省爱卫会	磁山镇
32	省级卫生村	省级	2022 年 10 月	河北省爱卫会	磁山镇磁山二街、刘庄村、岩山村,淑村镇白马寺村、白沙村,工业园区泉上村
33	全省刑事科学技术室功能区间实战化设置示范单位	省级	2022 年 11 月	河北省公安厅刑事警察总队	武安市公安局
34	河北省“安全生产月”活动先进单位	省级	2022 年 11 月	河北省安委办	武安市应急管理局
35	河北省供销合作社系统基层社示范社	省级	2022 年 11 月	河北省供销合作总社	武安市徘徊供销社
36	第四批省级乡村旅游重点村镇	省级	2022 年 11 月	河北省文化和旅游厅	武安市活水乡、伯延镇伯延村
37	河北省节水型城市	省级	2022 年 12 月	河北省住房和城乡建设厅、河北省发展和改革委员会	武安市
38	河北省森林城市	省级	2022 年 12 月	河北省绿化委员会、河北省林业和草原局	武安市
39	河北省文化产业赋能乡村振兴试点县	省级	2022 年 12 月	河北省文化和旅游厅等多个部门	武安市
40	上报东太行和美乡村示范区	省级	2022 年 12 月	邯郸市农业农村局	武安市
41	美丽农村精品示范路	省级	2022 年 12 月	河北省交通运输厅、财政厅、农业农村厅、乡村振兴局	武安市
42	河北省应急安全知识网络竞赛优秀组织单位	省级	2022 年 12 月	河北省安委办	武安市应急管理局
43	河北省地震系统先进集体	省级	2022 年 12 月	河北省地震局	武安市应急管理局
44	河北省基层医疗卫生机构特色专科	省级	2022 年 12 月	河北省卫生健康委	西土山镇卫生院、武安市社区卫生服务中心
45	2022 年河北省气象观测工作优秀集体	省级	2023 年 11 月	河北省气象局	武安国家气象观测站

2022年度武安市获邯郸市级表彰（集体）一览表

表14

序号	名　称	级别	时间	来源	被授予单位
1	2020年度至2021年度邯郸市文明单位	邯郸市	2022年	中共邯郸市委、邯郸市人民政府	武安市财政局
2	“百日行动”“成绩突出集体”荣誉称号	邯郸市	2022年	邯郸市公安局	武安市公安交通警察大队执法办案中队
3	“二十大安保维稳成绩突出集体”荣誉称号	邯郸市	2022年	邯郸市公安局	武安市公安交通警察大队政办室
4	法治政府创建工作先进集体	邯郸市	2022年	邯郸市司法局	武安市司法局行政执法协调监督科
5	依法治市工作先进集体	邯郸市	2022年	邯郸市司法局	武安市委依法治市办秘书科
6	司法行政工作先进集体	邯郸市	2022年	邯郸市司法局	武安市司法局
7	先进公证处	邯郸市	2022年	邯郸市司法局	武安市公证处
8	法律援助工作先进集体	邯郸市	2022年	邯郸市司法局	武安市法律援助中心
9	行政复议与应诉先进集体	邯郸市	2022年	邯郸市司法局	武安市司法局行政复议与应诉科
10	普法与依法治理先进集体	邯郸市	2022年	邯郸市司法局	武安市司法局普法与依法治理科
11	人民参与和促进法治工作先进集体	邯郸市	2022年	邯郸市司法局	武安市司法局人民参与和促进法治科
12	先进法律服务所	邯郸市	2022年	邯郸市司法局	武安市中心法律服务所
13	先进司法所	邯郸市	2022年	邯郸市司法局	武安市司法局武安镇司法所
14	先进人民调解委员会	邯郸市	2022年	邯郸市司法局	武安市邑城镇人民调解委员会
15	邯郸市供销社系统综合经济目标考核特等奖	邯郸市	2022年	邯郸市供销社	武安市供销社
16	邯郸市供销社系统综合改革工作优秀单位	邯郸市	2022年	邯郸市供销社	武安市供销社
17	邯郸市供销社系统宣传报道工作先进单位	邯郸市	2022年	邯郸市供销社	武安市供销社
18	邯郸市供销社系统农产品进城工作先进单位	邯郸市	2022年	邯郸市供销社	武安市供销社
19	邯郸市供销社系统基层组织建设工作先进单位	邯郸市	2022年	邯郸市供销社	武安市供销社
20	邯郸市供销社系统基层县域流通服务网络培育工作 先进单位	邯郸市	2022年	邯郸市供销社	武安市供销社
21	突出贡献奖	邯郸市	2022年	邯郸市供销社	武安市农村产权交易中心
22	先进单位	邯郸市	2022年	邯郸市供销社	武安市农村产权交易中心

续表14

序号	名　　称	级别	时间	来源	被授予单位
23	“2021年新闻宣传工作先进单位”	邯郸市	2022年	邯郸市生态环境局	武安市生态环境分局
24	“党史学习教育和‘转树讲促’活动先进单位”荣誉	邯郸市	2022年	中共邯郸市生态环境局党组	武安市生态环境分局
25	邯郸市教育系统“三八”红旗集体	邯郸市	2022年	邯郸市教育局	武安市第二中学
26	“县(市、区)直机关优秀党建品牌”	邯郸市	2022年	中共邯郸市委市直机关工作委员会	邯郸市生态环境局武安市分局机关党总支
27	邯郸市学雷锋志愿服务“优秀志愿服务项目”	邯郸市	2022年	邯郸市委宣传部、邯郸市总工会、邯郸市红十字会、邯郸市民政局等	武安市红十字会
28	邯郸市优秀青年志愿服务集体	邯郸市	2022年	共青团邯郸市委、邯郸市青年志愿者行动指挥中心、邯郸市青年联合会	武安市红十字会
29	2022年度红十字会核心能力建设先进县(市、区)第一	邯郸市	2022年	邯郸市红十字会	武安市红十字会
30	2022年度红十字志愿服务工作先进集体	邯郸市	2022年	邯郸市红十字会	武安市红十字会

先进个人名录

2022年度武安市获省部级及以上表彰（个人）一览表

表15

序号	名　　称	级别	时间	来源	被授予人员
1	YOU(邮)文化大使	国家级	2022年3月	中国邮政集团有限公司邮政业务部	师　伟
2	全省检察机关办公室业务档案管理标兵	省级	2022年8月	河北省人民检察院	梁丛丽
3	河北省骨干教师	省级	2022年	河北省教育厅	朱　涛
4	河北省2022年度教师教育教学信息化交流活动评选“信息化教学课程案例”一等奖	省级	2022年	河北省教育厅	程俊华
5	河北省2022年度教师教育教学信息化交流活动评选“信息化教学课程案例”一等奖	省级	2022年	河北省教育厅	程俊蔚
6	河北省第七届微课大赛一等奖	省级	2022年	河北省电化教育馆	程俊蔚

续表15

序号	名　称	级别	时间	来源	被授予人员
7	河北省2022年度教师教育教学信息化交流活动评选“信息化教学课程案例”一等奖	省级	2022年	河北省教育厅	王　超
8	河北省2022年度教师教育教学信息化交流活动评选“信息化教学课程案例”一等奖	省级	2022年	河北省教育厅	温艳华
9	2021年河北省电子信息职业技能大赛暨企业云业财一体化项目职工组团体、个人二等奖	省级	2022年	河北省教育厅	李　楠
10	2021年河北省电子信息职业技能大赛企业云业财一体化项目职工组团体二等奖	省级	2022年	河北省教育厅	张杨杨
11	2022年河北省职业院校技能大赛教学能力比赛三等奖	省级	2022年	河北省教育厅	王　超
12	河北省2022年度教师教育教学信息化交流活动评选“信息化教学课程案例”三等奖	省级	2022年	河北省教育厅	温艳华
13	河北省2022年度教师教育教学信息化交流活动评选“信息化教学课程案例”三等奖	省级	2022年	河北省教育厅	李晓娟
14	河北省2022年度教师教育教学信息化交流活动评选“信息化教学课程案例”三等奖	省级	2022年	河北省教育厅	李　华
15	“5·8人道公益日”人道资源动员工作先进个人	省级	2022年	河北省红十字会	张　丽
16	2022年“中国梦　劳动美——喜迎二十大　建功新时代”河北省职工“云”上运动会个人优秀奖	省级	2022年	河北省总工会	李　楠
17	全国教育家庭活动月宣传大使	省级	2022年	全国家庭教育活动月项目组委会	申月强

2022年度武安市获邯郸市级表彰（个人）一览表

表16

序号	名　称	级别	时间	来源	被授予人员
1	邯郸市新长征突击手	邯郸市	2022年	共青团邯郸市委	乔　洁
2	邯郸市杰出青年	邯郸市	2022年	共青团邯郸市委邯郸市青年联合会	李　恒
3	先进工作者	邯郸市	2022年	邯郸市水利局	王　超
4	先进工作者	邯郸市	2022年	邯郸市水利局	贺晓艳
5	法治工作先进个人	邯郸市	2022年	邯郸市司法局	高　鹏
6	优秀司法所长	邯郸市	2022年	邯郸市司法局	袁胜旺

续表16

序号	名　　称	级别	时间	来源	被授予人员
7	优秀人民调解员	邯郸市	2022年	邯郸市司法局	苗玉清
8	司法局社区矫正工作先进个人	邯郸市	2022年	邯郸市司法局	郭延忠
9	法律援助工作先进个人	邯郸市	2022年	邯郸市司法局	马永红
10	行政复议应诉工作先进个人	邯郸市	2022年	邯郸市司法局	籍泰康
11	律师管理工作先进个人	邯郸市	2022年	邯郸市司法局	郭子卿
12	普法与依法治理工作先进个人	邯郸市	2022年	邯郸市司法局	杨志强
13	人民参与和促进法治工作先进个人	邯郸市	2022年	邯郸市司法局	崔　华
14	邯郸市优秀青年中医人才	邯郸市	2022年	邯郸市卫生健康委员会	孔利刚
15	邯郸市卫生健康系统抗疫医师	邯郸市	2022年	邯郸市卫生健康委员会	房志栋
16	邯郸市卫生健康系统先锋医师	邯郸市	2022年	邯郸市卫生健康委员会	张秀侠
17	杰出护理工作者	邯郸市	2022年	河北省护理学会	郭海华
18	“党史学习教育”和“转树讲促”先进个人	邯郸市	2022年	中共邯郸市生态环境局党组	史　歌
19	2022年度十佳警属	邯郸市	2022年	邯郸市人大监察和司法委员会、邯郸市文明办等八个单位	刘哲婷
20	2022年“邯郸银行杯”邯郸市第二届防溺水网络公益作品征集展播活动一等奖	邯郸市	2022年	邯郸市教育局	程俊蔚
21	邯郸市2022年中职说课评比活动一等奖	邯郸市	2022年	邯郸市教育局	
22	邯郸市“技能成才 强国有我”主题教育活动优秀指导教师一等奖	邯郸市	2022年	邯郸市教育局	
23	邯郸市中小学生德育工作创新案例二等奖	邯郸市	2022年	邯郸市教育局	温艳华
24	2022年邯郸市职业院校创新创业大赛指导教师三等奖	邯郸市	2022年	邯郸市教育局	王　超

（责任编辑：李子强）

统计资料

2022年中国企业500强（武安上榜企业）一览表

表17

名次	企业名称	营业收入(亿元)
177	冀南钢铁集团有限公司	1460.33
244	河北普阳钢铁有限公司	1004.53
292	武安市裕华钢铁有限公司	800.80
302	金鼎钢铁集团有限公司	786.53
334	河北新金钢铁有限公司	673.02
339	河北新武安钢铁集团文安钢铁有限公司	663.89
371	兴华财富集团有限公司	596.30
404	新兴铸管股份有限公司	533.01
443	河北文丰钢铁有限公司	491.75

（“新武安”微信公众号载于2022年9月6日）

2022年中国制造业企业500强（武安上榜企业）一览表

表18

名次	企业名称	营业收入(亿元)
80	冀南钢铁集团有限公司	1460.33
115	河北普阳钢铁有限公司	1004.53
134	武安市裕华钢铁有限公司	800.80
140	金鼎钢铁集团有限公司	786.53
158	河北新金钢铁有限公司	673.02
161	河北新武安钢铁集团文安钢铁有限公司	663.89

续表18

名次	企业名称	营业收入(亿元)
183	兴华财富集团有限公司	596.30
200	新兴铸管股份有限公司	533.01
223	河北文丰钢铁有限公司	491.75
279	河北新武安钢铁集团烘熔钢铁有限公司	408.29
320	河北兴华钢铁有限公司	333.52

(“新武安”微信公众号载于2022年9月6日)

2022年民营企业研发投入500家榜单(武安上榜企业)一览表

表19

序号	企业名称	行业
61	金鼎钢铁集团有限公司	黑色金属冶炼和压延加工业
75	河北普阳钢铁有限公司	黑色金属冶炼和压延加工业
114	河北新武安钢铁集团文安钢铁有限公司	黑色金属冶炼和压延加工业
261	河北新金钢铁有限公司	黑色金属冶炼和压延加工业
329	武安市裕华钢铁有限公司	黑色金属冶炼和压延加工业
410	共赢装备制造有限公司	通用设备制造业
500	河北文丰钢铁有限公司	黑色金属冶炼和压延加工业

(“新武安”微信公众号载于2022年11月4日)

2022年武安市国家级专精特新“小巨人”企业一览表

表20

企业名称	认定批次
龙凤山铸业河北龙凤山铸业有限公司	2022
共赢装备制造有限公司共赢装备	2022

2022年武安市省级专精特新示范企业一览表

表21

企业名称	认定批次
龙凤山铸业河北龙凤山铸业有限公司	2022
共赢装备制造有限公司共赢装备	2022

续表21

企业名称	认定批次
河北起昌精密装备制造有限公司	2022
河北利通行汽车配件有限公司	2022
河北富隆智能装备制造有限公司	2022
河北龙凤山铸业有限公司	2022
格力(武安)精密装备制造有限公司	2022
河北鼎润智能装备制造有限公司	2022
河北新金万利新材料科技有限公司	2022
武安市路神铸造有限公司	2022
河北钜兴智能装备制造有限公司	2022
河北虎耀智能装备制造有限公司	2022
武安市宝鼎铸造有限公司	2022
武安市飞翔金属制品有限公司	2022
河北钢信物流有限公司	2022
河北万天新矿业有限公司	2022
武安市科力型钢有限公司	2022
河北普阳新材料实业有限公司	2022

（市科工局）

2022年国家级高新技术企业一览表

表22

序号	企业名称	认定时间
1	河北高翔地理信息技术服务有限公司	2022年
2	武安市永盛机械泵业有限公司	2022年
3	河北雅威环保科技有限公司	2022年
4	中普(邯郸)钢铁有限公司	2022年
5	河北新金万利新材料科技有限公司	2022年
6	河北诺恩水净化设备有限公司	2022年
7	武安市新清成再生资源利用有限公司	2022年
8	武安市鼓山水泥有限公司	2022年

续表22

序号	企业名称	认定时间
9	武安市精诚机械设备科技有限公司	2022年
10	武安市坤钰金属制品有限公司	2022年
11	武安市宏泰机械泵业有限公司	2022年
12	恒通阀门有限责任公司	2022年
13	河北瑞普能源有限公司	2022年
14	奥科达制管有限公司	2022年
15	新兴河北冶金资源有限公司	2022年
16	武安市升晨耐火有限公司	2022年
17	武安市伟晟紧固件制造有限公司	2022年
18	武安市宝鼎铸造有限公司	2022年
19	共赢装备制造有限公司	2022年
20	河北格力钛新能源有限公司	2022年
21	河北钜兴智能装备制造有限公司	2022年
22	武安市建峰铸造有限公司	2022年

（市科工局）

2022年河北省科技型中小企业一览表

表23

序号	企业名称	序号	企业名称
1	武安市永盛机械泵业有限公司	9	新兴凌云医药化工有限公司
2	武安市小黄人网络科技有限公司	10	武安市建峰铸造有限公司
3	河北诺恩水净化设备有限公司	11	共赢装备制造有限公司
4	河北兆宏机械泵业有限公司	12	武安市雷阳铸业有限公司
5	武安市新晨耐火材料有限公司	13	河北邯武棉机有限公司
6	河北雅威环保科技有限公司	14	武安市鼓山水泥有限公司
7	河北恒一检测科技集团有限公司	15	武安市盈宝铸造有限公司
8	河北富隆智能装备制造有限公司	16	武安市精诚机械设备科技有限公司

续表23

序号	企业名称	序号	企业名称
17	武安市隆泰铸造有限公司	35	河北威美环保设备科技有限公司
18	武安市宝鼎铸造有限公司	36	武安市邯润机械设备制造有限公司
19	武安市耀增铸造有限公司	37	武安市永天铸业有限公司
20	河北起昌精密装备制造有限公司	38	武安市兰铃物流科技有限公司
21	武安市宏泰机械泵业有限公司	39	河北隆昶建材有限公司
22	武安市路神铸造有限公司	40	邯郸龙骏艾柯环保科技有限公司
23	恒通阀门有限责任公司	41	夏菱空调邯郸有限责任公司
24	河北瑞普能源有限公司	42	武安市华茂光学材料有限公司
25	河北虎耀智能装备制造有限公司	43	武安市金翅鸟木业有限公司
26	武安市助友标准件制造有限公司	44	河北泰宗电气科技有限公司
27	武安市升晨耐火材料有限公司	45	河北武马金属制品有限公司
28	武安市承阳环保科技有限公司	46	武安市科力型钢有限公司
29	河北利通行汽车配件有限公司	47	武安市昊瑞纳米钙业有限公司
30	武安市奥达铸铁型材有限公司	48	武安市福瑞水处理科技有限公司
31	武安市坤钰金属制品有限公司	49	邯郸熙匠金属科技有限公司
32	武安市伟晟紧固件制造有限公司	50	河北迪巧汽车零部件有限公司
33	华商纯电动设备制造(武安)有限公司	51	河北万昌钙业有限公司
34	武安市实正铸钢有限公司	52	武安市博利豪金包装制品有限公司

（市科工局）

2022年河北省民营企业100强名单（武安上榜企业）一览表

表24

名次	企业名称	所属行业	营业收入(万元)
7	河北普阳钢铁有限公司	C31 黑色金属冶炼和压延加工业	10045300
8	武安市裕华钢铁有限公司	C31 黑色金属冶炼和压延加工业	8007969
9	金鼎钢铁集团有限公司	C31 黑色金属冶炼和压延加工业	7865285
12	河北新金钢铁有限公司	C31 黑色金属冶炼和压延加工业	6730180

续表24

名次	企业名称	所属行业	营业收入（万元）
13	河北新武安钢铁集团文安钢铁有限公司	C31 黑色金属冶炼和压延加工业	6638938
14	河北太行钢铁集团有限公司	C31 黑色金属冶炼和压延加工业	6025361
15	兴华财富集团有限公司	C31 黑色金属冶炼和压延加工业	5963043
24	河北新武安钢铁集团烘熔钢铁有限公司	C31 黑色金属冶炼和压延加工业	4082879
25	河北新武安钢铁集团鑫汇冶金有限公司	C31 黑色金属冶炼和压延加工业	3568927
28	河北兴华钢铁有限公司	C31 黑色金属冶炼和压延加工业	3335216
47	共赢装备制造有限公司	C34 通用设备制造业	1280523
63	河北华丰能源科技发展有限公司	C25 石油、煤炭及其他燃料加工业	692516
73	武安市广普焦化有限公司	C31 黑色金属冶炼和压延加工业	553503
97	武安市新峰水泥有限责任公司	C41 其他制造业	401256

（“新武安”微信公众号载于 2022 年 11 月 3 日）

2022年河北省制造业民营企业100强名单（武安上榜企业）一览表

表25

名次	企业名称	所属行业	营业收入（万元）
6	河北普阳钢铁有限公司	C31 黑色金属冶炼和压延加工业	10045300
7	武安市裕华钢铁有限公司	C31 黑色金属冶炼和压延加工业	8007969
8	金鼎钢铁集团有限公司	C31 黑色金属冶炼和压延加工业	7865285
11	河北新金钢铁有限公司	C31 黑色金属冶炼和压延加工业	6730180
12	河北新武安钢铁集团文安钢铁有限公司	C31 黑色金属冶炼和压延加工业	6638938
13	河北太行钢铁集团有限公司	C31 黑色金属冶炼和压延加工业	6025361
14	兴华财富集团有限公司	C31 黑色金属冶炼和压延加工业	5963043
21	河北新武安钢铁集团烘熔钢铁有限公司	C31 黑色金属冶炼和压延加工业	4082879
22	河北新武安钢铁集团鑫汇冶金有限公司	C31 黑色金属冶炼和压延加工业	3568927
25	河北兴华钢铁有限公司	C31 黑色金属冶炼和压延加工业	3335216
41	共赢装备制造有限公司	C34 通用设备制造业	1280523
53	河北华丰能源科技发展有限公司	C25 石油、煤炭及其他燃料加工业	692516
61	武安市广普焦化有限公司	C41 其他制造业	553503
78	武安市新峰水泥有限责任公司	C31 黑色金属冶炼和压延加工业	501256
85	河北钜兴智能装备制造有限公司	C31 黑色金属冶炼和压延加工业	372980
95	武安市奥科达制管有限公司		307615

（“新武安”微信公众号载于 2022 年 11 月 3 日）

2022年河北省民营企业社会责任100强榜单（武安上榜企业）一览表

表26

名次	企业名称	主营业务所属行业
2	兴华财富集团有限公司	制造业
7	河北普阳钢铁有限公司	制造业
15	金鼎集团有限公司	制造业
82	武安市宝烨煤焦化工业有限公司	制造业

（“新武安”微信公众号载于2022年11月3日）

2022年河北省服务业民营企业100强名单（武安上榜企业）一览表

表27

企业名称	所属行业	营业收入(万元)
邯郸普阳运输有限公司	道路运输业	309542

（“新武安”微信公众号载于2022年11月3日）

2022年武安市全社会固定资产投资完成情况一览表

表28

指标	投资额(亿元)	比上年增长(%)
固定资产投资	290.1	10
一、按产业分	—	—
第一产业	10.9	130.6
第二产业	196.1	-8.7
#工业	196.1	-8.7
#工业技改	179.9	2
第三产业	83.1	87.6
二、按结构分	—	—
城乡建设项目投资	256.6	4.4
房地产开发投资	33.5	85.4

（市科工局）

2022年武安市存贷款统计表

表29　　　　单位：万元

存款项目	12月底余额	2022年比上月增减数	2021年比上月增减数	2022年比年初增减数	2021年比年初增减数	存款项目	12月底余额	2022年比上月增减数	2021年比上月增减数	2022年比年初增减数	2021年比年初增减数
一、各项存款	13032466	321911	444210	997755	1905087	一、各项贷款	8602566	-8792	48686	1617101	1413735
(一)境内存款	13029379	320360	444208	996224	1903850	(一)境内贷款	8602566	-8792	48686	1617101	1413735
1. 住户存款	8127433	15016	58691	792670	848373	1. 住户贷款	1542348	6827	-2869	138801	267451
(1)活期存款	1201462	-18562	127626	-60650	74266	(1)短期贷款	457056	4312	-3047	54003	91630
(2)定期及其他存款	6925971	33578	-68935	853321	774107	消费贷款	85060	1443	-68	10648	6812
2. 非金融企业存款	4294655	354259	532765	86789	1141395	经营贷款	371996	2869	-2979	43355	84818
(1)活期存款	697302	-37522	249571	-432725	232667	(2)中长期贷款	1085292	2515	178	84798	175821
(2)定期及其他存款	3597354	391781	283194	519514	908728	消费贷款	826437	-602	-365	76609	85537
3. 广义政府存款	605991	-48876	-147248	115513	-85783	经营贷款	258855	3117	543	8190	90284
(1)财政性存款	51338	-6247	-119616	14388	15613	2. 非金融企业及机关团体贷款	7060217	-15618	51555	1478300	1146284
(2)机关团体存款	554652	-42629	-27632	101125	-101396	(1)短期贷款	2972529	-168113	-49871	521881	-30724
4. 非银行业金融机构存款	1300	-39		1251	-135	(2)中长期贷款	3804966	177873	65049	754115	1195251
(二)境外存款	3087	1551	2	1531	1237	(3)票据融资	282723	-25379	36377	202304	-18243
二、金融债券	—	—	—	—	—	(4)融资租赁	—	—	—	—	—
其中:境外发行	—	—	—	—	—	(5)各项垫款	—	—	—	—	—
三、卖出回购资产	—	—	—	—	—	3. 非银行业金融机构贷款	—	—	—	—	—
四、借款及非银行业金融机构拆入	—	—	—	—	—	(二)境外贷款	—	—	—	—	—
五、联行往来(净)	—	—	—	—	—	二、债券投资	1078182	-6490	23247	6657	-126639
六、应付及暂收款	389474	15356	-76807	43702	23868	其中:境外债券	—	—	—	—	—
七、各项准备	291857	6147	966	53157	33013	三、股权及其他投资	29600	—	—	—	—

续表29

存款项目	12月底余额	2022年比上月增减数	2021年比上月增减数	2022年比年初增减数	2021年比年初增减数	存款项目	12月底余额	2022年比上月增减数	2021年比上月增减数	2022年比年初增减数	2021年比年初增减数
八、所有者权益	564736	-2927	33239	75111	110436	四、买入返售资产	—	—	—	—	—
其中:实收资本	217844		20000		50000	五、存放非银行业金融机构款项	311	26	-88	13	-271
九、其他	-1032091	-20099	95410	-12019	-279926	六、联行往来(净)	3433834	339153	424686	-492297	488840
—	—	—	—	—	—	七、应收及预付款	71140	-3944	-5215	24326	10049
—	—	—	—	—	—	八、固定资产	30810	435	5702	1905	6766
资金来源总计	13246443	320388	497018	1157707	1792479	资金运用总计	13246443	320388	497018	1157707	1792479

(中国人民银行武安市支行)

责任编辑：李子强

文件辑存

中共武安市委贯彻落实《中共中央关于党的百年奋斗重大成就和历史经验的决议》的实施意见

武发〔2022〕2号

（2022年1月14日）

党的十九届六中全会，是在党成立一百周年的重要历史时刻，在党和人民胜利实现第一个百年奋斗目标、全面建成小康社会，正在向着全面建成社会主义现代化强国的第二个百年奋斗目标迈进的重大历史关头召开的一次十分重要的会议。全会审议通过了《中共中央关于党的百年奋斗重大成就和历史经验的决议》（简称《决议》），意义重大、影响深远。根据党的十九届六中全会精神，结合武安实际，现就贯彻落实党中央《决议》，提出如下意见。

一、深刻领会党的十九届六中全会的重大意义，以高度的政治自觉精心组织抓好学习宣传贯彻

党的百年奋斗历程波澜壮阔。党的十九届六中全会全面总结党的百年奋斗重大成就和历史经验，充分体现了以习近平同志为核心的党中央牢记初心使命、永葆生机活力的坚强意志和坚定决心，深刻把握历史发展规律、始终掌握党和国家事业发展的历史主动和使命担当，立足当前、着眼未来、注重总结和运用历史经验的高瞻远瞩和深谋远虑，对于推动全党进一步统一思想、统一意志、统一行动，团结带领全国各族人民夺取新时代中国特色社会主义新的伟大胜利，具有重大的政治意义、历史意义和时代意义。

1.坚持以习近平总书记重要讲话和党的十九届六中全会精神统一思想行动。习近平总书记对党中央《决议》的说明和发表的重要讲话，高屋建瓴、总揽全局，内涵丰富、博大精深，深刻阐述了党中央作出决议的深远考虑、总的要求、重要原则和关注的重大问题，全面介绍了起草过程和征求意见情况，高度概括了《决议》的基本框架和主要内容，系统回答了关于党的百年奋斗重大成就和历史经验的一系列重大理论和实践问题，就全面贯彻中央全会精神提出明确要求，具有很强的政治性、思想性、战略性和指导性，为我们做好工作指明了前进方向、提供了根本遵循。全市各级党组织和广大党员干部要把思想和行动高度统一到习近平总书记重要讲话精神上来，坚决拥护“两个确立”，自觉增强“四个意识”、坚定“四个自信”、做到“两个维护”，不断提高政治判断力、政治领悟力、政治执行力，确保中央全会精神在武安不折不扣落地落实。

2.坚持全面把握党中央《决议》和省委《意见》、邯郸市委《意见》的丰富内涵和精神实质。党中央《决议》坚持以习近平新时代中国特色社会主义思想为指导，深入贯彻习近平总书记关于党史的一系列重要论述，坚持辩证唯物主义和历史唯物主义方法论，坚持正确党史观、树立大历史观，坚持旗帜鲜明反对历史虚无主义，按照总结历史、把握规律、坚定信心、走向未来的重要要求，全面总结党走过的光辉历程、党团结带领人民取得的辉煌成就、党推进革命建设改革的宝贵经验，特别是党的十八大以来党和国家事业砥砺奋进的理论和实践，贯通历史、现在和未来，实事求是、尊重历史，是新时代中国共产党人牢记初心使命、坚持和发展中国特色社会主义的政治宣言，是以史为鉴、开创未来、实现中华民族伟大复兴的行动指南，同党的前两个历史决议既一脉相承又与时俱进，体现了党中央对党的百年奋斗的新认识，是闪耀着马克思主义真理光辉的纲领性文献。全市各级党组织和广大党员干部要深入学习领会，统一思想意志，切实增长智慧、增进团结、增加信心、增强斗志，在新时代更好坚持和发展中国特色社会主义，努力在新的赶考路上交出优异答卷。

3.坚持把学习宣传贯彻党的十九届六中全会精神作为重大政治任务抓紧抓实抓到位。全市各级党组织和广大党员干部要把学习宣传贯彻党的十九届六中全会精神，与学习宣传贯彻习近平新时代中国特色社会主义思想结合起来，与学习宣传贯彻习近平总书记“七一”重要讲话和对河北工作一系列重要指示批示精神结合起来，与开展党史学习教育和“四史”宣传教育结合起来，精心组织发动，广泛宣传宣讲，确保取得扎实成效。各级党委（党组）要通过召开党委（党组）会议、党委全会、理论学习中心组会议等全面系统抓好学习。各级领导干部要发挥示范作用，先学一步、学深一层，带动广大党员干部群众兴起学习贯彻热潮。组织、宣传等部门要密切配合、通力协作，运用党校组织党员干部开展培训，在学懂弄通做实上下功夫求实效。要组织各级各类传统媒体和新兴媒体，抓好党的十九届六中全会精神宣传和阐释，推动中央全会精神进社区、进机关、进学校、进企业、进农村、进家庭，做到家喻户晓、深入人心。要引导全市上下自觉从党百年奋斗的伟大成就中鼓舞斗志，从党百年奋斗的历史意义中坚定信念，从党百年奋斗的历史经验中汲取智慧，咬定青山不放松，撸起袖子加油干，以更加昂扬的姿态迈进新征程、建功新时代，以实际成效守好首都政治“护城河”的武安阵地。

二、深刻领会党百年奋斗的重大成就，坚定实现中华民族伟大复兴中国梦的必胜信念

我们党自成立以来，始终把为中国人民谋幸福、为中华民族谋复兴作为自己的初心使命，始终坚持共产主义理想和社会主义信念，团结带领全国各族人民为争取民族独立、人民解放和实现国家富强、人民幸福而不懈奋斗，创造了彪炳中华民族发展史、世界社会主义发展史、人类社会发展史的奇迹。

4.深化对一百年来党团结带领人民创造伟大成就的认识。一百年来，党领导人民浴血奋战、百折不挠，创造了新民主主义革命的伟大成就，为实现中华民族伟大复兴创造了根本社会条件；自力更生、发愤图强，创造了社会主义革命和建设的伟大成就，为实现中华民族伟大复兴奠定了根本政治前提和制度基础；解放思想、锐意进取，创造了改革开放和社会主义现代化建设的伟大成就，为实现中华民族伟大复兴提供了充满新的活力的体制保证和快速发展的物质条件；自信自强、守正创新，创造了新时代中国特色社会主义的伟大成就，为实现中华民族伟大复兴提供了更为完善的制度保证、更为坚实的物质基础、更为主动的精神力量。武安是革命的土地、英雄的土地，始终与党的历史、党的奋斗、党的辉煌紧密联系在一起。要发扬老一辈革命家的革命精神、共产党人的奋斗精神，一鼓作气、砥砺前行，进一步巩固全面建成小康社会成果，为全面建成社会主义现代化强国和实现中华民族伟大复兴的中国梦作出武安新贡献。

5.深化对开创中国特色社会主义新时代的认识。党的十八大以来，中国特色社会主义进入新时代。以习近平同志为核心的党中央以伟大的历史主动精神、巨大的政治勇气、强烈的责任担当，统筹国内国际两个大局，贯彻党的基本理论、基本路线、基本方略，统揽伟大斗争、伟大工程、伟大事业、伟大梦想，在坚持党的全面领导、全面从严治党、经济建设、全面深化改革开放、政治建设、全面依法治国、文化建设、社会建设、生态文明建设、国防和军队建设、维护国家安全、坚持“一国两制”和推进祖国统一、外交工作等方面，出台一系列重大方针政策，推出一系列重大举措，推进一系列重大工作，战胜一系列重大风险挑战，解决了许多长期想解决而没有解决的难题，办成了许多过去想办而没有办成的大事，推动党和国家事业取得历史性成就、发生历史性变革，脱贫攻坚战全面胜利，全面建成小康社会，实现了第一个百年奋斗目标，彰显了中国特色社会主义的强大生机活力，党心军心民心空前凝聚振奋。在进行具有许多新的历史特点的伟大斗争中，习近平总书记众望所归、当之无愧地成为党中央的核心、全党的核心，深得全党全军全国各族人民衷心拥护和爱戴。要牢牢把握9年来党和国家事业发展进程中的原创性思想、变革性实践、突破性进展、标志性成果，从全面建成小康社会和脱贫攻坚战全面胜利，以及创造的“四大奇迹”中汇集力量，更加紧密团结在以习近平同志为核心的党中央周围开拓奋进，加快建设富强文明美丽幸福的现代化新武安。

6.深化对习近平新时代中国特色社会主义思想指导地位的认识。以习近平同志为主要代表的中国共产党人，坚持把马克思主义基本原理同中国具体实际相结合、同中华优秀传统文化相结合，坚持毛泽东思想、邓小平理论、“三个代表”重要思想、科学发展观，深刻总结并充分运用党成立以来的历史经验，从新的实际出发，创立了习近平新时代中国特色社会主义思想。习近平总书记对关系新时代党和国家事业发展的一系列重大理论和实践问题进行了深邃思考和科学判断，提出一系列原创性的治国理政新理念新思想新战略，是习近平新时代中国特色社会主义思想的主要创立者。习近平新时代中国特色社会主义思想是当代中国马克思主义、21世纪马克思主义，是中华文化和中国精神的时代精华，实现了马克思主义中国化新的飞跃。党的十九届六中全会对习近平新时代中国特色社会主义思想从理论与实践相结合的高度进行深入的阐述。要深刻认识到，党确立习近平同志党中央的核心、全党的核心地位，确立习近平新时代中国特色社会主义思想的指导地位，反映了全党全军全国各族人民共同心愿，对新时代党和国家事业发展、对推进中华民族伟大复兴历史进程具有决定性意义。要坚定不移学习贯彻习近平新时代中国特色社会主义思想，自觉做党的创新理论的坚定信仰者和忠实实践者，知行合一，任何时候任何情况下都自觉信赖核心、忠诚核心、维护核心。

三、深刻领会党百年奋斗的历史意义，引导全市上下坚定不移听党话、感党恩、跟党走

一百年来，党始终践行初心使命，团结带领全国各族人民持续奋斗，绘就了人类发展史上的壮美画卷，彻底扭转了近代以来中华民族的历史进程，生动谱写了世界社会主义历史发展的壮丽篇章，成功开辟了马克思主义新境界，为实现中华民族伟大复兴建立了不朽功业，为促进人类进步做出了重大贡献。

7.充分认识党的百年奋斗从根本上改变了中国人民的前途命运。一百年来，党领导人民经过波澜壮阔的伟大斗争，中国人民彻底摆脱了被欺负、被压迫、被奴役的命运，成为国家、社会和自己命运的主人，人民民主不断发展，14亿多人口实现全面小康，中国人民对美好生活的向往不断变为现实。要深刻认识红色政权来之不易、新中国来之不易、中国特色社会主义来之不易，不断增强历史定力，增强做中国人的志气、骨气、底气，以强烈的历史主动精神和历史创造精神，凝心聚力推动人民富裕、国家强盛、中国美丽，书写新时代武安发展新篇章。

8.充分认识党的百年奋斗开辟了实现中华民族伟大复兴的正确道路。一百年来，党领导人民不懈奋斗、不断进取，成功开辟了实现中华民族伟大复兴的正确道路。中国从四分五裂、一盘散沙到高度统一、民族团结，从积贫积弱、一穷二白到全面小康、繁荣富强，从被动挨打、饱受欺凌到独立自主、坚定自信，仅用几十年时间就走完发达国家几百年走过的工业化历程，创造了经济快速发展的奇迹、社会长期稳定的奇迹、人类减贫史上的奇迹、人类同疾病斗争史上的奇迹。方向决定道路，道路决定命运。要深刻认识到，中国特色社会主义是实现社会主义现代化的必由之路，是创造人民美好生活的必由之路，必须始终坚定执行党的政治路线，统筹推进“五位一体”总体布局，协调推进“四个全面”战略布局，坚决贯彻落实党中央和省委、邯郸市委决策部署，持续推动武安走向繁荣富强。

9.充分认识党的百年奋斗展示了马克思主义的强大生命力。一百年来，党坚持把马克思主义写在自己的旗帜上，不断推进马克思主义中国化时代化，用博大胸怀吸收人类创造的一切优秀文明成果，用马克思主义中国化的科学理论引领伟大实践。马克思主义的科学性和真理性在中国得到充分检验，马克思主义的人民性和实践性在中国得到充分贯彻，马克思主义的开放性和时代性在中国得到充分彰显。马克思主义中国化时代化不断取得成功，使马克思主义以崭新形象展现在世界上，使世界范围内社会主义和资本主义两种意识形态、两种社会制度的历史演进及其较量发生了有利于社会主义的重大转变。要从党的非凡历程中领会马克思主义是如何深刻改变中国、改变世界的，感悟马克思主义的真理力量和实践力量，把握中国化马克思主义既一脉相承又与时俱进的理论品质，认识中国共产党为什么能、马克思主义为什么行、中国特色社会主义为什么好，坚持不懈强化党的创新理论武装，掌握贯穿其中的马克思主义立场、观点、方法，以理论上的清醒保持政治上的坚定。

10.充分认识党的百年奋斗深刻影响了世界历史进程。一百年来，党既为中国人民谋幸福、为中华民族谋复兴，也为人类谋进步、为世界谋大同，以自强不息的奋斗深刻改变了世界发展的趋势和格局。党领导人民成功走出中国式现代化道路，创造了人类文明新形态，拓展了发展中国家走向现代化的途径，给世界上那些既希望加快发展又希望保持自身独立性的国家和民族提供了全新选择。党推动构建人类命运共同体，为解决人类重大问题，建设持久和平、普遍安全、共同繁荣、开放包容、清洁美丽的世界贡献了中国智慧、中国方案、中国力量。要深刻认识到，党和人民的事业是人类进步的重要组成部分，中国是世界和平的建设者、全球发展的贡献者、国际秩序的维护者，必须始终高举和平、发展、合作、共赢的旗帜，自觉服从服务国家总体外交大局，加强国际文化交流、友好往来和经贸合作，为人类和平与发展的崇高事业作出贡献。

11.充分认识党的百年奋斗锻造了走在时代前列的中国共产党。一百年来，党坚持性质宗旨，坚持理想信念，坚守初心使命，勇于自我革命，在生死斗争和艰苦奋斗中经受住各种风险考验、付出巨大牺牲，锤炼出鲜明政治品格，形成了以伟大建党精神为源头的精神谱系，保持了党的先进性和纯洁性，党的执政能力和领导水平不断提高，发展成为拥有9500多万名党员、领导着14亿多人口大国、具有重大全球影响力的世界第一大执政党。我们党的历史是中国近现代以来历史最为可歌可泣的篇章，党团结带领人民造就了历史悠久的中华文明新的历史辉煌，历史在人民探索和奋斗中又造就了中国共产党，中国共产党无愧为伟大光荣正确的党。要大力弘扬伟大建党精神，传承西柏坡精神、塞罕坝精神，赓续共产党人精神血脉，常怀远虑、居安思危，继续推进新时代党的建设新的伟大工程，确保革命薪火代代相传、红色江山永不变色。

四、深刻领会和传承党百年奋斗的历史经验，牢牢把握推进各项事业发展的正确政治方向

我们党历来高度注重总结历史经验。一百年来，党领导人民进行伟大奋斗，在进取中突破，于挫折中奋起，从总结中提高，积累了宝贵的历史经验。党中央《决议》总结的“十个坚持”，揭示了党和人民事业不断成功的根本保证，揭示了党始终立于不败之地的力量源泉，揭示了党始终掌握历史主动的根本原因，揭示了党永葆先进性和纯洁性、始终走在时代前列的根本途径，是党和人民共同创造的精神财富。要深入学习领会，看清楚过去我们为什么能够成功、弄明白未来我们怎样才能继续成功，在新时代实践中倍加珍惜、长期坚持，把党的成功经验传承好、发扬好。

12.准确把握、全面落实“坚持党的领导”。中国共产党是领导我们事业的核心力量，中国人民和中华民族之所以能够扭转近代以后的历史命运、取得今天的伟大成就，最根本的是有中国共产党的坚强领导。历史和现实都证明，没有中国共产党，就没有新中国，就没有中华民族伟大复兴。要牢记“国之大者”，坚决维护习近平总书记党中央的核心、全党的核心地位，坚决维护党中央权威和集中统一领导。要把坚持和加强党的全面领导落实到各领域各方面各环节，确保党始终总揽全局、协调各方。要从市委和市领导班子做起，坚持民主集中制，提高科学决策、民主决策、依法决策水平，扎实推动习近平总书记重要指示批示和中央及省委、邯郸市委决策部署在武安落实到位。

13.准确把握、全面落实“坚持人民至上”。民心是最大的政治，正义是最强的力量。中国共产党始终代表中国最广大人民的根本利益，人民是党执政兴国的最大底气。要站稳人民立场，始终牢记“江山就是人民，人民就是江山”，坚持把人民放在心中最高位置，自觉践行党的根本宗旨，不断实现好、维护好、发展好最广大人民的根本利益。要坚持党的群众路线，永远保持同人民群众的血肉联系，尊重人民首创精神，发展全过程人民民主，维护社会公平正义。要着力解决发展不平衡不充分问题和人民群众急难愁盼问题，推动人的全面发展、全体人民共同富裕取得更为明显的实质性进展。

14.准确把握、全面落实“坚持理论创新”。马克思主义是我们立党立国、兴党强国的根本指导思想。中国共产党之所以能够领导人民完成中国其他各种政治力量不可能完成的艰巨任务，根本在于坚持解放思想、实事求是、与时俱进、求真务实，不断推进马克思主义中国化时代化。要自觉把学习习近平新时代中国特色社会主义思想作为终身必修课，做到内化于心、外化于行、知行合一，切实回答好时代之问、人民之问。要落实意识形态工作责任制，加强宣传思想文化工作，夯实团结奋斗的共同思想政治基础，汇聚强大正能量。要善于用党的创新理论指导新的实践，及时传达学习贯彻习近平总书记最新重要指示批示，推动马克思主义在武安展现出更强大的真理力量。

15.准确把握、全面落实“坚持独立自主”。独立自主是中华民族精神之魂，是我们立党立国的重要原则。走自己的路，是党百年奋斗得出的历史结论和重要经验。要坚持独立自主开拓前进道路，坚定民族自尊心和自信心，绝不盲目照搬外国模式，更加积极主动办好自己的事情。要强化全局观念，找准自身位置，加快培育完善的产业体系、内需体系。要巩固深化“双创双服”“三深化三提升”“三创四建”“三重四创五优化”成果，结合新的实践，创新思路举措，明确抓手载体，坚定不移推动习近平总书记重要指示批示和党中央及省委、邯郸市委决策部署在武安落地见效。

16.准确把握、全面落实“坚持中国道路”。党在百年奋斗中始终坚持从我国国情出发，探索并形成符合中国实际的正确道路。中国特色社会主义道路是创造人民美好生活、实现中华民族伟大复兴的康庄大道。要坚定中国特色社会主义道路自信、理论自信、制度自信、文化自信，坚定不移走中国式现代化新道路，为建设富强民主文明和谐美丽的社会主义现代化强国贡献力量。要始终坚持党的基本理论、基本路线、基本方略，坚持系统观念，坚持稳中求进工作总基调，坚持立足新发展阶段、完整准确全面贯彻新发展理念、构建新发展格局，加快创新发展、绿色发展、高质量发展，促进共同富裕，推动建设富强文明美丽幸福的现代化新武安迈出坚实步伐。

17.准确把握、全面落实“坚持胸怀天下”。党始终以世界眼光关注人类前途命运，站在历史正确的一边，站在人类进步的一边，坚持和平发展道路，既通过维护世界和平发展自己，又通过自身发展维护世界和平，同世界一切进步力量携手前进，推动历史车轮向着光明的前途前进。要自觉胸怀“两个大局”，从人类发展大潮流、世界变化大格局、中国发展大历史正确认识和处理外部关系，不断开拓合作共赢新局面。坚定不移扩大对外开放，积极融入共建“一带一路”，拓展第三方合作市场，实现高质量引进来和高水平走出去。

18.准确把握、全面落实“坚持开拓创新”。创新是一个国家、一个民族发展进步的不竭动力。党领导人民披荆斩棘、上下求索、奋力开拓、锐意进取，不断推进理论创新、实践创新、制度创新、文化创新以及其他各方面创新，走出了前人没有走出的路，创造了令人刮目相看的人间奇迹。要坚持继续解放思想，准确识变、科学应变、主动求变，深入落实科教兴冀战略和创新驱动发展战略，加快建设创新型武安。要坚定不移全面深化改革，落实党中央和省委、邯郸市委改革部署，抓好重点领域改革，推进治理体系和治理能力现代化，优化市场营商环境，充分释放武安创新创业创造活力。

19.准确把握、全面落实“坚持敢于斗争”。敢于斗争、敢于胜利，是党和人民不可战胜的强大精神力量。党和人民取得的一切成就，不是天上掉下来的，而是通过不断斗争取得的。要发扬斗争精神，增强斗争本领，见微知著，未雨绸缪，积极应对错综复杂的国内外环境和社会主要矛盾变化带来的新挑战。要认真贯彻总体国家安全观，严密防范和严厉打击敌对势力渗透、破坏、颠覆、分裂活动，坚定维护国家政权安全、制度安全、意识形态安全。要统筹发展和安全，维护社会稳定和安全，保障人民生命安全，为筑牢拱卫首都安全的钢铁长城贡献武安力量。

20.准确把握、全面落实“坚持统一战线”。建立最广泛的统一战线，是党克敌制胜的重要法宝，也是党执政兴国的重要法宝。要始终坚持大团结大联合，持续深化“团结就是力量”专题学习教育活动，最大限度凝聚起全市上下共同奋斗的力量。要完善大统战工作格局，促进政党关系、民族关系、宗教关系、阶层关系、海内外同胞关系和谐。要全面贯彻党的宗教工作基本方针，巩固“双创四进”和“三项制度”，深化宗教治理，引导宗教与社会主义社会相适应。要以铸牢中华民族共同体意识为主线，促进各民族交往交流交融。

21.准确把握、全面落实“坚持自我革命”。勇于自我革命是中国共产党区别于其他政党的显著标志。党历经百年沧桑更加充满活力，其奥秘就在于始终坚持真理、修正错误。要始终牢记打铁必须自身硬的道理，铭记生于忧患、死于安乐，坚持党要管党、全面从严治党，层层传导责任压力，坚决清除一切损害党的先进性和纯洁性的因素。要以党的政治建设为统领，全面加强党的政治建设、思想建设、组织建设、作风建设、纪律建设，把制度建设贯穿其中。要常态化开展政治性警示教育，彻底肃清周本顺、张越等严重违纪违法案件影响，进一步巩固发展风清气正、干事创业的良好政治生态。

五、深刻领会新时代中国共产党的历史使命，全面加快建设富强文明美丽幸福的现代化新武安

时代是出卷人，我们是答卷人，人民是阅卷人。站在新的历史起点上，全市各级党组织和广大党员干部要以学习贯彻党的十九届六中全会精神为动力，时刻牢记中国共产党是什么、要干什么这个根本问题，勿忘昨天的苦难辉煌，无愧今天的使命担当，不负明天的伟大梦想，以史为鉴、开创未来，埋头苦干、勇毅前行，加快建设富强文明美丽幸福的现代化新武安，为全面建成社会主义现代化强国和实现中华民族伟大复兴的中国梦建功立业。

22.坚定不移完整准确全面贯彻新发展理念，推动高质量发展实现更大突破。坚持把发展作为第一要务，围绕打造“343”产业体系，坚决去、主动调、加快转，推动钢铁企业加快形成“6+1”产业格局，提高精品钢材比例，打造精钢之城、智造之城。完善“项目包联、专班推进、要素保障、观摩拉练”机制，全力推动重点项目加快建设。加大招商引资力度，压实9大产业链延链补链强链责任，持续引进实施一批大项目、好项目。坚持创新驱动，搭建科技创新平台，培育更多专精特新“小巨人”、行业“单项冠军”“隐形冠军”。坚持科技创新，优化整合科技资源力量，打好关键核心技术攻坚战，推动产学研用深度融合，加快科研成果转化，大力发展高新技术企业和科技型中小企业。持续推动企业“上云”和数字赋能，建成一批工业互联网融合示范项目。鼓励大众创业、万众创新，让更多市场主体在武安落地生根、茁壮成长。大力实施现代服务业提升行动，实现现代服务业扩量提质。深化“放管服”改革，全面落实新的减税降费政策，深化国有企业改革，创优政策环境，强化要素保障，营造一流营商环境。

23.持续用力加强生态文明建设，推动环境质量不断好转。坚决打好污染防治攻坚战，推动企业环保设备改造升级，抓好“车尘油煤”精细管控。严格落实河长制，常态化抓好河流污染治理，统筹抓好城市黑臭水体、农村生活污水、工业污水管控治理。有序推进玉带河综合治理。加大土壤污染防治力度，深化农业面源污染治理，强化污染地块监管和修复，确保全市土壤环境质量稳步改善。全面落实林长制，大规模开展植树造林，力争早日创建国家森林城市。加快制定碳达峰、碳中和时间表、路线图，大力调整产业结构、能源结构、交通运输结构、用地结构，协同推进减污降碳，推动经济社会发展全面绿色转型。

24.扎实推进新型城镇化和乡村振兴，促进城乡融合高质量发展。坚持规划引领，严格落实国土空间总体规划，推进以人为核心的新型城镇化，加快建设邯郸市域副中心城市。按照基础设施建设适度超前要求，加快片区开发，提升承载能力，开展“三拆三提升”行动，强化精细管理，改善城市形象，提升城市能级。深入推进乡村振兴，推动巩固拓展脱贫攻坚成果同乡村振兴有效衔接，扎实推进农村人居环境整治提升五年行动，提升村容村貌、户容户貌，争创更多省级美丽乡村。深化农业供给侧结构性改革，大力发展设施农业、高效农业、绿色农业、品牌农业，确保粮食和重要农副产品安全。做大做强乡村产业，加快旅游融合带动发展步伐，厚植乡村振兴产业基础。加强乡村精神文明建设，倡导文明健康、绿色环保的生活方式。

25.自觉践行以人民为中心的发展思想，不断改善人民群众生活品质。持续滚动实施民生工程，巩固“我为群众办实事”实践活动和民生实事成果，解决好人民群众急难愁盼问题。着力做好重点群体就业工作，完善收入分配机制，实现充分就业和群众增收。拓展“四医联动”改革成果，完善疾病预防控制体系和基层公共卫生服务体系。办好人民满意的教育，推进学前教育普及普惠发展、义务教育优质均衡发展、普通高中教育多样化有特色发展、职业教育产教融合发展。发展普惠型养老服务，构建居家社区机构相协调、医养康养相结合的养老服务体系，健全社会保障体系。坚持文化和旅游融合发展，促进文旅产业发展与乡村振兴、传统村落保护、乡村旅游发展深度融合。加强和创新社会治理，巩固和提升信访积案化解成果，常态化开展扫黑除恶和深化“一案三查”，做好重大活动安保工作。着力提高防灾减灾救灾抗灾能力，做好安全生产、食品药品安全、森林防火、防震抗震、防汛救灾等工作。毫不放松抓好常态化疫情防控，坚决维护人民生命安全和身体健康。

26.毫不动摇推进全面从严

治党，持续巩固风清气正的政治生态。深入贯彻新时代党的建设总要求，始终把政治建设放在首位，严格落实管党治党政治责任，形成真管真严、敢管敢严、长管长严的工作格局。健全“不忘初心、牢记使命”制度，推动理想信念教育常态化制度化，加强政治纪律和政治规矩教育，提高政治能力，把准政治方向。全面贯彻新时代党的组织路线，坚持正确选人用人导向，选优配强各级领导班子，健全干部交流制度，大力培养选拔优秀年轻干部，建设高素质专业化干部队伍。落实党管人才原则，全面做好培养、引进、用好人才工作。巩固乡镇改革和基层综合执法改革成果，提高农村、社区、国企、学校等各领域基层党建水平。深化纠正“四风”和作风纪律专项整治，严肃查处违反中央八项规定及其实施细则精神问题，坚决纠正形式主义、官僚主义。深化党风廉政建设和反腐败斗争，巩固拓展政法队伍教育整顿成果，发挥巡察利剑作用，用好监督执纪“四种形态”，加强对“一把手”和领导班子监督，坚持“八个零容忍”“六个绝不手软”“五个高度聚焦”“三个全覆盖”，严肃查处群众身边的不正之风和腐败问题，一体推进不敢腐、不能腐、不想腐。

各级各部门各单位党委（党组）要切实履行抓落实主体责任，主要负责同志履行第一责任人责任，分管领导各负其责，切实推动党中央《决议》和省委、邯郸市委贯彻落实《意见》落到实处。

贯彻落实中的重要情况，及时向市委报告。

会议强调，各级党组织和党员干部是推动武安事业高质量发展的主力军，要围绕中心大局作贡献，奋力推动现代化新武安实现新跨越。要全面加强党的领导，拥护“两个确立”，做到“两个维护”。要持续深入解放思想，积极学习先进，推出更多有利发展的创新举措，打造政策高地。落实国有企业改革三年行动要求，推动国有企业有序整合，发挥国有资本引领作用，打好深化国有企业改革攻坚战。要提升要素保障能力，强化规划引领、手续跑办、土地保障、金融支撑和平台建设，全力打好要素保障攻坚战。要强化经济运行考核，推动各级领导干部钻研经济、把握规律、研究政策，提升领导经济工作本领。要大力优化营商环境，简化审批流程，提高审批效率，建立规范化机制化政企沟通渠道，全力支持和服务企业发展。要持之以恒正风肃纪，坚持“八个零容忍”“六个绝不手软”“五个高度聚焦”“三个全覆盖”，坚决守好廉政底线，以清风正气涵养干事创业的政治生态。

会议号召，全市各级党组织和广大党员干部群众，要更加紧密团结在以习近平同志为核心的党中央周围，在省委、邯郸市委的坚强领导下，高举旗帜、践行使命，忠诚担当、拼搏竞进，为加快建设富强文明美丽幸福的现代化新武安而努力奋斗，以实际行动迎接党的二十大胜利召开。

中共武安市委　武安市人民政府关于印发《武安市加快实现高质量发展推进经济总量“十四五”期间超千亿行动计划》的通知

武发〔2022〕4号

各乡镇党委和人民政府，工业园区党工委、管委会，市直各单位：

《武安市加快实现高质量发展推进经济总量“十四五”期间超千亿行动计划》已经市委、市政府研究通过，现印发给你们，请认真贯彻实施。

中共武安市委
武安市人民政府
2022年1月19日

武安市加快实现高质量发展　推进经济总量“十四五”期间超千亿行动计划

“十四五”时期是我国开启全面建设社会主义现代化国家新征程、向第二个百年奋斗目标进军的第一个五年，是武安全面建设富强文明美丽幸福的现代化新武安的关键五年。为深入贯彻落实省、邯郸市关于县域经济高质量发展的决策部署和市第八次党代会精神，加快推进县域经济转型升级、高质量发展，制定本行动计划。

一、指导思想

以习近平新时代中国特色社会主义思想为指导，深入贯彻党的十九大和十九届二中、三中、四中、五中、六中全会精神，立足把握新发展阶段、完整准确全面贯彻新发展理念、积极服务和融入新发展格局，坚持“稳字当头、稳中求进”工作总基调，紧紧扭住力争经济总量“十四五”期间超千亿目标，以推动产业高质量发展为主题，以深化供给侧结构性改革为主线，以解放思想、改革创新为根本动力，以深入实施产业链“链长制”为抓手，建立健全产业链巩固、增强、提升、畅通的长效抓促机制，全面推动重点产业链“建链、延链、补链、强链”，加快带动项目建设、城市建设、乡村振兴、生态治理、“三城同创”、深化改革、民生改善等工作整体提升，着力构建现代化经济体系，进一步提升全市综合经济实力，坚定不移走好转型发展、创新发展、绿色发展、安全发展、城乡融合发展的高质量发展之路，加快建设富强文明美丽幸福的现代化新武安。

二、发展目标

立足我市所处的历史方位、现有的产业基础、未来的发展态势，本着“目标引领、固强补弱、加压鼓劲”的原则，兼顾发展的质量和速度，制定“十四五”期间如下目标：

——到2022年末，力争全市

地区生产总值达到780亿元，增长8.5%。其中，第一产业达到27亿元，增长11%；第二产业达到476亿元，增长7%；第三产业达到277亿元，增长11%。三次产业结构优化为3.5：61：35.5。

——到2023年末，力争全市地区生产总值达到850亿元，增长8.7%。其中，第一产业达到31亿元，增长12%；第二产业达到505亿元，增长7%；第三产业达到314亿元，增长12%。三次产业结构优化为3.6：59.4：37。

——到2024年末，力争全市地区生产总值达到935亿元，增长10%。其中，第一产业达到35亿元，增长13%；第二产业达到540亿元，增长7.5%；第三产业达到360亿元，增长13.6%。三次产业结构优化为3.7：57.8：38.5。

——到2025年即“十四五”末，力争全市综合经济实力实现重大突破提升，地区生产总值达到1020亿元以上，增长9.3%。其中，第一产业达到40亿元，增长14%；第二产业达到572亿元，增长7%；第三产业达到408亿元，增长12.6%。三次产业结构优化为4：56：40。

三、基本原则

——始终坚持解放思想。深刻认识“十四五”时期既是我市经济社会发展的“转型期、阵痛期”，更是“机遇期、腾飞期”，要坚定高质量发展的信心、决心和恒心，持续开展解放思想大讨论活动，破除固化思维、路径依赖的藩篱，力戒畏难退缩、小富即安的思想，树立敢于破旧、勇于立新的理念，大力弘扬新时代企业家精神、武安新商帮精神、工匠精神，持之以恒深化政府职能转变，建立亲商清商关系，当好“店小二、服务员”，为全市转型升级高质量发展夯实思想保障。

——全力推动产业升级。围绕构建主业突出、多元并举、竞相发展、绿色低碳的现代化产业体系，深入实施“三次产业全面提升行动”：做优一产，坚持“育龙头、做品牌、强产业”，落实国家粮食安全战略，依托南山沟特色种植、北部现代农业两大产业带，做强生猪、小米、中药等产业，培育一批规上特色产业化企业，构建“种养、加工、销售”全产业链发展体系；做强二产，大力实施“工业立市、制造强市”战略，加快打造武安“新钢铁”，着力发展精钢吃钢耗铁产业，提升装备制造业层次，培育壮大新能源、新材料、数字经济等战略性新兴产业，引导低端产业有序退出转型，全面提升县域工业的核心竞争力、创新驱动力、抗风险能力；做大三产，立足挖潜力、补短板、扬优势，做大做强交通运输业，加快生产性物流业从二产中剥离，促进现代物流业融合发展，全面规范提升线上线下贸易、物业、金融、保险等行业发展，实现三产跨越式提升。

——全面激活发展动能。坚持“内外联动、双向发力”：树牢“办好现有企业、用好武安资本就是最好招商”理念，开展引导支持“本地企业再创业、在外武商回家乡”两大活动，让更多的武安资本回流武安、选择武安、发展武安。依托产业基础优势，面向京津雄安、长三角、珠三角等先进地区，大力开展产业链招商、以商招商、精准招商，引进一批规模大、前景好、效益高的重点项目，推进一批与高校院所合作的科技转化成果，打造一批专精特新企业，持续兴起“大项目大企业顶天立地、小项目小企业铺天盖地”的建设热潮。

——牢树经营城市理念。立足“做活城市经济、提升城市能级、加快城市更新”，加强规划引领和要素保障，多部门配合联动、积极对上争跑，充分发挥城发集团作用，盘活城市规划建设体制机制，规划实施玉带河整治、中兴路延伸“一带一路”工程，科学开发城市新区，有序提升老旧城区，利用退出企业土地“退二进三”、高铁站辐射带动等打造新增长点，统筹推进智慧城市建设，加快推动消费迭代升级，布局新基建、催生新业态、建设新武安，让“全国百强”的经济体量与武安城建发展水平更相匹配、更相适应。

——深入开展挖潜育新。充分结合武安产业现状、发展阶段、比较优势，通过实施“工贸分离”“主体倍增”“四上培育”“做强龙头”等举措，重点在交通运输、批零住餐、工程建筑、商贸服务等行业深挖潜力，着力在现代物流、装备制造、金融服务、科创等行业育新再造，发展具有武安特色的总部经济、楼宇经济、服务经济，培育更多的规模以上工业企业、资质等级建筑业企业、限额以上批零住餐企业、规模以上服务业企业，打造新的增长动能。

——切实强化底线思维。坚持加强金融风险防控，严控政府隐性债务增量，稳妥化解存量，守牢系统性、区域性风险底线；提前布局碳达峰、碳中和工作，坚决把“生态优先、绿色发展”贯穿到工作全过程，提升经济发展“含绿量”；坚持人民至上、生命至上，坚守安全生产底线，落实常态管控机制，不断提高安全生产、疫情防控、应急处置能力和水平。

四、全面增强产业支撑

着力推进现代物流、装备制造、精品钢材、新能源、文旅康养、循环经济、电子信息、现代农业、新材料9大产业链，大力发展城市经济，构建现代化产业体系，加快推进全市经济绿色低碳高质量发展，为“十四五”期间生产总值超千亿提供产业支撑。

（一）在提升现代物流产业规模层次上实现新突破。以陆港保税、清峰、华增达等链主企业为龙头，统筹各企业铁路专用线、中小型物流企业和物流园等，科学规划、错位发展、优势互补，建立“城乡一体化、融通一二三产”的物流体系，打造“立足冀南、辐射华北、货通全国、买卖全球”的现代物流产业基地。加强规划引领。委托国内知名的物流规划单位，深入调查研究，找准制约瓶颈，高标科学编制物流产业规划，充分发挥规划引导和约束作用，优化物流节点布局，优先利用存量建设用地，促进全行业跨越发展。壮大龙头企业。以陆港保税为带动，有序推进物流企业整合互补，形成“主业突出、差异发展、良性竞争”的现代物流发展格局；支持陆港保税发挥B型保税区功能，加快开通中欧中亚班列、外贸综合服务平台、保税商贸文旅小镇项目建设，加快开展保税电商业务，升级综合保税区，形成现代服务业新高地；支持华增达建设冀中南最大的煤炭交易中心，金都物流形成静态储煤50万吨的应急储备能力，中贸物流、曜弘物流重点发展智慧配送等。探索建立“海外仓”，以物流产业为抓手，支持武安精品钢材国家级外贸转型升级基地做优做强。创新服务平台。依托陆港保税，构建全市智慧物流平台，优化物流服务网络架构，实现各类物流信息资源有效整合。积极争取银保监部门的支持，早日成立主营物流金融业务的专业机构，为物流行业提供专业融资平台，创新物流业信贷融资模式，发展融资担保、存货质押、仓单质押、保兑仓、统一授信等增值服务。做大做强运输业。参照其他地区积极给予政策支持，不断提高服务水平，降低企业物流成本，鼓励引导本地交通运输企业发展壮大。“十四五”期间，全市物流产业产值达到3000亿元。（牵头领导：刘浩峰；责任领导：张国群；牵头单位：市发展和改革局、市保税办公室）

（二）在推动装备制造产业做大做强上实现新突破。围绕“打造与钢铁产业规模相当的立市产业”目标，大力发展“创新引领、智能高效、绿色低碳、结构优化”的先进装备制造产业，建成亚洲最大的精密铸造、装备制造生产基地，世界最大的球墨铸管生产基地。坚持以点带面。以新兴铸管总部回迁“武安老家”为契机，发挥新兴铸管、格力精密装备制造的“双龙头”带动作用，加快推进钜兴铸管及精密铸件、鼎润智能数控、虎耀高端装备等项目建设，不断提升武安装备制造的市场占有率，力争达到500万吨级别。坚持集聚发展。以现有的标准件重点企业为骨干，整合提升域内金属制品加工、标准件、铸造企业，引进标准件生产设备制造项目，全面延伸装备制造产业链，促进装备制造业由零部件加工为主向成套整机转型，形成“功能互补、协作紧密、链条完整、集聚联动”的产业协同配套能力。坚持数字赋能。建立和推广模块化、低成本、易部署的智能化改造系统解决方案，加快现有设备数字化、智能化改造；对在建项目推广应用新型智能设备，建成一批工业互联网融合示范项目、智能制造工厂，引导武安“装备制造”向“装备智造”提升。“十四五”期间，装备制造产业链产值达到

500亿元。（牵头领导：董志毅；责任领导：贺良；牵头单位：市科技和工业信息化局）

（三）在提高精品钢材产业核心竞争力上实现新突破。围绕“主体装备大型化、产品结构高端化、生产过程绿色化、工艺技术智能化、组织结构集团化、空间布局合理化”，大力实施精钢战略，全面完成钢铁退城进园、整合重组、改造升级，推进钢铁企业由生产中心向创新中心、由“量”驱动向“质”驱动转变，打造全国重要的精品钢材基地。加快减量重组。牢牢抓住国家产业政策“窗口期”，完成1000立方米以下高炉、100吨以下转炉减量置换改造升级，加快办理冀南二期、太行二期、新金钢铁、普阳钢铁（文安）项目前期手续，2023年底前全部建成、达产达效，钢铁企业整合为“6+1”格局。提升产品品质。支持企业加快开展新材料、新技术的科研和产业化，鼓励发展无头轧制、氢冶金等先进技术，培育一批“人无我有、人有我优”的防爆钢、高强度钢、家电板、汽车板、帘线钢等优质钢产品，引导每家企业开发1-2个拳头产品，提升行业生产能力和产品层次。加快钢材精深加工业的发展，鼓励柔性生产、定制加工等钢铁服务业，支持延伸发展钢结构、丝网、轮毂、钢绞线等深加工企业，大力发展吃钢项目，本地耗钢能力达到1000万吨以上，实现“就地取材、原地消化、延链升级、再造升值”。优化产业布局。加快推进文安钢铁、新金钢铁西区等企业退城步伐，支持新金钢铁高端材深加工项目，引导相关企业向南洺河工业园、青龙山工业园转移，沿邯长铁路线布局，鼓励钢焦一体化发展，不断提升能源利用效率、环境治理的集约化水平。“十四五”期间，中高端钢铁比例达到30%以上，力争产值达到2500亿元。（牵头领导：路铭；责任领导：张国群；牵头单位：市发展和改革局）

（四）在激活新能源产业后发优势上实现新突破。围绕建设冀中南地区新能源产业聚集示范区，打造从材料、电池、动力总成、充电设备、汽车、储能、再生资源利用为一体的全闭合式循环产业链，加快提升产业链水平和竞争力。新能源电池方面，充分发挥我市新能源产业链条较为完善的优势，依托河北格力钛等龙头企业，改进技术路线，创新发展路径，促进新能源产业能级跃升。新能源电动车方面，以格力、京东物流专用车需求为引擎，以纯电动城市客车生产和纯电动工矿专用车生产为基础，建设纯电动重卡基地，并在电机、电控、电源管理、整车操作系统等关键环节搭建产业链条。氢能方面，依托钢铁、焦化等企业发展工业尾气高效低成本制氢资源优势，加强资源综合利用，加快华丰能源科技高纯氢能源基地项目建设，建立制氢、储氢、运氢、加氢、用氢的全产业链氢能产业体系，积极融入“邯郸·中国气谷”发展战略。生物质发电方面，以秸秆、玉米芯及林业废弃物等生物质为原料进行发电及综合利用为方向，落实节能环保要求，加快新能源产业绿色发展。“十四五”期间，新能源产业链产值达到200亿元。（牵头领导：胡存喜；牵头单位：工业园区）

（五）在做强文旅康养产业品牌上实现新突破。围绕建设文化旅游强市，争创全国知名康养度假旅游目的地、国家级旅游度假区总体目标，力促文旅康养产业链管理水平、经济效益、服务配套、品牌效应全方位提升。发展全域旅游。加强顶层设计，优化空间布局，实施“一山一河五板块”产业发展战略，即东太行山观光休闲度假带、洺河流域文化旅游产业带和城市活力休闲体验板块、历史文化旅游板块、红色教育研学板块、生态康养休闲度假板块、乡村农旅示范板块，持续扩大国家全域旅游示范区的知名度和影响力。做强精品项目。依托武安太行山水，做强“太行民宿”品牌，发挥京娘湖、东太行景区龙头引领作用，加大古武当山、七步沟、朝阳沟等景区整改提升力度，加快太行武安城、京娘湖康养小镇、田鑫漫宁太行民宿等项目建设进程，构建“龙头引领、众星拱月、雁阵发展”格局。优化快旅慢游的旅游交通网，构建智联互通的智慧旅游网，打造设施完备的基建服务网，全面提高我市文旅产业的整体水平。丰富旅游业态。围绕“旅游+、+旅游”，实施红旅融合、康旅融合、农旅融合、工旅融合战略，加快推动文旅产业发展与乡村振兴、传统村落保护、乡村旅游发展的深度融合，形成产业布局合理、聚集能力明显、发展活力强劲、带动效应显著的文旅产业发展新格局。大力发展夜游夜宿、特色餐饮、乡村旅居等业态，挖掘磁山、冶铁、商帮、戏曲、红色、民俗“六大文化脉系”潜力，开发舍利塔、神钲、司南等武安元素文创产品，研发系列精品伴手礼，提升地接服务水平，加强宣传推介营销，让更多游客“来了不想走、走了还想来”。“十四五”期间，文旅康养产业总收入达到150亿元。（牵头领导：霍丽云；责任领导：袁云霄；牵头单位：市文化广电和旅游局）

（六）在推进循环经济融合发展上实现新突破。围绕创建国家级循环经济示范区，依托新峰循环经济示范园，大力发展资源综合利用产业，着力打造“无废城市”。完善循环体系。推动产业循环式组合，在冶金、焦化、建材等制造行业间实现横向的废气、废水、固废协同处置体系；推动新峰水泥、新清成、清峰绿能等企业与不同行业以物质流、能量流为媒介进行链接共生，实现原料互供、资源共享，建立跨行业的循环经济特色产业链；在全市乃至周围地区范围实现城乡垃圾、工业固废、建筑垃圾、医疗垃圾、餐厨垃圾的集中处置、综合利用。延伸发展领域。围绕碳达峰、碳中和，加快由传统的资源综合利用向梯次利用、再制造产业发展步伐，降低能源消耗，提高资源再利用率。鼓励钢铁、焦化等大型企业在碳排放行业、碳捕集利用和封存等领域，提前谋划布局，实施一批带动性强的工程和项目，推进全市产业链的绿色低碳发展。提升业链价值。推动循环经济产品由原来的水泥、矿渣微粉等低端初级层次向新材料、新产品延伸，鼓励新峰公司延伸发展高性能陶粒、透水砖、生态墙地砖等高附加值的环保绿色产品，大幅提高循环经济产业效益。“十四五”期间，循环经济产业链产值达到100亿元以上。（牵头领导：贺良；责任领导：胡存喜；牵头单位：市科技和工业信息化局）

（七）在补齐电子信息产业短板上实现新突破。围绕“无中生有、从小变大”，把握电子信息产业从沿海向内陆二次转移趋势，加快招商引资，补齐行业短板。依托银泰福、尼果等智能终端企业带动，瞄准现代通信、集成电路、新型显示、大数据等领域，突出智能机器人、智能手机、车载终端、3D打印、智能穿戴、电子元器件、光学膜等行业，配套发展大数据中心、云计算等创新应用，着力破解电子信息基础材料、芯片的瓶颈制约，提高基础性原创水平。发挥工业园区承接优势，积极推进产业链招商，深化与深圳、东莞等电子企业合作，引进一批龙头企业、一批智能终端制造的元器件生产供应商区域布点，完善电子信息产业链配套体系。积极布局物联网、虚拟现实、生物技术、先进储能、节能环保等未来产业项目，形成产业联动、成长性好、技术领先的新兴产业集群。“十四五”期间，电子信息产业链产值达到100亿元。（牵头领导：贺良；责任领导：胡存喜；牵头单位：工业园区）

（八）在深挖现代农业发展潜力上实现新突破。依托特色产业集群，推动品种培优、品质提升、品牌打造和标准化生产，着力提高农业产业化经营率。强化龙头引领。以白沙村、智寿源林牧、金鹏牧业、益源牧业、金粟源米业等龙头为引领，推广“公司+合作社+基地+农户”模式，带动周边村镇，实行规模化种植，发展设施农业，促进乡村振兴。建设产业集群。生猪产业集群重点推动智能化养殖、规模化屠宰、品牌化经营的全产业链发展，抓好企业标准化和集约化建设；谷子产业集群重点做好产业提升和品牌建设，培育小米深加工企业；中药材产业集群重点建设科研示范基地，创建河北省连翘产业技术研究院，积极申报“武安连翘”国家地理标志保护产品。打造品牌农业。支持品牌宣传、产品推介等，依托八千年磁山文化和现有产业基础，喊响叫亮“武安小米”金字招牌，打造武安连翘、武安核桃、武安花椒、武安山地苹果、武安高端猪肉、武安种猪等地域品牌。鼓励企业组织参加国际和国内农产品博览会（交易会），支持创建中国驰名商标。强化科技支撑。加强与中国农科院、省农科院、中国农大、河北农大等科研院所的合作，把先进的品种、技术、高端科技人才引进来、推广开，培养更多的本地科技人才，积极适应现代农业发展需求。“十四五”期间，农业产业化经营率增至22%。（牵头领导：王世臣；责任领导：袁云霄；牵头单位：市农业农村局）

（九）在加快新材料产业提质增效上实现新突破。围绕构建规模适度、装备先进、产品多元、布局合理、环保一流、管理高效的现代新材料产业体系，打通新材料产业“卡点”。注重原始创新。鼓励以龙凤山铸业为代表，充分发挥与上海大学、东北大学、机械研究总院、北京科技大学等科研院校的共同研发优势，加大4N级纯铁、高纯铁等原创性新材料的开发应用，积极参与军民融合发展，打造铁基新材料等生产基地。扩大开放合作。加强与上汽红岩和格力电器等大企业、大集团合作，加快钛酸锂等新材料的技术转型，力争在硅碳负极材料、硅碳电池技术及固态电池技术等前沿领域取得突破；积极引进金力高性能锂电池隔膜项目，补齐新能源电池生产链。拓宽应用领域。引导火焰山钙业、南洋钙业等企业，延伸现有钙基产品链条，发展纳米碳酸钙、轻质碳酸钙产业，提升产品附加值；支持诺恩、莱特莱德等水处理设备公司，继续加大水处理膜材料的研发；鼓励清峰绿能固废延伸发展低碳固废基胶凝材料、人造石材等，进一步拓展终端产品市场。“十四五”期间，新材料产业链产值达到200亿元。（牵头领导：马晓斌；责任领导：贺良；牵头单位：市科技和工业信息化局）

（十）在发挥城市经济支撑带动作用上实现新突破。围绕邯郸副中心定位和创建全国文明城市目标，强化经营城市理念，发挥城发集团作用，加快城市经济发展提档升级、提质扩量，建设功能完善、生态宜居的现代化中等城市。重点工程引领。通过实施“一带一路”，即玉带河整治工程、中兴路延伸工程，拓展城市可利用空间，提升城市开发水平；以东部的九龙山、西部的文化艺术中心、南部的高铁站周边、中部的南关商业步行街、太行武安城等新地标为带动，加快城市新区开发；加强城区道路建设和城市容貌治理，推动城郊乡镇加快融入主城区，增强经济发展承载力，夯实城市经济发展基础。创新城建模式。运用市场化思维经营城市，创新片区开发、基础设施建设等投融建模式，通过ABO、投资人+EPC、地方政府专项债+配套融资等模式引进大型央企、世界500强等战略合作伙伴，利用社会资金盘活存量资产、搞活增量资产、激活无形资产，以市场化机制推动城市建设向产业化发展，加快实现“以城建城”。丰富城市业态。充分利用城区企业腾退土地，围绕培育总部经济、共享经济、楼宇经济、商圈经济，精准布局培育一批高端服务业项目，打造大型商贸综合体、聚集区，发挥流量牵引和要素聚合作用，提升城市创新驱动力、资源转化力和产业竞争力，催生金融、会展、文创、新商业模式等新产业、新业态，增强城市活力。释放消费潜力。以满足群众个性化、差异化、高品质生活需求为目标，大幅提升商业服务品质、推动消费升级，发展文旅、健康、养老等消费新模式，促进优质供给和满意消费良性互动，不断延伸消费链条，让更多的武安人选择在本地消费。强化投资拉动。发挥政府投资杠杆撬动作用，鼓励引导大型集团、民营资本参与，加快补齐基础设施、市政工程等领域短板，增加投资规模。“十四五”期间，建成区扩至50平方公里、人口增至50万，常住人口城镇化率达到60%以上。（牵头领导：王世臣；责任领导：张国群、贺良、杨彦江；牵头单位：市住房和城乡建设局、市商务局、市城发集团）

五、切实抓牢保障措施

（一）加强组织领导。成立由市委、市政府主要领导任组长，各产业链链长任副组长的工作领导小组，领导小组下设办公室，由市委常委、常务副市长兼任办公室主任，组织相关职能部门成立专班，负责具体工作谋划、对接、协调、督办、落实，把责任压实到产业链，把压力传导到最末端。建立产业链链长责任制，健全“定期调度、及时会商、现场办公、集中观摩、拉练比武”等长效推进机制，制定时间表、路线图、子方案，坚持每月调度抓促、每周入企调研，一个产业链一个指挥部，九大产业链比着干、赛着抓，全面掀起攻坚热潮。以经济总量“十四五”期间超千亿行动为抓手，深入开展“转提比作”活动，坚持党建引领、强化作风建设，充分发挥党员干部的模范先锋作用，在经济建设中冲在前、干在先、比贡献。建立“乡镇摸排、部门把关、专班推进”的入统监管机制，加强各行业数据收集、共享的规范化运行，切实做到应统尽统，全面系统地呈现全市经济发展水平。（牵头领导：有关市级领导；责任单位：市直各单位，各乡镇党委、政府，工业园区党工委、管委会）

（二）强化要素保障。市级分管领导牵头，市自然资源和规划、财政、水利、交运、供电等部门和工业园区成立要素保障工作专班，做好各方面要素保障。加快完善全市国土空间规划，积极争取用地指标，优先保障重点产业链和建设项目用地，严格用地亩均指标要求，保障项目建设有序推进。建立低效无效用地盘活机制，对利用率不高的土地，依法依规进行清退，让更多要素资源倾向高科技、高质量、高附加值的项目。系统谋划、提前布局水电路暖污等一系列重大基础工程，为重点项目和城市建设铺路搭台，为全市经济社会发展提供有力保障。（牵头领导：张国群、温全良、杨彦江、袁云霄、胡存喜、刘顺元；责任单位：市自然资源和规划局、市财政局、市水利局、市交通运输局、市供电公司、工业园区）

（三）做强园区平台。结合我市“十四五”规划和国土空间规划，重新界定工业园区规划面积，争创国家级经济技术开发区，不断提高园区承载范围和能力。完善园区生产性、生活性服务配套，进一步完善园区路网、电网、给排水、供热等基础设施建设，打造现代化、综合性、便于统一管理的工业园区，为项目落户提供良好条件。在工业园区规划建设中小企业园，引导中小企业和社会资本入园转型发展。建立高效透明的项目进园机制，从产业规划、环评、排放、安全、能耗等方面严格把关。在服务内容和服务方式上不断创新，建立企业服务综合性平台，深入了解并全力解决企业在谋划发展、生产经营等方面的实际困难和具体问题，以真诚态度、有力措施、高效服务助力项目建设。（牵头领导：张国群、胡存喜；责任单位：工业园区、市发展和改革局、市生态环境分局、市应急管理局、市行政审批局）

（四）深化开放创新。大力招商引资，引进一批延链补链强链的项目落地落户，采取鼓励本地企业与外地企业合作的模式，完善产业配套，增强发展动能。创优营商环境，采取容缺办理、全程代办等措施破除隐性壁垒，及时学习借鉴外地经验做法，打造政策洼地；建立“本地和外来相同、国企和民营相同”的扶持政策，鼓励在外投资的本地企业整合资源在武安设立总部基地，既要引进“外来商”，更要留住“本地商”。突出科创引领，支持企业与高校院所深化战略合作，采取“前沿研究、武安转化”等模式，大力培育高新技术企业、科技型中小企业和上市公司。（牵头领导：张国群、贺良；责任单位：市发展和改革局、市商务局、市科技和工业信息化局、市行政审批局）

（五）夯实人才支撑。实施具有武安特色的“人才强市战略”：强化“外引”，建设新型武安智库，通过合作开发、咨询顾问、周末工程师等方式，柔性引进高级管理、科研技术等人员，在股权期权、住房补贴、个人所得税减免等方面给予优惠政策和奖励措施，确保引得进、留得住、干出彩；做好“内强”，建立我市青年干部委派外地挂职锻炼机制，开阔眼界、增长经验、锤炼能力，为武安长远发展提供高质量的人才保障；发挥我市工业企业、职教中心等优势，着力打造新时代高素质的产业工人队伍。（牵头领导：陈虎清、郭全生；责任单位：市委组织部、市人力资源和社会保障局、市教育体育局）

（六）筑牢发展基础。注重堵漏洞、补短板、强弱项，下好先手棋、打好主动仗。增强风险意识，本着“全方位排查、全流程防控、全链条严管”，按照建立闭环式监管体系，完善各类风险的排查、化解、防控、监管机制，做好应对各种“黑天鹅”“灰犀牛”事件的预案。守住安全和生态保护红线，坚决把“安全发展、生态优先”贯穿始终，从严落实各项安全和环保措施，实现经济安全、绿色发展。（牵头领导：张国群、温金良、武建生；责任单位：市发展和改革局、市财政局、市应急管理局、市生态环境分局）

（七）突出考核评比。将产业链建设、“四上企业”入统、招商引资实效等经济工作纳入考核体系，增加考核权重，对各部门、各乡镇、工业园区进行分类定档、定期考核、排队打分，充分调动各级各单位的主观能动性和工作积极性。对工作成效显著的要从组织等方面给予激励奖励，树立鲜明导向；对连续倒排的单位要采取警示约谈措施，倒逼工作落实。（牵头领导：陈虎清；责任单位：市委组织部、市发展和改革局）

（八）压实工作责任。各乡镇、工业园区、市直各部门，特别是9大重点产业链责任部门要聚焦任务目标，制定方案、实化举措、细化分工，实行清单台账管理，做到压力传导到位、责任落实到位。要结合产业政策导向和我市实际，谋划好重大项目、重点工作、重要举措，积极争取政策、资金、项目支持。各工作专班、市委督查室、市政府督查室要深入开展专项督导行动，通过正向激励和反向鞭策，形成干事创业强大合力，力争实现全市经济总量“十四五”期间超千亿目标。（牵头领导：有关市级领导；责任单位：市直各单位，各乡镇党委、政府，工业园区党工委、管委会）

组织机构负责人名录

中国共产党武安市委员会

书　　记：刘浩峰
副 书 记：董志毅　王世臣
常务委员：刘浩峰　董志毅　王世臣
　　　　　陈虎清　尹建东　李卫峰
　　　　　霍丽云（女）　石兵江
　　　　　王增平　巩奎永　任鸿雁

武安市人民代表大会常委会

党组书记、主　任：路　铭
党组成员、副书记：张江海
党组成员、副主任：王建霞（女）
　　　　　　　　　邢良安
副 主 任：王泽勇
党组成员：赵国华（—8月）
　　　　　王维东
　　　　　张　杰（10月—）
常务委员：王维东　石跃强　申海平
　　　　　田海奎　白　明　刘润松
　　　　　闫再兴　李建平　杨书君
　　　　　杨建刚　连书祥　张　杰
　　　　　张为华（女）　张洪斌
　　　　　陈磊鑫（女）　赵国华
　　　　　郝晓敏（女）　胡增兴
　　　　　侯雅瑞（女）　姚　菲
　　　　　袁海朝　贾　渭（女）
　　　　　高如增　高宽宏　郭万山
　　　　　郭紫剑　韩永祥　程亚洲
　　　　　魏　杰　魏庆玮
教育科学文化卫生委员会主任委员：张江海
城乡建设环境保护委员会主任委员：邢良安
财政经济预算审查委员会主任委员：王建霞（女）
法制委员会主任委员：王泽勇
社会建设委员会主任委员：张江海

武安市人民政府

党组书记、市长：董志毅
党组副书记、常务副市长：张国群（—10月）
　　　　　　　　　　　　任鸿雁（10月—）
党组副书记：郭全生
党组成员、副市长：贺　良（—8月，二级调研员）
　　　　　　　　　孔维强
　　　　　　　　　巩奎永（8月—）
　　　　　　　　　温金良
　　　　　　　　　杨彦江
　　　　　　　　　袁云霄（女）
党组成员：胡存喜（—12月）
　　　　　武建生
　　　　　刘顺元
　　　　　邢晓飞（12月—）

中国人民政治协商会议武安市委员会常委会

党组书记、政协主席：马晓斌
市委常委、统战部长、政协党组副书记：李卫峰
党组成员、副书记：李海顺
　　　　　　　　　王增平
副主席：张书海
　　　　杨建华
党组成员、秘书长：石树民
党组成员、办公室主任：邵宝军（—3月）
　　　　　　　　　　　秦永强（4—8月）
办公室主任：张占恩（10月—）
常务委员：李卫峰　王　华　王庆军
　　　　　申海军　史起昌　师志杰
　　　　　朱文兵　刘生兆　刘国军
　　　　　刘俊梅（女）　齐　勇

孙　健　孙有成　孙学兵
李进宝　李建牛　李树增
李振军　李海旭　李乾红
何利兵　张　昆　张绪国
陈丽丽（女）　苗运岭
苗朝阳　赵　宁　赵一博
赵竹平　赵彩玉（女）
郝振阳　胡平元　胡现斌
胡豪健　姚明星　袁红梅（女）
贾建伟　高　飞（女）
高树晓　郭　安　梁海峰
韩子旭　焦新平　靳仲霞（女）
靳秀兵　靳增山　霍艳梅（女）

提案组联室主任：焦　洁（女）
宣教文卫室主任：张淑华（女）
人口资源环境工作室负责人：苏婷婷（女）
文史资料工作室负责人：苏婷婷（女）

法院、检察院

武安市法院
党组书记、院长：王晓兵

武安市人民检察院
党组书记、检察长：杨万庆

中国共产党武安市委员会各工作部门

中国共产党武安市纪律检查委员会武安市监察委员会
市纪律检查委员会书记、市监察委员会主任：尹建东

中共武安市委巡察工作领导小组办公室
市纪律检查委员会副书记、市监察委员会副主任、市巡察办主任：董俊林

中共武安市委组织部
市委常委、组织部部长：陈虎清
党支部书记、常务副部长：杨书君（5月—）

武安市社区改革管理中心
党委书记、主任：张新洲

中共武安市委宣传部
市委常委、宣传部长：霍丽云（女）
党支部书记、常务副部长：古王琙

中共武安市委统一战线工作部
市委常委、统战部长：李卫峰
常务副部长：靳增山

中共武安市委政法委员会
党支部书记：马建勋
常务副书记：王　曼（7月—）

中共武安市委市直机关工作委员会
党支部书记：胡延斌（—4月）
林　慧（4月—）

中共武安市委党校
市委常委、党校校长：陈虎清
党支部书记、常务副校长：王玉金

武安市档案馆
党支部书记、馆长：尹文哲

中共武安市委党史研究室
党支部书记、主任：田海兴

武安市信访局
党组书记、局长：贾建伟

中共武安市委机构编制委员会办公室
市委组织部副部长、机构编制委员会办公室主任：张承军

中共武安市委网络安全和信息化委员会办公室
党支部书记、主任：陈江卫

武安市融媒体中心

党委书记、主任：王清峰

武安市东太行旅游区管理委员会

党 工 委 书 记（兼）：刘浩峰

党工委副书记（兼）：董志毅

管委会常务副主任（兼）：袁云霄（女）

武安市人民政府各工作部门

武安市发展和改革局

党组书记、局长：白卫东（—5月）

李广奇（5月—）

武安市科技和工业信息化局

党组书记、书记：赵竹平

工促局党组书记、局长：赵竹平

武安市财政局

市政协副主席、党组书记、财政局局长：李海顺

武安市人力资源和社会保障局

党组书记、局长：刘立涛

武安市审计局

党组书记、局长：孟入召

武安市统计局

党组书记、局长：郭 鑫

武安市民政局

党组书记、局长：冀彦军

武安市公安局

武安市政府党组成员、副市长、公安局党委书记、局长：孔维强

党委副书记、政委：周海川

武安市公安交通警察大队

党委书记、大队长：孙 元

教导员：张少华

武安市司法局

党组书记、局长：尹朝晖

武安市住房和城乡建设局

党组书记、局长：冯海峰

武安市城市管理综合行政执法局

党组书记、局长：杜跻频

武安市园林绿化服务中心

党组书记、局长：李学斌

武安市行政审批局

党组书记、局长：吕现生

武安市交通运输局

党组书记、局长：王旭东

武安市应急管理局

市政协副主席、党委书记、局长：王增平

武安市消防救援大队

政治教导员：王浩楠

大 队 长：王伟超

武安市商务局

党组书记、局长：连洪涛

武安市投资促进服务中心

主 任：贾 萍（女）

党支部书记：刘 刚

武安市农业农村局

党组书记、局长：宋 杰

武安市林业局

党组书记、局长：王海忠

武安市水利局
党组书记、局长：田爱平

武安市教育体育局
市教工委书记、市教体局党组书记、局长：郭向军

武安市文化广电和旅游局
党组书记、局长、一级主任科员：刘东方（12—）

武安市卫生健康局
党组书记、局长：窦海涛

武安市地方志编纂研究中心
党支部书记、主任：李竹红（女）

武安市供销合作社联合社
党组书记：高记斌

武安市综合行政执法局
党组书记、局长：李广奇（—5月）
王日田（5月—）

武安宾馆
党支部书记、总经理：郭改仲（女）

武安市医疗保障局
党组书记、局长：王向荣

武安市退役军人事务局
党组书记、局长：田海兴（—4月）
冯振军（4月—）

武安市自然资源和规划局
党组书记、局长：李江云

武安市市场监督管理局
党组书记、局长：张风兵

武安市保税物流发展促进中心
党支部书记、主任：高彦强

武安市冶金矿山服务中心
党组书记、主任：王海生

武安市冶金矿山集团有限公司
党委书记、董事长、总经理：王海生

武安市城镇建设发展集团有限公司
党委书记、董事长：张玉晓

群团组织

武安市总工会
党组书记、常务副主席（一级主任科员）：高宏伟（女）

中国共产主义青年团武安市委员会
党支部书记：杨　洋（女，5月—）

武安市工商业联合会
主　　席：王泽勇
党组书记：常海娟（女）

武安市妇女联合会
党组书记、主席：郝晓敏（女，—5月）
张舒雅（女，5月—）

武安市文学艺术界联合会
党组书记、主席：刘俊梅（女）

武安市科学技术协会
党组书记、主席：陈保华

武安市残疾人联合会
党组书记、理事长：王学刚

武安市计划生育协会
党组书记、常务副会长：张晓军

邯郸市统管部门

国家税务总局武安市税务局
党委书记、局长：李洪强

邯郸市生态环境局武安市分局
党组书记：申立保（8月—）
局　　长：吕　康（8月—）

国网河北省电力有限公司武安市供电分公司
党委副书记、总经理：任建勇

中国邮政集团有限公司河北省武安市分公司
党支部书记、总经理：李炳川

中国联合网络通信有限公司武安市分公司
党支部书记、总经理：张雁杰

中国移动通信集团河北有限公司武安分公司
党支部书记、总经理：李浩宇（4月—）

中国电信股份有限公司武安分公司
党支部书记、总经理：单春杰

武安市烟草专卖局
党组书记、局长（经理）：王军锁

武安市气象局
党支部书记、局长：王　梅（女）

国家统计局武安调查队
党支部书记、队长：刘　祥

中国人民银行武安市支行
党组书记、行长：刘　刚

中国工商银行股份有限公司武安支行
党支部书记、行长：李志强（7月—）
张超峰（—7月）

中国农业银行股份有限公司武安市支行
党委书记、行长：颜玉峰

中国农业发展银行武安市支行
党支部书记、行长：赵伟波

中国建设银行股份有限公司武安支行
党支部书记、行长：师华宁

中国银行股份有限公司武安支行
党支部书记、行长：刘金鑫

河北银行股份有限公司邯郸武安支行
党支部书记、行长：许少波

邯郸银行股份有限公司武安支行
党支部书记、行长：秦志勇

武安市农村信用联社股份有限公司
党委书记、董事长：戴玉刚

中国人民财产保险股份有限公司武安支公司
党支部书记、总经理：赵　斌

中国人寿保险股份有限公司武安支公司
党支部书记、经理：龙刚强

河北广电信息网络集团武安有限公司
党支部书记、经理：邱国峰

财达证券股份有限公司邯郸武安中兴路证券营业部
总经理：索卫方

乡镇（工业园区）

武安工业园区
党工委书记：刘浩峰（12月—）
胡存喜（—12月）
党工委副书记、管委会主任：董志毅（12月—）

管委会主任：胡存喜（—12月）
党工委副书记、管委会常务副主任：
　　胡存喜（12月—）
党工委副书记：刘秀强（4月—）
　　裴立军（—4月）

武安市武安镇人民政府
党委书记：王江卫
党委副书记、镇长：王洪涛
人大主席：李晓亮

武安市邑城镇人民政府
党委书记：王海明
党委副书记、镇长：刘　峰
人大主席：赵　涛

武安市矿山镇人民政府
党委书记：杨海刚
党委副书记、镇长：陈宇栋
人大主席：赵翠娟（女）

武安市贺进镇人民政府
党委书记：杜风斌
党委副书记、镇长：张钦源
人大主席：苏占华

武安市大同镇人民政府
党委书记：冯　帅
党委副书记、镇长：秦晓红（女）
人大主席：李继兴

武安市阳邑镇人民政府
党委书记：王日田（—5月）
　　韩　辉（5月—）
党委副书记、镇长：马啸骅
人大主席：杨贵宝

武安市康二城镇人民政府
党委书记：周志伟（4月—）
党委副书记、镇长：李志东
人大主席：张　伟

武安市午汲镇人民政府
党委书记：李　涛
党委副书记、镇长：秦永强
人大主席：张闫所

武安市徘徊镇人民政府
党委书记：李国强
党委副书记、镇长：何　亮
人大主席：魏　强

武安市冶陶镇人民政府
党委书记：赵海生
党委副书记、镇长：申君强
人大主席：李金森

武安市淑村镇人民政府
党委书记：李　政
党委副书记、镇长：张占恩（—10月）
　　张凌霄（10月—）
人大主席：贺振伟

武安市伯延镇人民政府
党委书记：杨　博
党委副书记、镇长：刘　佳
人大主席：张　程（11月—）

武安市磁山镇人民政府
党委书记：李志强
党委副书记、镇长：周志伟（—4月）
　　韩天晓（4月—）
人大主席：温晓芳（女，4月—）

武安市活水乡人民政府
党委书记：郭红波
党委副书记、乡长：苗军锐
人大主席：祁　昆

武安市管陶乡人民政府

党委书记：韩　辉（—5月）
　　　　　戴普照（5月—）
党委副书记、乡长：郭　鑫（—4月）
　　　　　　　　　张　鹏（5月—）
人大主席：李旭东（—4月）
　　　　　霍鹏宇（4月—）

武安市北安乐乡人民政府

党委书记：郝政亮（4月—）
　　　　　林　慧（—4月）
党委副书记、乡长：郭晓宇
人大主席：刘江红

武安市西土山镇人民政府

党委书记：付栎鑫（—5月）
　　　　　郝永军（5月—）
党委副书记、镇长：李亚楠
人大主席：任保平

武安市上团城镇人民政府

党委书记：杜立新
党委副书记、镇长：姚振军
人大主席：韩鑫伟

武安市西寺庄乡人民政府

党委书记：裴立军（4月—）
党委副书记、乡长：刘俊伟
人大主席：王艳霞（女）

武安市石洞乡人民政府

党委书记：石玉城
党委副书记、乡长：穆华东
人大主席：张治国

武安市北安庄乡人民政府

党委书记：孟　燕（女）
党委副书记、乡长：张少毅
人大主席：谢军昌

武安市马家庄乡人民政府

党委书记：郝永军（—5月）
　　　　　郝晓敏（女，5月—）
党委副书记、乡长：郭日学
人大主席：贾照彬

（责任编辑：李子强）

索 引

说明

一、本索引为《武安年鉴（2023）》的主题词、内容分析索引，分主题索引、表格索引和图片索引。正文中的“概况”和“乡镇”类目下的“生态环境治理”“基础设施建设”“人居环境整治”“产业增收”“产业振兴”“项目建设”“社会治理”“民生保障”统一条目不做索引内容。

二、本索引按汉语拼音字母（同音字按声调）顺序排列。索引款目后的数字表示该款目内容所在页码。

三、“特载”“专文”“大事记”“人物·荣誉”“附录”的具体内容不做索引。

四、内容有交叉的词条，在索引中重复出现，可以通过同一词条的不同页码进行检索。

五、以引号、书名号等标点符号开头的索引词与其他索引词混编，以数字、字母开头的索引词集中放在末尾。

主题索引

A

B

C

D

H

J

K

L

M

N

P

Q

R

S

T

W

X

Y

Z

数字

表格索引

图片索引

G

H

J

W

X

数字